JN437201

개정2판

인사관리론

채 규 옥

도서출판 두남

개정2판 머리말

21세기 지식정보화 시대는 인공지능기술 및 사물인터넷, 빅데이터 등 정보통신기술(ICT)과의 융합을 통해 생산성이 급격히 향상되고 제품과 서비스가 지능화되면서 경제·사회 전반에 혁신적인 변화가 일어나고 있다. 특히 다양한 제품·서비스가 네트워크와 연결되는 초연결성과 사물이 지능화되는 초지능성이 특징이며 인공지능기술과 정보통신기술이 3D프린팅, 무인 운송수단, 로봇공학, 나노기술 등 여러 분야의 혁신적인 기술들과 융합함으로써 더 넓은 범위에 더 빠른 속도로 변화를 초래할 것으로 전망된다. 이처럼 급속한 산업환경의 변화에서 기업이 지속적인 성장을 하기 위해서는 직무를 맡고 있는 사람에 대한 관리가 중요하다.

기업의 모든 활동은 인간의 활동을 통해 이루어진다. 그러므로 기업활동에 있어서 무엇보다도 중요한 것은 각 직무의 담당자인 사람이다.

이와 같이 경영활동에 있어서 중요한 지위를 차지하는 사람을 대상으로 하는 관리가 인사관리이다. 따라서 기업이 효율적으로 인사관리를 함으로써 종업원의 성과를 높인다면 이는 바로 기업의 성과로서 사회의 복지를 높이게 될 것이다. 또한 보다 직접적으로 기업의 효율적인 인사관리는 기업의 구성원에게 인간다운 생활을 할 수 있는 직장을 제공하고, 일하는 보람을 느끼게 하고, 자신의 능력을 향상시켜 기업발전과 개인의 경제적, 사회적 지위향상에 이바지하고 안정된 인간관계를 통해서 보다 완성된 인간으로서 발전하는 바탕을 만들 수 있는 것이다.

이렇게 볼 때 기업의 인사관리는 기업자체의 목적뿐만 아니라 이에 참가하는 사람들의 개인적인 목적도 실현하게 하는 중요한 수단이 된다. 따라서 오늘날 기업의 인사관리는 기업의 목적과 개인의 행복을 양립시키는 데 그 근본사상이 있다고 볼 수 있다.

이러한 인사관리의 중요성을 충분히 올바르게 이해하며, 종업원을 인간으로 보호하고 그 노동력을 유지하며 그들의 협력을 확보하기 위하여 다양하고 복잡한 성질을 가진 종업원들에게 경제적·심리적으로 만족을 주어 자발적으로 경영목적 달성에 참가시키는 인재의 활성화 및 성역화가 인사관리의 주요목표가 된다고 할 수 있다.

본서는 이와 같은 목표를 달성하기 위하여 인사관리의 제부분을 유기적으로 관련시킴으로써 인사관리의 흐름을 과학적, 총체적으로 서술하는 데 노력하였다.

본서의 내용과 체계는 13장으로 나누어져 있다. 즉 인사관리의 기초개념, 인사관리의 환경, 직무연구와 인사평가관리, 채용 및 이동관리, 교육훈련 및 경력개발관리, 임금관리, 복지후생관리, 근로 및 안전·보건관리, 인간관계관리, 노사관계관리 등으로 구성하였다.

이처럼 본서는 인사관리의 기본적인 과제를 이해하고 해결하는 데 필요한 인사관리의 제이론과 기법들을 종합 정리하여 인사관리를 연구하는 학생은 물론 경영계 실무자에게도 인사관리 교재와 참고서로 활용될 수 있도록 집필하였다.

본서의 내용은 국내외 문헌들을 다양하게 참고하였으며 특히 필자의 오랜 대학 강의내용을 토대로 하여 집필한 것으로, 부족한 점이 많을 것으로 사료되나 앞으로 꾸준한 자료수집과 연구로 더 한층 발전된 교재로 만들어 나갈 것을 다짐한다. 본서에 대한 선배·동료 교수님과 실무에 계시는 전문가 여러분의 많은 지적과 충고를 부탁드린다.

끝으로 이 책의 출판을 맡아 주신 도서출판 두남의 전두표 사장님을 비롯한 이승구 상무님, 그리고 여러 직원들의 노고에 고마움을 표하는 바이다.

2018년 8월
채 규 옥 씀

차 례

제1장 인사관리의 기초개념

제2장 인사관리의 환경

제4장 인사평가관리

제5장 채용관리

제6장 이동관리

제7장 교육훈련관리

제8장 경력개발관리

제9장 임금관리

제10장 복지후생관리

제11장 근로 및 안전·보건관리

제12장 인간관계관리

제13장 노사관계관리

제1장

인사관리의 기초개념

제1장

인사관리의 기초개념

제1절 인사관리의 개념

1. 인사관리의 정의

인사관리(personnel)란 어원적으로 볼 때 어떤 개인(personal)의 문제를 다루기보다는 조직에 고용된 일단의 사람들 또는 물질과 구별된 인간들에 관련된 문제를 다룬다는 뜻을 가진 프랑스 말에서 나온 것이다.

신분적 구별이 심할 때, 인사관리는 주로 사무직이나 관리직 등 화이트칼라(white collar)를 대상으로 한 것으로, 그리고 육체노동을 제공하는 작업직 등 블루칼라(blue collar)를 대상으로 한 것을 노무관리(labor management)라 하여 인사관리와 노무관리를 분리하기도 했다.[1] 그러나 신분적 차별도 철폐되고 생산의 기계화 및 업무의 자동화로 이러한 구별이 사실상 무의미해지자 인사관리로 통일되었다. 그러나 물적·재화적 자원을 이용하여 경영활동을 주도적으로 담당하거나 최종생산물의 생산과정에 직접 참여하는 경영 주체로서의 인적자원의 중요성이 커지고 인적자원의 존엄성·능동성·개발성·전략성 등에 대한 관심이 높아지면서 인사관리란 용어 대신 인적자원관리라는 용어를 더 많이 사용하게 되었다.

인사관리에 대한 개념은 학자에 따라 여러 가지로 정의되고 있다. 대표적인 학자의 견해를 살펴보면 요더(D. Yoder)는 인사관리란 종업원들로 하여금 그들의 직장에 대하여 최대

1) 梁創三, 人的資源管理, 法文社, 1991, p.17.

의 공헌을 하게끔 하고 동시에 최대의 만족을 할 수 있도록 조력하고 지도하는 기능 내지 활동이라고 정의하고 있다.2)

또한 피고즈(P. Pigors)와 마이어즈(C. A. Myers)는 각자의 능력을 최대한으로 발휘시켜 개인이 자신의 직무에서 최대의 만족을 얻음과 동시에 기업에 대하여 최대의 공헌을 하도록 잠재능력을 육성·발전시키는 방법을 인사관리라 정의하고 있다.3)

한편, 프리포(Edwin B. Flippo)는 인사관리(personnel management)란 개인, 조직 및 사회의 목표를 달성하기 위하여 인적자원의 확보, 개발, 보상, 통합, 유지 및 이직에 관한 계획, 조직, 지휘 및 통제를 하는 것이라고 정의하고 있다.4)

요컨대 인사관리란, 종업원을 조직의 소중한 자원으로 간주하여 그들의 잠재능력을 최대한으로 발휘할 수 있도록 조직분위기를 조성하고 이를 효율적으로 활용함으로써 개인인 종업원의 욕구를 충족시킴과 아울러 조직의 목표를 달성하고자 하는 것이라 할 수 있다.

2. 인사관리의 본질

인사관리는 그 역사적 발전에 있어 종업원의 노동력 이용에 중점을 두는 노동력 유효 이용설과 종업원의 협력관계를 중요시하는 협력관계 형성설의 두 가지 계보를 들 수 있다.5)

제2차 세계대전 전에는 일반적으로 인사관리는 산업심리학, 인간공학, 노동과학 등을 방법과학으로 하여 노동력의 유효이용 내지 경제적·합리적 이용에 초점을 둔 노동력 유효 이용설이 지배적인 견해였다. 그러나 제2차 세계대전 후 경영사회 집단의 협력관계 내지는 경영공동체의 형성에 중점을 둔 협력관계 형성설로 이행하게 되었다. 즉 노동력 유효 이용설은 제2차 세계대전 전의 개별기업의 소규모 시설이나 미분화된 기술상황에서 개인능률을 중시한데 반하여, 협력관계 형성설은 전후 집단화·자동화 등에 의한 대량생산 방식의 발달로 말미암아 개인적인 근로의욕보다는 팀워크(team work)나 직장 모럴(morale)이 생산증대에 더욱 영향을 미치며 노동자는 경영자와 대등한 관계이며 협력자라는 인간관계를 중시하게 되었다.

---

2) D. Yoder, *Personnel Management and Industrial Relations*, 4th ed., Prentice Hall, Inc., 1970, p.8.
3) P. Pigors and C. A. Myers, *Personnel Administration: A Point of A View and A Method*, 9th ed., McGraw-Hill Book Co., 1981, p.35.
4) Edwin B. Flippo, *Personnel Management*, 6th ed., McGraw-Hill, 1980, p.5.
5) 鄭京燮, 現代人事管理, 法文社, 1991, p.18.

1) 노동력 유효 이용설

대표적인 학자로 1920년대 미국의 티드(O. Tead)와 메트칼프(H. C. Metcalf)를 들 수 있다.[6)] 그들은 인적자원관리의 본질을 노동력 유효이용의 과학과 기법이라고 말하고 노동자를 특수한 생산인자로 파악하고 있다. 그리고 노동력과 직무와의 적합, 작업조건의 적정화 내지 노동력의 보전 및 여러 가지 방법에 의한 작업의욕에 대한 유인(incentive) 등이 핵심이 되고 있다. 그들은 테일러 시스템과 같이 근로자에게 많은 과업을 부여하고 근로자의 경제적 욕구에 호소하는 것에 의해 노동능률의 증대를 도모할 것이 아니라 근로자의 노동능력, 노동의사, 노동조건 등 노동의 제요인에 관한 사항을 적절히 처리함으로써 간접적으로 노동능률을 올리려고 하였다. 적재적소의 원칙을 원리로 한 인간적 요인에 근거한 이들의 인사관리는 과학적 관리법으로부터 진일보 한 것이다. 미국에서는 인간 공학적 방법에 의해서, 그리고 독일에서는 노동생리학, 노동심리학 및 정신기술학(psycho-technology) 등에 의해 노동자를 주로 개별노동력의 측면에서 파악하고 있다. 그렇다고 해서 경영에 대한 관심이라든가 사기 등을 전혀 도외시하는 것은 아니다. 그러나 그것은 어디까지나 부분적이며, 근본적 기조는 개별 노동력 측면의 유효 이용에 두고 있다.

2) 협력관계 형성설

협력관계 형성설의 대표적인 학자로서 1940년대 피고즈와 마이어즈 등을 들 수 있다. 협력관계 형성설은 노동자를 노동력으로서만 파악하는 것이 아니고, 경영사회집단을 형성하고 있는 사회적 인격의 측면에서 파악하고 있다. 그리고 그의 방법과학도 미국에서는 사회심리학, 인간관계 연구 등이 도입되었고, 독일에서는 경영심리학 및 새로운 노동과학 등이 도입되었다.

협력관계 형성설은 생산방식의 자동화와 집단화로 인하여 개인노동력의 이용보다도 오히려 팀 워크(team-work)의 형성 및 협력관계의 형성을 중요시하게 됨으로써 인사관리도 협력관계 형성설로 이행하게 되었다.

3) 통합설

이상의 두 가지 견해는 현실의 인사관리를 해명하는 데는 나름대로의 특색을 갖는다. 그러나 이 두 가지 견해는 현실의 인사관리를 포괄하는 정의는 되지 못한다. 즉, 경영목적을 효율적으로 달성하기 위해서는 노동력의 유효 이용과 협력관계 형성이 동시에 요구되기 때

---

6) O. Tead & H. C. Metcalf, *Personnel Administration*, 1st ed., 1920.

문이다. 따라서 이 두 가지 견해를 통합한 견해들이 등장하고 있다.[7])

피터 드럭커(Peter F. Drucker)는 "인사관리란 인간을 대상으로 하는 관리이다. 인간을 관리한다는 것은 인간의 개성존중과 능력개발, 그리고 종업원의 인간적 만족이라는 점에서 다른 관리제도와는 다른 특징이 있는 것이다. 인간은 다른 자원에서 볼 수 없는 여러 가지 능력, 즉 조정하고(coordinate), 통합하고(integrate), 판단하고(judge), 상상(imagine)하는 능력을 지니고 있다"고 설명하고 있어 근로자를 노동력으로만 파악하는 것이 아니고 경영사회집단을 형성하고 있는 사회적 인격의 측면에서 파악하여 그들의 팀워크나 사기향상이 생산성 증대에 큰 영향을 미치며, 노동자는 경영자와 대등한 존재이며 협동자라는 입장을 강조하고 있다 즉 오늘날의 인사관리는 경영목적을 효율적으로 달성하기 위해 노동력을 소유하고 있는 인간을 확보하고, 육성하고, 유지함과 동시에 협력체계를 확립하여 각자의 능력을 최대한으로 발휘시키는 조직적 관리라고 정의할 수 있다.

3. 인사관리의 중요성

인사관리의 중요성에 대하여는 여러 학자들이 강조하고 있다. 미국의 경영학자 애프리(L. A. Appely)는 「경영이란 사람의 육성이지 물자의 관리는 아니다」(Management is the development of people and not the direction of things)라 하고, 「경영과 인사관리는 같다. 즉 경영이 바로 인사관리다」(Management and personnel administration are one and the same. Management is personnel administration)라고 하였다.[8]) 또한 쿤츠(H. Koontz)와 오도넬(C. O'Donnel) 교수는 「경영자는 자본 및 토지를 관리하지 않고 사용한다. 반면에 그는 사람을 다루는 것이다」(One does not manage capital and land: He uses them. But managers deal with people)라고 하였다.[9]) 이것은 모두 경영에 있어서 인사관리의 중요성과 본질을 명백히 하는 말이라고 하겠다. 자유경쟁을 특징으로 하는 자본주의 사회에서 기업이 장기적으로 존속·성장·발전하기 위해서는 그의 경쟁력을 강화하지 않으면 안된다.

---

7) 姜正大, 現代人事管理論, 世英社, 1996, p.36.
8) L. A. Appely, "Management the Simply Way", *Personnel*, Vol.19, No.4, pp.595~603.
9) H. Koontz & C. O'Donnell, *Principles of Management; An Analysis of Managerial Functions*, McGraw-Hill, 1968, pp.47~53.

기업의 경쟁력을 증대시키는 요소는 무엇인가?

그것은 첫째, 우수한 품질의 제품 둘째, 저렴한 가격의 제품 셋째, 최선의 서비스를 할 수 있는 제품의 생산이라 할 수 있다.

그런데 우수한 품질, 저렴한 가격의 제품을 생산하기 위해서는 자금과 기계시설 및 물자, 인간의 세 가지 경영 요소가 필요하지만 이중에서도 가장 중요한 것은 자금과 기계시설을 움직여 생산적 임무를 수행하는 인간이다. 아무리 우수한 기계·재료·조직을 구비한다 하여도 그것은 능동적 작용을 하는 것이 아니고 인간의 노동을 가하지 않으면 그 효율을 올릴 수 없기 때문이다.

아무리 현대 경영활동의 내용이 분업화되고 근대 기업이 최신 기술혁신에 따라 자동화되어 인간의 노동력이 기계생산의 일부분적인 지위로 전락되었다 하여도 경영의 목표달성을 위하여 자본을 운영하며, 신제품을 개발하고 생산하는 원동력은 사람이다.

기업의 모든 활동은 인간의 활동을 통해서 이루어진다. 그러므로 모든 기업활동에서 무엇보다도 중요한 것은 각 직무의 담당자인 사람이다. 사람 없이는 기업이 의도하는 목적을 달성할 수 없기 때문이다. 이와 같이 경영활동에서 중요한 위치를 차지하는 사람을 대상으로 하는 관리가 인사관리인데 인사관리는 오랫동안 등한시되어 왔다. 그것은 물자 또는 설비를 대상으로 하는 생산관리와 자금을 대상으로 하는 재무관리는 이해의 결과가 빨리 나타나지만 인사관리는 그렇지 않기 때문에 별로 필요없는 것처럼 착각하여 왔던 것이다. 바꾸어 말하면 생산관리 또는 재무관리 그 자체는 인간에 의해 이루어진다는 것을 알지 못하고, 인간을 대상으로 하는 인사관리가 제대로 되지 않는다면 생산관리 또는 재무관리도 되지 않는다는 것을 잊고 있었기 때문이다. 인사관리기능은 경영관리의 제기능 중 가장 기초적인 관리기능이며 그것은 본질적 기능이라는 것을 알아야 한다.

4. 인사관리자

인사관리는 조직에서 일하는 사람을 다루는 제도적 체계로 이해할 수 있지만 이와 같은 제도적 체계도 궁극적으로는 사람을 대상으로 사람들의 의사결정과 행동으로 이루어지는 것이다. 즉 사람이 사람을 다루는 제도이다. 따라서 관리의 주체와 객체가 인간이라는 데 인사관리의 특성이 있다. 이는 인사관리가 다른 제도와 다른 점을 강조하는 것이기도 하고 또는 어려운 점이기도 하다.[10)]

10) 金植鉉, 人事管理論, 貿易經營社, 1999, p.7.

1) 인사관리자의 역할

경영조직은 [그림 1-1]에서와 같이 기간(基幹)적 주요 업무활동을 담당하는 라인(line)부문과 라인부문의 활동을 보완하고 촉진하기 위하여 전문적인 입장에서 조언하고 조력하는 스텝(staff)부문으로 구분된다.

그런데 인사관리자는 스텝으로서의 지위를 가지며, 또 최고경영층(top management)에 직속하게 된다.[11] 이러한 스텝으로서의 인사관리자 역할은 내부적인 것으로서 최고경영자에 대한 역할과 종업원에 대한 서비스 역할 및 각 부문의 조정자로서의 역할, 그리고 외부적인 것으로 경계연결단위(境界連結單位)로서의 역할로 나눌 수 있다.[12]

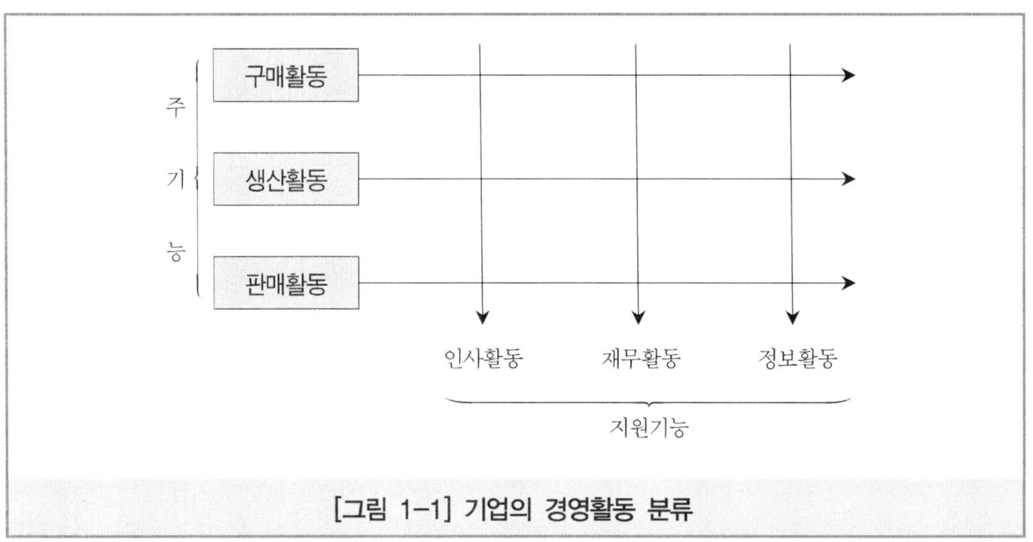

[그림 1-1] 기업의 경영활동 분류

(1) 최고경영층에 대한 역할

인사관리자는 최고경영자의 정보원천이 되어야 한다.

인사관리자는 조직의 분위기가 어떻게 돌아가고 있으며, 사람들이 무엇을 생각하고 있고, 구성원에게 영향을 미치는 조직의 활동이나 의사결정에 사람들은 어떠한 태도를 보이고 있는가 하는 것을 알아야 하고, 이들 정보를 적절히 평가하여 이들 태도에 대해 어떻게 대처해 나갈 것인가 하는 구체적인 방안을 최고경영층에 제시하여야 한다. 예컨대 지금 종업원이 근무시간에 대하여 불만을 갖고 있다는 것을 알리는 것만으로는 부족하며, 이 불만을 어떻

11) P. Pigors & C. A. Myers, *op. cit.*, pp.27~32.
12) 愼侑根, 人事管理, 經文社, 1994, p.40.

게 해야 할 것인가 하는 해결책을 마련하여 이에 관련된 담당부문의 동의를 얻어 그 정보를 제공하여야 한다. 구성원들의 진정한 태도가 제때에 최고경영층에 전달되도록 하는 것이 인사관리자의 중요한 책임인 것이다.

한편, 인사관리자는 승진 후보자나 유능한 인재를 최고경영층에 추천함에 있어 공정한 평가기준과 신념을 갖고 있어야 한다. 대부분의 관리층은 복수추천하게 되어 있으므로 이들의 선발과 각자에 대한 평가는 물론 정당한 근거를 가지고 최종선택에도 어느 정도는 미리 결정을 하고 있어야 한다. 또한 최고경영자가 일방적으로 지명한 관리자가 인사관리자의 입장에서 볼 때 확실히 객관적인 부적격자로 인정될 경우, 이에 반대하는 것도 그의 책임이다.

또한 이때의 관리층은 대체로 인사관리 부문이 아닌 다른 부문의 관리자이므로 해당부문에서의 납득도 얻어야 하는데 이는 평소의 스텝으로서의 인사관리자에 대한 신임에서 나오는 것이므로 항상 신념 있는 행동을 라인 관리자에게 보여 주어야 한다.

이밖에도 최고경영층간의 원만한 관계유지를 위하여 잦은 접촉으로 그들 간의 의사충돌을 해소시켜야 하며 일상적이 아닌 우연히 발생하는 문제에서 문제해결자로서의 역할을 수행하여야 한다. 예컨대 어느 부문에서 이직률이 급증하였다든지, 최근 실시된 승진에 대해 불만이 팽배해 있는 경우이다. 또 인사관리자는 인간관계나 노사관계에서 종업원이나 경영자의 어느 한쪽에 편중된 태도를 지양하고 거북한 문제라고 하여 일선에서 처리하도록 한다든지 하는 책임회피를 불식하여야 한다.

(2) 부문간 조정역할

조직에서 다른 부문이나 다른 계층에서 일하는 사람들은 각각 다른 관점을 지니고 있다. 노조의 지도자는 경영자의 입장을 잘 이해하지 못하는 경우가 많다. 또한 하급자들은 상급자들이 자신들을 잘못 파악하고 있다고 불평하기도 한다. 따라서 이들 간의 의사소통을 원활히 하여 중재·조정역할을 하는 것이 인사관리자 임무의 하나이다. 왜냐하면 인사관리자는 스텝으로서 사람에 관한 일을 다루는 것이므로 각 부문·계층과의 의사소통이 다른 부문관리자보다 원활하고 의사소통이나 갈등해소에 필요한 행동 과학적인 지식을 가지고 있다고 믿어지기 때문이다.

조정자로서의 인사관리자는 그가 접촉하고 있는 각 집단의 요구사항과 입장을 이해하고 존중하여야 하며 그들의 입장이 되어 보도록 노력하여야 한다. 그리고 각 집단의 처지를 민감하게 이해하여 한 집단의 의사가 다른 집단에 잘 전달되도록 하여야 하며, 양 집단이 직접 접촉할 때의 마찰을 피하기 위하여 교량역할을 할 수 있어야 한다.

관리자는 이러한 접촉으로부터 각 집단의 문제가 무엇인지를 신속히 파악하고 관련된 집단들에게 그 집단의 문제점을 잘 전달할 수 있어야 한다. 이렇게 함으로써 조직의 집단을 더욱 밀착시킬 수 있고 갈등을 최소화시킬 수 있는 것이다.

이러한 중재자로서의 역할은 각각 다른 목표를 갖고 있는 부문 관리자들 간의 대립의 해소나 하급자들의 욕구를 상부에 반영시키고, 노조와 경영자간의 마찰을 피하는 데도 적용된다. 이렇게 함으로써 관련 당사자들이 직접 해결해야 할 때의 시간과 에너지의 소모를 줄이고 갈등을 해결하거나 미연에 방지할 수 있다.

(3) 종업원에 대한 서비스 역할

스텝으로서의 인사관리자는 라인이 되는 각 부문에 인사관리에 관한 조언을 하게 된다. 전통적인 스텝의 기능은 조언을 하되 결정이나 지시는 하지 않는 것이다.

인사관리분야에 전문가인 인사관리자로서도 이러한 관점에 따라야 하는 것이 원칙이겠으나 그것은 상당히 어려운 일이다. 또한 인사관리자로서는 단순한 정보제시를 하더라도 이것을 받아들이는 입장에서는 지시로 받아들일 수도 있다. 또한 스텝으로서 라인의 요청이 있을 때 협력한다는 수동적 태도를 어렵게 만드는 여러 요인들이 존재한다.

인사부문의 활동이 부진할 경우 예산 확보가 어렵고 또한 인사관리자는 그들이 지닌 능력과 지식을 능동적으로 사용하고 싶어 하고, 인사문제가 악화될 경우 라인에서의 협조요청이 없었다고 하여 그 책임이 없어지는 것은 아니기 때문이다. 또한 인사문제에 관한 책임을 회피하기 위하여 이에 관한 곤란한 문제는 인사관리자에게 넘기려는 라인의 경향도 작용한다.

여하간 수동적인 역할 수행은 인사관리자의 지위를 약화시키고 그것이 다시 라인으로 하여금 인사관리자의 도움을 구하려는 욕구를 약화시키므로 조직내의 역학관계를 고려한 적절한 역할 수행이 요구된다.

(4) 외부관계에서의 역할

인사관리자는 조직과 외부환경과의 경계연결의 역할을 한다. 조직에 공공관계의 문제가 생길 때에는 종종 외부에 대하여 조직을 대표하는 역할을 맡게 된다. 이것은 인사관리자가 조직의 전반적인 활동을 파악하고 있기 때문이다.

이러한 대표성 문제로 인하여 대규모 조직에서는 조직내적인 인사관리와 외부적인 활동, 특히 노사관계담당부서가 독립되는 경향을 보이기도 한다. 또한 인사관리자는 경계 연결자로서 가치관을 조직에 도입하는 역할도 한다. 즉 조직구성원으로서의 인간만이 아닌 사회적 존재로서의 인간의 입장을 대변하는 역할도 하게 되는 것이다.

이러한 인사관리자의 기본 역할과 함께 사회적·기술적 변화에 대응하는 인간에 관련된 제도를 변경하는 변화담당자(change agents)로서의 역할도 수행하여야 한다. 이러한 면에서 특히 우리나라 기업의 인사관리자들에게는 조직 풍토에 깔려 있는 전통성과 기업성장과 함께 유입되기 시작한 실험적 합리성간의 갈등을 해소시킬 수 있도록 문화에 대한 이해와 제도의 개선이 요청된다.

이렇게 여러 임무와 역할들이 서로 상호작용하면서 보다 능률적이고 효과적인 조직운영에 도움을 줄 때 인사관리자의 위치가 굳건하게 될 것이다.

2) 인사관리자의 자격요건

애플리(L. A. Appley)는 "이상적인 인사관리자는 맡은바 직무를 위해서 스스로 항상 노력하고 있는 사람을 가리키며, 이 노력이라는 것은 인사관리자가 언제나 라인 관리자로 하여금 보다 나은 인사업무를 수행할 수 있도록 감화시키고 훈련시키는 것을 의미 한다"[13)]고 말하고 있다.

일반적으로 인사관리자는 다음과 같은 자격요건을 갖추어야 한다.

① 사내 각 방면에 정통한 사람이어야 한다.

② 정의감이 강하고 복리와 이익을 올바르게 이해할 수 있으며 회사의 경제사정에 밝아야 한다.

③ 상식이 풍부한 사람이어야 한다. 이것은 사물을 공평하게 판단하는 데 필요한 것이다. 상식이 부족할 때에는 감정에 좌우되거나 편중되기 쉽고, 냉담한 태도가 되기 쉽다.

④ 인사에 대하여 솔직하게 경영자에게 진언할 수 있으며, 간부들에게도 거침없이 옳다고 믿는 바를 추진할 수 있을 만큼의 적극성이 있어야 한다.

⑤ 인사에 대한 방책을 상대방에게 충분히 설득할 수 있는 자질을 가지며, 가령 처음에 반대하더라도 상대방에게 이것을 설득할 힘과 열의가 필요하다.

⑥ 인격적으로 고결하고 사심이 없고 신뢰가 두터운 사람이어야 한다.

⑦ 온정이 깊고 상하의 우정을 모을 수 있는 사람이 되어야 한다.

인사관리자는 연수나 체험만으로 훌륭한 인사관리자가 될 수 없다. 또 인사관리자가 인격자라 하더라도 과학적인 인사관리의 지식을 가진 사람이 아니면 적임자가 될 수 없다. 그러므로 성공적인 경영성과를 올리기 위하여 인사관리자는 현대적인 인사관리 지식을 얻고 그것을 실천하는 인물이어야 한다.

---

13) L. A. Appley, *Management in Action*, AMA, 1957, p.371.

특히 최근에 와서 변모해 가는 인간의 욕구를 충족시키기 위하여 인사관리자의 수준 높은 역할이 기대되고 있으므로 인사관리자는 그 자질을 구비하는데 특별한 노력이 요구된다.

제2절 인사관리의 발전과정

인사관리는 자본주의적 생산의 발전과 노동조직의 세력증대, 국가의 노동보호입법 등에 영향을 받아 발전되었고 또 사회·경제적 조건이 다름에 따라 나라마다 그 발전의 정도와 특징이 다르다. 그러므로 인사관리의 발전을 일률적으로 설명할 수 없으나 여기서는 3기로 구분하여 인사관리의 역사적 발전과정과 특징을 알아보기로 한다.

1. 인사관리의 인식시대(18세기말~1910년대)

1) 전제적 관리시대

생산과정에 있어 도구를 대신하여 기계가 사용됨으로써 공장제 기계공업이 자본주의 생산의 지배적 형태가 된 산업혁명은 18세기말(1760~1830) 영국에서 시작하여 19세기를 통해 유럽대륙, 미국 등에 파급되었다. 산업혁명에 의한 생산방법의 기계화는 종래의 수공업·가내공업에 있어서의 숙련노동자의 경제적·사회적 지위를 전락시켰다.

이에 기업주와 노동자의 사회적 관계는 가족적인 정의(情誼)에 따른 것이 아니고 고용계약에 따라 결정되게 되었다. 그런데 노동자와 기업주간의 고용계약은 명목적으로는 대등하지만 실질적으로는 불리하여 저임금과 장시간 노동이 강제되고, 노동조건은 기업주에 의해 전제적으로 또는 비과학적으로 설정됨으로써 여러 가지 사회적·도덕적인 문제를 야기시켰다.

특히 새로이 노동시장에 등장한 미성년 및 부녀노동자의 참담한 생활상태는 사회여론의 비판을 받게 되고 또 이들을 보호하려는 법률이 제정됨으로써 1880년대~1890년대부터 구미제국에서는 직업적성·피로연구·노동시간연구 등의 인사관리 방식이 급속히 연구되기 시작하였다.

그러나 이 시대에는 노동조합조직도 없었고 반면 노동력은 과잉상태였으므로 기업주는 노동조건을 일방적으로 설정하고 이른바 명령과 엄격한 통제에 의해서 지휘·감독하는 관리를 발전시킴으로써 경영을 비인격화하는 경향이 농후하였다.

2) 온정적 관리시대

전제적 관리방식은 인간의 자아의식이 높아짐에 따라 점차 그 효력을 상실하게 됨으로써 온정주의(paternalism)적 관리가 발전하게 되었다.

영국의 로버트 오웬(Robert Owen, 1771~1858)은 기업주의 입장에서 비인도적인 노동착취에 대해 동정을 나타내고 자기가 경영한 공장 종업원에게 온정적인 인사관리를 한 최초의 사람이다. 그의 인도주의는 당시 영국 및 다른 유럽 제국의 경영자에게 큰 영향을 주었고, 근로자의식의 각성과 더불어 점차로 자본가측이 합리적인 인사관리시책을 강구하게끔 영향을 주었다.

19세기 초부터 이러한 인사관리의 징조가 시작되었던 것이다. 또한 국가적으로도 공장법의 제정과 노동기본권의 보호입법이 추진되어 근대적인 인사관리의 발전에 영향을 주었다.

즉, 영국에서는 1802년에 최초의 공장법이 제정되고 1933년에 일반 공장법(Factory Act)이 제정되어 유년공의 사용금지, 부녀 및 연소자의 노동시간제한 등이 규정되었다. 그리고 노동자를 압박하기 위한 결사금지법(1799)은 1824년에 폐지되고 노동기본권의 보호입법으로 노동조합이 발전되었다.

온정적 관리방식은 노동조건의 향상 및 복지시설의 확충 등에 의하여 근로의욕을 앙양하고 종업원의 충성심 확보를 목적으로 하는 것이다. 즉 기업주와 노동자는 가족관계와 같이 기업주는 기업의 경영자로서 종업원을 온정적으로 대우하고, 또 복지시설 등을 충실하게 마련하면 일체의 노동문제가 해결될 수 있다고 생각하였다. 그러나 그 온정은 어디까지나 일방적인 것이며, 불황기에는 불완전한 것이 되고, 공장과 같은 곳에서는 의식적이고 계획적인 온정이 되기 쉽다.

민주주의사상의 영향과 사회교육의 보급으로 노동자들이 사회적 지위를 자각하게 되었고, 노동조합을 결성하여 노동운동을 전개함으로써 종래의 노사관계는 새로운 국면을 맞이하게 되었다. 이에 따라 권위적 관리방식 대신에 기업주가 노동자에게 인간적인 온정을 베풀게 됨으로써 협력과 능률의 향상을 기대하는 온정적 관리를 실시하게 되었다. 권위적 관리와 온정적 관리는 어디까지나 기업주를 우위적 입장에 두고 노동자를 은혜와 위압으로 대한 것이었다.

2. 근대적 인사관리시대(1910년대~1940년대)

1) 과학적 관리시대

미국에서 테일러(F. W. Taylor, 1856~1915)의 과학적 관리법은 당시의 산업계에서 볼 수 있었던 조직적 태업(systematic soldiering)의 문제를 해결하기 위한 목적으로 주창된 것으로 종전에 경험과 직감에 의해 관리했던 인습적 관리(rule of thumb) 대신에 관리의 과학화를 주장한 것이다.

즉, 과학적 관리법은 시간과 동작연구(time and motion study)를 기반으로 하는 작업의 과학화, 노동자의 선발, 훈련, 작업조건과 작업환경 등의 개선 등으로 현장작업의 능률증진에 이바지함과 동시에 다른 한편으로는 기획부의 설치, 직능적 직장제로 대표되는 전문화, 표준과업의 결정에 의한 작업의 양적, 시간적인 규제, 원가계산의 철저 등을 강조함으로써 관리와 조직에 대해서 혁신적인 원리를 제시하고 있다. 이러한 의미에서 과학적 관리법은 경영개선에 획기적 의의를 갖는다.

과학적 관리법은 경영자의 전제주의적 관리 및 절대적 권한을 부정하고 경영자도 과학적 관리의 객관적 법칙에 의존할 것을 강조하였다. 이러한 점에서 과학적 관리는 경영이념에 큰 변혁을 가져왔다고 볼 수 있다. 즉 테일러의 과학적 관리는 인사관리인식 및 성립시기에 있어서 하나의 큰 공적이 되고 있다.

그러나 과학적 관리법에 대한 노동조합의 뿌리 깊은 반대운동과 인간관계론의 비판 등에서 볼 수 있는 바와 같이, 이 이론은 조직에 있어서 인간적 요인에 대한 그릇된 이해를 함으로써 기계론적 인간관을 발전시키고 인간노동을 비인간화하는 결함이 있다.[14)]

그러므로 과학적 관리법에 대한 반성과 더불어 과학적 관리의 원리를 고차화하기 위한 노력이 활발하게 전개됨으로써 과학적 관리의 원리는 경영의 모든 측면에 침투하게 되어 인사관리의 체계화를 촉진했다.

2) 인간관계 관리시대

1924~1932년에 메이요(Elton Mayo), 뢰스리스버거(F. J. Roethlisberger) 등 하버드대학 경영학 연구팀에 의해 시카고의 웨스턴 일렉트릭사(Western Electric Co.)의 호손(Hawthorne) 공장에서 실험이 실시되었다.

이 실험의 초기의 목적은 조명이나 작업환경이 작업능률에 미치는 영향을 조사하는

---

14) R. F. Hoxie, *Scientific Management and Labor*, New York, 1915, pp.27~41.

것이었다.[15)]

그러나 실험이 진행됨에 따라 이 초기의 연구목적과는 별개의 결과가 나타난 것을 알게 되었다. 그들이 얻은 연구결과는 인간관계와 생산능률과의 연관성에 대해 아주 새로운 획기적인 연구시야를 부여하게 되었다.

즉, 생산능률의 향상은 작업조건요소(조명, 노동시간, 휴식시간, 급식 등)의 변화와는 별다른 관계가 없고 그것보다 오히려 직장내의 집단사회에 있어서의 인간관계, 특히 비공식적 조직(informal organization)의 인간관계에 의해 촉진된다는 결론이 나온 것이다. 비금전적 유인의 중요성이 클로즈업됨으로써 산업심리학(Industrial Psychology)의 발달을 촉진시켰고 인간관계론(Human Relation)과 사기(morale)연구가 각광을 받게 되었다.

이와 같이 여러 방면에 걸친 조직, 집단의 제요인에 관한 실험적 연구의 성과가 인사관리에 도입되어 소위 인간관계관리(커뮤니케이션의 제제도, 고정처리, 공정한 평가, 상사와 부하의 인간적 접촉 등)라 불리는 새로운 국면이 전개되었다.

이와 거의 동일한 시기에 버나드(C. I. Barnard)의 경영자의 역할(The Function of Executive, 1938)이 발표되었다. 여기서 버나드는 인간관계론에서 인간의 심리가 강조된 것과는 달리 의사(意思)와 선택력을 가진 인간이 어떤 일정한 목적을 달성하기 위하여 집단적 행동을 할 때 조직이 성립한다는 새로운 조직개념과 새로운 조직이론을 발표한 것이다.

따라서 버나드의 조직이론에서는 공식적 조직(formal organization)과 비공식조직의 조화가 강조되었다. 이렇게 버나드에서 시작된 신조직론은 다시 사이몬(Simon)에 계승되어, 조직에 있어서 의사결정(decision making)의 중요성이 강조되게 되었다.

이와 같은 흐름에서 테일러의 과학적 관리법을 근대인사관리의 출발이라고 보면 호손실험 이후의 인간관계론에 의한 관리는 현대적 인사관리의 시작으로 볼 수 있다. 요컨대 인간관계론은 노동자를 기계의 일부로 본 것에서 의사(意思)와 감정을 가진 인간으로 자각하여 노동자의 만족감을 높임으로써 능률의 향상을 기대할 수 있다는 것을 경영자·관리자에게 인식시켰다는 점에서 크게 공헌하였다. 그 결과 1940년대에는 인간관계론을 중심으로 한 인사관리 기법이 급속히 발전하게 되었다.

인간관계론은 인적자원이 특수한 자원이라는 것을 올바르게 인식하고 있다. 즉 그들은 기계론적 인간관을 극력 배제한다. 이것은 인간관계론의 불후의 공적이다.

그러나 호손실험은 과학적 엄밀성을 결하며 더욱이 그들이 실험에서 사용한 방법은 주로 직접 관찰과 면접이었고, 최근의 사회심리학 중에서 널리 사용되고 있는 엄밀한 분석방법

---

15) Roethlisberger, F. J., Dickson, W. T., *Management and Worker*, Harvard Univ. 1939.; Roethlisberger, F. J., *Management and Morale*, 1941.

내지 양적 측정법에 의한 것은 아니었다. 그리고 인간관계론의 사람들은 지나치게 동료관계와 비공식조직을 강조하였다. 그 결과 개개 노동자의 태도나 행동 그리고 능률은 그들 동료관계에서 결정된다고 생각하고 그들이 어떠한 일에 종사하고 있는지에 대한 점은 문제시하지 않았다.

▌표 1-1▐ 기계적 접근과 인간관계적 접근의 비교

	기계적 접근	인간관계적 접근
형성시기	1900~1920	1930~1940
형성배경	과학적 관리법	호손 실험
주창자	테일러(F. W. Taylor)	메이요(E. Mayo)
직무(일)	• 전문화 • 기계화 • 표준화된 작업조건	• 비전문화 • 직무간 협동 중시 • 사회적 조건
인간(노동)	• 공식 조직 • 경제적 동물	• 비공식 조직 • 사회적 동물
공 헌	주먹구구식의 공장관리를 과학화시킴	인간행동에 대한 새로운 시각 제시
비 판	인간을 기계의 한 부품으로 간주	공식/비공식 조직의 인위적 구분

인간관계론의 등장이래 종업원에 대한 경제적 자극제도에 대한 관심은 크게 후퇴하였다. 그러나 기업에서 종업원의 경제적 욕구를 부당하게 경시하는 일반적인 경향은 종업원의 모티베이션의 실천체계와 이론체계의 양면에서 하나의 맹점이 되는 것이다.

즉 노동자의 감정만을 강조한 시책은 노동조합으로부터 경제적 욕구를 무시한 노동자 회유책이라고 비난받았으며, 또한 경영자측으로부터도 부드러운 직장의 유지만이 능률향상에 크게 영향을 미친다고는 생각하지 않게 되었다. 그리하여 여기에 새로운 이론의 전개를 필요로 하게 되어 종래의 인간관계론을 포함하여 인간행동의 제과학을 포괄하는 종합과학(inter-disciplinary approach)의 발전을 보게 되었다.

3. 현대적 인사관리시대(1940년대 이후)

1) 민주적 관리시대

제2차 세계대전 이후 경제의 고도성장과 사회의 성숙은 인간의 경제적 욕구와 사회적 욕구의 충족수준을 높이고, 인간의 가치를 비약적으로 증대시켰으며, 기술혁신과 기업환경의 가속적 변화와 다양화는 관례적 결정과 단순한 근면성이 요구되었던 시대와는 달리 산업인들의 능력의 최대활용과 창조성의 발휘가 중요하게 되어 각 계층의 경영구성원들이 문제해결자로 등장함으로써 권력 내지 온정주의에 의거하였던 경영가족주의에서 인간존중의 정신으로 경영이념이 전환되었다.

또한 노동자들의 민주주의 의식향상과 함께 노동입법 등으로 종업원도 경영에 참가해야 한다는 주장이 나오고 경영자는 노동자의 이러한 요구를 의식하여 그 충족에 노력하게 되었다.

미국에서는 대공황 극복을 위한 뉴딜 정책(New Deal Policy) 중에서 노동조합을 법적으로 승인하는 와그너법(Wagner Act)이 제정되었다. 이 법은 1935년에 제정된 전국노동관계법(National Labor Relations Act)의 통칭으로 노동기본권을 보장하고 단체교섭제도에 법적인 기반을 부여한 획기적인 노사관계법이다.

이 법으로써 비로소 근로자의 단결권, 단체교섭권, 단체행동권을 법적으로 승인하고 또한 경영자의 부당노동행위를 금지한 것은 경영관리에 근본적인 영향을 준 것이다.

이와 같이 노동조합이 법적으로 승인되면서 경영자가 담당하는 경영관리에 혁명적인 변화가 생기게 된다. 즉 단체교섭에 있어 노동조합은 임금을 비롯하여 근로조건에 대해 향상을 요구하게 되어 경영자는 경영의사결정에 대한 자유 내지 독단을 잃게 되는 것이다. 그리고 단체교섭사항은 노동조합의 발달과 더불어 점차로 증대하는 경향이 있고 이 경향은 경영관리에 있어서 경영자의 자유를 제약하는 것이 되었다.

한편 제2차 세계대전 후 독일에서 공동결정과 경영조직법이 법제화됨으로써 위로부터 일방적 관리대상으로 취급되었던 노동자가 점차 경영에 참가하게 되어 노사대등관계인 산업민주화의 방향으로 나아가고 있다.

2) 인사관리의 정보화시대

최근 MIS(management information system)가 인사관리 분야에도 적용됨으로써 인사구성·인건비를 예측하는 등 합리적 선택을 행하며, 특히 능력주의에 입각한 적재적소배치·승진에 대하여 컴퓨터가 그 위력을 발휘하고 있다.

인사정보시스템은 급여파일로부터 인적자원에 관한 모든 사항을 인사기록파일(personnel data file))에 입력하고 실적평가파일, 관리자목록파일, 모집파일, 교육훈련파일, 복지후생파일, 기술목록파일, 연구조사파일 등 인사관리에 대한 정보자료파일을 개발함으로써 인사 데이터베이스(personnel data base)를 구축해 나가고 있다. 이렇게 구축된 인사 데이터베이스는 조직체 전반에 걸친 경영계획과 방침 그리고 예산 등이 입력되어 있는 경영관리시스템 파일과 외부의 인력시장 파일과 연결되어 인사관리 각 분야에서 의사결정모형에 의해 요구되는 모든 정보자료가 산출되어 나오게 된다.

즉, 각 종업원의 경력·건강·인사고과·훈련결과·적성검사 등을 컴퓨터에 기억시켜 승격·승진·배치전환 등에 이용함으로써 컴퓨터에 의한 인사관리의 종합적인 과학화가 진행되고 있다.

제3절 인사관리의 체계

인사관리는 기업조직에서 사람을 관리하는 체계적인 사고와 방법을 다룬다. 따라서 인사관리에 관한 지식은 전체로서 체계를 이루어야 한다. 인사관리활동은 하나하나의 활동이 개별적으로 생길 수 있으며, 그때그때의 인사적인 문제를 해결하기 위하여 자연히 어떤 사고나 지식 그리고 기술이 개발되기 마련이다. 이와 같은 개별적인 내용을 인사관리 교육에서는 체계를 세워서 하나의 원리에 입각해서 일반화하여야 한다. 그렇게 함으로써 하나하나의 경험을 새롭게 모두 거치지 않더라도 기업의 인사문제의 이해와 해결방법의 구상과 실천에 도움이 되는 지혜를 얻을 수 있다. 여기서는 인사관리의 전체적 구성체계를 그 발달과정과 관련시켜 직능적 체계와 관리과정적 체계 그리고 체계론적 체계의 세 가지로 나누어서 설명하고자 한다.

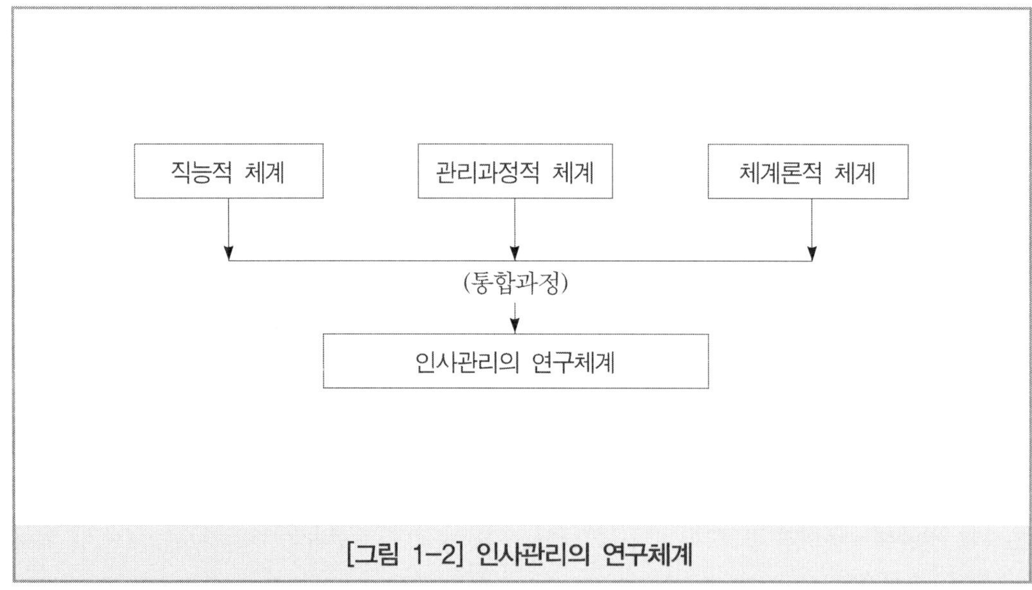

[그림 1-2] 인사관리의 연구체계

1. 직능적 체계(functional structure)

인사관리의 교과서적 체계로서 인사관리 전체를 분류한 최초의 구성방법은 직능적 인사관리이다.[16] 직능적 인사관리체계는 조직에 필요한 사람을 고용하고 배치·활용하며 평가, 보상, 개발, 유지하는 각종 활동 하나하나를 구성요소로 보아서 차례로 그 내용이 되는 지식과 기술을 서술한다. 또 이 체계에서도 합리적인 관리기법으로서 직무분석이나 인사고과와 같은 기초적인 기술을 도입하여 설명하고 있다.

직능적 접근방법에 의하여 인사관리체계를 구성할 때 가장 먼저 고려해야 할 직능은 고용관리(employment function)직능이다. 고용관리직능은 모집과 선발활동으로 구성된다.

직능적 활동에서 고용관리 다음의 활동은 인사평가와 훈련·개발 그리고 승진·이동관리 활동이다. 그 다음 직능활동은 보상관리이다. 인사관리에서 보상관리는 경제적 보상의 중요성으로 보아 중요한 관리 영역이다. 그리고 사원의 근로 환경관리도 직능적 인사관리 활동의 중요영역이고 노동시간과 인간관계 관리와 같은 사회적 관계 관리나 안전보건관리와 복지후생과 같은 분야도 주요한 관리활동이다.

직능적 관리활동의 마지막부분은 노사관계관리가 된다. 노사관계는 노동조합과의 관계 그리고 그 외의 근로자들의 조직과의 관계를 지칭하며 이 활동은 오늘날 근로자들의 조직이 가지는 의미로 미루어 보아서 그 중요성이 대단히 높다.

이상과 같은 직능적 활동체계는 그 자체가 반드시 관리적으로 합리화되어 있든 아니든 간에 모든 현대 기업의 조직이 실시하지 않을 수 없는 활동이며 이를 발생 순서에 따라서 그 하나하나를 전문적 활동으로 간주하여 나열한 것이다. 본서에서도 설명의 편의상 이러한 직능적 인사관리 체계에 입각해서 설명하고 있다.

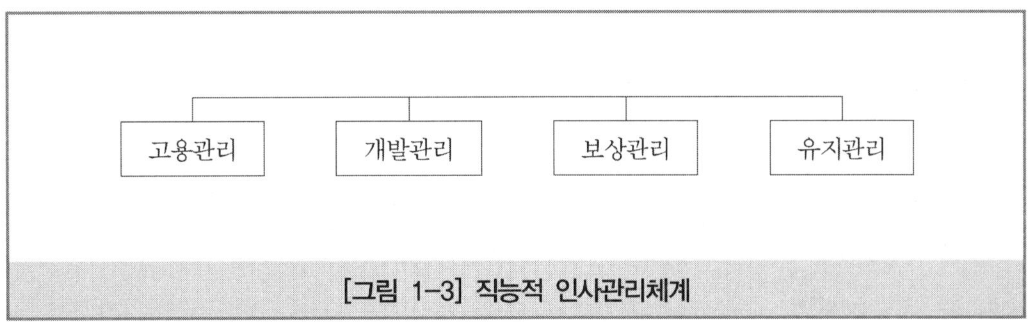

[그림 1-3] 직능적 인사관리체계

16) 金植鉉, 前揭書, p. 16.

2. 관리과정적 체계(structure of managerial process)

인사관리의 직능적 활동체계는 그 자체가 불가결한 활동으로서 어떤 조직에서나 필요한 활동이며 그 하나하나가 독자적 활동목표와 원리에 따라 운영되지만 실제 이들 여러 활동은 각 활동이 내부적으로나 또 활동간의 관계에 있어서 효율적으로 상호조정되어 전체적으로 효과를 내는 합리적인 관리활동의 체계가 되어야 한다. 예를 들면 고용관리활동은 그 자체가 기업경영의 전체목표에 조정된 합리적인 활동으로 이루어져야 하고 또 개발·보상활동 등과 상호 조정되어야 한다. 그러므로 이들 활동은 내부적으로나 타활동과의 관계에서 상호조정되어 통일적으로 질서를 형성하도록 하기 위해서는 관리과정적인 사고와 원리에 의하여 운영해야 한다.

여기에 속하는 활동의 내용으로는 전반적인 인사관리의 계획과 조직 및 통제 등의 활동과정을 포함하고 있으며, 이러한 내용의 활동과정은 관리과정적 활동원리에 따라 실시되어야 한다는 기본적인 전제조건에 따라 관리과정적체계가 형성된다고 본다. 따라서 인사관리의 전반적인 활동을 계획·조직·통제 등으로 구성되는 통합·조정적 관리과정은 인사관리의 기본적인 체계로 보는 것보다 일반관리론의 체계를 인사관리에 원용 및 활용하고 있는 체계로 이해하는 것이 옳을 것이다.

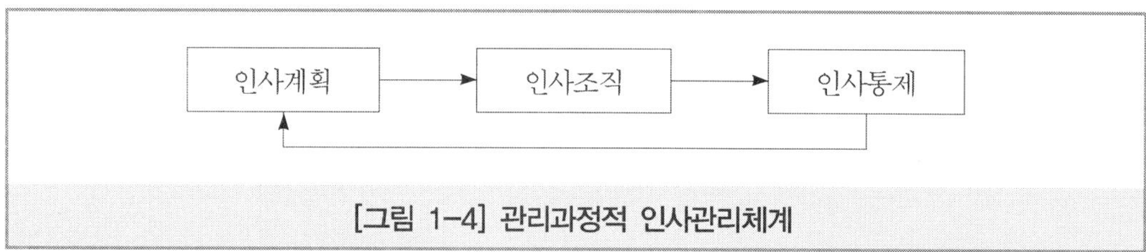

[그림 1-4] 관리과정적 인사관리체계

3. 체계론적 관리체계(systematic structure)

이 체계에서는 직능적 체계와 관리과정체계를 인사관리 업무가 수행되는 기업의 환경조건과 연관시켜 효율적이고 합리적으로 적용 및 활용하려고 시도하는 기본적인 사고에서 연유되었다고 볼 수 있다.

모든 기업은 고용, 개발, 보상, 유지와 같은 직능적 활동체계를 가지고 있고 이를 보다 합목적으로 수행하기 위하여 과정적 활동으로 통합하는 활동체계와 결합하게 된다. 그런데 이런 활동의 구체적인 내용과 방법은 환경 조건에 따라 다르기 때문에 상황에 따라서 판단해야 하는 것이다. 이런 상황적 조건의 변화와 차이를 고려하기 위해서는 체계론적 사고방식을 도입하면 대단히 편리하게 된다. 이와 같은 개방체계적 사고에 따라서 인사관리를 이해하게 되면 기업의 인사관리에 대해서 중요한 영향을 미치는 주체와 객체 그리고 국가간의 기업 인사관리의 내용상의 특징을 판별할 수 있다. 뿐만 아니라 이런 사고를 발전시킴으로써 보다 상황조건에 적합한 개별적 인사전략과 제도 그리고 기법의 선택에 도움이 되는 판단력을 키워 주게 된다.

예를 들면 경영책임자의 개성이나 사고방식에 따라서 어떤 기업은 다른 기업과 인사관리에 대한 사고방식과 제도가 다르게 나타난다. 또한 기업의 규모, 기술 내용에 따라서 인사관리의 특성은 많은 차이를 가진다. 또한 고용된 사원들의 사고나 작업조직의 특성과 분위기가 인사관리의 내용을 특이하게 만들 수 있다. 또 기업의 시장환경이나 타 조직과의 관계 그리고 사회체계도 마찬가지로 기업의 특성을 규정하는 중요한 요인이 된다. 이런 방향으로 사고(思考)하면 인사관리의 구체적인 제도를 이해하고 개선하는데 있어서 보다 개별기업의 조건에 적합한 판단을 하는데 도움이 되는 것이다. 또 국가간의 제도의 차이를 이해하고 각국의 적합한 인사관리제도를 선택할 때에도 이런 사고에 따르면 보다 올바른 선택을 할 수 있게 된다.

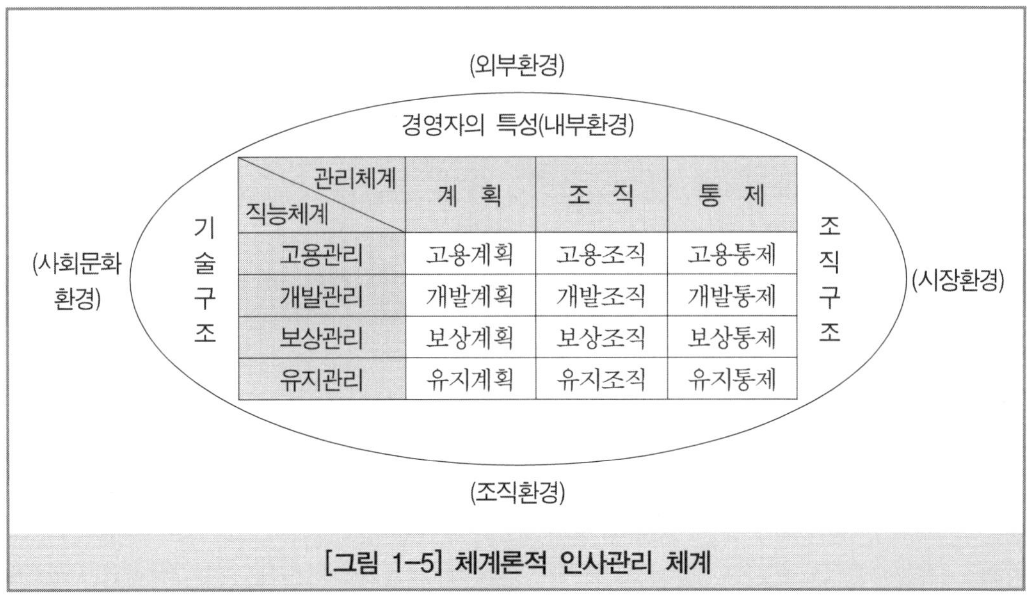

[그림 1-5] 체계론적 인사관리 체계

결론적으로 체계론적 인사관리체계는 인사관리의 각 부문 활동이 독자성을 가지면서 상호 영향관계를 가지고 상호 조정되어 인사관리 전체의 목표를 추구하는 전체적인 체계로 보는 것이다. 또한 인사관리가 기업내외의 환경조건과 상호 영향을 주고받으면서 기능을 수행하고, 환경에 적응해 간다고 본다.

제2장

인사관리의 환경

제1절 인사관리의 외부환경

제2절 인사관리의 내부환경

제3절 한국기업의 인사관리 패러다임의 변화

제2장

인사관리의 환경

모든 기업조직은 필연적으로 환경과 상호 작용하면서 성장·발전한다. 기업조직은 환경으로부터 필요한 모든 것을 공급 받는 대신 그것과 교환으로 산출물을 사회에 제공한다. 환경은 기업조직이 환경에 적응하기 위한 전략적 의사결정의 본질에 따라 제약요인이 되기도 하고 또한 새로운 기회가 되기도 한다. 인사관리시스템은 개방 시스템이므로 환경이라는 개념이 있음으로써 비로소 기능을 발휘하게 된다. 인사관리시스템은 환경의 변화에 따라서 끊임없이 적응해 나가야 한다.

이러한 관점에서 인사관리문제에 영향을 미치는 환경요인을 분석하는 것은 매우 중요한 일이다. 인사관리에 영향을 미치는 환경요인은 크게 조직 내부적 요인과 조직 외부적 요인으로 나눌 수 있다. 전자는 이미 형성된 조직내부의 역사적 특성과 장래의 변화경향으로서 조직의 강점과 약점이며, 후자는 앞으로 조직의 유지·발전에 영향을 미칠 조직 외부의 조건, 즉 기회와 위협요인이다. 여기서는 인사관리 환경을 외부환경과 내부환경으로 나누어서 설명하고 한국 인사관리 패러다임의 변화를 살펴보기로 한다.

제1절 인사관리의 외부환경

일반적으로 외부환경은 일반환경과 과업환경으로 나뉘는데 구분이 항상 명확한 것은 아니며, 조직의 성격이나 활동에 따라 정의가 달라질 수 있다. 일반환경의 일부는 과업환경으로 변화하며, 일부의 과업환경은 그 영역이 더욱 넓어져 일반환경으로 흡수되기도 한다. 또한 특정 기업에서는 과업환경이지만 다른 기업에서는 일반환경에 속하는 경우도 나타날 수 있다. 따라서 여기서는 일반환경과 과업환경을 특별히 구분하지 않고 조직의 인사관리에 영향을 주는 외부환경으로 다루고자 한다.

1. 정치·법률 환경

기업경영은 정치적 환경요인들에 의해 크게 영향을 받으며 기업경영의 하위시스템(subsystem)인 인사관리에도 크게 영향을 미친다. 일반적인 정치풍토, 권력집중의 정도, 정치조직의 성격, 정치 및 정당의 체계와 민주화 정도는 인사관리에 큰 영향을 미친다. 우리나라의 경우 1987년 6·29선언 이후 정치민주화로 기업의 인사관리에도 민주화가 요구되어 관리자의 리더십에 많은 변화를 가져왔다고 할 수 있다.[1]

또한 효율적이고 합리적 인사관리를 하기 위해서는 노동법을 비롯한 인사관리에 관련된 제 법률을 잘 알고 있어야 한다. 정부가 기업의 사회성, 공공성, 공익성 때문에 직접·간접으로 개입하고 있으며, 또한 여러 가지 법규를 제정하여 적용하고 있기 때문이다. 특히 인사관리에 중요한 영향을 미치는 법률로서는 상법, 노동관계법, 공정거래법, 세법 등이 있으며, 이 가운데 노동관계법은 근무시간·작업조건·직업안정·퇴직금·보건위생·임금·근로계약·재해보상·복지후생 등에 제약을 가함으로써 인사기능에 영향을 준다. 인사관리에 영향을 주는 주요 노동관계법으로는 근로기준법, 노동조합 및 노동관계조정법, 근로자참여 및 협력증진에 관한 법, 노동위원회법, 산업안전보건법, 산업재해보상보험법, 최저임금법, 직업안정법, 남녀고용평등법 등이 있다.

2. 경제적 환경

경제적 환경이란 경영활동에 영향을 주는 전반적인 경영시스템을 말하는 것으로서, 인적자원관리의 경제적 환경요인으로는 경제체제, 산업구조, 경제성장, 경기동향 등의 다양한 요인이 포함된다.[2]

---

1) 이경희, 현대인사관리, 민영사, 2003, p.36.
2) 신철우, 인적자원관리, 삼영사, 2003. pp. 70-71

1) 경제체제

자본주의 경제체제에서는 자유기업제도, 영리주의, 자유경쟁을 기본원리로 하고 있으며, 모든 경영활동은 시장의 수요와 공급에 따라 의사결정이 이루어질 수 있으나, 사회주의 경제체제에서는 모든 재산을 국가가 소유하고, 생산 및 유통활동에 관한 계획·통제가 정부에 의하여 결정되므로 자본주의 사회와 사회주의 국가에 있어서 조직 및 인적자원관리의 목적과 원리는 크게 차이가 있게 된다.

2) 산업구조

산업구조는 기업이 수행하는 활동이나 생산하는 상품의 유형에 따라 1차산업, 2차산업, 3차산업으로 분류된다. 우리나라의 산업구조는 1960년대부터 1차산업에서 2차산업으로 전환하기 시작하였으며, 1980년 이후에는 2차산업에서 3차산업으로 비중이 크게 바뀌었다. 이러한 산업구조의 변화에 따라 육체노동자의 비중은 줄어들고 정신근로자의 수가 급격히 증가하였다. 이러한 변화는 인적자원의 고용, 훈련, 보상체계, 후생제도에 있어서 중요한 변화를 필요로 하게 된다.

3) 경제성장

경기가 호전되고 수출이 활성화되며 경제성장이 가속화되면 국민소득이 향상되고 소비가 활성화되어 유효수요가 창출된다. 그렇게 되면 기업은 생산을 증대시키기 위해 시설을 확장하고 고용을 확대하게 된다. 그러나 IMF위기와 같이 경제성장이 급격히 하락하고 경기침체가 지속되면 기업은 생산을 감소시키고 구조조정을 감행하게 되므로 실업자를 배출하게 된다. 조직의 인적자원관리자는 경쟁력 유지를 위한 혼란과 위기를 맞게 된다.

3. 노동시장

현대산업사회에서는 노동력의 구성체계가 과거와는 많이 달라져 가고 있기 때문에 이에 따른 인력문제가 심각하게 대두되고 있다. 특히 인구의 고령화 경향, 교육수준의 향상, 관리직 및 전문직의 증가, 여성인력의 참여 등이 인력문제에 영향을 미치고 있다.

1) 인구의 고령화

인간의 수명은 21세기에 들어와서 급속히 연장되고 있으며 교육수준의 향상에 따른 연·소층인구의 노동력 유입감소로 인하여 중·고령층의 노동력 비율이 증가되고 있는 반면 직장에서의 정년퇴직연한은 거의 변화되지 않고 있다. 이와 같은 상황은 아직 일할 능력이 있는 사람들을 노동력에서 제외시킴으로써 그들의 경험과 지식을 사장시키게 된다는 점, 그리고 현대 가족구조상의 문제에 따른 노년층의 소외문제를 야기시킨다는 점에서 커다란 사회문제로 제기되고 있다.[3] 이러한 문제를 해결하기 위하여 사회 전체적인 인력활용 면에서 보면 정년을 연장시켜 이들을 계속 일할 수 있게 하는 것이 바람직하다.

그러나 정년연장은 현재 우리나라에서와 같은 연공서열적인 임금구조에서의 과도한 인건비의 부담과 승진상의 체증문제로 인하여 실제조직수준에서는 이를 받아들이기가 어려운 실정이다.

따라서 노년층의 처우문제를 임금과 승진 면에서 새로운 방식을 고려하여 해결하는 방향으로 조직수준에서 노력하지 않으면 안 되게 되었다. 예컨대 정년을 연장하거나 이것이 어려울 경우, 정년퇴직 후에 처우가 조금 낮은 조건으로 다시 채용하는 방법을 택할 수도 있겠고, 이에 따라 노년층에 적합한 직무를 개발하거나 새로운 기술환경변화에 대처할 수 있도록 이들에게 교육·훈련의 기회를 제공하는 방안 등이 고려될 수 있을 것이다.

최근에는 명예퇴직·조기퇴직(早期退職)이 실시됨에 따라 이들 인력의 국가적 활용이 과제로 되고 있다.

2) 관리직 및 전문직의 증가

현대산업사회에서 고용구조의 또 하나의 특징은 관리직 및 전문직 종사자의 비중이 증대한다는 것이다. 전문직·기술직·관리직·판매직 또는 사무직을 담당하는 인력의 비중은 기능공이나 작업자, 노무자들과 같은 일선 업무담당자들에 비해 크게 증가하고 있다.

이는 관리직과 전문직이 대부분인 서비스업의 산업구조에서 차지하는 비중의 증가와, 정부를 포함한 공공부문의 고용비중의 증가, 생산방식의 기계화와 자동화에 따른 직무구조의 변경에 기인한다고 할 수 있다.

또한 교육수준의 향상으로 인하여 고급인력들이 육체노동을 기피하는 데서 나타나는 현상으로도 볼 수 있다. 그런데 관리직이나 전문직 종사자와 같은 사람들은 그들의 조직상 위치로 인하여 노동조합과의 관계가 애매하며 또한 승진이나 보수 면에서 일정한 패턴을 유지하기가

---

3) 愼侑根, 前揭書, p. 5.

어렵기 때문에 일반종업원들과는 다른 관리방식이 필요하게 된다.

특히 기업에서 컴퓨터의 발전과 함께 경영정보시스템(management information system ; MIS)이 계속 도입되고 있는데, 이에 따른 전문인력의 확보·처우문제 그리고 의사결정상의 권한배분문제가 야기된다.

3) 여성인력의 참여

우리나라 노동시장에서 일어난 두드러진 변화의 하나는 선진국의 변화현상과 같이 여성근로자의 급격한 진출이다. 우리나라 여성의 경제활동 참가율은 2000년 49.8%에서 2010년 54.5%로 꾸준히 증가하고 있으며 앞으로도 계속 증가할 것으로 보인다. 이렇게 여성의 경제활동 참가율이 증가하는 이유로는 첫째, "남녀고용평등법"이 시행되면서 모집·채용·해고·정년 등에서 남녀차별이 금지되었고, 둘째, 여성의 학력수준 향상으로 전문성이 확보되면서 고도화된 산업사회의 노동력 수요에 부응하게 되었으며, 셋째, 가사활동과 보육활동에 필요한 가전제품의 보급으로 여성의 노동시장 진출이 용이해졌고, 넷째, 기업들이 계속되는 인력난을 해결하고 경기침체에 대응하기 위한 원가절감의 수단으로 상대적으로 임금이 낮은 여성근로자를 선호하게 되었다.

인적자원관리자는 여성근로자의 진출과 관련하여 선발과 배치, 보상과 복지, 훈련과 승진 등에 있어서 남녀차별이 나타나지 않도록 해야 하며, 특히 여성의 복리후생과 관련하여 산전·산후휴가, 육아보육시설, 맞벌이 종업원의 동일지역 배치, 성희롱 예방 등의 문제를 반영하는 인적자원관리가 실현되어야 할 것이다.

4. 사회·문화적 환경

오늘날 노동력구성의 변화 및 사회 가치관의 변화와 다양화, 이를 가능하게 한 여러 요인들로 인하여 일 또는 조직에 대한 개념도 변화하게 되었다.[4] 즉 과거같이 조직의 발전을 위해 조직에 개인을 몰입시키던 태도는 점차 사라지고, 조직보다는 개인을 우선시하는 방향으로 가치관이 변화하고 있다. 이에 따라 기업체의 많은 종업원들이 개인적인 성장가능성이라고 하는 그들 나름대로의 합리적인 사고와 소속집단에 몰입함으로써 직장의 안정성을 바라는 전통적인 사고(思考)간에 심각한 갈등현상을 보임으로써 커다란 심리적 부담을 안고 있다.

정도의 차이는 있지만 이러한 개인주의적인 경향은 사람의 생활에서 일이 차지하는 역할이

4) 金植鉉, 前揭書, p.26.

변모과정을 겪고 있음을 보여주고 있으며 종전에는 부유층에서만 누릴 수 있었던 삶의 여유를 이제는 대다수의 사람들이 함께 공유하게 되었다는 사실에 기인한다.

이러한 노동에 대한 가치관의 변화와 개인주의적 방향으로의 태도변화 및 정치적 민주주의가 산업에도 적용되기를 바라는 태도의 출현에 따라 조직으로서는 이러한 성격을 갖는 종업원의 불만족을 줄이기 위해 개인중시나 작업의 인격화 방향으로 직무를 재설계하거나 인간관계 개선방안의 도입, 공정한 평가제도의 확립, 승진 및 보상기준의 재정립, 노동생활의 질(quality of working life)을 향상시키는 과제에 당면하게 된다. 즉 과거 육체노동자들에 대한 관리에서 중점을 두었던 통제 측면보다는 사무관리직 종사자라는 전문화되고 상대적으로 높은 수준의 교육받은 인력에 대해서는 동기부여를 통한 관리가 크게 부각될 수밖에 없을 것이다.

5. 정부

정부의 개입은 노사관계로부터 인사관리의 모든 부문에 걸쳐 행해지고 있다. 예를 들면 채용의 경우에는 자의적인 선발로부터 특별한 경우를 제외하고는 성별, 종교, 학력 등에 의한 차별을 없애는 방향으로 나가고 있으며, 선발시험도 그 공정성을 높일 것을 요구하고 있다. 또한 사회적인 관점에서 병역과 같은 국가의무를 수행한 사람을 우선적으로 선발할 것을 규정하거나 신체부자유자 또는 원호대상자들의 선발에 특별한 고려를 할 것을 규정하고 있다. 특히 최근에는 고령자의 고용촉진도 장려하고 있다.

한편 보수면에서도 법률과 정부의 규제가 많이 가해지고 있는데, 임금인상률, 임금체불에 대한 제재, 시간외 근무수당이나 퇴직금, 유급휴가 또는 동일직무에 대한 성별, 학력별 보수차이 해소 등에 관한 것이 그것이다. 또 작업조건에서도 노동시간이나 작업환경기준의 설정, 산업재해에 대한 보상책 그리고 종업원의 건강을 위한 의료보험제도의 실시 등이다. 이러한 정부의 개입은 급증하는 추세에 있으며 사회 전체적인 관점에서 이들 법의 규정을 잘 이해하고 따르는 것이 인사관리자만이 아닌 조직전체의 책임이다.

6. 정보기술의 발전

반도체 칩을 이용한 정보기술은 정보처리와 관련된 분야로 급속히 확대되고 있고 이를 활용한 자동화가 증대되고 있다. 기존의 기술은 인간의 육체적 능력의 연장형임에 비해서 정보기술은 인간두뇌의 연장형으로서 인간노동을 완전히 대체할 잠재력을 갖고 있다. 조직을 일련의 정보처리 단위들이 효율적으로 결합된 것으로 보면 앞으로 정보기술이 조직과 인사관리에 미치는 영향을 가늠할 수 있다.

[그림 2-1]에서와 같이 정보기술은 작업자 및 작업자간의 상호작용 및 의사소통 유형을 변화시킨다. 이에 따라서 관리자의 역할이 변화하고 분권화가 촉진되면서 조직구조가 평면화(flat) 된다. 정보기술은 인사관리상의 일련의 연쇄적인 변화를 촉진시킨다. 먼저 조직구조와 과업설계를 변화시키고 이에 따라서 작업자의 기능 요건을 변화시키며 경력경로와 승진기회에 영향을 미친다. 작업자의 기능요건이 변함에 따라서 보상체계와 보상기준이 변한다.

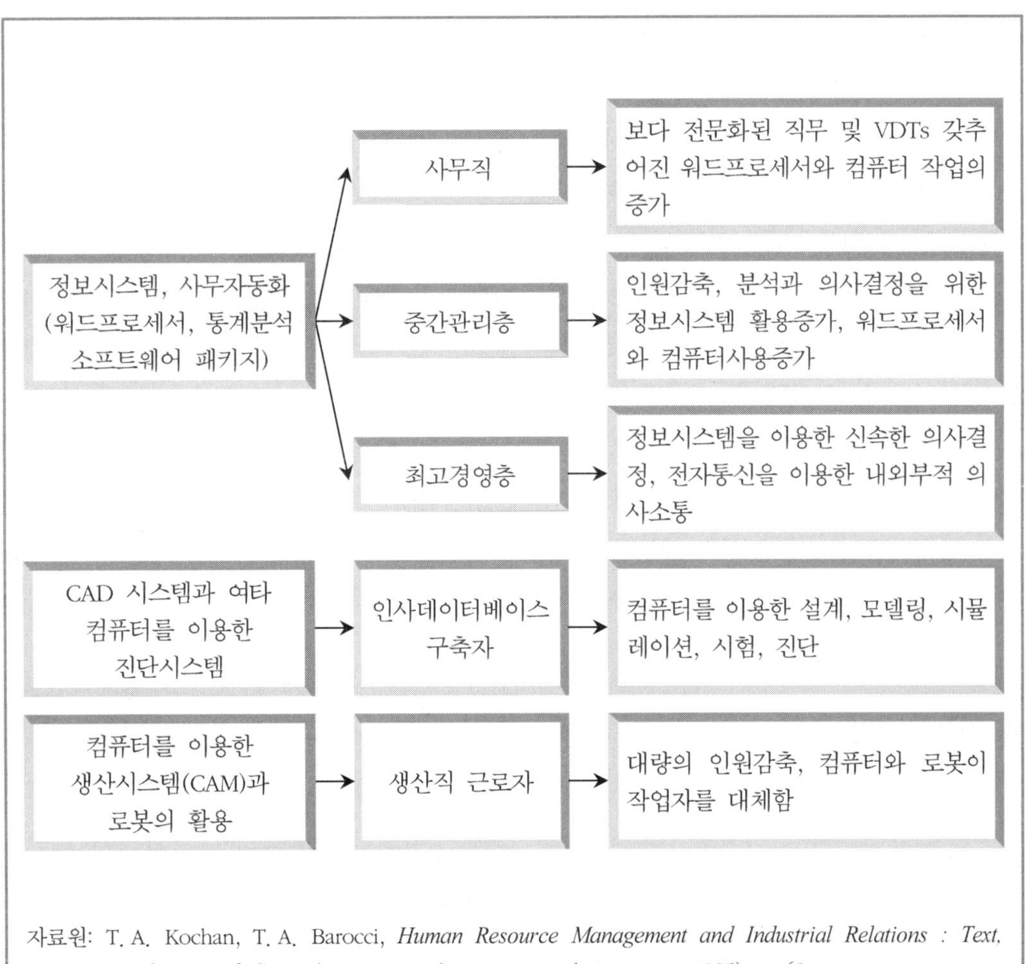

자료원: T. A. Kochan, T. A. Barocci, *Human Resource Management and Industrial Relations : Text, Readings, and Cases* (Boston : Little, Brown and Company, 1985), p. 68.

[그림 2-1] 정보기술이 인사관리에 미치는 영향

7. 노동조합

노동조합은 노동자의 자발적인 단체이며 그 경제적·사회적 지위의 향상을 주목적으로 한다. 노동조합은 사용자에 대항하는 의도하에서 결성되는 수가 많다. 노동조합은 구성원을 대표하여 노동조건의 향상을 요구하고 일부의 인사관리상의 결정에 대해 참가할 것을 요청하게 된다. 이 측면은 보통 노사관계라 불리지만 인사관리의 집단적 관계의 측면이라고 부르기도 한다. 요컨대 노동조합의 성립에 따라 기업조직은 그 인간문제를 개별관리수준에서 뿐 아니라 집단관계의 차원에서 포착하여 대표권한을 가진 노동조합과 교섭을 하는 사태에 당면하게 된다. 집단적인 노사관계는 조직 외의 관계로서의 측면을 가지는 것이기 때문에 인사관리에는 새로운 국면이 되는 셈이 된다.[5] 여기에서 기업조직은 노동조합과의 교섭에 있어 경영의 핵심에 가까운 전문부서를 두어 창구를 일원화해서 대처할 필요를 느낄 때가 많다. 이렇게 하여 인사스탭의 충실화, 인사관리의 기능분화, 제도화, 규정화, 인사관리의 체계적 정비가 노조결성을 계기로 하여 진척되는 예가 적지 않은 것이다.

노동조합은 인사관리의 여러 가지 측면에 영향을 주게 되나 그 성립과정에서 특히 노동조건을 둘러싼 의사결정에 대해 커다란 역할을 수행하고 있다. 일반적으로 일정한 규모 이상의 기업에서는 경영조직 이외에 별개의 노동조직이 존재한다는 것은 인사관리상 불가피할 뿐 아니라 거의 불가결이라고까지 말할 수가 있다.

노동조합은 노사간 상호작용의 특성에 따라서 노사간 극도의 대립의식을 가져와 인사관리의 합리성을 손상시키는 경우도 있다. 이 경우 인사관리는 탄력성을 상실하고 형식화·경직화와 같은 병리현상을 보이는 예도 많다. 특히 기업활동의 정체가 계속되는 경우에는 이러한 종류의 병폐가 생기기 쉽다.

8. 국제적 환경

국제화시대를 맞아 기업은 다국적 기업, 세계기업(global enterprise)으로 변모해가고 있다. 국가간 실리추구의 무역과 국제환경의 변모는 다국적 기업으로 하여금 국제환경에 적응할 수 있는 조직구조, 조직관리, 인사정책을 요구하고 있다.[6]

더욱이 국제기업의 사회적 책임도 강조되고 있어 국제적 환경변화가 국내환경의 변화에 못

5) 金植鉉, 前揭書, p. 40.
6) 梁創三, 前揭書, p.68.

지않게 심각한 영향을 주고 있다. 이에 따라 학문에도 국가간, 문화간 비교경영학연구가 활발히 전개되고 있다.

비교경영학적 접근방법 가운데 가장 많이 사용하고 있는 것은 사회·경제적 접근법(socio-economic approach)이다. 이 접근법은 일정한 사회적·경제적 조건과 관리실행 사이의 상관관계 또는 상호작용을 강조한다. 미국이나 일본기업이 처한 사회적·경제적 조건이 우리나라의 기업이 처한 조건과 다르기 때문에 인적자원관리에 대한 철학이나 실천방법이 달라질 수 있다는 것이다. 이 방법은 매우 거시적인 관점에서 관리행위에 영향을 주는 경제적 조건과 사회적 규범을 발견할 수 있다는 장점은 있지만 개인간의 차이나 기업간의 차이 등 미시분석이 어렵다는 단점을 가지고 있다. 이밖에도 기업을 생태적 제도의 하나로 보고 환경요인과 기업사이의 상호관계를 연구하는 생태학적 접근법(ecological approach), 상이한 풍토에서 경영자의 전형적인 행동패턴·특정경영태도에 대한 동기형성·개인 및 소속집단과의 관계를 밝히려는 행동과학적 접근방법(behavioral approach), 비교경영문제의 특정사실을 발견하는데 있어서 실제적으로 용이한 연구체계를 도입하려는 절충적·실증적 접근방법(eclectic-empirical approach) 등이 있다.[7)]

다국적 기업의 경우 해외파견인의 선발 또는 현지인의 채용 등 확보관리에 관한 문제, 그들에 대한 교육훈련·경력관리·보상관리 등 개발관리에 관한 문제, 현지인과의 인간관계 및 노사관계 등 유지관리에 관한 문제 등이 주요 인적자원 관리문제로 등장한다.

그밖에 다국적 기업이 국가간의 문화거리를 좁히지 못하고 국제 활동을 수행할 경우 문화적 충격(cultural shock)을 흡수하지 못하고 도산할 우려가 높음으로 문화차이에 대한 관심을 높게 가지고 이에 대한 적응훈련을 적극적으로 해야 할 필요가 있다.

제2절 인사관리의 내부환경

조직내부환경은 크게 조직의 전략, 조직의 라이프사이클, 기업지배구조, 조직구조 및 직무성격의 변화, 조직규모로 구분해서 살펴볼 수 있다. 조직의 내부환경은 앞에서 언급한 외부환경의 영향을 많이 받는다. 예를 들어 조직의 전략은 경제환경의 영향을 많이 받는 반면 조직구조와 직무의 성격은 정보기술의 영향을 많이 받는다.

---

7) Hans Schollhammer, "The Comparative Management Theory Jungle", Academy of *Management Journal*, 12·1(March 1969), pp.81~87.

1. 조직의 전략

인사관리의 전략적 성격이 중요해지면서 기업의 전략과 인사관리를 적합화시키려는 노력이 증가하고 있다. 따라서 기업의 전략은 인사관리에 있어서 중요한 내부환경이다. 역으로 인사관리를 통한 인적자원 역량의 축적이 전략의 형성과 실행을 가능하게 한다는 측면에도 유의해야 한다. 조직의 전략은 기업에 있어서 의사결정이나 행동선택의 지침으로서의 역할을 한다. 최고경영층의 전략은 하위경영층이나 구성원들의 조직목표달성을 위한 의사결정의 기준이 되며 행동방향의 기초가 된다. 따라서 인사관리자는 기업의 경영전략을 이해하고 전략적 목표를 달성하기 위한 전략적 계획이나 업무적 계획을 확인하여 인적자원의 효율성 제고를 위한 인적자원의 고용·개발·보상시스템을 정립하도록 해야 한다.

2. 조직의 라이프사이클[8)]

‖ 표 2-1 ‖ 조직의 라이프사이클에 따른 인사관리 활동

	도입기	성장기	성숙기	쇠퇴기
지배적 가치	기업가 정신	영업	경쟁력	비용통제
고 용	우수한 기능공 및 전문가의 영입	적절한 양적 및 질적 공급, 경영자승계 계획, 급속히 성장하는 내부노동시장관리	이직장려를 통한 일시해고 기피, 배치전환을 장려	인력감축의 계획과 실행, 종업원 배치전환
인사고과	사업계획 달성도 기준	성장성 기준 (예: 시장점유율)	효율성 및 이윤기준	원가절감기준
보 상	고임 또는 경쟁적 임금수준으로 인력유인, 주식배분	외적 경쟁성 유지, 내적 공정성 확립, 공식적 임금구조 확립	비용통제	엄격한 비용통제
훈련과 개발	미래의 기능요건 확인과 경력경로 설정	경영자개발을 통한 효과적인 경영팀개발, 조직개발	고령인력의 기능과 유연성을 유지	재훈련 실시와 경력상담
노사관계	노사관계의 기본철학정립과 조직계획	산업평화의 유지와 종업원 동기부여 및 사기의 유지	노무비통제와 산업평화의 달성, 생산성 개선	작업규칙의 유연성 확보와 생산성 증진, 직무안전과 고용조정정책의 협상

자료: T. A. Kochan, T. A. Barocci, *Human Resource Management and Industrial Relations : Text, Readings, and Cases, Little, Brown and Company* (Boston, 1985), p. 105; Fombrun, C. J.(1984), "Corporate Culture and Competitive Strategy", in C. J. Fombrun, N. M. Tichy, & M. A. DeVanna (Eds.), *Strategic Human Resource Management* (John Wiley & sons New York), p. 213 참조 작성.

8) 金植鉉, 前揭書, pp. 46-48.

조직을 하나의 유기체에 비유한다면 탄생에서 성장기를 거쳐서 성숙기와 쇠퇴기를 맞이하는 하나의 생명체로 볼 수 있다. 이를 조직의 라이프사이클이라고 한다. 조직의 라이프사이클에 따라서 적합한 인사관리의 예를 들면 〈표 2-1〉과 같다.

조직의 도입기, 성숙기, 성장기, 쇠퇴기별로 인사관리상의 주요한 문제가 상이하므로 이에 대응하는 관리가 요망된다. 예를 들어 조직의 도입기와 성장기에는 필요인력의 조달과 보상관리 측면에서는 외적 경쟁성이 중요한 반면 성숙기와 쇠퇴기에는 인력의 감축이 중요하고 보상관리에서도 비용통제가 강조된다.

3. 기업지배구조

기업의 지배구조란 기업을 둘러싼 이해관계자들 간의 기업의 지배권 또는 통제권의 분포형태로 정의할 수 있다. 기업을 둘러싼 이해관계자에는 주주와 종업원, 경영자, 은행 등 채권자, 고객, 공급업자, 지역사회, 정부 등이 있다. 기업지배권은 기업이 보유하고 있는 인적자원, 기타 각종 자원의 할당에 관한 의사결정권을 말한다. 결국 기업지배구조는 경영권이 이해관계자들 간에 어떻게 분포되어 있는가를 의미하는 것으로서, 이해관계자들 간의 명시적인 권한 관계만이 아니라 암묵적이고 관행적으로 이루어지는 권한관계도 포함하는 것으로 보아야 한다.

기업지배권은 누가 효과적인 경영의사결정, 즉 효과적인 경영을 촉구할 가장 큰 인센티브를 지니는가에 따라서 결정되는 것이 경영의 효율화를 위해서 바람직하다. 전통적으로 기업지배권은 기업자산의 소유자이자 기업수익에 대한 잔여청구권(residual claimant)을 지닌 주주에 귀속되어야 한다는 입장이 주류를 이루었다. 그러나 경영위험을 부담하고 잔여청구권을 갖는 이해관계자는 주주만이 아니라 종업원, 경영자, 나아가 채권자들도 포함한다. 예를 들어 종업원은 기업특유의 기능과 지식을 투자하고 있는 투자자로서, 만일 경영이 잘못되면 임금, 퇴직금, 승진 등 각종 손실을 부담해야 하기 때문에 경영위험을 부담하고 있고, 따라서 경영의 효율화를 촉구할 인센티브를 지니고 있다. 이처럼 최근에는 기업지배권이 주주만이 아니라 종업원과 경영자 그리고 채권자도 포함하는 이해관계자들에게 귀속되어야 한다는 주장이 대두되고 있다.

4. 조직구조와 직무구조의 변화

조직의 평면화(flat), 조직의 유연화, 가상기업, 네트워크조직, 팀제 등으로 명명되는 조직구조의 변화는 기본적으로 정보기술의 발달에 기인한 것이다. 이러한 조직구조의 변화는 조직 내 종업원의 역할과 책임을 변화시키고 따라서 직무구조도 변화시키고 있다.

정보기술은 조직의 모든 구성원들로 하여금 쉽게 정보에 접할 수 있게 한다. 이에 따라서 종업원의 의사결정 책임과 권한을 증가시키는 것이 작업의 효율성을 높이는 방법이 된다. 그 결과 조직이 분권화되기 시작하고 과거의 위계적 조직구조는 평면적 조직구조로 변화한다. 또한 정보기술은 기존의 직무를 변화시킨다. 예를 들어 로봇과 컴퓨터를 사용하여 제조공정을 자동화하는 컴퓨터종합제조방식(CIM)에서는 작업자, 자재취급, 조립, 보전 직무가 하나의 직무로 통합된다. 작업프로세스의 효율화를 목적으로 하는 비즈니스 리엔지어링도 결국은 정보기술을 활용함으로써 가능해진다. 종업원들은 의사결정의 분권화로 인해서 책임과 권한이 증가되고, 직무의 성격변화에 따라서 여러 가지 기능을 습득하게 된다. 이러한 변화에 적합한 직무설계가 자율작업팀이다. 자율작업팀 또는 팀작업은 다양한 기능을 갖춘 종업원들로 구성되며 신입자선발, 작업일정계획, 다른 부서나 고객과의 조정역할 등 종래 관리자들이 담당하던 역할과 책임을 떠맡고 있다. 이와 같은 변화는 인사관리에 대한 중요한 영향을 미친다.

5. 조직의 규모

조직체의 인사관리는 조직의 규모에 따라서 많은 영향을 받는다. 이것은 조직체가 얼마나 크냐에 따라서 인사관리 문제가 달라지고 인적자원을 전문적으로 관리할 수 있는 규모경제와 재정적 능력이 모두 다르게 작용하기 때문이다 .조직규모가 커짐에 따라서 인사관리의 문제는 심화되고 따라서 인적자원을 보다 전문적으로 관리해야 할 필요성을 느끼게 된다.

조직의 규모가 커감에 따라 인사관리의 전문기능도 점점 확대되어 가는데 그 과정으로는 ① 인사기록단계 ② 완충단계 ③ 통제단계 ④ 상담단계를 들 수 있다. 인사기록단계는 인사기록 등 고용업무를 집중적으로 관리하는 단계이며, 완충단계는 인사담당자가 조직구성원들과 최고 경영층간의 갈등을 해결하고 불만을 해결하는 단계이다. 그리고 통제단계는 인사방침과 그 실행에 있어서 그 실행여부가 적정한지를 통제하는 단계이며 상담단계는 통제기능이 점차 상담 또는 자문기능으로 전환되는 단계를 말한다.

이와 같이 조직규모가 커지고 인사관리 부서의 역할이 변화하는 과정에서 인적자원 스탭의 수도 증가하고 인사관리 부서의 조직구조적 위치도 점차 상위계층으로 격상하게 된다.[9] 따라서 인사관리의 업무도 다양화되며 기능도 고차원적인 것으로 변화한다.

제3절 한국기업의 인사관리 패러다임의 변화

기업의 인사관리는 환경에 즉각적으로 대응하여 변화하기 어려운 속성을 가지고 있다. 왜냐하면 인적자원은 물적자원과 달라서 새로운 전략과 제도를 수립하는데 많은 시간이 소요될 뿐만 아니라 구성원들이 자발적으로 수용할 수 있는 운영시스템을 마련하는데 적지 않은 노력을 필요로 하기 때문이다. 21c 기업의 환경은 내용에 있어서 예측이 거의 불가능할 정도로 일정한 패턴이 없이 변화하고 있으며 속도에 있어서 하나하나 충분한 생각과 연구를 통해 대응할 수 없을 정도로 빠르게 변하고 있다. 다행스럽게 우리나라 기업들도 80년대 후반부터 그동안 환경변화를 무시한 채 관행만을 내세웠던 자세에서 벗어나 새로운 경영 및 인사관리의 틀을 받아들이기 위한 나름대로의 혁신을 시도해 왔다. 끊임없이 변화하는 환경에 기업들이 그때마다 적절하게 대응하여 왔다면 경영혁신이 어렵지 않을 것이다. 하지만 우리나라 기업들은 80년대까지 규모의 성장을 중시하는 경영전략을 추구해왔기 때문에 인사관리를 비롯한 일반관리 부문에는 오래 전의 관행이 그대로 유지되어 왔다. 따라서 최근 진행되고 있는 인사관리의 변화는 부분적인 개선이 아니며, 아직은 2개의 패러다임이 공존하는 형태를 보이고 있다. 지금까지 기업들의 인사관리 혁신 결과 나타난 패러다임의 변화와 앞으로 예상되는 추세를 기존의 관행과 비교하여 정리해 보기로 한다.[10]

1. 내부노동시장 중심에서 외부노동시장 중심으로

우리가 일반적으로 말하는 노동시장은 기업이 수용자가 되고 근로자가 공급자가 되어 노동력을 사고파는 시장을 말한다. 노동시장은 제품시장과는 달리 눈에 보이지 않으며, 상품인 노동력과 이를 공급하는 근로자를 구분할 수 없는 특성을 가지고 있다. 이러한 노동시장을 일반적으로 외부노동시장(external labor market)이라고 한다. 외부노동시장을 근간으로

9) 이학종, 인적자원관리, 세경사, 2005, pp. 95-95.
10) 한국노동연구원편, 21c형 인적자원관리, 명경사, 1999. pp. 43-54.

하고 있는 기업의 인사관리는 근로자들이 기업간에 이동하면서 자신의 경력을 발전시켜 나가는 특성을 가지고 있다. 따라서 직무가 표준화 되어 있을 뿐만 아니라 노동시장도 직무에 따라 세분화되어 있기 때문에 인력의 수급이 직무를 중심으로 하여 수시채용의 형태로 이루어진다. 사용자(employer)는 직무의 변화에 따라 근로자를 비교적 자유롭게 해고할 수도 있으며, 근로자들도 자신에게 보다 나은 근로조건을 제시하는 직장을 선택하여 부담 없이 옮겨 다닌다. 외부노동시장 중심의 인사관리시스템은 미국을 비롯한 북미국가와 유럽국가에서 보편화 되어 있고, 대개 근로자가 조직에 대해 가지는 애착이나 몰입(commitment)의 정도가 낮은 편이다.

반면 조직 내의 직무 혹은 일자리가 수용자가 되고 내부의 구성원들이 공급자가 되는 노동시장을 내부노동시장이라고 부른다. 내부노동시장은 노동력의 수요와 공급이 한 기업 내에서 만나기 때문에 외부노동시장과 구분하여 부르는 이름이다. 내부노동시장에서의 인력이동은 주로 배치전환과 승진 등을 통해 나타나는 특성이 있다. 내부노동시장을 근간으로 한 인사관리시스템을 가지고 있는 기업에서는 근로자들의 조직에 대한 몰입의 정도가 매우 높고 경력개발도 조직 내에서 직무를 바꿔가면서 해나간다. 최근 한국기업의 경영혁신을 보면 인사관리시스템이 과거의 내부노동시장 중심의 체제에서 급속하게 외부노동시장 중심의 체제로 이동하고 있음을 알 수 있다. 이러한 변화는 고용조정 과정을 거쳐 앞으로도 가속화될 것이며 종국에는 외부노동시장을 근간으로 하는 인적자원관리시스템이 점점 보편화되어 갈 것으로 판단된다. 왜냐하면 급변하는 환경에서 내부노동시장 중심의 인적자원관리 체제를 유지하는 것은 외부환경에 대한 적응을 어렵게 할 뿐만 아니라 고정적 인건비의 비율을 높여 결국 경영의 효율성을 저하시키게 되기 때문이다.

2. 집단·연공 중심에서 개인·성과 중심으로

지금까지 우리나라 기업들의 인사관리 관행을 보면 학력과 근속에 따른 연공주의가 핵심이 되어 왔다. 연공주의 인사관리는 구성원들간에 팀웍이나 인화단결을 중요하게 생각할 때 많이 사용된다. 이러한 연공주의와 함께 한국기업들의 인사관리를 지배해온 다른 특성이 곧 집단주의 성향이다. 채용할 때도 신입사원을 중심으로 정기채용을 하여 왔다. 정기채용을 통해 함께 입사한 사람들은 입사동기라 하여 학교 동창 못지않은 유대관계를 과시하고 때로는 회사의 중요한 의사결정에 자신들의 의견을 집단적으로 반영하도록 하는 압력단체가 되기도 한다. 이들은 입사동기생으로 불리면서 가공할 만한 유대관계를 형성하여 한편으로는 회사의 성과를 높이는데 엄청난 힘을 발휘하기도 하고, 다른 한편으로는 자신들의 이익을 위하여 회사의 성과를 저해하는 집단 이기주의적인 압력단체가 되기도 한다.

집단주의가 가지고 있는 가장 두드러진 문제점은 구성원간의 차별화를 거부하고 가능하면 균등주의 논리에 의해 집단적으로 행동하는 것이다. 이러한 집단주의 특성이 강하게 뿌리내리고 있는 기업에서 인사관리는 개인의 능력과 성과에 따라 처우를 달리해 주는 능력주의가 자리 잡기 어렵다. 임금과 승진에서 개인이 노력한 결과를 적절하게 반영해 주지 못하기 때문에 구성원들을 동기부여시킬 수 없는 어려움을 가지고 있다. 동기부여 메커니즘이 구축되지 못하게 되면 이는 곧 기업전체의 성과를 낮추게 되고 마침내 기업의 경쟁력을 떨어뜨리는 결과를 초래하게 된다. 우리나라 기업들은 그동안 집단주의 인사관행에 젖어 있어서 서로가 부담스러운 경쟁을 피하고 철저하게 "함께 살고 함께 죽는" 바람직스럽지 못한 공동체 논리를 받아들여 왔다. 우수한 사람은 훌륭한 성과를 낼 수 있어도 동료들에게 상대적으로 피해를 주지 않기 위해 최선을 다하지 않는 것을 미덕으로 생각해 왔다. 집단주의도 잘 관리되면 팀웍이 높아지게 되어 기업의 성과에 크게 기여할 수 있다. 하지만 대개의 경우 우수한 사람이 그렇지 못한 사람을 따라 가게 되어 기업의 성과는 낮아지는 것이 일반적이다. 최근 우리나라 기업들은 오랫동안 인사관행으로 자리 잡아 온 이러한 집단주의를 과감하게 청산하고 성과급제도와 능력에 의한 승진 등을 통해 기업의 경쟁력을 높이려는 개인 중심의 인사관리 전략을 받아들이고 있다. 직무의 특성과 노동시장의 여건에 따라 다소 차이는 있겠지만 앞으로 연공은 인사관리의 기준으로 더 이상 적합하지 않을 것으로 생각된다. 사람들의 욕구구조와 가치관이 다양해지고 조직의 구성원에 대한 통제력이 점점 약해질 것으로 예상되기 때문에 연공보다 성과를 중심으로 한 인사관리가 보편화될 것으로 생각된다. 연공중심의 인사관리는 유연성 측면에서도 많은 문제점을 가지고 있다. 임금의 경우 구성원들의 평균 연공이 높아지면 임금부담도 증가하기 때문에 인건비를 효율적으로 관리하기 어렵다. 인건비는 제조원가의 중요한 항목이기 때문에 유연적인 인건비 관리가 가능하기 때문이다. 뿐만 아니라 임금을 성과와 연동시켜 지급하게 되면 종업원들의 동기를 자극하여 계속적인 성과 향상을 기대할 수 있다.

3. 사람 중심에서 일 중심으로

인사관리에서 가장 중요한 것은 직무가 요구하는 요건을 충족하는 사람에게 그 직무를 수행하도록 하는 적재적소의 원칙이다. 이러한 원칙을 충족시키기 위해 기업은 나름대로의 인사관리시스템을 구축하게 된다. 기업들이 활용해온 인사관리시스템을 분석해 보면 크게 사람을 중심으로 한 경우와 직무를 중심으로 한 경우로 구분할 수 있다. 이 두 가지 중에 어느 시스템이 더 효율적인가는 기업이 처한 상황에 따라 달라지며 기업의 특성을 고려하지 않고 서로 비교하는 것은 아무런 의미가 없다.

우리나라 기업들은 지금까지 지나치게 사람 중심의 인사제도를 활용해 왔다. 그러나 기업의 규모가 커지면서 직무와 인적자원의 구성도 다양해져 사람 중심의 인사관리시스템으로는 한계를 느끼게 되었다. 따라서 21세기에 기업의 성패를 좌우할 인적자원의 효율적인 관리를 위해 사람의 특성과 직무의 특성을 함께 고려하는 인력활용이 있어야 한다. 한국기업들은 지난 20 여년 동안 사람 중심의 인사관행을 보완하는 차원에서 직무를 중심으로 한 미국식 인사관리 기법들을 활발하게 받아들이고 있다. 성과급제도와 같은 임금제도도 기본적으로 개인의 직무가 분명하게 정의되어야 제대로 활용될 수 있으므로 한국기업들이 당분간 직무 중심의 인사관리시스템으로 전환하기 위한 노력은 더 커질 것으로 기대된다. 다만 직무분석, 직무평가, 직무를 중심으로 한 외부노동시장의 발달 등과 같이 직무 중심의 인사관리의 기초가 되는 여건의 형성이 한국기업들의 인사관리 혁신 속도를 좌우하게 될 것이다.

4. 인사 부서 중심에서 현장관리자 중심으로

인적자원관리의 대부분은 인사부서가 아니라 현장관리자가 담당해야 하는 업무영역이다. 관리자와 관리자가 아닌 사람을 구분하는 가장 분명한 기준은 무엇일까? 그것은 자신이 관리해야 할 부하사원이 있느냐의 여부이다. 부하사원이 있으면 아무리 직급이 낮아도 관리자이고, 반대로 부하사원이 없으면 아무리 직급이 높아도 관리자가 아니다. 부하사원의 유무가 관리자 여부를 결정한다면 관리자가 해야 할 가장 중요한 역할은 바로 사람을 관리하는 일이 된다. 따라서 인사관리는 현장관리자의 몫이 된다. 실제로 인사관리에서 가장 비중이 큰 인사고과와 인재육성을 주로 관리자가 책임지고 있다는 점에서 인적자원관리의 효율성 여부는 현장관리자의 관리능력에 달려 있다고 할 수 있다.

지금까지 우리나라 기업의 인사관리는 인사권을 지나치게 강조한 나머지 최고경영자와 인사부서 중심으로 이루어져 왔다. 그러나 조직의 규모가 커지고 직무의 내용이 다양해지면서 인사부서에서 인사관리를 주관하는 것은 한계에 부딪히게 되었다. 구성원들의 특성을 잘 이해하고 있는 현장관리자들에게 인사관리 기능을 위임하여 어떤 기업은 채용에서 해고에 이르기까지 거의 모든 인사관리 업무를 현장조직이 자율적으로 수행하도록 하기도 한다. 따라서 인사부서 중심의 인적자원관리가 현장관리자 중심의 인적자원관리로 이행하는 것은 기업경영의 효율성 차원에서 볼 때 당연한 것으로 보이며 앞으로 이러한 추세는 계속될 것으로 생각된다.

인적자원관리 기능이 인사부서에서 현장관리자에게로 이행하게 되면 인사부서의 역할도 필연적으로 변하게 된다. 인사부서는 대체로 최고경영자를 위한 전략스탭 역할, 현장관리자의 인적자원관리를 지원하는 자문역할, 그리고 인적자원을 관리하기 위해 필요한 일반관리적 역할의 세 가지 기능을 가지고 있다. 기존의 한국기업들은 세 번째의 일반관리적 기능을 위주로 하고 나머지 두 가지 역할의 비중은 대기업에서 조차 무시할 정도였다. 그러나 최근 몇 년 동안 현장조직이 인적자원관리를 주관하는 현상이 두드러지면서 인사부서의 역할이 과거와 정반대로 변화하여 현장관리자를 위한 자문역할과 최고경영자를 위한 전략스탭 역할이 강조되고 있다.

5. 국내 중심에서 국제 중심으로

한국은 이제 세계에서 교역량으로 볼 때 10위권에 들 정도로 경제의 규모가 커졌다. 부존자원이 적고 국토가 좁아 우리나라가 발전하는 길은 오로지 다른 나라와의 무역을 활성화하는 것밖에 없다. 이런 이유로 우리나라는 이미 도래한 세계자유무역주의에 편승하여 국내보다는 외국으로 눈을 돌려야 할 것이다. 그러나 지리적인 위치를 비롯한 여러 가지 이유로 외국인이 평가하는 한국인의 국제화지수는 아직 높은 편이 아니다. 외국에 나가 있는 한국인의 수는 많이 증가하였으나 질적인 측면에서 보면 외국을 제대로 이해하는 한국인은 그렇게 많지 않은 실정이다. 이제 우리나라 기업들이 외국에 진출할 때 필요한 국제화인력의 부족이 더 이상 걸림돌이 되지 않도록 노력해야 할 시기가 되었다.

따라서 기업의 인적자원관리는 국내인력 중심에서 벗어나 국제화 시대를 해치고 나갈 수 있는 인력 중심으로 전환해야 한다.

6. 수직적 구조에서 수평적 구조로

인적자원관리는 크게 조직관리, 인사관리, 그리고 노사관계관리로 구분할 수 있다. 이 세 분야는 서로 연계되어 있기 때문에 인적자원관리의 혁신을 위해서는 종합적인 시각에서 접

근할 필요가 있다. 조직관리는 인사관리와 노사관계관리의 기초가 되는 부문으로, 조직구조와 조직행동의 두 분야로 세분된다. 최근 기업들이 조직의 효율성을 높이기 위해 조직을 슬림화하고 있다. 이러한 추세는 비단 우리나라 기업에게 국한된 문제가 아니고 전세계의 기업에서 공통적으로 나타나고 있다. 이러한 현상을 크게 보면 조직이 수직적인 구조에서 수평적인 구조로 바뀌고 있음을 의미한다. 한국 사람들은 전통적으로 수직적인 인간관계를 선호해왔다. 두 사람만 모여도 누가 윗사람이고 누가 아랫사람인지를 분명하게 하지 않으면 다음 단계의 인간관계가 형성되지 않았다. 과거 우리의 선조들은 사람이 갖추어야 할 윤리에 장유유서(長幼有序)를 중요한 항목으로 포함시켰고, 하찮은 냉수 한 그릇을 마실 때도 위와 아래를 구분하였다. 그러나 현대에 와서 젊은이들을 중심으로 이러한 과거의 수직적 인간관계를 거부하는 분위기가 고조되고 있다. 최소한의 예의야 필요하겠지만 모든 인간관계를 나이나 근속만을 기준으로 하여 규정하는 것은 어렵게 되었다. 최근 하루가 다르게 발달하고 있는 정보기술은 기존 조직의 정형화된 구조를 유연한 방향으로 변화하도록 요구하고 있다.

조직의 구조가 수평화 되고 결제단계가 단순해지면서 조직 내 커뮤니케이션이 정확해지고 빨라지고 있다. 뿐만 아니라 권한과 책임이 현장관리자에게 대폭 위임되기 때문에 외부환경의 변화에 대해 신속하게 대응할 수 있어서 조직의 효율성을 높일 수 있게 된다. 또한 직급체계가 단순해지기 때문에 능력과 성과를 기준으로 한 임금관리도 직급수가 많은 수직적 조직에서보다 훨씬 더 강력하게 활용될 수 있다.

7. 표준형 인재 중심에서 전문형 인재 중심으로

한국 기업들은 경영환경이 변화하고 외형이 성장하면서 자신이 필요로 하는 인재상을 바꾸어 가고 있다. 근로자들은 이제 평생직장(commitment to the company)의 생각을 접고 평생직업(commitment to the profession)을 중요하게 여기게 되었다. 평생직장을 중요시하는 조직에서는 인력의 유형에서 '표준인력 혹은 범용인력(generalist)'을 높이 평가하기 때문에 직무순환이 보편화 되어 있다. 직무순환은 범용성 인적자원을 육성하게 되어 인력의 안정된 수급을 조직 내에서 달성할 수 있는 장점이 있다. 그러나 표준인력을 추구하는 인력개발 전략은 핵심인력을 양성할 수 없는 어려움을 가지게 된다. 제품의 특성이 복잡해지면서 필요로 하는 전문인력(specialist)이 부족할 수밖에 없어 경쟁력을 상실할 수 있다. 이제는 회사와 개별근로자 모두 여러 분야에 걸친 직무경험보다 특정 분야에 대해 깊이 있는 전문 직무능력을 갖춘 전문인력을 필요로 하는 시대가 되었다. 이렇게 되면 내부노동시장보다 외부노동시장이 활성화되며 집단보다 개인의 성과에 기반을 둔 능력주의 인사관리 제도가 보편화된다.

제3장

직무연구

제3장

직무연구

합리적인 인사관리는 직무(job)와 사람(person)의 능력에 대한 과학적인 연구를 통하여 이를 어떻게 유기적으로 조화시키느냐 하는 데서부터 출발한다. 이를 위해서는 인간과 직무에 대한 체계적인 이해가 있어야 한다.

즉 인간이 경영조직 속에서 어떠한 일을 하며 그가 담당하고 있는 직무가 적성에 적합한 것인지, 그리고 그가 그 직무의 추진자로서 자격을 가지고 있는지를 파악하여야 한다.

본 장에서는 직무에 관한 연구로서 직무분석, 직무평가, 직무설계를 살펴보기로 한다.

제1절 직무분석

1. 직무분석의 개념

1) 직무분석의 정의

근대적 인사관리는 직무분석을 기초로 하는 직무연구(job study)로부터 시작된다. 이러한 직무연구가 필요한 것은 먼저 종업원이 수행해야 할 직무의 성격과 내용이 어떠한 것인지를 분석하여 직무수행상 요구되는 지식·능력·숙련·책임 등과 같은 여러 가지 요소를 결정하여야 하기 때문이다.

기업의 규모가 커지고 조직이 복잡해지면 그 속에는 보다 많은 직무가 출현하게 마련이다.

특히 분업과 전문화를 특징으로 하는 현대기업에 있어서 직무의 수는 계속 늘어갈 것이다. 이러한 직무를 중심으로 해서 그 직무의 수행에 꼭 알맞은 여러 가지 요건을 구비한 사람들이 필요하게 된다.

그러므로 인사관리의 대상인 조직의 구성원들의 능력을 발전시키고 또한 이들을 보다 효과적으로 이용하기 위해서는 무엇보다도 먼저 이들 개개구성원이 담당하여야 할 직무가 어떠한 내용과 성격을 가지고 있으며, 과연 그 종업원이 자기의 맡은바 직무를 훌륭하게 수행할 수 있는 능력과 자질의 소유자인지의 여부를 알아야 할 것이다.

즉, 직무와 직무상의 인간과의 상관관계를 정확하게 파악해야 할 것인데, 여기에 직무분석이 필요하게 된다.

그러면 직무분석이란 어떤 것인가? 직무분석(job analysis)이란 직무의 내용을 체계적으로 해명하여 조직에서의 인사관리에 필요한 직무정보(job information)를 제공하는 과정을 말한다.[1]

다시 말하면 직무분석은 직무에 관한 정보를 수집하고 수집된 정보를 분석하여 직무의 내용을 파악한 다음 각 직무의 수행에 필요한 지식, 능력, 숙련, 책임 등의 제요건을 명확히 하는 일련의 과정을 의미한다.

상기와 같은 직무분석은 테일러(F. W. Taylor)가 시력장애로 인하여 하버드대학을 중퇴하고 1881년 미드웰 철강회사(Midwale Steel Co.)에 기사로 재직 중 처음으로 연구한 시간 및 동작연구(time and motion study)가 그 발단이 되고 있다.[2]

그러나 직무분석이 오늘날과 같은 형태가 된 것은 제1차 세계대전이 계기가 되었다. 제1차 세계대전이 시작됨으로써 종업원의 확보가 곤란하게 되어 경험 없는 많은 종업원을 훈련시키는 등, 노동력을 유효하게 활용하기 위하여 직무를 수행함에 필요한 요건을 분석하고 파악하는 것이 필요하게 되었다.

이렇게 군 내부에서 그 유효성이 실증된 직무분석은 전후(戰後)에 각 기업체에 널리 보급되기 시작하였다.

각종 기업들은 제1차 세계대전을 계기로 규모가 확대되었으며, 한편 기술혁신이 진행됨으로써 종래의 직종(Job category)이 직무로 분해되어 직무의 수가 증가하게 되었다.

그래서 인사관리의 기초적인 수단의 하나로서, 세분화된 직무의 내용이나 성격, 요건 등을 명확히 하는 기법인 직무분석이 필요하게 되었다. 따라서 직무분석은 각종 직무의 내용 및 성격, 자격요건을 명백히 하고, 기업체의 종업원관리에 필요한 직무정보를 제공하는 기법으로 발달하였다.

---

1) 藤田忠, 現代人事管理, 白挑書房, 1982, p.41.
2) 藤田忠, 職務分析と勞務管理, 白桃書房, 1973, pp.6~17.

2) 직무관련 용어의 정의와 직무단위의 결정

직무분석에서 말하는 직무란 일정한 내용을 지닌 개념이며 기술용어이다. 직무분석을 올바르게 하기 위해서는 과업(task)－직위(position)－직무(job)－직군(job family)－직업(occupation) 등의 개념에 대해 알아볼 필요가 있다.[3)]

① 과업(task) : 특정한 목표를 위해 수행되는 특정한 작업활동, 즉 일을 지칭하며, 정신적 일과 육체적 일로 구성된다.

② 직위(position) : 한 사람에게 부과된 과업의 집단(a group of task)으로서 한 기업 내에는 종업원 수와 같은 수의 직위가 존재한다.

③ 직무(job) : 직무란 동일하거나 유사한 직위의 집단(a group of position)이다. 어떤 경우에는 한 직무에 단지 하나의 직위만이 존재할 수도 있다. 왜냐하면 그 이외의 다른 어떤 유사한 직위도 존재하지 않기 때문이다.

④ 직군(job family) : 동일하거나 유사한 직무의 집단(a group of jobs)이다.

⑤ 직업(occupation) : 직업이란 동일하거나 유사한 직군의 집단(a group of job family)으로서 한 산업이나 한 국가를 통하여 발견될 수 있는 직무의 집단이다. 즉 직업이란 많은 기업에서 발견되는 어떤 범주(category)의 직무(job)이다.

다음에는 직무단위의 결정에 대해 알아보자.

직무분석은 인사관리를 효과적으로 그리고 구체적으로 실시하기 위하여 직무의 내용을 해명하는 일련의 작업이다. 그러나 조직 내에서 실제로 존재하고 있는 것은 개개의 직위 및 과업이다. 그러므로 직무분석의 대상으로서 직무단위(job unit)를 어떻게 찾아내는가는 대단히 중요하다. 직무분석을 행할 때는 먼저 현직위에서 수행하고 있는 과업이 어떻게 형성되고 있는가 하는 점을 토대로 해서 동일하거나 유사한 직위를 묶은 직무라고 하는 것을 명확히 하는 절차가 필요하다. 이러한 절차를 직무단위의 결정이라고 한다. 직무의 단위는 직무의 범위, 직무의 목적, 작업방법, 직무의 숙련도 등의 차이에 따라 각각 다르게 형성된다.

이 4개의 요인 중 직무의 범위가 직무의 기본적인 성격을 좌우하는 중심요인이 되고 있다. 직무의 범위에 의해 직무단위를 결정하는 것은 몇몇의 작업자가 담당하고 있는 일의 범위가 동일(또는 거의 동일)하면 그들 일의 그룹은 하나의 직무를 이루고 있다고 보는 것이다.

이는 개개의 작업자가 담당하고 있는 일의 범위가 다를 경우에는 각각 하나의 직무로서 단위지울 수 있다. 그러나 현재로는 기업의 직무범위가 서로 복잡하게 엉키고 있는 실정이다.

---

3) 藤田忠, 前揭書, pp.82~88.

직무단위의 결정은 여러 가지 방법이 있을 수 있으나 우선 대강 보아서 직무단위를 정하고 우선분석을 추진하는 것이 필요하다. 그러기 위해서는 간단한 예비조사를 하고 각 종업원이 어떠한 일을 담당하고 있는지를 일람표로 만들어 동일 또는 유사한 일을 담당하고 있는 직무를 묶어서 하나의 직무로 파악하는 방법이 좋다. 그리고 실제에 있어서는 직무일람표를 만들어 총수(總數)를 보고 대강의 분석소요일수를 산출하고 분석의 인원수, 분석자별로 담당직무를 일람표를 보아 가면서 결정하는 것이 필요하다.

3) 직무분석의 목적

직무분석은 인간의 노동력을 과학적이고 합리적으로 관리하기 위한 기초작업의 하나이다. 그러면 합리적인 인사관리의 기초로서 필요한 직무분석의 목적은 무엇인가?

그 구체적인 목적을 들면 다음과 같다.

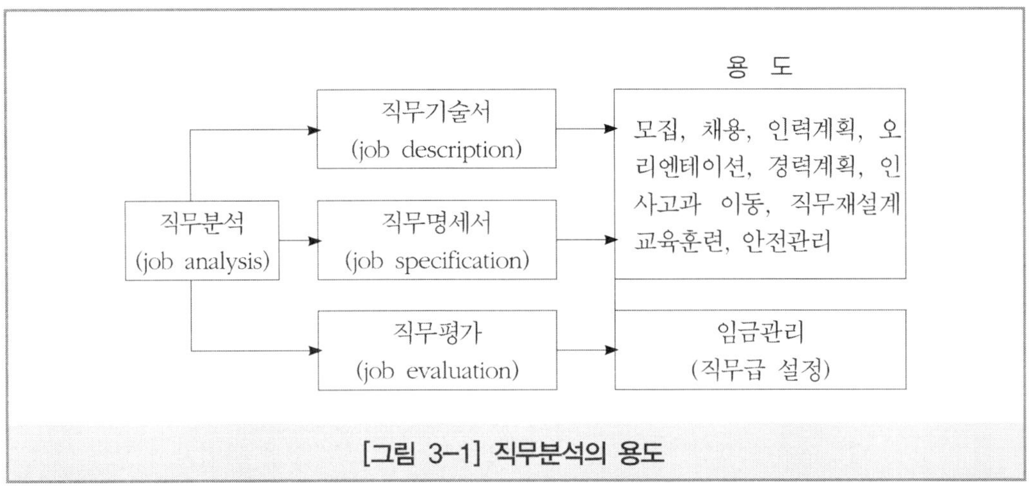

[그림 3-1] 직무분석의 용도

(1) 모집, 채용, 배치, 이동, 승진 등의 자료

과학적으로 종업원을 모집, 채용, 이동시키기 위해서는 그 기초로서 직무분석이 필요하다. 경영목적을 달성하기 위해서 수행해야 하는 모든 직무는 직무마다 각각 상이한 지식과 기능을 요구하고 있다. 따라서 각 직무에 어떠한 요건이 필요한지를 알기 위해서는 직무분석이 선행되어야 한다. 종업원의 모집, 채용, 오리엔테이션, 배치, 이동, 승진의 경우에 막연히 주먹구구식의 직감에 의할 것이 아니라 각 직무에 요구되는 특성에 알맞은 자질을 갖춘 종업원을 선택해야 하는데, 이 경우 직무분석은 과학적인 채용, 배치, 이동, 승진 등에 필요한 자료와 정보를 제공해 준다.

(2) 교육훈련, 경력계획의 자료

과학적인 직무분석의 기초로서 직무분석이 요청된다. 교육훈련을 위해서는 무엇을(What), 누가(Who), 어떻게(How) 가르치느냐 하는 것이 확립되어 있어야 하는데 이중 무엇을 가르치느냐 하는 것은 각 직무에 따라 다르다. 즉, 어떤 직무에 어떤 자질이 요청되고 있는지를 명확히 파악해야만 거기에 적합한 교육훈련을 효율적으로 수행할 수 있다. 만일 각 직무의 특성과 그의 소요자질을 파악하지 못한다면 그 교육훈련은 단기적이며 일반적인 교양이나 육체적인 단련에만 그치게 되고, 그 직무의 기능 및 기술축적에 요청되는 전문적인 교육훈련은 하지 못하게 된다. 또한 경력계획의 기초자료가 된다.

(3) 인사고과의 기초

인사고과를 합리적으로 실시하려면 인간적인 평가와 함께 그가 맡은바 임무를 어느 정도 수행하였는가, 또한 그 직무에 필요한 지식, 경험, 기능을 어느 정도 가지고 있는가, 해야 할 책임을 어느 정도 수행하였는지를 구체적으로 평가할 필요가 있다.

이와 같이 인사고과를 적정하게 실시하기 위해서는 평가기준의 확립이 절대적으로 필요한데 평가기준을 만들기 위해서는 먼저 개개의 직무는 어떠한 내용과 성질을 가지고 있으며 그 직무를 수행하기 위해서는 어떠한 지식, 숙련 등의 능력이 필요한지를 결정하여야 한다.

(4) 조직합리화 자료

기업의 운영을 계획적·능률적으로 하기 위해서는 먼저 개별종업원에 대한 일의 배분을 적절히 하고 그 배분된 일의 범위, 책임을 명확히 하여야 한다. 그 다음에 그 일을 수행할 때 누구로부터 어떻게 통제·감독받는지를 명확하게 해 두지 않으면 안된다.

이를 위해서 개개 종업원이 하고 있는 일의 현황, 받고 있는 감독의 상황을 조사하여 현상을 파악·분석하는 직무분석을 실시하는 것이다. 이러한 직무분석의 결과를 토대로 하여 조직목적, 수행직무의 종류, 업무분담의 적정화, 재편성, 재정비를 할 수 있다.

(5) 임금관리의 자료

직무분석은 직무급을 도입, 실시하는 데 기초와 전제가 되는 직무평가의 자료를 얻는 데 그 목적이 있다. 즉 직무분석은 합리적인 임금관리를 하기 위해서 필요한 것이다.

임금은 노동의 대가이므로 노동의 질과 양에 상응하여야 한다. 직무의 상대적 가치를 결정하기 위해서는 직무의 내용과 특성을 파악하여야 하는데, 직무분석은 직무를 수행하는데 필요한 지식, 능력, 숙련, 책임 등 직무의 내용과 특성을 파악하여 비교·평가할 수 있는 정보를 제공해 준다. 이것은 직무급을 도입, 실시하는 데 필요한 기초작업이 되는 것이다.

(6) 작업방법의 개선, 직무재설계의 자료

직무분석은 작업방법, 업무개선자료 또는 직무재설계의 자료를 제공한다. 어떠한 경우에 있어서도 현행 작업방법이나 조직이 완전하다고 생각되는 경우는 거의 없으며 반드시 개선할 필요가 있다. 그러한 점에도 불구하고 실제의 개선은 부진한데, 이는 개선의 방향을 조직적으로 설정하여 현실의 사태를 종합적으로 파악하고 있지 않기 때문이다. 현재의 직무실태를 질서 있게 분석한 결과는 작업방법개선, 직무재설계의 기초자료로 쓰일 수 있다.

(7) 산업안전관리의 기초

직무분석은 노동력의 보전과 산업안전관리에 대한 기초로서 필요하다. 기업의 수많은 직무들의 각기 전문적인 기능과 기술에 따라 안전사고의 내용이 틀린다. 이들의 안전사고에 대비한 안전시설, 안전교육훈련, 안전관리선전(포스터, 표어 등) 등은 그 직종에 알맞도록 구사되어야 한다. 이를 위해서는 각 직무의 위험내용과 그 정도를 파악하는 직무분석이 요구된다.

직무수행에 있어서 위험이 수반되는 작업조건을 파악해야 하는데, 실제로 많은 직무기술서가 이에 관한 정보를 포함하고 있으므로 사고의 가능성을 최소로 감소시킨다. 안전교육과 훈련을 위해서는 이러한 직무기술서의 적극적인 사용이 요구된다.

2. 직무분석의 절차

직무분석에 있어서 측정이나 검사는 적당하게 처리해서는 안 되고 반드시 정해진 절차에 따라 실시되어야 한다.

1) 준비단계

(1) 직무분석 목적의 결정

직무분석을 할 때 그 얻어진 자료를 어떤 목적에 활용할 것인가를 미리 결정하고 거기에 적절한 분석방법을 동원해야 한다.

(2) 분석자의 선정

직무분석은 직무의 실체를 파악하는 것이기 때문에 직무분석에 필요한 전문적 지식과 기능 및 관찰력과 판단력 등을 구비한 분석자가 선정되어야 한다.

(3) 예비조사

직무의 연혁, 조직 내 직무의 위치, 작업과정, 조직기구 등을 사전에 조사해야한다. 예비지식 없이 분석에 들어가면 시간낭비와 오류를 범하게 된다.

2) 실시단계

직무분석의 핵심단계로 분석표를 작성하고 이것을 토대로 정보를 수집하고 수집된 정보를 분석하는 과정이다.

(1) 직무분석표 작성

직무분석표는 직무의 실태와 그 직무에 필요한 자격요건을 조사하기 위한 것이므로 직종과 목적에 맞도록 설계하여야 한다. 직무분석표를 설계할 때 주의하여야 할 점은 기입자의 지적 수준과 기입 및 정리의 편리성 등을 고려하여야 한다.

(2) 직무정보의 수집

직무분석표가 작성되면 이 분석표에 의하여 직무의 성격, 직무수행에 요구되는 종업원 행동, 인적 요건 등의 구체적인 정보를 수집한다. 직무정보의 수집에는 질문지법, 관찰법, 면접법, 체험법, 실험법, 중요사건법, 워크샘플링법 등이 있다.

(3) 직무정보의 분석

직무에 관한 여러 가지 정보가 수집되면, 이를 여러 관점에서 분석·검토하여 객관적으로 직무의 특성을 구명하여야 한다. 이 과정이 직무분석의 본 작업으로서 수집된 수많은 정보를 직무별로 판단하여 개념화하는 사고과정이며 직무분석의 핵심부분이다.

3) 정리단계

직무분석의 목적에 적합하도록 조사표를 정리한다. 직무분석의 최종단계로서 조사결과를 모두 분석·정리하여 직무기술서와 직무명세서가 작성된다. 이것은 다음 단계인 직무평가의 직접적인 기초자료가 된다.

▌표 3-1 ▌ 직무분석조사표

담당직무명 　 코 드 　 일 자
분류명 　 부 서
성 명 　 직장명
감독자 직명 　 조사자
감독자 성명 　 근무시간 　 (오전/오후) 　 (오전/오후) 까지

1. 귀하가 담당하는 직무의 목적은 무엇입니까?
2. 귀하의 최종직무는 무엇이었습니까? 만약 타 직장이 최종직무였다면 그 직무를 쓰십시오.
3. 귀하가 승진되기를 바라는 직무는 무엇입니까?
4. 귀하가 정규적으로 타인을 감독한다면 귀하의 감독을 받는 사람들의 성명과 직무명을 나열하십시오.
5. 만약 귀하가 다른 사람을 감독한다면, 귀하의 감독책임이 되는 행위를 체크하십시오.

______ 채용	______ 코치	______ 승진
______ 오리엔테이션	______ 상담	______ 보상
______ 훈련	______ 예산	______ 징계
______ 계획	______ 지휘	______ 퇴직
______ 개발	______ 인사고과	______ 기타

6. 귀하가 성공적으로 이루어 낸 업적을 기록하십시오.
7. 직무상 의무 ______ 귀하가 수행해야 할 직무상 의무를 기록하시고 가능한 수행방법을 기록하십시오.
   귀하가 가장 중요하거나 어렵다고 생각하는 직무상 의무를 지적해 주십시오.
   a. 매일의 의무 ______
   b. 정기적인 의무 ______ (주·월·분기별 등 어느 것인지 표시해 주십시오)
   c. 불규칙적인 의무 ______
   d. 이 직무를 귀하는 얼마나 오래 하셨습니까?
   e. 귀하가 현재 필요 없는 의무를 하고 있다면 그 내용을 기록해 주십시오.
   f. 귀하의 직무 속에 현재 포함되어 있지 않는 의무들을 하여야 한다고 생각하신다면 그 내용을 기록해 주시오.
8. 교육. 귀하의 직무에 필요한 교육조건에 알맞은 것을 다음공란에 체크하십시오.(귀하의 교육배경과는 무관합니다.)
   a. ( ) 공식적인 교육이 필요 없다.
   b. ( ) 고졸이하
   c. ( ) 고졸 또는 이와 동등
   d. ( ) 2년제 전문대 또는 이와 동등
   e. ( ) 4년제 대졸
   f. ( ) 대졸이상의 교육 또는 자격증
   기타 요구되는 더 이상의 학력, 자격증, 면허증 등이 있으면 기록하십시오.
   g. 현직무를 담당하게 되었을 때의 귀하의 교육정도를 기록하십시오.
9. 경험. 귀하의 직무를 수행하기 위해 필요하다고 생각되는 기간을 체크하십시오.
   a. ( ) 없음 　 b. ( ) 1개월 이하
   c. ( ) 1개월 이상 6개월 미만 　 d. ( ) 6개월 이상 1년 미만
   e. ( ) 1년 이상 3년 미만 　 f. ( ) 3년 이상 5년 미만
   g. ( ) 5년 이상 10년 미만 　 h. ( ) 10년 이상
   귀하가 현직무를 담당하게 되었을 때 귀하의 경험을 기술하십시오.
10. 기술. 귀하의 직무를 수행하기 위해 요구되는 기술을 나열하십시오.
    (예를 들면 정확도, 주의력, 정밀성 등)
    귀하가 현직무를 처음 맡게 되었을 때의 귀하의 기술을 나열하십시오.
11. 장비. 귀하의 업무는 장비의 사용이 필요합니까?
    예 ______ 아니오 ______
    만약 예라면 장비를 기록하시고 사용빈도를 체크하십시오.

	장비	별반 사용치 않는다.	가끔 사용한다.	자주 사용한다.
a.	______	______	______	______
b.	______	______	______	______
c.	______	______	______	______
d.	______	______	______	______

자료: John M, Ivancevich, Human Resource Management, Irwin, 1992., p.181.

3. 직무분석의 방법

직무분석은 인사부문이 중심이 되어 행하여지는 것이지만 직무를 분석하는 경우에는 다음과 같은 직무분석의 공식(job analysis formula)에 따라 분석하는 것이 효과적이다. 즉,

① 종업원은 무엇을 하는가(What the worker does)?

② 종업원은 어떤 방법으로 하는가(How he does it)?

③ 종업원은 왜 하는가(Why he does it)?

④ 그것을 하는 데 필요한 숙련(The skill involved in doing)?

등을 명확하게 하여야 한다.

직무에 관한 제사실과 정보를 얻을 수 있는 주요한 원천은 ① 직무상의 종업원, ② 직무를 잘 알고 있는 감독자를 포함한 다른 종업원, ③ 직무를 수행할 종업원을 관찰하는 독자적 관찰자 등이다.[4)]

그러므로 직무분석을 하는 경우 가장 기본적인 방법으로는 관찰법, 면접법, 질문지법이 있고, 이러한 방법을 종합한 종합적 방법이 있다. 그 외에 직무분석자 자신이 직접 해보는 체험법도 있다. 또는 직무성적이 뛰어난 사람과 열등한 사람을 선발하여 이들에게 여러 가지 능력과 성격 등을 테스트하고 그 결과를 참고하여 직무에 알맞은 능력과 적성을 검토하는 실험법도 있다. 요컨대 직무분석의 방법은 직무분석의 목적, 기업의 업종, 규모 등에 따라 달라질 수 있다. 그러나 하나의 방법만이 아니고 여러 가지 방법을 활용하여 각 방법의 단점을 보완하는 것이 바람직하다. 대표적인 직무분석의 방법을 열거하면 다음과 같다.

1) 관찰법(observation method)

숙련된 직무분석자가 종업원의 직무를 수행하는 작업, 동작을 관찰함으로써 그 직무의 내용, 성질을 기록하는 방법이다.

이 방법의 장점은 다음과 같다.

① 직접 현실적인 직무활동에 접근할 수 있기 때문에 가장 정확하게 직무에 관한 사실을 파악할 수 있다.

② 분석자의 노력으로써 직무정보를 수집하는 방법이므로 다른 사람에게 폐를 끼치는 일이 적다.

---

4) Dale Yoder, Personnel Management and Industrial Relations, 4th ed. Prentice Hall, 1959, p.96.

③ 분석대상자가 질문지를 적당히 기입하는 폐해를 방지할 수 있다.

이 방법의 단점은 다음과 같다.

① 사무직, 관리직과 같은 지적·정신적 혹은 감각 신경적 작업을 주로 하는 직무는 이 방법에 의해서는 그 직무의 사실을 파악하지는 못한다.
② 육체적 작업일지라도 작업의 주기가 장기간일 경우에는 작업 전부를 관찰하는 데 장시간이 걸리기 때문에 실제로 이 방법을 이용하지 못한다.

2) 면접법(interviewing method)

숙련된 직무분석자가 종업원 또는 감독자와 직접 면담하여 작업의 내용, 성적 기타의 필요한 모든 사항을 청취, 기록하는 방법으로서 이 방법은 종업원 스스로가 질문지에 적당히 기입하는 폐단이 방지될 수 있다.

이 방법은 다음과 같은 장점을 가지고 있다.

① 직무에 관한 완전하고도 정확한 지식을 확보할 수 있다.
② 종업원 스스로가 직무를 기술(記述) 하는 데 따른 어려움을 제거할 수 있다.
③ 종업원 스스로가 질문지에 적당히 기입하는 폐단을 방지할 수 있다.
④ 분석자는 자료의 중요성의 정도를 평가할 수 있다.
⑤ 사실을 수집할 때 표준적인 분류가 가능하다.

이 방법은 다음과 같은 단점이 있다.

① 여러 종류의 직무를 분석해야 할 경우에 많은 기간과 노력이 소요된다.
② 면접당사자에게 지급되는 인건비만도 상당액이 된다.
③ 광범위한 실시는 불가능하다.

3) 질문지법(questionnaire method)

직무에 관해 조사할 필요성이 있는 항목을 열거한 질문지를 종업원에게 배부하여 그들 스스로 기입하게 하는 방법이다.

이 방법의 장점은 다음과 같다.

① 다른 어떠한 방법에 의지하는 것보다 신속하게 직무에 관한 사실을 수집할 수 있다.

② 면접법에 의하는 것보다도 광범위하게 자료를 수집할 수 있다.
③ 자료의 정리가 용이하다.
④ 질문에 대한 보다 논리적이며 체계적인 사고가 가능하다.

이 방법의 단점은 다음과 같다.
① 질문지의 설계 및 작성이 어렵다.
② 질문지를 완성함에 있어서 시종일관되고 통일적인 해석을 하기가 어렵다.
③ 완전한 사실을 얻을 수가 없다.

4) **체험법**(empirical method)

직무분석자 자신이 직무활동을 수행하고, 그 체험에 의해서 직무에 관한 지식을 체득하는 방법이다.

이 방법의 장점은 다음과 같다.
① 사실을 실제로 체득함으로써 생생한 정보를 얻을 수 있다.
② 몇 개의 직무를 비교하는 경우 각 직무의 상세한 차이를 알 수 있다.

이 방법의 단점은 다음과 같다.
① 분석자 자신이 체험을 통하여 얻은 정보가 항상 정확하다고 할 수는 없다.
② 종업원이 직무활동을 행하는 경우에 가지는 심적상태에는 이르지 못한다.
③ 모든 직무활동을 직무분석자 자신이 직접 체험한다는 것은 실제로 불가능하다.

5) **실험법**(clinical method)

이 방법은 임상적 방법이라고도 불리는 것으로 주로 특별한 측정, 연구, 평정, 테스트 등을 행하는 방법이다. 예를 들면 직무활동의 시간적인 면을 파악하기 위해서 시간연구(time study)를 행한다던가, 작업절차를 자세하게 알기 위해서는 방법연구(method study)를 한다던가, 혹은 환경조건 중 기온 및 소음, 조명과 같은 것을 연구한다던가 그리고 직무의 소요특징을 명백히 하기 위해서 작업자에 대한 실태검사, 심리테스트를 한다던가 하는 것 등이 이 방법의 예이다.

이것의 장점은 다음과 같다.

① 직무의 세밀한 점을 자상하게 밝힌다.

② 수집한 사실과 자료는 객관성이 높으며 정확하다.

그러나 이 방법의 단점은 다음과 같다.

① 다른 방법에 비하여 많은 시간과 비용이 필요하다.

② 절차가 번잡하여 그것을 실시하는데 전문적 기술이 필요한 경우가 많다.

6) 작업기록법

작업기록법(job diary method)은 직무수행자가 매일 작성하는 작업일지나 메모사항을 가지고 해당 직무에 대한 정보를 수집하는 것이다. 대개 장시간에 걸쳐 작성된 작업일지의 경우 쓰여진 내용 그 자체에 대한 신뢰도는 상당히 확보할 수 있겠지만 문제는 직무분석에서 원하는 정보를 충분히 획득할 수 있느냐가 문제이다. 이러한 단점에도 불구하고 이 방법은 관찰하기가 어려운 직무, 예를 들면 엔지니어, 과학자 그리고 고급관리자가 수행하는 직무를 분석할 때 많이 활용된다.

7) 중요사실 기록법

중요사실 기록법(critical incidents method)은 직무수행자의 직무행동 가운데 성과와 관련하여 효과적인 행동과 비효과적인 행동을 구분하여 그 사례들을 수집하고 이러한 사례로부터 직무성과에 효과적인 행동패턴을 추출하여 분류하는 방법이다. 이 방법은 직무행동과 직무성과간의 관계를 직접적으로 파악할 수 있다는 장점이 있는데 반해, 단점으로는 수집된 많은 직무행동을 분류·평가하는데 많은 시간과 노력이 소요된다는 것이다. 뿐만 아니라 여기서 얻은 정보만 가지고는 해당직무에 대한 포괄적인 정보의 획득에는 제약이 있다.

위에서 본 여러 가지 방법은 각각 그 나름대로의 장점과 단점을 가지고 있다. 그러므로 실제로 직무분석을 하는 경우에는 분석의 목적과 실정에 알맞은 방법을 선택하는 것이 중요하며, 여러 가지 방법을 병용하여 실행하는 것이 필요하다.

4. 직무기술서와 직무명세서

직무분석의 결과는 그 직무를 수행하거나 혹은 감독할 모든 사람이 직무의 성격, 내용, 수행방법을 일목요연하게 파악할 수 있도록 간단히 정리, 보존할 필요가 있다.

1) 직무기술서

직무기술서(job description)는 직무분석의 결과로 얻어진 직무에 관한 모든 중요한 사실과 정보자료, 즉 직무의 성격, 내용, 수행방법 등을 간략하게 정리하여 기록한 문서이다.

직무기술서의 내용은 일반적으로 직무의 성격과 그 직무에 관한 인적요건으로 구성된다.

즉 직무표식, 직무개요, 직무내용 및 직무요건 등 직무에 대한 전반적인 사항이 기술된다. 즉,

① **직무의 표식(job identification)** : 직무의 명칭, 직무부서 그리고 직무부호 등이 기록된다.

② **직무의 개요(job summary)** : 직무의 목적과 내용 및 범위가 간략하게 기술된다.

③ **직무내용(job content)** : 직무의 수행 방법, 수행기관 그리고 관계 활동사항 등이 상세히 기록된다.

④ **직무요건(job requirements)** : 숙련 및 기술요건, 노력요건, 책임요건 그리고 인적자격요건 등이 기술된다.

직무기술서를 작성할 경우에는 다음과 같은 사항에 유의하여야 한다.

① 직무와 그 책임의 한계가 명백하여야 한다.

㉠ 작업의 종류

㉡ 각 작업의 복잡성의 정도

㉢ 필요한 숙련의 정도

㉣ 각 작업에 따른 개인별 책임의 한계 등이 명백하게 기술됨으로써 직무의 특성과 범위가 개략적으로 명백히 설명되어야 한다.

② 감독책임을 명시해야 한다. 각 작업을 수행하는 과정에서 감독자가 가져야 할 책임의 한계가 명시됨으로써 상사가 집행의 질을 효율적으로 유지해야 한다.

③ 간략하게 기술되어야 한다. 직무기술서는 간략하게 작성됨으로써 보는 이로 하여금 이해를 쉽게 하고 혼란을 최소화할 수 있어야 한다.

▌표 3-2▐ 직무기술서(예)

직 명 인사계장
직무부호 AAGI
부 문 총무부 총무과

Ⅰ. 직무개요

① 총무과장으로부터 위임된 사항 및 권한의 범위내에서 회사의 방침과 규정에 따라서 계원의 업무를 감독, 지휘함으로써 과장을 보좌한다.

② 계에 부과된 중요한 업무는 임금계산, 재해발생통계, 저축관리사무 임용 및 근태관계 등의 인사사무, 인사통계, 인사기록 및 특근사항 등의 기록 및 보존이다.

Ⅱ. 타 직무와의 관계

① 직무를 여하히 수행했는가에 대해서 총무과장에게 보고할 의무가 있다.

② 관계업무에 대해서 과장을 통해서 관계 각부, 과에서 자료의 제공을 요구할 수 있다.

③ 총무부의 각 과 및 부장들과 밀접한 연락을 가지고 협력한다.

Ⅲ. 권한의 한계

사무의 일부를 그 수행에 필요한 권한과 더불어 계원들에게 위임할 수 있다. 그러나 그 결과에 대한 책임은 계장이 진다.

Ⅳ. 자격요건

① 경험 : 총무관계 사무분야에서 5년 이상의 각종 경험을 가져야 한다.

② 감독 : 계원을 감독하며 현장의 공원들과 접촉함에 있어서 보다 나은 인간관계를 유지할 수 있는 실력을 가져야 한다.

③ 정신적 요건 : 정직, 공정, 친절한 인사관리를 한다는 평판을 들을 수 있어야 한다.

④ 특수지식 : 근로기준법, 군사원호법 등 제반관계법규에 숙달함이 좋다.

라이틀(C. W. Lytle)도 직무기술서를 작성할 때

① 너무 복잡하지 않고, 너무 간략하지 않고, 필요사항을 정확하게 파악할 수 있도록 할 것.

② 필요한 사항을 기입하기 쉽게 또는 이용하기 편리하게 배열할 것 등을 유의사항으로 들고 있다.[5)]

2) 직무명세서

직무명세서(job specification)는 직무분석의 결과에 의거하여 직무수행에 필요한 종업원의 행동, 기능, 능력, 지식 등을 일정한 양식에 기록한 문서를 말한다. 즉, 직무명세서는 직무기술서를 기초로 하여 채용, 배치, 승진, 평가 등 인사관리의 목적에 따라 필요한 자료를 추출·

5) C. W. Lytle, *Job Evaluation Methods*, Ronald, 1959, pp.127~134.

편성하여 작성한 것이라고 말할 수 있다.

▌표 3-3▐ 직무명세서(예)

(가) 사업부문의 장(라인)의 자격요건

1. 교육: 경영관리를 주로 연구한 대학졸업자 또는 경영실무상 그들과 동등한 경험이 있는 자.
2. 경험: 판매부장, 업무부장 또는 컨트롤라를 포함하여 5년간 성공적으로 업무를 수행한 경험을 가질 것.
3. 지식: 좋은 판매와 고객에 대한 좋은 서비스란 무엇인가에 대하여 잘 인식하지 않으면 안된다. (이하 생략)
4. 능력 및 역량: 업무를 계획, 조직화하여 부하를 지도, 감독하고 직책권한을 합리적으로 이양하여 성적을 확보할 수 있는 능력을 가질 것. (이하 생략)
5. 인적 특징: 강력한 지도자의 자격을 가질 것, 분석력이 있고 치밀하며 협력적이면서도 진취적일 것. 언어나 문서에 있어 충분한 표현력을 가질 것, 신뢰, 충성심 및 열의를 고무할 수 있는 부드러운 인품과 높은 인격
6. 구체적 조건: 건강하며 비즈니스를 좋아하는 풍채.

(나) 인사과장(스텝의 자격요건)

1. 성별: 남녀 무방함
2. 교육: 다음 제과목을 포함하는 최저 4년의 대학교육, 산업심리학, 인사관리 및 생산관리 그리고 생산기술.
3. 경험: 인사관리 및 그 관련분야에 있어서의 최근 수년간의 전임으로 유급의 경험.
4. 성격: 산업내의 조화를 유지할 수 있는 능력, 종업원에 대한 관심, 주의 깊고 또한 착실할 것. 조직하고 운영할 수 있는 능력.
5. 지능: 대학졸업정도
6. 지식: 인사관리 일반에 관한 이해, 능력, 적성, 흥미, 성격 등의 개인차에 대한 지식, 당해지역의 노동시장과 임률에 능통할 것.

(미네소타 대학 산업관계연구소의 조사에 의함)

데일 요더(Dale Yoder)는 직무명세서는 직무기술서에서 발전된 것으로, 특히 직무에 의해 요구되는 인간의 특성을 강조하는 문서라고 정의내리고 있다.[6]

일반적으로 직무명세서는 ① 직무확인사항, ② 직무개요, ③ 인적요건의 3가지 부문으로 구성된다. 이 가운데서도 특히 인적요건을 강조하고 이에 대하여 상세히 기술하고 있다.

예로 현장작업자의 직무상 필요한 인적요건에 관한 직무명세서의 기재사항을 들면 ① 성별 및 연령, ② 작업자의 체격, ③ 동작의 기민성, ④ 작업자의 정서, ⑤ 작업자의 정신적인 능력, ⑥ 작업자의 교양정도, ⑦ 경험 및 숙련도, ⑧ 일반적으로 분류에 들어가지 않는 특수한 기능[7] 등과 같은 것을 구체적으로 기술한다.

---

6) Dale Yoder, *op. cit.*, p.109.

그런데 미국에서는 일반적으로 직무의 특성을 기술한 것을 직무기술서라 하고, 직무에 요구되는 인적요건을 기술한 것을 직무명세서라 하여 양자를 구별하는 기업도 있으나 양자를 동시에 기술하는 혼합형식도 있다. 우리나라에서도 이 양자를 동시에 기술하는 혼합형식이 널리 이용되고 있다.

5. 직무분석의 유의점

직무분석의 전 과정은 많은 시간을 필요로 한다. 직무분석은 단순히 직무에 관한 자료를 기계적으로 모아 기술하는 것이 아니라 직무기술서와 직무명세서를 통하여 인적자원관리에 유효할 수 있도록 자료를 분석·정리하고 이를 적극 활용해야 한다.

직무관련 자료를 수집함에 있어서 실무자들의 적극적인 협조가 필요하며 기록을 계속 보관함으로써 활용가치를 높여야 한다. 직무분석에서 유의할 점은 다음과 같다.

1) 직무분석 내용의 명료성

직무분석을 할 때 직무기술서와 직무명세서의 내용을 애매하게 표현할 경우 요구되는 행동이 분명치 않아 직무분석의 목적이 달성되지 못한다. 직무에 관한 정보를 가능한 구체적으로 표현하여 직무의 목적과 표준성과를 명백히 하는 것이 좋다.

2) 직군 및 기준직무의 모색

직무분석에서의 신속성이 보다 요구됨에 따라 직무분석을 간단하고 신속하게 처리하는 방법으로서 분석의 중심대상을 직군(job family) 또는 기준직무에 두고 전개시키는 방법이 장려되고 있다. 직군이나 기준직무를 중심으로 직무분석을 할 경우 분석대상수가 크게 줄어들고 단기간에 분석할 수 있도록 만들어 준다. 또한 직무분류가 체계화되고 직무간 비교가 수월해진다. 그러나 직무분석의 목적을 진실성, 확실성에 초점을 둘 경우 이 방법은 적합치 않다.

3) 직무내용의 실용성

직무는 고정되어 있지 않고 항상 변하므로 주기적으로 직무내용을 검토하여 직무기술서와 직무명세서가 언제나 실제 직무내용과 일치하도록 수정해 나가야 한다.[8]

---

7) 山城章, 經營學小辭典, 中央經濟社, 1970, p.233.
8) B. Scheider and A. M. Konz, "Strategic Job Analysis," *Human Resources Management*, 28. 1 (Spring

4) 실무자의 협조

실무자는 언제나 자기의 직무수행방법이 가장 이상적이라고 생각하므로 직무분석자가 찾아와 직무에 관한 정보자료를 수집할 때 저항감, 불안감, 의심을 갖고 부정적 태도를 보이는 경향이 있다. 그러므로 직무분석자는 실무자에게 직무분석의 목적을 잘 이해시키고 그들로부터 협조를 얻을 수 있는 조직분위기를 조성해야 한다.

5) 동태적 직무분석의 필요

직무분석은 크게 현재 수행하고 있는 직무 내지 직위의 내용과 요건에만 분석을 국한시키고 구조적인 기능분석에 초점을 맞춘 정태적 직무분석과 보다 거시적 차원에서 미래지향적 안목을 가지고 직무의 내용과 여건을 신축성 있게 분석하는 동태적 직무분석으로 나누어진다.

정태적 분석은 전통적, 미시적, 구조적 직무분석에 해당하고, 동태적 직무분석은 현대적, 거시적, 과정적 직무분석에 해당한다. 직무분석은 정태적 분석보다 동태적 차원에서의 분석이 필요하다. 동태적 분석은 거시적인 조직분석(organizational analysis)의 결과와 미시적인 전통적 직무분석결과를 조화시켜 경영목표, 경영전략, 조직환경에 알맞은 직무관리를 하는 데 목적을 두고 있다. 즉 현재의 직무내용, 자격요건 등을 파악하는 것도 중요하지만 이것을 보다 경영목표나 전략 그리고 조직변화 등을 고려하여 신축성 있게 작성하는 것이 바람직하다. 이것은 과업이나 작업만을 분석하는 미시적 차원에서 벗어나 보다 조직목적과 전략 등 조직수준의 차원을 고려하여 분석하려는 미시-거시통합의 분석태도를 가리킨다.

6) 조직문화와 직무분석

직무분석이 너무 합리성과 능률을 강조하는 경우에는 지나치게 전문화, 세분화된 직무를 설계하는 경향이 커지고, 따라서 구성원들의 능력활용 범위와 능력개발 가능성을 제한시키는 결과를 가져올 수 있다. 그 뿐만 아니라, 직무내용이 너무 구체적으로 세분화되면 직무분담이 너무 엄격하게 되어 구성원들 각자가 직무기술서에 명시된 과업과 업무이외에는 관심을 갖지 않게 된다. 그리하여 구성원들간에 이기적이고 비협조적인 태도가 조성되고, 나아가서는 조직전체가 관료적인 분위기를 형성할 위험성도 없지 않다. 이러한 경향을 배제하기 위하여 합리적인 직무분석과 직무설계보다는 유기적이고 신축적인 업무분담 그리고 구성원들간의 상호협조와 공동체의식을 강조하는 조직체가 많다. 그 예로 일본기업을 들 수 있는데, 그들은

1989), pp.51~63.

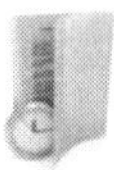

구성원들 각자에게 합리적인 업무분담과 책임을 강조하지 않고 집단성과달성을 목적으로 구성원들간의 유기적인 직무수행을 강조하고 있다. 따라서 구성원들 모두가 내일과 남의 일을 가리지 않고 모두가 내일이라는 개념하에 직무를 수행하는 것을 강조하고 있다.

이와 같이 구성원들간에 집단의식과 공동체의식이 강한 조직문화에서는 합리적인 직무분석과 직무설계가 요구되지 않는 것이 사실이다. 너무 구체적인 직무설계는 구성원들의 활동범위와 능력개발의욕을 제한시킬 수도 있다. 그러나 공동체의식이 결여된 조직문화나 조직분위기에서는 어느 정도의 명백한 직무설계가 없이는 업무분담의 불균형과 비일관성 그리고 직무수행상의 마찰과 혼동 등 많은 문제가 야기될 수 있다.

제2절 직무평가

1. 직무평가의 의의

직무평가란 각 직무의 중요도, 곤란도, 위험도 등을 평가하여 타직무와 비교함으로써 그 직무의 상대적 가치를 결정하는 체계적 방법이다. 따라서 직무평가는 동일한 가치를 가진 직무에 대하여는 동일한 임금을 적용하고 더욱 높은 가치로 인정되는 직무에 대하여는 더욱 많은 임금을 책정하는 직무급제도를 실시하는 기초가 되는 것이다. 직무평가는 일체의 속인적인 조건을 떠난 직무에 대한 객관적인 분석이다.

이점에 관하여 노울즈와 톰슨(A. S. Knowles and R. D. Thomson)은 「직무평가란 경영내부에 있어서 각 직무의 상대적 가치를 결정하는 한 방법이므로 직무를 취급하는 것이지 개개의 인간을 취급하는 것은 아니다」라고 지적하고 있다.

2. 직무평가요소

직무평가의 목적은 직무의 상대적 가치를 결정하는 데 있다. 그런데 직무의 상대적 가치를 어떠한 기준으로 평가할 것인가 즉, 직무평가요소의 선정이 중요하다. 직무평가의 요소는 직무평가자의 주관과 자의에 의해서 결정되어서는 안되며 직무를 구성하고 있는 요소에 따라 선정되어야 한다. 그런데 직무평가요소는 산업의 특색과 산업구조의 정도에 따라 상이하며 일률적으로 적용될 수 있는 준칙도 없다. 여기에 평가요소의 합리적 선정이 문제시된다.

오티스와 로이카트(J. L. Otis & R. H. Leukart)는 직무평가의 선정원칙을 다음과 같이 제시하고 있다.[9)]

① 평가요소는 비교하여 얻는 것이라야만 한다.

② 평가요소는 직무에 있어서 일반적인 것인 동시에 중요한 것이어야 한다.

③ 평가요소는 특정직무에 관해서만 측정된 것이며, 중복하여 평가해서는 안된다.

④ 평가요소는 노사쌍방에 일치하는 것이 좋다.

⑤ 평가요소는 모든 직무에 있어서 보편적으로 적용할 수 있는 것이라야 한다.

현재 미국에서 거의 표준화되어 있는 평가요소로서는 라이틀(C. W. Lytle)이 제시한 것으로 다음과 같다.[10)]

① 숙련 (skill)
  ㉠ 지능적 숙련 (intellectual skill)
  ㉡ 육체적 숙련 (physical skill)

② 노력 (effort)
  ㉠ 정신적 노력 (mental effort)
  ㉡ 육체적 노력 (physical effort)

③ 책임 (responsibility)
  ㉠ 대인적 책임 (responsibility for other)
  ㉡ 대물적 책임 (responsibility for equipment & material)

④ 작업조건 (working condition)
  ㉠ 위험도 (hazard)
  ㉡ 불쾌도 (uncomfortableness)

---

9) J. L, Otis & R. H. Leukart, *Job Evaluation*, Prentice-Hall, 1958, pp.121~124.

10) C. W. Lytle, *Job Evaluation Methods*, Ronald, 1954, p.124.

3. 평가요소의 웨이트 결정

직무에 대한 각 평가요소는 직무가치를 구성하는 과정에서 그 중요도가 다르기 때문에 평가요소에 대한 웨이트(weight)를 결정하여야 한다. 웨이트를 결정함에 있어서 이론적으로 완벽한 방법은 존재하지 않으므로 결국 주관적인 판단에 의하여 결정하지 않으면 안된다. 그러나 아무리 주관적인 판단에 의하여 행하여진다고 하더라도 기업의 방침 기타의 제반사항을 충분히 고려하고 때로는 타기업의 예를 참고로 하여 객관성을 가지는 적절한 웨이트를 결정하여야 한다. 웨이트의 결정방법을 일반적으로 크게 나누어 보면 다음과 같다.[11)]

① 평가요소에 대한 개념규정의 상호관계에서 추론적으로 웨이트를 정한다.

② 외부에 어떠한 객관적 기준을 설정하고, 그것과의 관련도를 통계적으로 구하여 웨이트를 정한다. 이때의 객관적 기준으로서는 일반적으로 적정하다고 인정되는 기준직무(key-job)간의 임금비율 등을 이용한다.

③ 기업내의 많은 사람들의 의견을 구하여 그 결과를 통계적으로 집계하여 웨이트를 정한다.

④ 경영의 요구를 중심으로 현행 임금서열을 지나치게 파괴하지 않는 범위내에서 웨이트를 결정한다.

각 요소간의 웨이트를 정하는 문제에 대하여 라이틀(C. W. Lytle)은 전국산업회의소(National Industrial Conference Board)의 조사를 집약하여 〈표 3-4〉와 같은 예를 소개하고 있다.[12)]

▌표 3-4▐ 평가요소 웨이트

평가요소 웨이트	웨이트의 범위(%)	중앙치(%)
숙　련	40.0 － 60.0	50
노　력	10.0 － 20.0	15
책　임	15.0 － 25.0	20
작업조건	10.0 － 20.0	15

11) 高川榮 - 外責任編集, 人事管理の理論と方式, 有斐閣, 1961, p.790.
12) C. W. Lyle, *op, cit.*, p.64.

4. 직무평가의 방법

직무평가의 방법에는 비량적 평가방법과 양적 평가방법이 있다.[13)]

비량적 평가방법은 직무수행에 있어서 난이(難易)의 정도 등을 기준으로 포괄적, 전체적인 판단에 의해서 직무의 상대적 가치를 평가하는 방법으로서 여기에는 서열법과 분류법이 있다. 이에 대해서 양적방법은 직무분석결과에 따라 직무를 기초적 요소 또는 조건으로 분석하고 수와 양을 사용해서 분석적으로 판단, 평가하는 방법이다. 이 방법은 점수법과 요소비교법이 있다.

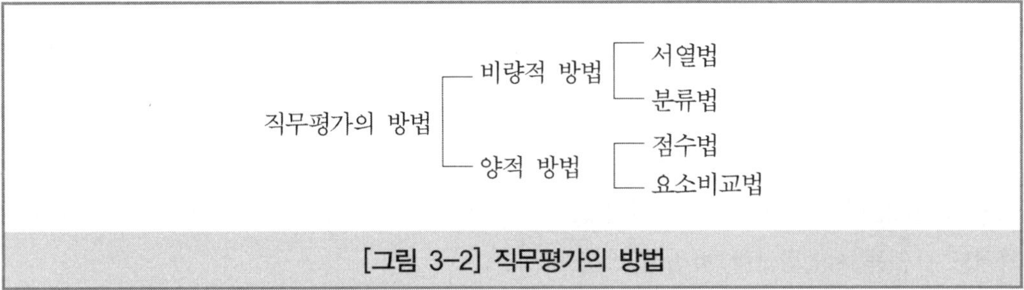

[그림 3-2] 직무평가의 방법

직무평가를 하는 데 있어서 이들 방법 중 어느 방법이 가장 좋은 방법이라고 말할 수 없다. 기업의 사정에 따라서 실시가능한 방법을 선택하여야 하며, 정확성을 잃지 않고 경영에 있어서의 직무의 상대적 가치를 평가할 수 있도록 각종 방법의 장·단점을 활용하여 운용하는 것이 중요하다. 우리나라에서는 점수법이 가장 많이 이용되고 있으며, 특히 대기업에서 점수법을 많이 사용하고 있다. 그러나 서열법과 분류법은 비교적 간단하기 때문에 중소기업에서 사용하고 있는 예가 많다.

1) 서열법(ranking method)

서열법(ranking method)은 직무의 난이도, 책임의 대소, 직무의 중요도와 장점 등 직무의 상대적 가치 모두를 포괄적으로 고려하여 전체적으로 서열을 정하는 평가방법이다. 즉, 직무에 있어서 중요한 역할을 하는 요소가 무엇인지를 하나씩 따져서 서열을 정하는 것이 아니라 직무의 상대적 가치 모두를 한꺼번에 파악한 뒤 전체적으로 순위를 정한다. 서열법에는 상대적 가치가 가장 높은 것과 가장 그 가치가 낮은 것을 먼저 정하고 그 다음 남은 것

---

13) H. J. Chruden & A. W. Sherman, Jr., *Personnel Management*, South-Western Pulishing Co., p.445.

가운데서 가장 상대적 가치가 높은 것과 낮은 것을 뽑아서 서열을 매기는 교대서열법(alternative ranking method)과 직무비교를 이용하여 각각의 직무를 모든 직무들과 짝지어 비교(각 직무들이 리그전의 대진표와 같이 배열되고 이를 서로 비교하여 순위를 정하는 것)하여 그 서열을 정하는 쌍대비교법(paired comparison method) 등이 있다.

서열법은 조직에 대한 직무의 가치를 전체적, 포괄적인 관점에서 서로 비교하여 모든 직무의 순위를 결정하기 때문에 직무분석에 따른 직무기술서, 직무명세서보다는 평가자의 직무에 대한 명확한 파악에 의존하므로 간단하고 신속하며 비용도 적게 든다. 직무의 수가 적은 소규모 기업에서 유용하게 사용하고 있으며 대규모 조직에는 부적합하다.

2) 분류법(classification method)

분류법(classification method)은 직무등급법(job grading method)이라고도 하는데 전반적인 직무가치나 난이도 등 분류기준에 따라 사전에 여러 등급을 정하고 각 직무를 적절히 평가하여 각 등급에 맞추어 분류하는 방법이다. 같은 등급에 속한 직무들은 같은 가치를 가진 것으로 평가한다. 이 분류법은 사전(事前)에 설정한 등급이 평가의 척도가 된다는 점에서 평가척도가 없는 서열법보다 발전된 방법에 속한다.[14)]

이 방법은 카네기(A. Carnegie)기술연구소의 인사조사실에서 개발된 것으로 등급은 숙련, 미숙련의 2등급 또는 숙련, 반숙련, 미숙련의 3등급 또는 더 많은 등급으로 구분하는 수도 있다.

이 분류법은 주로 공공기관, 학교, 서비스조직 등 등급분류가 용이한 사무, 기술, 관리직에 많이 적용되며 등급수는 5~15개가 적절한 것으로 인식되고 있다.[15)]

이 분류법은 직무를 각 요소로 나누어 평가하는 것이 아니고, 종합적으로 판단한다는 점에서 종합적 방법이라 할 수 있고 또 수치를 사용하지 않는다는 점에서 비량적방법이라 할 수 있다. 그러나 이 경우 분류기준법에 있어서의 등급은 각 등급의 직무가 요구하는 숙련, 노력, 책임, 작업조건 등을 기준으로 하여 정해지기 때문에 서열법보다는 한걸음 진보된 평가법이라고 볼 수 있다. 즉, 먼저 분류법에 의하며 몇 등급으로 분류하고 다시 각각 그 등급에 포함되는 몇 개의 직무를 서열법에 따라 순위를 정한다.

---

14) Bryan Livy, *Job Evaluation*, London: George Allen & Unwin, 1975, p.71.

15) Lloyd L. Byars and Leslie W. Rue, *Human Resource and Personnel Management*, Homeword, IL: Richard D. Irwin, 1984, p.239.

▮표 3-5▮ 직무등급표(생산직종의 예)

등급	정 의
1	과업들에 높은 수준의 책임이 부여되어 있으며 직무수행 시 독자적인 판단을 해야 함. 또한 높은 수준의 전문기술이 요구됨. 소규모의 하위 작업집단을 지휘하고 조정하는 업무가 있을 수 있음.
2	과업들이 특정분야에서 기술적 수준을 어느 정도 요구하며 특화되어 있음. 작업자 자신의 독자적 판단력이 작업수행에 빈번하게 발생함. 해당 직무수행자는 몇 명의 작업자들을 지휘할 수도 있음.
3	과업이 다양하며 이를 수행하기 위해서는 어느 정도의 직무경험이 필요함. 직무수행에 있어 자주 판단력을 필요로 하며 독자적인 사고(思考)가 요구됨. 직무는 보통 정도의 감독하에서 수행됨.
4	과업들이 다양하지만 본질적으로 반복적인 것임. 직무수행의 절차는 회사의 방침이나 작업규칙에 의해 결정되어 있음. 직무수행에 대한 간단한 지시와 같은 업무감독하에서 직무가 수행됨. 직무를 수행하는데 특히 제한된 의사결정 권한이 드물게 부여됨. 직무수행에 있어 약간의 판단력이 요구됨.
5	사전에 간단한 학습(훈련)을 필요로 하는 과업들. 직무를 수행하면서 일하는 방법을 배울 수 있기 때문에 사전 직무경험이 반드시 필요하지는 않음. 엄격한 감독하에서 직무가 수행됨.
6	매우 단순하고 반복적인 과업들을 수행하거나 혹은 비반복적인 과업이라 하더라도 사고(思考)의 필요성이 거의 없는 경우.

분류법은 서열법처럼 간단하고 이해하기 쉬우며 비용이 적게 든다는 장점은 있으나 분류 자체의 정확성이 보장될 수 없고, 직무의 수가 많아지고 내용이 복잡해지면 정확한 분류를 할 수 없다는 단점이 있다. 즉, 고정된 등급의 설정 때문에 경제적, 사회적, 기술적 변화에 대한 탄력성이 부족하다. 따라서 기업체보다는 공공기관에서 주로 사용되는 경향이 있다.

3) 점수법(point rating method)

점수법(point rating method)은 M. R. Lott가 1925년에 개발한 방법으로서, 직무를 각 구성요소로 분해하고 각 요소별로 그 중요도에 따라 숫자에 의한 점수를 준 후, 이 점수를 합계하여 각 직무의 가치를 평가하는 방법이다. 말하자면 각 직무에 대한 평가치인 총점수를 상호 비교하고 점수의 다소에 따라서 각 직무의 상대적 가치가 결정되는 것이다. 그리고 점수법에 있어서 1점당 급여액이 결정되면, 그것과 각 직무의 총점수를 곱하여 그 직무에 대한 직무(직계)급여액을 산정할 수 있다.

이와 같이 점수법은 수량적·분석적인 가치표현을 하게 되므로 직무의 상대적 차이를 명확하게 할 수 있으며, 종업원으로부터 평가결과에 대하여 이해 및 신뢰를 얻을 수 있다. 그러나 실제로 각 직무에 공통되는 적합한 평가요소의 선정이 용이하지 않으며, 더욱이 평가요소에 대하여 등급을 정하고 그 등급에 따라 점수를 배정하는 과정, 다시 말하면 중요도(weights)를 선정하는 것이 어려운 일이다. 이 방법이 가지는 장점과 단점은 다음과 같다.[16)]

장점으로는

① 분석적으로 설정된 측정척도는 일단 신뢰를 받을 수 있다.

② 직무의 상대적 차이를 비교적 쉽게 할 수 있다.

③ 각 직무의 점수가치는 직무간의 상대적인 차이를 다방면으로 표시한다.

④ 이 방법은 종업원뿐만 아니라 감독자도 이해하기가 쉽다.

단점으로는

① 측정의 척도가 되는 평가요소를 선정하거나 이 요소에 따라 직무의 상대적 가치를 결정하는 것은 고도의 숙련을 필요로 한다.

② 평가요소의 중요도를 결정한다든지 그 등급에 따라 점수를 배분한다는 것은 대단히 어려운 일이다.

③ 점수에 의해 직무의 상대적 가치를 결정한다는 것은 많든 적든 독단이 따른다.

④ 이 제도의 도입에는 준비단계가 필요하기 때문에 많은 시간을 요한다.

⑤ 사무비가 상당히 필요하다는 점이다.

따라서 점수법을 실시할 때는 평가자의 전문적인 기술과 아울러 많은 준비기간 및 경비가 필요하다.

---

16) 姜正大, 前揭書, p.85.

▌표 3-6▐ 점수법의 예(평가요소의 등급화)

요소 \ 점수	0	2	4	6	8	10
교 육	국졸 또는 그 이상	중 졸	고 졸	초대졸	대 졸	대학졸업후 직업교육 수료
경 험	무	1년	2년	3년	4년	5년 이상
훈련기간	근 소	1개월	3개월	6개월	12개월	18개월 이상
작업피로	근 소	경 도	보 통	때때로 강도	항상 강도	극 도
적극적능력	극 소	때때로 필요	자주 필요	항상 필요	고도로 필요	최고의 적극성이 필요
책 임 (경영 과의 이해)	경영과는 무관계	근소한 관계	중 간	중 요	극히 중요	직접 성쇠에 관계가 있다

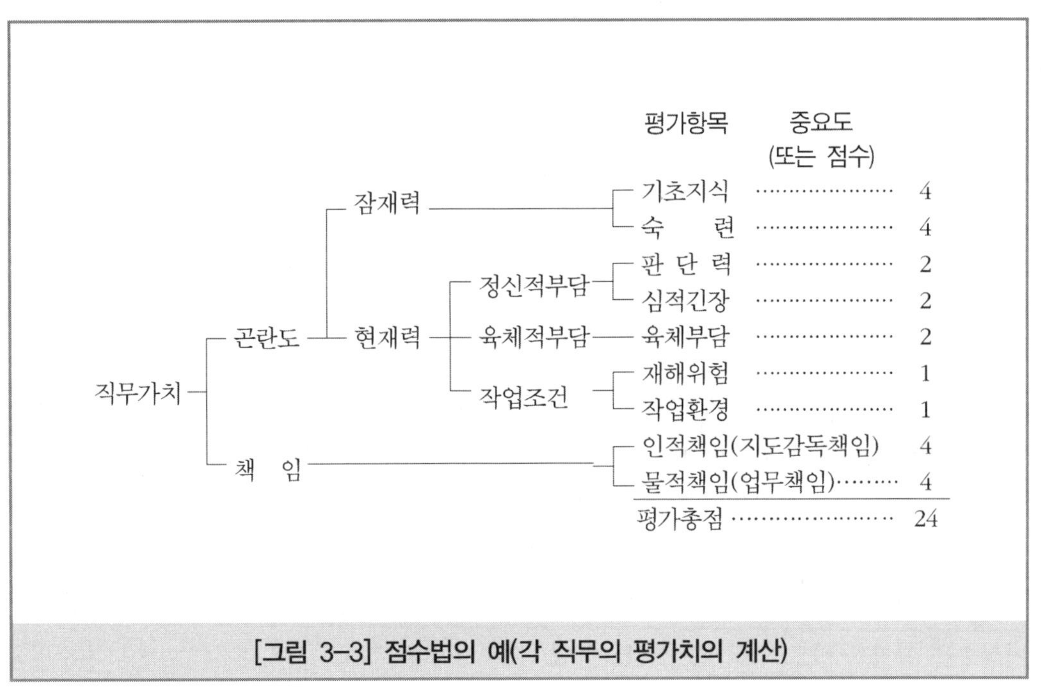

[그림 3-3] 점수법의 예(각 직무의 평가치의 계산)

▌표 3-7▐ 평정요소 및 평정단계

평정요소		1	2	3	4	5	6	7	8	9	10	11	12	평점
능력	지식	20	36	52	68	84	100	116	132	149	166	183	200	132
									✔					
	숙련	20	40	60	80	100	120	140	160	180	200			140
								✔						
	인격	10	40	70	100									40
			✔											
활동	지적활동	5	16	27	39	50								39
					✔									
	감각활동	5	14	23	32	41	50							14
			✔											
	신체활동	5	12	19	26	34	42	50						12
			✔											
책임	기본책임	15	34	53	72	91	110	130	150					110
							✔							
	부대책임	10	28	46	64	82	100							46
				✔										
환경	비위생성	5	16	27	39	50								16
			✔											
	위험성	5	16	27	39	50								5
		✔												
													평점계	554

4) 요소비교법(factor comparison method)

요소비교법(factor comparison method)은 Eugene J. Bengie가 M. R. Lott의 점수법을 개선한 직무평가의 한 방법이며 1926년에 고안한 것이다. 이 방법에 의한 직무평가는 먼저 직무를 요소별로 나누고 점수대신 임률(賃率)로 기준직무를 평가한 후에 타직무를 기준직무에 비교하여 직무의 상대적 가치를 평가하는 방법이다.

이 요소비교법은 직무의 상대적 가치를 임금액으로 평가하는 것이 특징이다. 말하자면 평가점수를 가지고 바로 임금액으로 할 수 있다는 것이다. 이와 같은 요소비교법은 점수법이 각 평가요소의 중요도를 기준으로 점수를 부여하는데 반하여, 각 평가 요소별로 직무를 등급화하게 된다.

요소비교법의 구체적인 평가과정을 보면 다음과 같다.

① 몇 개의 기준직무를 선정한다. 그 기준직무는 업무내용이 명확하고 지불되는 급여액이 적절하다고 인정되는 객관적 타당성을 가진 것이 되어야 한다. 기준직무의 수는 평가하고자 하는 직무의 10%정도가 적당하다.

② 평가요소를 결정한다. 평가요소의 수는 5개 내지 7개로 정하며 7개를 넘는 것은 부적당하다. 일반적으로 숙련, 정신적 노력, 육체적 노력, 책임, 작업조건의 5개 요소가 많이 사용된다.

③ 기준직무가 직무평가에 대하여 요구하는 중요도에 따라 평가요소별로 기준 직무를 등급화한다. 즉 기준직무를 평가요소별로 상호비교하여 〈표 3-8〉처럼 평가가 높은 것에서부터 낮은 것으로 서열을 붙인다. 이것을 여러 명의 평가자에 의하여 간격을 두고 수회 행하고 각위원의 점수의 평균치를 취하여 최종순위를 정한다. 이것은 서열법과 비슷하나 직무전체에 대하여 서열을 정하는 것이 아니고, 직무의 각 요소마다 서열을 붙이는 점이 다르다.

▌표 3-8▐ 요소별 서열표

직 명	지식	숙련	책임	정신적 노력	육체적 노력	작업조건
운 반 공	2	2	1	2	3	1
잡 역	1	1	2	1	5	4
선반공(1급)	3	3	3	3	4	5
기계공(1급)	4	4	4	4	2	3
공구공(1급)	5	5	5	5	1	2

④ 다음단계는 선정된 기준직무의 현재의 평균임률을 〈표 3-9〉를 참고로 하여 각 요소에 분배하여 기준직무 요소별 임금배분표를 작성한다.

이 경우에 각 요소임금의 순서와 〈표 3-8〉 서열표의 순서가 합치되지 않으면 안된다. 이 순서가 현저히 상이할 경우 그 기준직무는 사용하지 않는 것이 좋다. 임금의 각 요소에 대한 배분에는 수명의 평가위원이 수회에 걸쳐 배분한 결과를 요소별로 종합·평균하여 기준직무요소별로 작성케한다.

⑤ 마지막 단계로 기준직무 이외의 평가대상 직무를 요소별로 기준직무의 각 요소와 비교하고 여기에서 얻어지는 임금액을 모두 합하여 그 직무의 임금으로 한다. 이렇게 하여 직무의 상대적 가치가 결정되는 동시에 직무의 임금도 결정된다.

▌표 3-9▐ 기준직무요소별 임금서열표[예]

요소 / 순위배분 / 기준직무	정신적 노력		숙련		육체적 노력		책임		작업환경		평균임금 (시간당)
	순위	임금	순위	임금	순위	임금	순위	임금	순위	임금	
공 구 공	2	185	1	225	1	200	1	155	5	65	830
기 계 공	3	170	2	200	6	140	3	130	1	125	765
발 전 공	1	195	5	95	8	120	2	140	8	40	590
배 관 공	5	90	4	115	4	165	4	85	3	90	545
동 력 공	4	95	3	120	5	145	5	80	2	95	535
운 반 공	7	70	6	85	3	175	6	75	4	80	485
수 위	8	60	8	50	2	190	8	40	6	60	400
조 립 공	6	85	7	75	7	130	7	60	7	45	395

요소비교법은 복잡하고 그 실시에 있어 비용이 많이 드나 기준직무만 적절히 선정되면 점수법보다 훨씬 합리적이기 때문에 널리 사용되고 있다.

그러나 기준직무의 적확성(適確性)이 결여되거나 그 내용에 변화가 발생하면 자연히 평가결과에 영향을 미치므로 전체의 측정 척도는 변경되지 않으면 안된다.

이상의 평가절차에 따라 이루어진 평가결과는 임금액 산정에 사용된다.

이러한 요소비교법은 점수법과 마찬가지로 널리 이용되고 있는데 그 장점과 단점을 보면 다음과 같다.

요소비교법의 장점으로는

① 한 직무와 타직무와의 비교는 각 직무를 다방면으로 평가하게 한다.

② 한번 측정척도를 설정하여 두면 그것은 타직무를 평가하는 데 비교적 융통성을 갖는다.

③ 이 측정척도는 임금가치의 배분과 결부되어 있기 때문에 변경을 필요로 하지 않는다.

단점으로는

① 측정척도를 결정하기 위하여 사용되는 기준직무에 만약 정확성이 없다면 그것은 이 방법의 운영과 그 결과에까지 영향을 미치게 된다.

② 측정척도의 구성이 복잡하기 때문에 종업원에게 충분히 이해시키는 일이 쉽지 않다.

③ 이 방법은 실시하는 데 시간이 걸리며 사무비가 상당히 필요하다.

④ 이 방법은 평가자가 임금을 요소별로 할당하는 경우에 주관이 개입될 위험성이 많다.

5. 직무평가의 유의점

직무평가를 할 때의 유의점은 다음과 같다.[17)]

1) 기술적 측면의 한계

직무평가의 기법에는 한계가 있다. 즉 직무평가를 실시할 때 직무분석자료에 근거하여 평가요소를 선정하는 과정에서 판단상의 오류를 범하기 쉽다. 또 평가요소에 대한 점수법상의 가중치와 요소간의 비중에 따른 판정상의 오류도 피하기 어려운 실정이다. 이러한 기법적인 측면에서 평가의 한계점은 종업원과 경영자간에 갈등과 관련하여서도 발생한다.[18)]

2) 인간관계적 측면의 유의점

직무평가란 과학적이라기보다는 임금 및 급료를 정하는 체계적 과정이라고 할 수 있는데, 그것의 유효성은 종업원의 만족에 대한 영향을 확인함으로써 결정되어야 한다.

이를 위해서는 급료에 대한 종업원의 불평, 불만 등에 대한 자료를 수집, 분석하는 것이 필요하다. 결국 직무평가가 과학적이며 논쟁의 여지가 없다는 보장이 없기 때문에, 임금결정과정에서 종업원의 반발과 노동조합의 영향을 고려하여야 한다.

3) 평가의 계획, 빈도, 절차상의 유의점

직무평가의 대상이 다수이거나 서로 다를 때, 이 모든 직무에 하나의 평가계획을 설정할 것이냐, 각각의 평가계획을 설정하느냐 하는 것이 문제점이고, 또 기업환경의 변화로 인하여 직무의 성격변화가 있을 때 직무평가의 횟수, 즉 빈도수가 문제일 뿐만 아니라 새로 생긴 직무에 대한 평가절차와 방법에 있어서도 적절성을 기해야 하는 점이 유의해야 할 일이다.[19)]

4) 직무평가의 결과와 노동시장평가의 불일치

직무의 종류에 따라서는 노동시장의 특수한 상황과 결부되어 노동시장에서의 현행임금과

---

17) 崔鍾泰, 현대인사관리론, 박영사, 2008, pp. 78~80.

18) E. B. Flipp, *op, cit.*, p. 313.

19) W. French, *The Personnel Management Process*, 3rd ed., Houghton Mifflin Co., Boston, 1974, p.473.

직무평가에서 결정된 직무의 상대적 가치가 일치하지 않을 경우가 있다. 직무평가상 가치가 높은데도 노동시장의 현행임금이 낮을 경우에는 그 노동에 대한 공급이 수요를 초과할 때이며, 반대로 직무평가상의 가치가 낮은데도 노동시장에서 그 직무의 임금이 높은 것은 수요가 공급을 초과하는 경우에 발생한다. 따라서 경영자는 임금 결정과정에서 이와 같은 직무들에 대한 특별한 고려가 있어야 한다.

제3절 직무설계

1. 직무설계의 의의

직무설계(job design)란 직무를 수행하는 사람에게 의미와 만족을 부여하고자 하는 시도하에 생산조직이 그 목표를 보다 효율적으로 수행할 수 있도록 일련의 작업군과 단위직무내용 및 작업방법을 설계하는 활동이다. 그러므로 직무분석에 의하여 각 직무의 내용을 분석한 다음 그것에 영향을 미치는 인간적, 조직적, 기계적 요소를 규명하여 전체공정의 작업자에게 직무만족을 부여하고 또 생산성을 향상시킬 수 있는 작업방법을 결정하는 절차라고 할 수 있다.

오늘날의 산업사회는 과학과 기계문명의 고도화로 인하여 물질적 부와 풍요로움을 향유하게 되었다. 그러나 이러한 산업사회는 능률과 생산성이라는 물질적, 비정신적 가치만을 지나치게 강조한 나머지 인간적 가치는 무시되고 인간이 마치 기계조직의 일부나 도구로 여겨질 정도가 되었다. 이와 같은 현상은 기업에도 나타나서 종업원에게 부과되는 대부분의 직무는 능률이라는 개념에 기초를 둔 것으로 가능한 한 직무를 세분화함으로써 짧은 훈련기간, 짧은 주기, 작업자의 신속한 대체가능성을 통해 기업의 목적을 달성하도록 설계되었다. 따라서 이러한 직무를 수행하는 종업원들은 직무의 단조로움과 반복성으로 인하여 직무불만족, 노동의 소외, 근로생활의 질 저하 등을 경험하게 되고, 이는 다시 기업 목적달성에도 막대한 지장을 초래하게 되었다.

그럼으로 기업은 전문화원리에만 기반을 두어 성과만을 강조하고 종업원의 욕구충족을 등한시했던 종래와 같은 방법으로는 기업목적의 달성이 용이하지 않다는 것을 깨닫게 되어 이러한 문제를 해결하기 위한 다각적인 방법을 모색하게 되었다. 따라서 이러한 방법의 일환으로 종래의 직무설계 방법이 직무를 중심으로 사람을 어떻게 적응시키느냐 하는 것을 중심적인 연구대상으로 삼은데 반하여, 현대의 직무설계는 사람을 중심으로 직무를 어떻게 디자인하느냐 하는 것을 그 주요과제로 삼는 직무설계에 대한 새로운 노력과 관심이 집중되고 있다.

2. 직무설계의 목적

직무설계는 모든 계층의 조직구성원으로 하여금 직무 그 자체에서 만족과 의미를 부여받도록 하여 종업원의 모티베이션과 생산성을 향상시키려는 것을 목적으로 한다. 또한, 직무설계의 양대 목표라 할 수 있는 생산성과 직무만족의 영역 중에서 경영자가 보다 중시해야 할 것은 생산성보다는 모티베이션이어야 한다. 왜냐하면 기업조직의 목표달성이란 과제는 그 과정에 참여하는 종업원의 모티베이션 없이는 불가능하기 때문이다.

분업의 원리에 대한 반발과 행동과학적 지식의 도입에 의하여 실행되는 직무설계나 직무재설계는 다같이 능률향상과 인간성 회복을 목적으로 한다고 할 수 있으며, 그 구체적인 항목을 열거하면 다음과 같다.[20]

1) 종업원 모티베이션 향상

직무설계는 종업원 모티베이션 향상을 그 목적으로 한다. 경영자가 종업원의 무관심이나 권태감을 간파했을 때 조직 내에 직무설계 프로젝트의 도입이 필요하다. 즉 직무를 개선함으로써 직무 불만족을 감소시키고, 아울러 사기를 향상시키는 활동이 필요하다.

2) 생산성향상

직무설계는 생산성향상을 그 목적으로 한다. 생산성이란 인적 자원(human resources)과 물적 자원(material resources)의 효율적인 이용의 측정도이며 산출률 이상의 의미를 지닌다. 즉, 생산성이란 능률성(efficiency)을 뜻하는 것으로서 산출과 더불어 투입도 고려하는 개념이다. 따라서 직무설계는 종업원의 모티베이션 향상과 동시에 그 결과로서 나타나는 인적 자원의 효율적인 이용을 목적으로 한다고 할 수 있다.

3) 재화와 용역의 양과 질 개선

직무설계는 재화와 용역의 양과 질의 개선을 그 목적으로 한다. 기업이 생산하는 재화와

---

20) 崔鍾泰, 前揭書, p. 81.

용역의 양과 질의 측면에서 보다 많은 생산을 하는 것이 직무설계의 중요한 목적이다. 그러나 오로지 양적인 측면에서 생산의 증가만을 직무설계의 목적으로 하지 않고 재화와 용역의 질을 개선하는 것을 그의 중요한 목적으로 삼는다.

4) 원가절감

직무설계는 원가절감을 그 목적으로 삼는다. 원가절감은 생산성향상과 재화 및 용역의 질의 개선에 대한 결과로서 나타난다. 즉, 기술을 분석하고 인간노력이 이용되는 방법을 분석함으로써 불필요한 설비, 공정 및 직무가 제거되어 능률성과 효율성의 기준으로 보아 보다 합리적으로 직무를 수행할 수 있게 된다. 그 결과로써 불필요한 비용을 감소시킬 수 있는 것이다.

5) 이직과 훈련비용의 감소

직무설계는 이직과 훈련비용의 감소를 그 목적으로 한다. 직무만족은 모티베이션과 생산성에 직접 영향을 미치는 것으로서, 이는 자발적 형태의 이직이든 비자발적 형태의 이직이든 간에 이직을 감소시킨다. 또한 직무만족의 증대는 학습속도를 가속화시킴으로써 훈련비용을 줄여 준다.

6) 신기술에 대한 신속한 적응

직무설계는 신기술에 대한 신속한 적응을 그 목적으로 한다. 대부분의 직무설계는 작업방법의 변화를 뜻하는 직무의 재설계(redesign)이다. 따라서 기술변화나 신공정을 도입할 경우에는 신기능교육을 시키는 것과 기존의 기능을 종전과 다른 방법으로 이용할 필요성이 있게 된다. 즉, 직무설계는 신기술조건을 충족시킬 수 있는 수단을 제공한다.

3. 직무설계의 발전과정

직무설계의 기원은 아담스미스(Adam Smith)가 「국부론」(The Wealth of Nations)에서 분업과 전문화의 중요성을 강조한 데서부터 시작되었다. 그러나 그 체계적인 연구가 진행된 것은 테일러(F. W. Taylor)를 중심으로 한 과학적 관리법에 의해서이다. 이때부터 시작된 직무설계의 역사적 발전과정은 전통적 직무설계단계, 과도기적 직무설계단계, 현대적 직무설계단계의 3단계로 나누어 볼 수 있다.[21]

1) 전통적 직무설계단계

전통적 직무설계는 테일러(F.W.Taylor)와 그의 동료들에 의하여 주도된 과학적 관리법에 의해 표출되었다. 그들은 인간-기계가설에 입각하여 인간을 합리성을 추구하는 경제인(economic man)으로 보았다.

따라서 직무와 관련된 모든 연구, 분석 및 작업개선의 노력은 조직내 종업원의 사회적, 개인적 욕구충족을 위한 것이 아니라 과업 그 자체를 위한 것이었다. 그러므로 과업단위의 표준화, 전문화, 단순화를 통한 작업능률의 향상이 강조되었다. 전통적 직무설계의 기본적 사고는 후에 산업공학 내지 직무공학으로 계승되고 있으며, 현재까지도 정도의 차이는 있을지라도 기술적, 경제적 합리성을 지향하는 조직의 직무설계에 대한 기본원리가 되어 있다.

2) 과도기적 직무설계단계

이 단계는 전통적인 직무설계의 부작용으로 나타난 일련의 반응을 해결하려는 과도기적 단계이다. 즉, 과학적 관리법에 의해서 직무가 지나치게 전문화됨에 따라 종업원들은 그들의 직무에 권태와 싫증을 느끼게 되고 직무에 대한 불만으로 인하여 결근, 이직률이 증가하게 되었다. 따라서 이러한 지나친 전문화에 수반되는 문제점을 해결하기 위한 대응책으로 연구된 방법이 직무순환(job rotation)과 직무확대(job enlargement)이다.

그러나 직무순환은 종업원을 다른 직무로 전환시킴으로써 직무설계의 효과를 가져올 수 있다는 것이지 직무 그 자체를 설계하는 것은 아니다. 또한 직무확대 역시 직무의 근본적인 해결책이 되지 못하고 일시적인 미봉책에 지나지 않는 결함을 가지고 있다.

3) 현대적 직무설계단계

전통적 직무설계와 과도기적 직무설계단계의 주요기법인 직무전문화, 직무순환, 직무확대 등은 그 관점이 아직도 직무중심인 관계로 종업원의 진정한 욕구를 충족시키기에는 부족하였다. 따라서 인간관계론과 행동과학에 근거를 두고 기술적, 조직적 욕구뿐만 아니라 사회적, 인간적 욕구까지도 충족시킬 수 있도록 직무내용·작업방법 및 작업상호간의 관계를 종업원 지향적인 방향으로 변화시키고자 하는 노력이 나타났다.

이것이 바로 현대적 직무설계기법의 기본적 사고로서 전통적인 직무설계 단계에서는 「인간을 직무에 적응」시키려는데 반하여 이제는 「직무를 인간에 적응」시키고자 하는 것이다.[22]

---

21) 姜正大, 前揭書, pp. 93~95.

22) H. W. F. Rush, *Job Design for Motivation: Experiment in Job Enlargement and Job Enrichment,* The Conference Board, Inc., 1975, pp.4~5.

그런데 이 단계의 주요기법으로서는 직무에 대한 도전, 성취, 책임 그리고 인식에 대한 허츠버그(Herzberg)의 동기요인(motivator)을 강조하는 직무충실화(job enrichment)와 직무특성의 내용을 중심으로 전개된 직무특성에 의한 재설계(redesign of job characteristics)이론이다.[23]

4. 직무설계의 기법

직무설계를 위한 기법은 여러 가지가 있다. 전통적 단계에서는 직무전문화의 원리가 직무설계의 주요방법이었고, 과도기적 단계에서는 직무순환과 직무확대가 이용되었으며 현대에 와서는 직무충실화와 직무특성이론이 개발되고 이외에도 사회기술시스템, 자율적 작업팀 등 여러 가지가 개발되고 있다.

1) 직무전문화(job specialization)

직무전문화란 [그림 3-4]에서와 같이 과업을 질과 양면에서 세분화할 수 있다면 되도록 세분화하는 것이다. 그러므로 이것은 종업원들이 한정된 일을 계속적으로 수행함으로써 직무수행의 반복주기가 빨라지고 이로 인해서 종업원 숙련도가 증대되고 조직능률이 상승될 것을 목표로 해서 진행되었다.

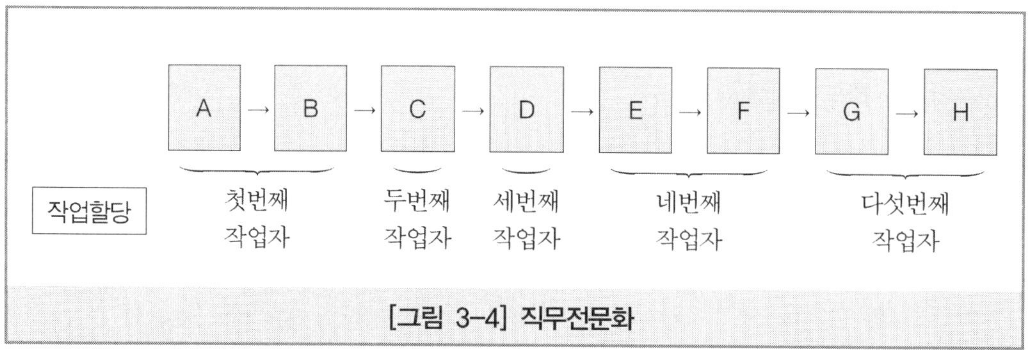

[그림 3-4] 직무전문화

그런데 이러한 직무전문화는 과학적 관리법적용의 기본적 수단이기도 했다. 따라서 과학적 관리법은 직무의 단순화, 전문화를 통해서 얻어지는 능률극대화와 생산성 향상 그리고

23) A. D. Szilagyi, Jr & M. J. Wallace, Jr., *Organizal Behavior and Performance*, Scott, Foresman and Company, 1933, p.127.

미숙련공이 고용될 수 있음으로써 얻어지는 훈련비와 노무비 등의 감소로 조직성과의 실현에 도움을 주었다.

그러나 직무전문화는 그 자체의 많은 장점에도 불구하고 직무에 인간을 적응시키고자 함으로써 나타나는 단점, 즉 종업원의 권태와 불만의 증대, 결근과 이직률의 증가, 직무의 비인간화 등과 같은 문제가 발생하여 직무설계 전략으로서의 한계를 노출하게 되었다.

2) 직무순환(job rotation)

직무순환은 [그림 3-5]에서와 같이 작업자가 수행하는 여러 가지 과업들이 호환성이 있으며, 작업자는 작업흐름에 큰 지장없이 과업상의 이동이 가능하다는 사실을 전제로 해서 이루어진다. 그러므로 직무순환이 일어나더라도 직무내용 그 자체는 크게 변화되지 않는다.

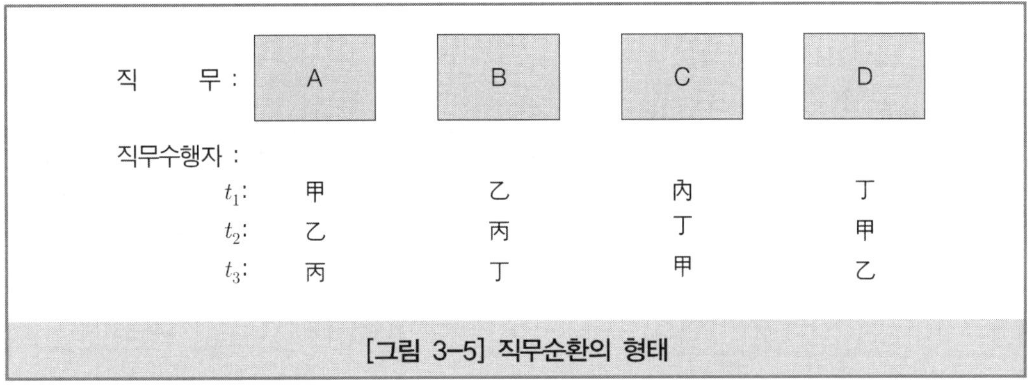

[그림 3-5] 직무순환의 형태

작업자들은 직무순환에 의해서 새로운 직무기술을 습득할 수 있으며, 직무의 사회적 관계에 변화를 가져오며, 전체 생산과정에 대한 시야가 확대되어 직무로부터의 단조로움과 권태감이 완화될 뿐 작업자는 곧 또 다른 일련의 단조로운 직무에 접하게 되어 그 효과가 크지 않다.

3) 직무확대(job enlargement)

직무확대란 수평적 직무확대(horizontal job enlargement)라고도 불리는데 작업자가 수행하고 있는 작업의 흐름 중에서 그가 담당하고 있는 작업단위의 수를 증가시키는 방법이다. 다시 말하면 직무확대는 작업자가 수행하는 과업의 수를 증가시켜 책임감을 부여하고 과업에 다양성이 증대되어 직무내용을 변화시키는 것이다. 그러므로 지나치게 단순화, 전문화된 직무를 반복적으로 수행할 때에 나타나는 불만족을 감소시켜 직무에 대한 전체감(identy)과

진취성이 증가될 수 있도록 모티베이션(motivation)을 부여하려는 방법이다. 그러나 여기에서는 어떻게 하면 작업자에게 제공하는 과업의 다양성과 수를 적정하게 할 수 있는가? 즉 종업원의 능력에 비추어 너무 쉽지도 어렵지도 않는 적정한 수준의 도전(optimal challenge)을 제공하는 것이 문제이다.[24)]

왜냐하면 직무가 종업원의 능력에 비하여 너무 어려우면 직무담당자가 좌절을 느끼게 될 것이며, 반대로 직무가 너무 쉽거나 무의미하다면 종업원의 모티베이션은 감소될 것이기 때문이다.

또한 직무확대는 직무의 본질적인 내용에 있어서 변화가 없기 때문에 근본적인 해결책이 되지 못하고 종업원들로부터 오히려 작업량을 증대시켜 종업원들의 수를 감축하려 한다는 비난을 받게 될 수도 있다.[25)]

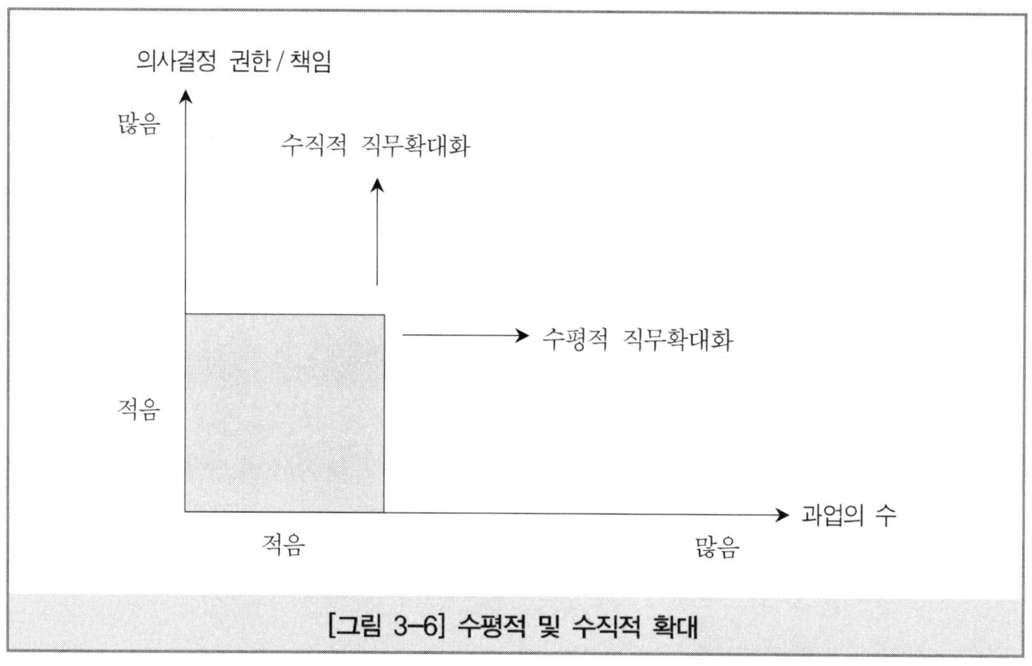

[그림 3-6] 수평적 및 수직적 확대

4) 직무충실화(job enrichment)

직무충실화는 수직적 직무확대라고도 불리는데 관리기능의 일부인 계획(planning)과 통제(controlling)를 종업원에게 위임하는 것이라 말할 수 있다.

---

24) Z. H. Schein, "Increasing Organizational Effectiveness through Better Human Resources Planning and Development", *Sloan Management Review*, Fall, 1977, p. 10.

25) L. E. Lewis, "The Design of Jobs", *Industrial Relations*, Jan., 1966, pp. 21~45.

전통적으로 볼 때 관리자는 타인의 작업을 계획하고 조직하고 통제하는 역할을 수행했고 그와 반대로 작업자는 직무의 실행(doing) 그 자체만을 행하였다. 종업원에게 자아성취감과 일의 보람을 느낄 수 있도록 하여 높은 동기를 유발시키고 생산성의 향상을 달성하고자 하는 시도의 하나인 직무충실화는 종업원으로 하여금 직무의 실행뿐만 아니라 그 직무의 계획, 통제의 측면도 어느 정도 담당케 하는 것이다.

이러한 직무충실화기법은 특히 다양한 작업내용을 포함하고, 보다 높은 수준의 지식과 기술을 요하고 또 자신의 성과를 계획, 지휘, 통제할 수 있는 자주성과 책임을 보다 많이 부여하고, 개인적인 성장과 의미 있는 작업경험에 대한 기회를 제공할 수 있도록 직무의 내용을 재편성하는 것이다. 따라서 직무충실화에 의하여 작업자는 육체적 능력뿐만 아니라 정신적 능력을 발휘할 수가 있으며 도전적인 작업수행을 통하여 심리적 성취감을 느끼게 된다.

이 직무충실화이론은 매슬로우(A. Maslow), 아지리스(C. Agyris), 허츠버그(F. Herzberg) 등 많은 행동과학자들에 의하여 발전되었으나, 그 중에도 특히 허츠버그와 그 동료들의 공헌이 지대하다. 직무충실이 현대경영이 당면하고 있는 모든 직무설계문제에 대한 최고의 해결방법이라고는 할 수 없지만, 동기부여라는 측면에서 가치 있는 기법임은 틀림없다. 다만 직무충실이 복잡한 인간관계 및 상황변수들을 고려한 뒤에 선택적으로 사용되어야 한다.

5) 직무특성이론(job characteristic theory)

직무충실화에 대한 문제점을 보완하기 위해 일부 학자들은 어떤 직무특성 혹은 직무범위가 구성원의 모티베이션이나 직무만족에 관련을 갖게 되는지에 관심을 집중하기 시작했다. 그 결과 나온 것이 직무특성이론에 의한 직무설계이다. 이 이론이 등장함에 따라 허츠버그(Herzbrg)의 이론은 정통적 직무충실화(orthodox job enrichment)로 불려지고 있다.[26)]

직무특성이론은 허츠버그(Hergberg)의 직무충실화에 기본을 두고 있으나 현재의 직무를 진단하고 이에 따라 변화를 시도한다는 사고(思考)를 새로 도입하고 있다. 이 이론은 어떤 직무가 사람들에게 일할 마음을 갖게 하고, 또 어떤 사람들이 그 일에 적합한가, 그리고 어떻게 하면 직무를 보다 모티베이션을 많이 제공하는 것으로 만들 수 있는가, 그리고 이에 따른 작업자의 작업행위나 직무 만족, 조직성과의 향상 등과 같은 향상된 결과를 어떻게 측정할 것인지에 대한 해답을 제공하려는 것이라 할 수 있다.[27)]

---

26) F. Herzberg, "Orthodox Job Enrichment", in L. E. Eavis and J. C. Taylor(eds.), *Design of Jobs*, 2nd ed., Santa Monica, Calif:Goodyear Publishing, Inc., 1978, pp. 136~147.

27) J. Richard Hckman, Greg Oldham, Robert Janson and Kennth Purdy, "A New Strategy for job Enrichment", *California Management Review,* Vol. XVII, No.4, 1975, p. 58.

직무특성이론의 내용을 J. R. Hackman과 G. R. Oldham은 [그림 3-7]과 같이 하나의 모형을 제시함으로써 일목요연하게 설명하고 있다. 우선 이 모형의 요지를 설명하면, 어떤 직무의 특성이 중요한 심리상태를 유발케 한다는 것이다. 즉 기능다양성, 과업정체성, 과업의 중요성 등이 작업의 경험적 의미를 부여하고, 자율성은 작업결과에 대한 경험적 책임감을 낳게 하며 피드백은 결과에 대한 인식을 갖게 해준다. 그리고 이러한 심리적 상태가 크게 존재할수록 종업원의 기분은 좋아지고 일을 더 잘하게 된다는 것이다. 자기가 관심을 가지고 있는 과업(작업의 경험적 의미부여)에서 얼마나 개인적 성과를 달성했는가(작업결과에 대한 경험적 책임감)를 알게 될 때(작업활동의 성과에 대한 의식) 내재적 보상이 획득된다.

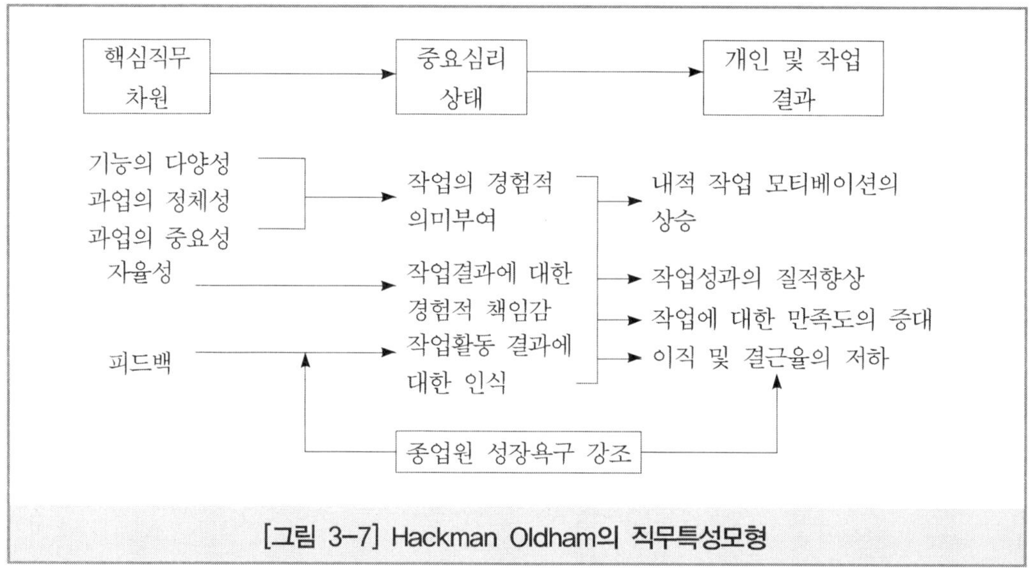

[그림 3-7] Hackman Oldham의 직무특성모형

그리고 이러한 내재적 보상은 종업원에게 강화요인이 되어 훌륭한 성과를 내게끔 한다는 것이다.

직무특성이론은 극히 최근에 발전한 이론이지만 이에 관한 많은 연구 결과들이 보고되고 있다. 연구결과들은 대개 다음과 같은 사실을 지적하고 있다.[28]

첫째, 성장욕구강도에 대해 연구가들은 성장욕구가 높은 사람이 다양성·피드백·과업정체성이 높은 직무에 더 호의적으로 반응한다는 것이다.

둘째, 작업자의 가치체계의 본성이 직무차원들에 대한 반응에 영향을 미치는 하나의 중요한 개인적 특성이 된다. 예컨대 농촌 작업자들은 단순한 직무를 선호하고 도시 작업자는 보

28) 愼侑根, 前揭書, p. 343.

다 전문화된 직무에 만족을 느낀다. 그리고 내재적 작업가치 체계를 가진 사람들은 복잡한 과업에 더 만족하고 외부적 작업가치체계를 지닌 사람들은 전문화된 과업을 선호한다.

셋째, 작업자의 가치와 성장욕구 강도 중 상이한 직무특성에 대한 작업자의 반응에 어느 것이 큰 영향을 미치는지에 관한 연구는 후자에 큰 영향을 미치는 것으로 밝혀지고 있다. 이러한 제한된 연구결과들은 직무특성이론의 주장을 지지해 주는 것들이지만 경영자들은 유념해야 할 몇 가지 문제점이 있다.[29)]

첫째, 고차적 욕구(성장욕구)의 강도는 분명히 하나의 특성이지만 이는 조직의 특정 종업원에게만 해당되지 않을지도 모른다. 특정상황에서 어떤 개인적인 특성이 중요한지 그렇지 아니한지는 아직 해결되지 않고 있는 문제이다.

둘째, 욕구나 동기와 같은 개인적 특성의 대부분은 비교적 동태적이고 변화무쌍한 요인들이다. 한 개인의 욕구구조에 조그만 변동만 있어도 직무에 대한 작업자의 반응은 만족에서 불만족으로 혹은 그 반대로 돌아설 수 있다.

셋째, 경험적 직무의 의미성(중요 심리상태)이나 내재적 작업 모티베이션(결과)같은 개념들의 정확한 의미나 이의 관련성이 완전히 분명한 것은 아니다. 현재로서는 직무특성들이 종업원의 내재적 모티베이션에 영향을 미친다는 쪽으로 모아지고 있다.

끝으로 개인 특성에 대한 측정이 아직도 조잡한 상태이다. 정확한 측정치가 없다면 직무설계프로그램을 위해 개인들을 하위집단으로 분류한다는 것이 의미없는 것이 되고 만다.

이러한 문제점을 감안하여도 직무특성이론은 직무설계프로그램에 대한 종업원의 반응을 이해한다는 점에서 큰 진전이라 할 수 있다. 이 이론은 경영자들이 더이상 맹목적으로 모든 종업원들의 직무를 확대하거나 충실화하려는 노력을 해서는 안된다는 것을 시사하고 있다. 이 이론은 직무충실화의 투망식 방법을 개선하는 데 도움을 주는 보다 분명한 전략을 마련해 주었을 뿐만 아니라 한 종업원의 직무설계에 있어서의 어떠한 변화에 대한 개인차의 영향도 고려하고 있다는 점에서 의미 있는 것이다.

6) 직무설계와 관련된 제개념

분업의 원리에 대한 반발과 행동과학적 지식의 도입에 의하여 실행되는 직무설계는 능률향상과 인간성회복을 목적으로 하기 때문에 단지 직무설계만으로는 효율적인 직무활동을 할 수 없다. 따라서 직무설계와 관련된 여타의 개념을 고찰할 필요성이 있다.

---

29) A. D. Szilagyi, Jr and M. J. Wallace, Jr., Organizational Behavior and Performance, 2nd ed. Santa Monica, Calif: Goodyear Publishing, Inc., 1980, p.166.

(1) 직장생활의 질(quality of working life)

오늘날 선진산업국에서 논의되고 있는 QWL은 우리말로 "근로자 생활의 질", 혹은 "직장생활의 보람"으로 표현될 수 있으며, 이는 직무만족수준의 향상과 노동환경의 민주화를 통한 근로생활에 있어서 "인간성 회복운동"이라 할 수 있다.

즉 QWL은 산업사회에서 잃어버린 인간성을 회복할 목적으로 구성원 각자에게 일을 통한 인생의 희망과 보람을 제시하는 움직임이라 할 수 있다.

다시 말해서 QWL운동은 직장생활의 객관적 내지 주관적 조건이 직장인으로서 근로생활에 대한 보람을 느끼도록 뒷받침하려는 전략이라 할 수 있다.

그러나 QWL은 해석하는 입장에 따라서 그 개념의 내용은 상당한 다양성을 띠고 있다.

노동조합은 QWL을 직업의 획득가능성과 안전성, 연공서열제의 채택, 보상의 공정성, 높은 급여, 안전하고 쾌적한 작업조건, 작업시간의 단축, 작업장에서의 정의(正義) 등으로 보고 있다. 한편 경영자들은 노동자들의 변화하는 가치관에 대한 대처와 새로운 기술에 대한 작업의 적응방법을 추구하고 있는데, 넓게 말해서 경영자들은 QWL을 작업조직의 개선으로 보고 있다.

즉 QWL을 직무확대와 직무충실화보다 의미 있고 할 만한 일, 의사결정에서의 보다 많은 참여로 보고 있는 것이다. 또 정부에서는 QWL을 QL(quality of life)의 일부분으로서 보다 많은 훈련기회의 제공과 직업의 안전, 건강으로 간주하고 있다.[30)]

이러한 성격을 가지고 있는 QWL의 전개는 근로자가 사회에 있어서와 마찬가지로 작업장에서도 성숙한 인간이라는 가정을 받아들임으로써 실현이 가능하다.

월톤(R. E. Walton)은 현대산업사회에서 기업이 유지·발전하기 위해서는 우선 그 조직의 구성원으로 하여금 '일하는 보람'을 느낄 수 있도록 제반조건을 충족시킬 수 있어야 하며, 동시에 급변하는 국내외 경쟁시장에서 조직이 생존할 수 있도록 생산성 향상에도 주력해야 한다[31)]고 하여 QWL을 통한 개인의 목표와 조직의 목표와의 조화를 주장하고 있다.

월톤(Walton)이 소개하고 있는 QWL의 요소를 검토해 보면 다음과 같다.

① **적정하고 공정한 보상**: 보상이 적정하다거나 공정하다는 것은 이념상의 문제라고 볼 수 있기 때문에 보상에 대한 어떠한 기준을 정할 수가 없다. 왜냐하면 과거의 보상

---

30) Lous E. Davis, "Enhancing the Quality of Working Life: Developments in the United States", *International Labor Review*, vol. 116. No. 1, Jul~Aug., 1977, pp. 53~65.

31) R. E. Walton "Quality of Working life: What is it?" *Sloan Management Review*, Fall, 1974, p.11.

수준이 적정하고 공정하다고 인정되었을지라도 시간이 흐르고 사회·문화적 환경이 변화함으로써 보상에 대한 가치관이 변화하기 때문이다. 그러나 보상에 대한 적정성과 공정성의 확고한 판단기준이 없다고 하더라도 가능한 모든 방법을 활용해서 적정성과 공정성을 확보해야 한다.

② 안전하고 건전한 작업환경 : 현대산업조직의 구성원들은 과거보다는 훨씬 안전하고 건전한 작업환경에서 일하기를 원한다. 또한 이러한 환경조건에서만이 근로자들에게 일하는 보람을 부여할 수 있기 때문이다.

③ 인간능력의 이용과 개발기회 : 대부분의 현대기업들은 직무의 부문화, 전문화에 의한 효율성을 추구하는데 주력해 왔다. 그 결과 근로자들은 자기의 맡은바 직무에 대한 기능과 지식을 이용하고, 개발할 수 있는 기회를 상실하게 되었다.

한편, 근로자들은 지식의 증가와 지위향상으로 직장생활에서의 생활의 보람에 더욱 많은 관심을 갖게 되었다. 따라서 직무의 질적 향상, 즉 직무에 대한 자율성, 기능다양성, 정보, 일관된 작업, 계획활동 등이 더욱 요구되었다. 이러한 요구가 충족됨으로써 근로자의 일 자체에서 얻을 수 있는 자아몰입, 자아존중 및 도전의 기회를 갖게 되므로 일에 대한 보람을 갖게 된다.

④ 성장과 안정을 위한 기회 : 조직의 모든 계층의 구성원들에게 승진기회를 얼마나 합리적이고 공정하게 제공할 수 있느냐에 대한 것이다. 그러므로 기업측은 근로자들에게 승진기회제공에 대한 합리적이고 효과적인 경력계획의 수립과 개발에 노력해야 한다.

⑤ 작업조직속에서의 사회적 통합 : 기업을 하나의 시스템으로 볼 때, 기업조직은 그 하위시스템(sub-system), 즉 기술시스템, 경제시스템, 사회시스템으로 구성되어 있다고 볼 수 있다. 이러한 관점에서 기업구성원은 사회시스템의 성격을 띠고 있다. 그러므로 기업구성원간의 상호작용과 인간관계는 QWL의 중요한 영역이 된다. 따라서 구성원으로 하여금 그 조직내에서 만족스러운 일체감과 자아존중을 경험하도록 하여 작업조직내에서의 공동체의식(sense of community)을 고무시킬 필요가 있다.

⑥ 작업조직의 제도화 : 근로자들은 경영자들의 일방적인 의사결정으로 행동에 제약을 받아 왔다. 그러므로 사용자측의 임의적인 행동으로부터 근로자들을 보호하기 위하여 작업장에서의 관리의 제도화가 필요하다. 즉 근로자에게 사생활보장, 자유로운 의사소통분위기, 공정한 대우 등이 제공되어야 한다.

⑦ 직장생활과 사생활의 조화 : 근로자들의 직장생활과 가정생활은 상호밀접하게 관련되어 있으므로 서로 영향을 미친다. 그러므로 직장에서의 건전치 못한 생활이 개인의 직장 외 생활에 영향을 미치지 않도록 직장생활과 사생활간의 조화가 필요하다.

⑧ **근로생활의 사회적 상관성**: 오늘날 근로자들은 자신이 소속한 기업이 사회적 즉 사회의 구성원으로서의 기업이 사회에 어떠한 영향을 미치는지에 대한 관심이다. 이러한 관심으로 근로자들은 사회에 대한 기업의 역할에 대해 좋지 않은 단점을 갖게 되면 결국 직장생활에 불만족하게 된다.

QWL은 위와 같은 내용을 포함하고 있다. 그러므로 기업측은 직무만족의 분위기(climate of job satisfaction)를 창조하고, 건전한 인간개발의 기회를 마련하여 생산성 향상 계획이 아닌 진정한 의미에서 QWL을 향상시켜야 한다. 따라서 기업은 근로자들이 일을 통하여 생활의 보람을 느끼도록 경영활동을 유도해 나가야 할 것이다.

그러므로 QWL의 향상에는 경영자, 종업원, 노조 모두가 관심을 기울이고 참여하여야 한다. 본래 직장생활의 질에 대한 문제는 노사협의제와 제도·방침 등 조직체의 위생요인적 측면이 포함되어 있지만, 실제적인 전개과정에 있어서는 직무충실화와 경력계획, 자율적 작업팀과 각종 교육훈련 등 조직개발의 기본개념과 구체적인 기법이 핵심부분을 차지하고 있는 것은 사실이다. 따라서 직장생활의 질은 이러한 조직개발 기법을 얼마나 성공적으로 활용하느냐에 따라 그 성패가 좌우된다고 할 수 있다.

(2) **자율적 작업집단**(autonomous work-team)

오늘날 기업에서는 직무설계를 효율적으로 수행하기 위한 방법의 하나로 작업집단에 자율성을 부여해 준다. 이것이 자율적 작업집단이다.

이는 작업집단이 자신의 업무를 관리하기 위한 책임과 권한을 가지고 있는 것이다. 이러한 자율적 작업집단은 점차 기계화되고 자동화되어 가는 생산직의 경우와 같이 직무내용의 인간화 범위가 제약되어 있는 직무에 대하여 실시된다.

따라서 작업환경의 개선, 작업목표와 품질목표의 설정 그리고 작업상의 업무배정 등 여러 가지의 의사결정과 문제해결에 대한 구성원의 참여를 적극 유도하고 있다. 경우에 따라서는 생산설비의 확정이나 하청업의 수락 등 전통적인 경영의사결정에까지도 작업집단의 참여를 허용하기도 한다.[32)]

그러므로 종업원들은 의사결정에 단순하게 참가하는 것이 아니라 한 집단으로서 의사결정을 수행하는 것이다. 그리고 작업환경의 개선에서 일반 물질적인 환경개선은 물론 작업시간을 구성원의 생활유형(life style)에 맞추어 조정하는 자유시간근로제(flexible working

---

32) W. L. Batt, Jr, and E. Weinberg, "*Labor-Management Cooperation Today*", Harvard Business Review, vol. 56. No. 1, Jan~Feb., 1978, pp. 96~109.

hours)가 자율적인 작업집단 운영에 활용되고 있다.

자율적 작업집단 개념은 직무충실화뿐만 아니라 품질향상과 생산성향상을 중심으로 활발히 전개되고 있다. 따라서 효율적인 품질관리를 위한 Q.C.(quality control)나 T.Q.C(total quality control)라는 명칭 아래 많은 기업에서 전개되어 왔다.

(3) 사회-기술 시스템(socio-technical system approach)

이는 1950년대 사회학자들에 의해 시작된 것으로 조직을 테일러적인 단순한 기술시스템과 인간관계적인 단순한 사회시스템으로 보지 않고 이들은 거시적 입장에서 통합한 사회-기술시스템으로 파악하는 입장이다.

사회-기술시스템은 기술적 하부시스템과 사회적 하부시스템의 공동최적화에 필요한 조건으로 직무의 객관적 특성을 변화시킬 것을 제시하고 있다.

사회-기술시스템은 직무설계의 원칙으로 첫째 직무내에서 과업의 최적다양성, 둘째 전체의 과업에 관계되는 하나의 의미 있는 과업형태, 셋째 최적의 작업주기, 넷째 성과기준설정에 있어서의 재량권과 결과의 피드백, 다섯째 경계과업(boundary tasks)을 포함하도록 과업의 경계를 확장하는 것, 여섯째 어느 정도의 기능을 필요로 하는 가치 있는 과업, 일곱째 전체 생산성 과정에 뚜렷한 기여를 하는 과업 등이다.

이러한 사회-기술적 시스템의 개념은 어떠한 생산시스템도 기술적인 조직(장비와 공정배치)과 필요한 과업을 수행하는 각 작업자를 연결시키는 작업의 조직을 필요로 한다는 것으로부터 출발하였다.

기술적인 수요는 작업조직에 한계를 부여하지만 작업조직은 기술과는 독립적인 기업의 일부분인 만큼 기업의 재정적인 조건들을 만족시켜야만 한다. 따라서 직무설계자는 어떠한 생산시스템일지라도 두 가지 차원 기술적 시스템과 그에 수반되는 사회적 시스템이 있다는 것을 인식해야 한다. 따라서 이들 중 어느 하나를 고려하지 않고 어느 한 시스템을 최적화하려고 시도할 경우에는 조직의 성과달성이 곤란해질 것이다.

이상과 같이 사회-기술적 시스템은 최적의 상태로 인간과 기술을 통합하기 위한 작업규칙을 계획, 실현하려는 것이라 할 수 있다.

그런데 이러한 사회제도와 기술제도와의 최적의 통합형태는 바로 직무설계전략뿐만 아니라 경영의 기본적 기능이기도 하다.

제4장

인사평가관리

제4장

인사평가관리

제1절 인사고과

1. 인사고과의 의의

오늘날 기업은 종업원의 생산성을 제고하기 위해서 종업원의 능력발휘와 사기의 앙양을 중요시하고 있다. 따라서 종업원의 사기를 앙양하고, 관리자와 감독자의 자의적, 주관적인 판단을 배제하여 인사의 불공정성과 속단주의를 막고 경영성과를 올리기 위해서는 인사고과 제도를 합리적으로 운용, 실시하는 것이 무엇보다 중요하다고 하겠다.

인사고과(personnel rating)는 종업원의 업무수행상 업적을 측정하는 제도로서 종업원의 실천 능력, 업적, 성격, 적성, 장래성 등을 판정하는 것을 의미한다. 이는 흔히 근로평정(service rating)이라고도 불리며 성적평정(merit rating), 업적평정(performance rating), 능력평정(efficiency rating), 종업원평정(employee rating) 등 여러 가지로 불리고 있다. 스미스와 머피(R. C. Smith & M. J. Murphy)는 "인사고과는 그들이 속해 있는 조직체에 있어서 종업원의 가치를 질서 있게 평가할 수 있도록 하는 데 그 목적이 있다"[1]고 밝히고 있고, 미이(J. F. Mee)는 "조직에 있어서 종업원이 보유하고 있는 현재적 및 잠재적 유용성을 질서 있게 조직적으로 평가하는 방법"[2]이라고 정의하고 있다. 또한 랑스너(A, Lansner)는 "구체적으로 종업원의 능력,

1) R. C. Smith & M. J. Murphy, *Job Evaluation and Employee Rating*, McGraw-Hill, 1946, p.167.
2) J. F. Mee, *Personnel Handbook*, Ronald Press, 1952, p.281.

근무성적, 자격, 습관, 태도의 상대적 가치를 조직적으로, 그리고 사실에 입각하여 객관적으로 평가하는 절차"[3]라고 정의하고 있다. 그리고 또 프리포(E. B. Flippo)는 종업원이 현재의 직무에 어느 정도 우수한가, 좀더 좋은 직무에 승진할 수 있는 잠재적 능력이 있는지를 조직적, 정기적으로, 가능한 객관적으로 평정하는 것[4]이라고 정의하고 있다. 그런데 직무평가가 직무에 대한 평가인데 비하여 인사고과는 종업원에 대한 평가라는 데 그 특질이 있다. 따라서 인사고과는 종업원이 보유하고 있는 현재적, 잠재적인 유용성을 명백하게 평가하려고 하는 것이므로 직무가치 그것의 평가를 목적으로 하는 직무평가와 마찬가지로 합리적인 인사관리의 기초를 이루는 것이다.

2. 인사고과의 목적

인사고과의 목적은 경영에 있어서 종업원의 가치를 객관적으로 정확히 측정하여 합리적인 인적자원관리의 기초를 부여함과 동시에 종업원의 관리능력을 향상시키고 동기유발을 형성시키는데 있다. 플리포(Edwin B. Flippo)는 인사고과의 근본목적을 "종업원의 특성과 공헌도를 전통적인 또는 고도화된 조직적인 방법으로 측정하는 데 있다"고 하였다. 또한 니그로(F. A. Negro)는 "임금관리의 기초자료를 얻고, 승진 과 정직 및 배치 등 인사이동의 기초자료를 얻으며, 동시에 교육훈련의 자료와 숨은 인재발견은 물론 채용과 승진 시에 시험의 타당성을 검토하는데 있음을 알 수 있다. 이에 따라 인사고과의 목적을 다섯 가지로 구체화하여 설명하면 다음과 같다.

1) 채용관리의 개선을 위해

인사과과는 채용관리의 개선을 위한 유용한 정보를 제공한다. 인사고과는 채용과정보다. 그 정보의 신뢰도가 높은 것이라 본다면 개인 또는 집단의 채용평가의 결과와 그들의 평정결과를 정기적으로 비교함으로써 채용기준의 유의성을 높이고 채용제도의 개선을 기하는 좋은 계기가 될 수 있다. 선발시의 평가능력과 평정결과를 연결하는 중간변수는 무수하게 많은 것이므로 여러 가지 사내에서 통제할 수 있는 요인과 상호 관련시켜 판단해야 할 것이지만 이상적으로는 채용 시의 판정기준은 평정결과에 의하여 수정받음으로써 보다 합리화될 수 있는 계기를 발견할 것이다.

---

3) A, Langsner & Zolitch, *Wage and Salary Administration*, South-Western, 1961, pp. 315~316.
4) E. B. Flippo, *Principles of Personnel Management*, McGraw-Hill, 1980. p.277.

2) 인사이동의 기초자료

인사고과는 인력의 배치 및 이동에 중요한 정보를 제공한다. 종업원의 적성·능력 등을 가능한 한 정확히 평가하여 적재적소에 배치 및 이동에 활용함으로써 종업원을 효과적으로 관리할 수 있다. 또한 인력개발을 위한 간접적인 방법인 종업원의 배치 및 이동에 대한 의사결정을 할 때 그 기준이 되며, 승진에 대한 의사결정시 결정적인 판단기준이 된다.

3) 교육훈련

인사고과는 인력개발의 계획활동에 중요한 역할을 한다. 인사고과를 통하여 종업원의 현재 및 잠재적 유용성을 평가하여 기업의 요구 및 종업원 각자에게 성장의 기회를 충족시킬 수 있다. 즉 인력개발을 위한 직접적인 방법인 교육훈련 프로그램을 도입할 때 교육훈련 참가자가 가지고 있는 중요한 자료가 되는 것이다.

4) 임금관리

인사고과는 종업원의 성과를 측정하여 종업원의· 관심사인 승급, 상여금, 임률결정 및 승진에 활용된다. 특히 오늘날의 직무중심 관리체제하에서는 직무와 관련한 직무급과 능률에 따른 능률급이 도입되고 바로 이러한 능률급과 직무급은 공정한 인사고과가 이루어지지 않는다면 성공할 수 없다.

5) 조직개발 및 근로의욕의 증진

인사고과를 통하여 직무담당자의 조직관계나 직무조건의 결함을 발견하고 개선할 계기를 모색할 뿐만 아니라 종업원의 성취의욕을 위한 자극제로 활용된다.

▮표 4-1▮ 인사고과의 목적

목 적	활용
채용관리의 개선	모집, 선발, 배치
인사이동의 기초자료	배치전환, 승진, 복직, 해고
교육훈련	교육, 훈련, 개발
임금관리	승급, 임률결정, 상여금
조직개발 및 근로의욕의 증진	직무개선, 성취의욕의 증진

이와 같이 인사고과는 일반적으로 ① 임금관리(승급, 상여, 임률결정 등)의 기초자료 ② 인사이동(승진, 배치, 이동, 해고 등)의 기초자료 ③ 종업원간의 능력비교 및 종업원들이 지니고 있는 숨은 재능의 발견 ④ 교육훈련 및 지도의 기초자료를 제공하고 있다.

인사고과는 이상과 같은 통제적인 목적(승진, 승급, 상여결정)으로 사용될 뿐만 아니라 종업원의 근로의욕 향상과 평정자·피평정자의 상호 이해를 증진시키고 종업원의 직무수행 능력을 개선, 발전시키는 능력개발 등 비통제목적으로 사용된다. 최근 미국 민간용역위원회(U. S. Civil Commission)의 보고에 의하면 연방정부나 지방정부를 막론하고 인사고과를 종래의 통제기능에서 구성원의 업무능률의 향상을 위한 비통제적 기능으로 활용하고 있으며 후버위원회(Hoover Commission)도 인사고과의 통제적 기능에 대하여 부정적 경향이 나타나고 있다. 또 최근 일본의 인사고과제도에서도 장기적인 적성과 능력을 객관적으로 관찰하여 승진, 교육, 훈련 등의 제도와 관련시키면서 새로운 인재개발, 육성의 방향으로 효과적인 인사고과제도가 활용되어야 한다고 주장하고 있다.[5)]

3. 인사고과의 방법

인사평가는 매우 다양한 방법들이 개발되어 보급되었다. 인사고과제도를 도입하여 경영관리의 한 수단으로서 운용하기 위해서는 기업의 규모, 업종, 관리수준, 사용목적, 고과자의 평가능력, 피고과자의 직종 등을 고려하여 해당기업의 상황에 알맞은 고과방법을 선정하여야 한다. 일반적으로 평가 담당자가 누구냐에 의한 분류와 평가기법이 무엇인가에 의한 분류로 나눌 수 있다.

1) 평가자에 의한 분류

(1) 자기 평가

자기평가는 성과평가의 개발적 목적에서 자신의 결함을 파악하고 개선효과를 높이기 위해서 사용된다. 즉 자기평가는 종업원의 강점과 약점에 관하여 상사와 종업원의 충분한 토론을 유도할 수 있으므로 종업원의 약점에 대한 개발을 촉진할 수 있다. 종업원들은 자신에 대하여 가장 잘 알고 있기 때문에 자기평가는 조직의 종업원 평가에 대한 불신론을 제거할 수 있다. 따라서 자기평가는 평가과정에 대한 종업원의 만족을 향상시키며 자기개발, 개인

5) 岩山良行, 人事考課問題の再檢討, 會社實務, 1966. 10월호, p.61.

성장, 목표몰입을 촉진한다. 가장 인기 있는 자기평가 방식은 목표에 의한 관리의 평가방법이다. MBO(management by objective)에서는 설정된 목표와 성취한 성과를 비교하여 평가하며 종업원이 성과평가에 직접 참여하여 스스로 자신의 성과를 평가하도록 한다. 평가과정에 참여하는 종업원은 직무와 조직의 목표에 몰입하게 하며, 종업원들의 평가참여는 그들의 역할을 명료하게 하고 역할 갈등을 감소시킬 수 있다. 자기평가는 감독자가 부하를 감독하거나 관찰할 기회가 적고 감독자와 커뮤니케이션이나 성과피드백이 부족한 경우에 보다 중요한 정보를 수집할 수 있다. 또한 자기평가는 종업원이 다른 동료근로자의 성과에 관한 정보를 갖고 있는 경우에 자신의 성과에 대한 정확한 평가를 할 수 있다.

(2) 상위자에 의한 평가

많은 기업들은 직접 상사가 부하의 직무나 직무수행에 대하여 다른 어떤 사람보다 잘 알고 있으므로 부하에 대한 평가의 책임을 부여해야 한다고 가정하고 있다. 상사는 종업원의 직무와 성과에 대한 여러 측면의 지식을 갖고 있으며 신뢰할만한 성과판단을 할 수 있는 장점이 있으나 상사는 종업원의 직무 성과에 대하여 주관적 평가에 치우치기 쉽고 상사는 보상과 처벌의 권한을 갖고 있기 때문에 부하들은 상사에 대하여 위협을 느낀 나머지 진실한 행동을 보이지 않으려는 경향이 있다. 어떤 기업들은 성과평가 시스템의 개방성을 창출하여 평가과정의 신뢰성과 지각된 공정성을 높이고 상사와 부하의 관계개선을 위해서 평가과정에서 다른 사람들(평가자)을 참여시키려는 경향을 보이고 있다.

(3) 동료에 의한 평가

동료에 의한 평가는 동료들이 피평가자의 직무나 성과수준에 대하여 잘 알고 있다는 가정에서 착안된 인사평가 접근방법이다.

동료에 의한 평가는 동료들간에 빈번하게 직무접촉이 이루어지는 작업집단에서 유용한 평가정보를 얻을 수 있다. 또한 동료에 의한 평가는 피평가자의 직무관련 태도와 행동, 자질과 잠재능력에 관하여 보다 정확하게 평가할 수 있으므로 그의 미래성과에 대한 유용한 자료를 얻을 수 있다. 동료에 의한 평가는 상사가 부하들의 성과행동에 대하여 관찰할 기회가 없는 경우에 적합하며, 특히 종업원참가, 팀워크, 임파워먼트를 강조하는 팀조직에서 적합한 평가방법이다.

그러나 동료에 의한 평가는 동료의 행동이나 성과에 대해 너무 후한 점수를 주면 상대적으로 자신에게 불리하고, 너무 나쁜 점수를 주면 인간관계를 해칠 염려가 있어 대체로 중심화오류를 일으키는 경향이 있다. 또한 집단 내에 임금인상이나 승진의 경쟁이 심하거나 종업원간에 상호신뢰가 정착되지 않은 분위기에서는 평가의 효과를 거둘 수 없다.

(4) 하위자에 의한 평가

하위자에 의한 평가는 종업원들이 쉽게 관찰할 수 있는 경영자의 계획수립이나 조직편성 행동에 대하여 평가하도록 하고 있다. 상향적 평가라고도 불리는 하위자에 의한 평가는 상사와 부하의 신뢰관계를 유지하기 위해서 익명성을 강조하고 있으며, 경영자의 관리능력 개발에 초점을 두고 있다.

(5) 전문가에 의한 평가

전문성을 지닌 외부의 전문평가자에 의하여 종업원들의 행동이나 성과를 평가하도록 하는 것으로서 종업원에 대한 평가의 편견을 없애고 객관적이고 공정한 인사평가를 실시하기 위해서 외부의 전문평가자에 의하여 현장평가나 평가센터를 이용하고 있다. 전문가에 의한 평가는 피평가자에 대한 충분한 정보를 파악하기 어렵고 비용이 많이 들기 때문에 예외적인 중요한 직무에 대해서 흔히 사용되고 있으며 때로는 평가자의 편견에 대한 비난을 피하기 위해서 실시하고 있다.

(6) 고객에 의한 평가

고객평가는 서비스업체나 마케팅부서에서 흔히 활용되는 평가방식으로서 고객의 관심도가 높은 서비스업무에서 상사가 부하들의 행동을 관찰하기 어려운 경우에 고객에 의한 종업원의 평가를 통하여 중요한 정보를 얻을 수 있다. 예를 들면 병원은 접수자나 간호사들의 예절, 신속처리, 간호의 질 등에 대하여 조사하고 호텔은 안내자나 직원들의 친절, 안내의 질, 편의제공 등에 대하여 분석하며, 피자회사들은 전화접수자나 배달원들의 전화예절, 배달속도, 배달태도 등을 파악하기 위해서 종업원들의 행동과 성과를 고객에 의하여 일상적으로 평가하고 있다.

고객평가는 조직이 종업원들에게 기대하는 행동 및 성과를 고객들에게 알리는 효과도 있으며, 회사와 고객의 기대를 정돈할 수 있는 계기가 될 수 있다.

2) 인사평가 기법에 의한 분류

(1) 전통적 고과법

① 서열법(ranking method)

서열법(ranking method)은 성적순위법이라고도 하며 피고과자의 업적이나 가치에 대해

서 서열 또는 순위를 매기는 방법이다. 이에는 다시 직접서열법, 교대서열법, 쌍대비교법이 있다.[6)]

ⓐ **직접서열법**(straight ranking method) : 이는 피고과자의 능력과 업적 등을 먼저 평가요소별로 서열을 매긴 후 다시 이를 종합하거나 피고과자의 전체적인 면을 종합적으로 서열을 매기는 방법이다.

ⓑ **교대서열법**(alternative ranking method) : 이는 종업원을 고과할 때에 먼저 가장 우수한 사람과 가장 못한 사람을 뽑고 또 남은 사람 중에서 가장 우수한 사람과 가장 못한 사람을 뽑아 차례로 서열을 매기는 방법이다.

▌표 4-2▐ 서열법에 의한 고과

평정요소 / 피평가자	직무의 량	직무의 질	지식 기능	협조성	적극성	신뢰성	순위 합계	종합 순위
안 × ×	3	3	2	3	2	2	15	3
정 × ×	1	2	1	2	3	3	12	2
박 × ×	7	6	7	7	7	6	40	7
이 × ×	2	1	3	1	1	1	9	1
김 × ×	5	4	6	4	6	5	30	5
최 × ×	6	7	5	5	4	7	34	6
오 × ×	4	5	4	6	5	4	28	4

ⓒ **쌍대비교법**(paired comparison method) : 이는 일조비교법(一組比較法)이라고도 하며 피고과자를 임의로 한쌍씩 짝을 지어 비교하는 것을 되풀이하여 서열을 결정하는 방법이다. 그러므로 이 쌍대비교법은 n명을 평가하기 위해서는 n(n-1)/2회의 비교평가를 하여야 한다. 이러한 서열법은 일반적으로 평가가 용이하며 관대화 경향이나 중심화 경향과 같은 개인간의 항상오차(constant errors)를 제거할 수 있다는 장점을 지니고 있다.[7)]

그러나 피고과자의 수가 너무 많을 경우에는 피고과자의 서열을 결정하기가 어려우며 반면에 너무 적을 경우에는 그 평가에 대한 의미가 적어진다. 이 방법은 피고과자의 수가 많을 때에는 종합적인 평가만이 가능하며 요소별 평가는 행하기 어렵다는 단점을 지니고 있다.

6) C. E. Schneier & R. W. Beatty, *Personnel Administration Today: Readings & Commentary,* Reading, Massachrsetts: Addison-Wesley Publishing Co., Inc., 1978, pp. 110~112.

7) H. J. Chruden & A. W. Sherman, *Personnel Management: The Utilization of Human Resources*, Cincinnati South-Western Publishing Co., 1980, p. 242.

또한 설령 서열을 결정하였다 하더라도 이 서열의 차이는 등간척도(interval scale)를 뜻하는 것이 아니므로 계량화가 어렵다는 단점도 지니고 있다.

② 인물비교법

이 방법은 대인비교법이라고도 하는데 어떤 표준적 인물을 판단기준으로 하여 피평가자를 이 표준적 인물과 비교하는 방법이다. 이 경우의 평가요소는 종업원이 종사하는 직종, 집단 혹은 단계마다 상이하나 일반적으로 신체적 능력, 지적능력, 지도력, 숙련정도 등이 사용되고 각 요소별의 득점을 합계하여 그 종업원의 최종득점으로 한다.

이 방법에 있어서는 표준적 인물의 선정에 명확한 기준이 없고, 평가요소에 대하여 정의를 내리거나 그 능력정도를 표시하는 구체적인 정의, 설명을 붙이기가 곤란하다. 이 방법은 제1차세계대전 중 미국 육군사관학교의 평가방법으로 채용되었다.

③ 강제할당법

강제할당법(forced distribution method)은 고과자의 관대화경향이나 중심화경향을 방지하기 위하여 사전에 평가의 범위와 수를 결정해 놓고 피고과자를 일정한 비율에 맞추어 강제로 할당고과하는 방법이다.

이 평가방법은 피고과자의 수가 많으면 평가결과가 정규분포를 이룰 수 있다는 가정에 근거하고 있으며, 일반적으로 기업에서 이 방법을 사용할 때는 수, 우, 미, 양, 가와 같은 5단계 척도를 적용하여 수 10%, 우 20%, 미 40%, 양 20%, 가 10%와 같은 비율을 사용한다.

이 방법은 고과자의 관대화경향이나 중심화경향과 같은 개인간의 항상오차를 제거할 수 있다는 장점을 지니고 있으나 단점으로는 실제로 피고과자들의 능력과 업적 등이 정규분포곡선이나 강제분포비율과 일치할 수 있느냐가 의문스럽다.

④ 평정척도법

평정척도법(rating scale method)은 비교적 간단하여 기업의 인사고과에 널리 보급되고 있는 방법이다. 이 고과방법은 먼저 지식, 숙련, 노력, 근로성적 등 필요한 분석적 평가요소를 선정하여, 이들 평가요소에 내포되는 능력과 행동을 해당 종업원이 어느 정도 발휘하고 있는지를 평소의 근무성적으로 판단하여 인위적으로 점수를 매겨 수량화한 각 평가요소의 척도에 그 정도를 표시하는 것이다. 여기에는 단계식 척도법과 도식 척도법의 두 가지 방법으로 대별된다.

ⓐ 단계식 척도법 : 단계식 척도법(step rating scale)은 비연속적 척도법이라고도 하는데

평가요소의 척도를 미리 몇 단계로 구분하여 각 단계를 수, 우, 미, 양, 가 또는 A, B, C, D, E와 같은 평결로 표시하고 종업원에 대한 평가를 각각 그 단계에 체크하는 방법이다.

▌표 4-3▐ 단계식 평정척도표

소속: 성명:

척도 / 요소	A	B	C	D	E
지 도 력					
계 획 력					
판 단 력					
이 해 력					
지식, 기능					
적 극 성					
작업의 질					
협 조 성					
합 계	점		평정자		

ⓑ **도식척도법** : 도식척도법(圖式尺度法)은 연속적 척도법(continuous scales)이라고도 하며, 이것은 각 평가요소마다 각 종업원이 지니고 있는 특성과 직무수행에서 나타난 실적의 정도에 따라 체크할 수 있는 연속적인 척도를 마련하고 고과자가 척도상의 임의의 장소에 체크할 수 있도록 하는 것이다.

이 방법은 평가요소의 척도를 연속적인 수치로 표시하고 있다는 점이 단계식과 다르다. 이 방법은 웨이트(weight)를 바꿈으로써 사무, 기술직 또는 노무직원에게도 사용할 수가 있다.

노무직에서는 작업의 질과 속도가 가장 큰 비중을 나타내며, 반대로 관리직에 대해서는 직무지식, 판단력, 지도력 등이 큰 비중을 차지한다. 그리고 웨이트를 바꿈으로써 과거의 실적을 보기 위한 고과(승진을 위한 고과)에 이용할 수 있다.

▌표 4-4▐ 도식척도법

관찰항목		관찰항목의 내용	평정척도 10 8 6 4 2			웨이트	평정	합계
능력	① 직무지식	직무지식에 필요한 지식·기능을 가지고 있는 정도	고도 지식 기능	보통	나쁜 가능			
	② 이해력	작업·업무상 규칙의 올바른 이해 능력	매우 올바로 이해함	보통	거의 이해 못함			
	③ 판단력	적절한 판단으로 올바른 결론을 낼 수 있는 능력	적시에 적절한 판단을 내림	보통	거의 정확한 판단을 못함			
	④ 지도력	부하에게 공정하며, 신뢰를 얻어 지도해가는 능력	부하의 지도가 적절함	보통	거의 통솔력 없음			
태도	① 열의	작업에 열중하는 정도	매우 열성적으로 일함	보통	전혀 열의가 없음			
	② 협조성	타인과 인화하여 원활히 업무를 수행하는 정도	매우 협조적임	보통	반항심이 강하며, 협동치 않음			
업적	① 작업의 질	직업의 정확성과 성과	매우 정확하고 최고의 성과임	보통	실패가 많으며 가치가 없음			
	② 작업의 속도	일정시간 내에 작업을 달성하는 정도 및 예정량에 대한 달성도	매우 빠름	보통	너무 지연되며 가치가 없음			

⑤ 대조표법

대조표법(checklist method)은 평정에 적당한 몇 가지 표준행동을 구체적으로 기술한 문장을 소정의 리스트에 배열, 기재해 두고 종업원의 능력, 근무상태 등에 관하여 이 리스트와 대조(對照)하고 해당사항이 있으면 체크한 후, 일정한 채점기준표를 통하여 등급을 매기는 방법이다.

대표적인 것으로는 프로브스트 고과법과 오드웨이 고과법이 있다. 이 방법의 특징으로는 ㉠ 고과자는 피고과자의 행동에서 발생하는 구체적인 사실만을 체크하면 기계적으로 점수가 산출되므로 다른 방법보다 객관성과 신뢰성이 높다.
㉡ 다른 고과법보다 헤이로 효과(halo effect)가 적게 작용한다.
㉢ 모든 평가항목 중에서 확신할 수 있는 항목만 체크하면 되므로 평가과정이 비교적 쉽다.
㉣ 고과항목은 직무의 요소와 밀접한 관련성을 가지고 있으므로 감독자와 종업원간에 토의가 용이하다는 등의 장점을 가지고 있다.

반면에 ㉠ 고과결과를 좌우할 표준행동의 선정이 어렵고, ㉡ 고과항목의 배열 등이 용이하지 않으며, ㉢ 점수화의 절차도 복잡하고 곤란하다는 등의 단점이 있다.

ⓐ <u>프로브스트 고과법</u> : 이것은 <u>프로브스트</u>(J. B. Probst)가 고안한 고과법이며[8], 이 고과표는 구체적인 행동양식을 기술한 근무보고서, 평정된 사실을 채점하는 <u>프로브스트</u> 채점기준표, 그리고 <u>프로브스트</u> 종합기준표로 구성된다. 이 근무보고서에는 근무의 성패를 나타내는 구체적인 항목이 100여개 기술되어 있다. 이 100여개의 항목에는 각각 +2, +1, 0, −1, −1/2, −2, −3의 점수가 채점기준표에 할당되어 있다.

이 방식으로 고과를 실시하는 절차를 설명하면 다음과 같다.

㉠ 100여개의 평가항목을 3인의 평가자중 저위자로부터 각각 평가대상자에게 해당한다고 확신하는 항목만을 체크한다. 그 수는 일정하지 않아도 무방하다.
㉡ 평가 후 체크한 항목 중 정수(예:+1, +2 등)의 점수를 얻은 항목의 수를 헤아린다.
㉢ 체크된 각 항목의 점수 총계를 계산한다.
㉣ 종합채점기준표에 의거하여 정(正)의 점수를 얻은 항목의 수와 총계점이 서로 교차되는 곳에서 등급을 결정한다. 등급은 모두 10등급으로 나누어져 있다.

8) H. Moore, *Psychology for Business and Industry,* McGraw-Hill, 1942, pp. 181~184.

▮표 4-5▮ 프로브스트 고과표 근무보고서

기호란	평가항목	기호란	평가항목
1 2 3		1 2 3	
☐☐☐	태만하다.	☐☐☐	부주의한 일이 많다.
☐☐☐	동작이 느리다	☐☐☐	정확하다.
☐☐☐	신속하고 활동적이다.	☐☐☐	자기의 일에 숙달되다.
☐☐☐	노령으로 일을 감당 못한다.	☐☐☐	신뢰할 수 있다.
☐☐☐	신체결함이 다소 있다.		
☐☐☐	중대한 결함이 있다.		
☐☐☐	흥미가 없다.		
☐☐☐	언어가 거칠다.		
☐☐☐	협조적이다.		
☐☐☐	타인과 반목한다.		
☐☐☐	신중히 사람과 대한다.		
☐☐☐	항상 명랑 쾌활하다.		

▮표 4-6▮ 프로브스크 고과법 채점 기준표

점 수	평가항목	점수	평가항목
-1	태만하다.	1	판단을 대폐로 잘 한다.
$-\frac{1}{2}$	동작이 느리다.	$\frac{1}{2}$	판단이 다소 적절하다.
1	신속하고 활동적이다.	2	판단이 언제나 적절하다.
-1	노령으로 일을 감당 못한다.	-1	자기직책을 다하지 못한다.
$-\frac{1}{2}$	신체결함이 다소 있다.	$-\frac{1}{2}$	대개 쉬운 일을 바란다.
-1	질서와 흥미가 없다.	-1	대개 할 일의 지시를 받는다.
-1	다변적이다.	$-\frac{1}{2}$	일이 다소 늦다.
$-\frac{1}{2}$	무뚝뚝하고 말이 거칠다.	$-\frac{1}{2}$	때때로 독촉을 요한다.
$-\frac{1}{2}$	태도가 거만하다.	1	일을 요령 있게 한다.
1	협조적이다.	-1	잊어버리는 일이 많다.
-1	비협조적이다.	-1	부주의한 일이 많다.
$-\frac{1}{2}$	충고, 비판을 싫어한다.	-2	과실이 많다.
-1	타인과 반목한다.	0	대체로 정확하다.
$-\frac{1}{2}$	다소 대인관계가 신중하다.	2	아직 잘못이 없다.
0	항상 명랑 쾌활하다.	$-\frac{1}{2}$	정확하나 너무 신중하다.
2	극히 예의가 바르다.	1	자기 일에 극히 숙달되다.
-1	인내력이 없다.	-2	거의 신뢰할 수 없다.
$-\frac{1}{2}$	다소 불만을 표시한다.	0	대체로 신뢰할 수 있다.
-1	가끔 불만, 불평을 한다.		(이하 생략)
-1	판단이 부족하다.		

표 4-7 프로브스트 고과표 종합기준표

합 계 점							체크된 플러스 항목 수	합 계 점										
-E	E		-D		D			-C		C		+C		B		+B		A
-12이하	-11	-7	-6	-3	-2	-1	0		0									
-12〃	-11	-6	-5	-3	-2	0	1	1	-2		3							
-11〃	-10	-6	-5	-2	-1	-1	2	2	-3	4	-4							
-11〃	-10	-5	-4	-2	0	-2	3	3	-3	4	-6							
-10〃	-9	-4	-3	-1	0	-2	4	3	-4	5	-7		8					
-9〃	-8	-4	-3	-0	1	-3	5	4	-5	6	-7	8	-10					
-9〃	-8	-3	-2	-0	1	-3	6	4	-5	6	-8	9	-11		12			
-8〃	-7	-3	-2	-1	2	-4	7	5	-6	7	-9	10	-11	12	-14			
-8〃	-7	-2	-1	-2	3	-5	8	6	-6	7	-9	10	-12	13	-14		15	이하
-7〃	-6	-1	0	-2	3	-5	9	6	-7	8	-10	11	-12	13	-15		16	17
-6〃	-5	-1	1	-3	0	-3	10	7	-8	9	-10	11	-13	14	-15	16	-17	18
-6〃	-5	-0	1	-3	4	-6	11	7	-8	9	-11	12	-14	15	-16	17	-18	19
-5〃	-4	-0	1	-4	5	-7	12	8	-9	10	-12	13	-14	15	-17	18	-18	19
-5〃	-4	-1	2	-5	6	-8	13	9	-9	10	-12	13	-15	16	-17	19	-19	20
-4〃	-3	-2	3	-5	6	-8	14	9	-10	11	-13	14	-15	16	-18	19	-19	20-
-3〃	-2	-2	3	-6	7	-9	15	10	-11	12	-13	14	-16	17	-18	19	-20	21
-3〃	-2	-3	4	-6	7	-9	16	10	-11	12	-14	15	-17	18	-19	20	-21	22
-2〃	-1	-3	4	-7	8	-10	17	11	-12	13	-15	16	-18	18	-20	21	-21	22
-2〃	-2	-4	5	-8	9	-11	18	12	-12	13	-15	17	-18	19	-20	21	-22	23
-1〃	-0	-5	6	-8	9	-11	19	12	-13	14	-16	18	-19	19	-21	22	-22	23
0〃	1	-5	6	-9	10	-12	20	13	-14	15	-16	18	-20	20	-21	22	-23	24
0〃	1	-6	7	-9	10	-12	21	13	-14	15	-17	19	-20	21	-22	23	-24	24
1〃	2	-6	7	-10	11	-13	22	14	-15	16	-18	19	-21	21	-23	24	-24	25
1〃	2	-7	8	-11	12	-14	23	15	-15	16	-18	20	-21	22	-23	24	-25	25
2〃	3	-8	9	-11	12	-14	24	15	-16	17	-19	20	-22	22	-24	25	-25	26
3〃	4	-8	9	-12	13	-15	25	16	-17	18	-19	21	-23	23	-24	26	-26	26
3〃	4	-9	10	-12	13	-15	26	16	-17	18	-20	22	-23	24	-25	26	-27	27
4〃	5	-9	10	-13	14	-16	27	17	-18	18	-21	22	-24	24	-26	27	-27	28
4〃	5	-10	11	-14	15	-17	28	18	-18	19	-21	23	-24	25	-26	27	-28	29
5〃	6	-11	12	-14	15	-17	29	18	-19	20	-22	23	-25	25	-27	28	-28	29
6〃	7	-11	12	-15	16	-18	30	19	-20	21	-22	23	-26	26	-27	28	-29	29
6〃	7	-12	13	-15	16	-18	31	19	-20	21	-23	24	-26	27	-28	29	-30	30
7〃	8	-12	13	-16	17	-19	32	20	-21	22	-24	25	-26	27	-29	30	-30	31

자료: 황병준(1981), p. 162.

ⓑ 오드웨이 고과법 : 이 방식은 오드웨이(S. H. Ordway)의 고찰에 의한 것이며, 특수한 업무를 평정하는 A식 고과표와 프로브스트법과 같은 B식 고과표로 구성된다. B식 고과표는 A식 고과표에 해당하는 특수한 실적이 없을 때 사용되는 것이며, A식 고과표에 있어서는 프로브스트법과 같이 사실만을 체크하는 것이 아니라 그 증거(evidence)를 제시하는 것이 특색이다.

▮표 4-8▮ 오드웨이 고과표(1) A식 고과표

(직원의 특별한 행위 또는 업적의 증거만을 제시할 것)

설명: 본 표에 제시된 항목 중 당기간 중에 피평정자가 수행한 행위 또는 업적에 기호를 기입하고 해당 항목이 없는 경우는 Btlr 고과표를 사용하시오. 본 표의 각 항목에 기호를 기입한 다음, 표면에 그 객관적 사실을 자세히 기입하시오. 기술은 제시한 판정을 입증하도록 할 것.

기 간	부터	까지
직원성명	부·국·과	
직 무	등급	봉급

제1군: 피평정자가 제1군의 각 항목 중 1항목 이상에 해당하고 객관적 설명에 의하여 입증될 때는 피평정자는 당기간에 2점의 증점 또는 감점을 받을 자격이 있다.

- ☐ 항목 1. 자기의 창의에 의하여 새롭고 유익한 조직 또는 방법을 고찰했다.
- ☐ 항목 2. 공공의 이익 또는 재산에 유해한 행위를 하였다.
- ☐ 항목 3. 명령한 의무 이상의 영웅적인 행위를 하였다.
- ☐ 항목 4. 의무를 소홀히 했기 때문에 공공사업 또는 공공재산에 손해를 입게 했다.
- ☐ 항목 5. 자발적이고 극히 우수한 성적을 올렸다.
- ☐ 항목 6. 부정을 하고 직무 중에 주정부리며 복종하지 않았다.
- ☐ 항목 7. 일의 성질과 양에 있어서 굉장한 기록을 수립하였다.
- ☐ 항목 8. 허가 없이 결석했기 때문에 공공의 이익 또는 재산에 손해를 입게 했다.

제2군: 피평정자가 제2군의 각 항목 중 1항목 이상에 해당하고 객관적 설명에 의하여 입증될 때, 피평자는 당기간에 1점의 증점 또는 감점을 받을 자격이 있다.

- ☐ 항목 1. 유익한 연구 또는 업무를 최대한도 완수했다.
- ☐ 항목 2. 부주의 또는 과실로 인하여 공공사무에 손해를 입게 했다.
- ☐ 항목 3. 자기의 직무 이외의 중요한 일을 적절히 수행하였다.
- ☐ 항목 4. 불완전한 일을 하였다.
- ☐ 항목 5. 자기 또는 타인의 일을 추가적 급여를 받지 않고도 다량으로 수행하였다.
- ☐ 항목 6. 가끔 결석·지각해서 직무에 태만했다.
- ☐ 항목 7. 극히 곤란한 사정에 놓여 있을 때에 자기이 직책을 교묘하게 수행하였다.
- ☐ 항목 8. 제멋대로 불복종 또는 규칙위반으로 공공사무에 손해를 입게 했다.

기호를 기입한 각 항목을 이면에 상세히 설명하시오.

평정자 성명 ____________________ 일자 ____________________

검열자 성명 ____________________ 일자 ____________________

자료: 황대석(1994), p. 275.

▌표 4-9▌ 오드웨이 고과표(2) B식 고과표

(A식을 사용하지 않은 경우에 사용한다.)
(10인 이내의 같은 직무 또는 동급자의 직무수행상의 특색을 기술하시오.)
설명: 본 표에 의하여 보고되는 직원의 성명을 전부 쓰시오.

	성 명	부·국	직무	등급
1.				
2.				
3.				
4.				
5.				
⋮				
9.				
10.				

상기 직원의 성명의 좌측 숫자에 주의하시고 하기의 각 직원의 번호에 의해서 피평정자의 직무상의 특징을 제시할 것. 피평정자 또는 피평정자의 직무가 하기 항목에 해당될 때는 각 난에 기호를 기입하시오. 본 표는 피평정자의 비교평정에 사용되지 않는다. 당기간을 통하여 피평정자에게 불리한 항목에 하나도 기호를 붙일 수 없는 경우에는 당해 피평정자는 평점의 중점을 획득할 수가 있다. 각 항목에 대하여 해당하는 항목에 기호를 쓰시오.

항 목 \ 번호·피평정자	1	2	3	4	5	6	7	8	9	10
신뢰할 수 있다.										
때때로 규칙을 위반한다.										
별로 재능이 없다.										
가끔 지각을 한다.										
이해성이 있다.										
협조적이다.										
일이 느리다.										
부주의;하다.										
양심적이다.										
정확하다.										
외견이 빈약하다.										
창조력이 있다.										
무관심하다.										
가끔 번뇌한다.										
발안력이 풍부하다.										

자료: 황대석(1994), p. 276.

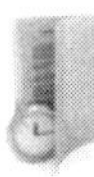

상술한 인사고과의 모든 방법은 각각 장단점이 있으므로 최상의 방법이 있는 것은 아니다. 따라서 고과의 실시에 고과목적, 평가자의 평가능력, 평가대상자의 수와 질, 소요시간 및 경비, 기타 기업여건 등을 감안하여 가장 적합한 방법을 선택하지 않으면 안된다.

(2) 현대적 고과방법

이상에서 소개된 대부분의 고과방법은 전통적인 고과방법으로 고과기준의 객관성, 고과실시상의 타당성, 고과활용상의 문제점이 나타나고 있다. 최근에는 이러한 문제점을 보완하기 위하여 다음과 같은 고과방법들이 개발되고 있다.

① 중요사건기술법

중요사건기술법(critical incident technique)은 종업원 행동에 있어서 중요한 사건을 확인하고 분류, 기록하는 방법이다.[9)]

즉 효과적이며 성공적인 업적은 물론 비효과적이며 실패한 업적에 이르기까지 종업원의 구체적인 행위의 예를 관찰하여 기록하였다가 이 기록을 토대로 평가하는 방법이다. 고과자는 특정한 행위의 예를 종업원에게 피드백할 수 있으므로 개발목적을 위해서는 가치 있는 방법이다.

▌표 4-10▐ 중요사건기술법의 평가법

항목 : 기민성

A. 문제를 몰랐다. ⓐ 문제발생과 더불어 알았다.
B. 문제의 원인을 간과했다. ⓑ 문제의 원인을 알았다.
C. 특정상황을 알지 못했다. ⓒ 문제가 될 상황을 알았다.

일시	항목	발생한 사실	일시	항목	발생한 사실
2007.9.7.	C	보고의 지연	2007.9.9.	ⓒ	용광로의 문제

~ ~ ~ ~ ~ ~ ~ ~ ~ ~ ~ ~ ~ ~ ~ ~ ~ ~ ~ ~

※ 바람직하지 못한 사실(적색 기입)
긴급을 요하는 보고임에도 긴급 조치를 취하지 않았다.

※ 바람직한 사실(청색 기입)
즉시 보고함으로써 상황의 악화를 사전에 방지하였다.

자료: H. J. Chruden and A. W. Sherman, Jr.(1976), *Personnel Management*, Cincinnati: South Westem Co., p. 261.

9) H. J. Cruden & A. W. Sherman, *Personnel Management*, South-Western, 1976, p. 230.

이 방법은 다음과 같은 절차를 거쳐 평가한다.

㉠ 먼저 직무별 주요 직무 요건을 리스트로 작성한다.

㉡ 일단 주요 직무요건이 결정되면 이후의 부하의 성공, 실패의 예나 중요한 사건에 항상 주의하도록 관리자를 훈련시킨다.

㉢ 관리자는 그가 관찰한 사건을 기록하며 이를 토대로 평가한다.

이와 같은 방법은 특성에 대한 주관적인 평가와는 달리 객관적인 증거에 기초를 두고 평가하는 것이 가능하다.

그러나 관리자의 지나친 관찰이나 간섭이 행해지면 오히려 업무수행에 지장을 초래할 수도 있다.

② 행위기준고과법

행위기준고과법(behaviorally anchored rating scales; BARS)은 본래 중요사건기술법에 기초한 것으로 이를 보다 정교하게 계량적으로 발전시킨 기법이다. 이 기법은 우선 관리자가 실제적으로 효과적이거나 비효과적인 사건들에 대한 기술을 하고 인사전문가는 이것을 전형적으로 5개에서 10개정도의 범주로 나눈다. 각 범주의 중요한 사건들(행위적 진술)에 대해서 평가자들(관리자)의 일치가 있을 경우 이에 대해 척도가 부여되고 이 척도에 의해서 평가가 이루어진다.

BARS는 그 특징으로 ㉠ 목표의 강조, ㉡ 개인적 직무에의 중점, ㉢ 명확하고 관찰가능한 행위의 확인, ㉣ 행위, 성과, 유효성간의 구분 등을 들 수 있다.

그런데 BARS는 어떤 행위가 목표달성과 관련이 있는지를 알려주기 때문에 목표관리(MBO)에 대해서 중요한 보조수단이 되고 있다.

BARS는 평가되는 성과영역을 확장시킬 수 있어서 고도의 직무지향적 평가시스템이며 훈련계획에 토대를 제공하고 조직정책의 명확성을 평가하는 데 유효하다고 지적되고 있다. 반면 BARS는 구성이 복잡하고 개발에 많은 비용과 시간이 소요된다는 단점이 있다.

▌표 4-11 ▌ 행위기준고과법의 평가표

척도수치	행 동 기 준
7☐ 극히 우수	프로젝트를 포괄적으로 계획하고 세부적인 서류를 작성하여 상부의 결재를 받고 이를 관계자 모두에게 배부한다.
6☐ 우수	프로젝트의 주요 국면을 선정하여 진행경과를 주시·관찰하고, 프로젝트 현황을 항상 파악하여 이를 관계자에게 알려 주며, 이를 기준으로 일정계획을 수정한다. 일상적인 운영문제가 있지만 이것을 관계자에게 효과적으로 알려 준다.
5☐ 양호	세부적인 직무를 적절히 계획·배정하고 일정표도 작성한다. 일정기간을 단축하면서 여유시간도 감안한다. 고객이 요구하는 시간 이내에 작업을 완성시키지만 어쩌다가 비용이 초과할 때도 있다.
4☐ 평균	예정일자 목록을 작성하고, 프로젝트 진행에 따라 이를 수정한다. 그러나 고객의 불평이 자주 발생한다. 계획 자체는 좋아도 주요 국면에 대한 통제가 미숙하고 계획진행상의 차질과 문제점을 제대로 잘 보고 하지 않는다.
3☐ 평균 미달	계획이 약간 허술하고 일정표도 비현실적이다. 1~2일 이상을 내다보는 계획은 세우지 못하며, 예정일자에 대한 현실적인 개념도 결여되어 있다.
2☐ 불량	주어진 과업을 어떻게 분할할지에 대한 계획이나 일정이 전혀 없다. 그리고 프로젝트 업무배경이나 계획도 거의 없다.
1☐ 극히 불량	프로젝트가 완전한 적이 없고, 또한 이에 신경도 쓰지 않는다. 계획 부족으로 항상 일을 망치면서도 개선할 생각조차 하지 않는다.

자료: C. E. Schneier and R. W. Beatty(1979), "Development Anchored Rating Scales(BARS)," *Personnel Administration*, August, p. 60.

③ 행위관찰고과법(behavioral observation scale)

최근에 이르러 BARS는 실무적용이 어렵다는 것이 문제점으로 지적되면서 이러한 문제점을 보완할 수 있는 대안을 모색하게 되었다. 행위기준고과법의 범주에 포함되면서도 대안으로 제시되고 있는 고과법이 몇 가지 있지만 여기서는 가장 널리 이용되는 행위관찰고과법(behavioral observation scale)에 대해서 살펴본다.

▌표 4-12▐ 행위관찰고과법의 평가표

변화에 대한 저항 극복 능력

❶ 부하 직원들에게 변화의 자세한 내용을 설명한다.						
전혀 그렇지 않다	1	2	3	4	5	항상 그렇다
❷ 변화가 왜 필요한지를 설명한다.						
전혀 그렇지 않다	1	2	3	4	5	항상 그렇다
❸ 변화가 종업원들에게 어떤 영향을 미치는지를 토론한다.						
전혀 그렇지 않다	1	2	3	4	5	항상 그렇다
❹ 종업원의 관심사에 귀를 기울인다.						
전혀 그렇지 않다	1	2	3	4	5	항상 그렇다
❺ 변화가 잘 작동되도록 하기 위해 종업원들에게 도움을 구한다.						
전혀 그렇지 않다	1	2	3	4	5	항상 그렇다
❻ 필요하다면, 종업원들의 관심사에 책임을 다하기 위한 사후점검 미팅 날짜를 정한다.						
전혀 그렇지 않다	1	2	3	4	5	항상 그렇다

총점수 = (   )점

평균 이하(6~10)	평균(11~15)	좋음(16~20)	탁월함(21~25)	가장 뛰어남(26~30)

자료: G. Latham, & Wexley(1994), *Increasing Productivity Through Performance Appraisal*, Mass: Addison-Wesley Publishing Co. Inc., p. 56.

행위관찰고과법은 고과자에게 평가의 기준점(benchmark)으로 제시된 구체적인 행위에 대해서 피고과자가 수행한 빈도를 묻는 문항으로 구성되어 있다. 행위기준고과법에서는 피고과자가 행위가 바람직한 것인지 아니면 바람직하지 못한 것인지, 열등한 업적인지 아니면 우수한 업적인지를 결정해서 점수화하였다. 이에 비해서 행위관찰고과법은 보통 7점 척도로 구성된 각 행동문항에 대해서 고과자가 '1=결코 하지 않는다', '7=항상 그렇게 한다'라는 양극단을 기준으로 각 문항에 대한 피고과자의 행위빈도에 따라 등급을 매기도록 되어 있다.

④ 목표에 의한 관리

목표에 의한 관리(management by objective; MBO)는 드럭커(P. F. Drucker)[10]에 의해서 주장되고, 맥그리거(D. McGregor)에 의해 널리 보급되었다.

이것은 계획된 성과평가(planned performant evaluation)라고도 불리고 있다. 이 목표관리는 조직의 상위자와 업무담당자가 협의를 통하여 목표를 설정하고 기대되는 결과에 관련하여 각자의 주된 책임영역을 규정하여 정해진 기준에 따라 조직단위들의 활동과 각 구성원의 기여도를 측정, 평가하는 총체적 과정이라 할 수 있다.[11]

10) Peter F. Drucker, *The Practice of Management,* Harper & Row, 1954.
11) George Odiorne, *Management by Objective*, Pitman, 1965, p.26.

이 목표관리는 본래 인사고과기법이 아니라 참여와 자기통제를 중심으로 하는 하나의 관리시스템 및 그 철학이라 할 수 있다.

그런데 종래의 인사고과는 종업원의 특성, 장단점, 능력을 강조하는 경향을 보이고 있었다. 그러나 현대의 인사고과는 현재의 업적과 미래의 목표를 강조하여 목표설정에 감독자와 종업원의 동시참여를 강조하고 있다.

이러한 관점에서 목표관리는 종래의 인사고과기법에서 수반되는 여러 가지 문제를 극복하기 위하여 성과목표와 평가기준을 명백히 하고 고과과정에서 평가자와 피평가자의 참여를 최대화함으로써 인사고과의 효율을 높일 수 있다.

즉, 이러한 장점으로 MBO의 기본적 사고가 인사고과의 기법으로 적용되게 된 것이다.

이와 같은 MBO는 생산활동을 조직의 목표와 결부시켜 조직효율성을 제고시키고, 조직구성원의 참여에 의한 사기제고(士氣提高) 및 상위자와 하위자간의 협동관계촉진과 업무영역 및 업적평가의 객관적 기준을 형성하며 피고과자의 전반적 평가가 가능하다는 등의 장점이 있다.

반면 MBO의 도입에 소요되는 시간과 비용의 과다, 목표의 수량화가 곤란한 부서에서의 적용곤란, 업적평가 기준설정의 곤란성, 그리고 목표가 단기적, 부분적 효과에 치우치기 쉽고 주로 결과에 의한 평가이기 때문에 그 달성에 유용한 정보를 제공해 줄 수 없다는 등의 문제점이 있다.

⑤ 평가센터법

평가센터법(assessment center method)은 1956년에 미국 전신전화공사(American Telephone and Telegraph Company)에 의하여 처음으로 산업적 용도에 사용되었고, 1970년대까지는 그 개념이 큰 관심을 끌지 못하다가 오늘날에 이르러서는 대기업에서 널리 사용되고 있다.

이는 대개 관리적 잠재력을 가진, 직속상사에 의해서 지명된 12명 정도의 종업원을 행위평가에 숙달된 평가자들(약3명에서 6명 정도가 보통이다.)이 2일에서 3일정도 밀접하게 관찰한다. 평가자들은 가끔 심리전문가이지만 평가받는 사람들보다도 적어도 두 계층정도 높은 관리층의 사람들인 경우가 일반적이다.

따라서 이 기법은 피고과자를 며칠간 평가센터에 합숙시키면서 다양한 방법, 즉 집단토의, 개인면접, 심리검사, 비즈니스게임, 상황문제 해결, 사례연구, 시뮬레이션 등으로 그들의 관리자로서의 잠재능력을 평가하는 방법이다.

⑥ 자기신고법(자기고과법)

최근 들어 하향식 고과방식에서 나타나는 여러 문제점을 극복하기 위하여 자기신고법(self-evaluation)이 사용되는 경향이 있는데 이는 피고과자가 자기의 업적, 능력, 특성 및 희망사항 등을 기술 또는 평가하여 상위자의 고과자료 및 인적자원관리의 자료로 활용하고자 하는 것이다.

이 자기신고법 또는 자기고과법은 (표 4-13)에서와 같이 자기의 가치를 누구보다도 가장 잘 파악하고 있는 것은 자기 자신이므로 하향식 고과방법에 따른 권한위축을 극복하고 구체적인 업무목표의 수행과정에서 자기능력을 개발하고 평가하는 데 그 목적이 있는 것이다.

즉 일반적인 상사의 고과가 아닌 피고과자 본인에 의한 자기신고와 자기고과를 바탕으로 상사와 면담을 실시함으로써 「의례적인 고과」가 아닌 진정한 의미의 합의와 납득에 의한 「참여적인 고과관리」를 가능하게 한다.

▌표 4-13▐ 자기신고서(국내 S기업 事例)

자기신고서

이 자기신고서는 인사고과를 보완하여 보다 효율적인 인사관리의 기초자료를 활용코자 하오니 귀하의 의견을 솔직하게 기술하여 주시기 바랍니다.
(주관식 문항 이외에는 해답란에 번호를 기입함) 이 신고서의 내용은 절대 비밀을 보장할 것을 약속합니다.

사업장	부	과	계	자격	직위	성명	만연령	성별	결혼	입사년월	현직무년월	근무형태
								남,여	기,미	년 월	년 월	주전,교대

주거생활	1. 현재의 귀하의 주거형태는 ? ( ) 1) 자택 2) 전세 3) 친척집 4) 하숙 5) 기숙사 6) 기타
	2. 자택의 경우 그 형태, 크기, 현시가는 ? A. 1) 한옥( ) 2) 양옥( ) 3) 연립주택( ) 4) 아파트( ) 5) 기타( ) B. 1) 15평 이하( ) 2) 18평 정도( ) 3) 22평 정도 ( ) 4) 26평 정도 ( ) 5) 35평 정도( ) 6) 40평 이상( ) C. 1) 5천만원 이하( ) 2) 1억원 정도( ) 3) 1억5천만원 정도( ) 4) 2억원 정도( ) 5) 3억원 정도( ) 6) 4억원 정도( )
	3. 전세의 경우 전세금은 ? 1) 1천만원 이하( ) 2) 1천5백만원 정도( ) 3) 2천만원 정도( ) 4) 2천5백만원 정도( ) 5) 3천만원 정도( ) 6) 4천만원 이상( )
	4. 보유하고 있는 문화시설은 ? 1) TV ( ) 2) 전축 ( ) 3) 냉장고 ( ) 4) 전화 ( ) 5) 피아노 ( )
가정생활	5. 동거하는 가족은 ? (자녀, 형제자매는 숫자기입) 1) 조부( ) 2) 조모( ) 3) 부( ) 4) 모( ) 5) 처( ) 6) 자녀( ) 7) 형제자매( )
	6. 부양의무가 있는 가족은 ? (존속 60세 이상, 비속 20세 이하) 1) 조부( ) 2) 조모( ) 3) 부( ) 4) 모( ) 5) 처( ) 6) 자녀( ) 7) 형제자매( )
	7. 현자녀의 취학상태는 ? (해당란에 숫자기입) 1) 대학( ) 2) 고교( ) 3) 중학( ) 4) 초등( ) 5) 유치원( ) 6) 미취학( )

개인 생활	8. 귀하의 월평균 소득은 ?(급여이외의 소득포함) 1) 50만원 이하( ) 2) 70만원 정도( ) 3) 100만원 정도( ) 4) 120만원 정도( ) 5) 150만원 정도( ) 6) 200만원 이상( )
	9. 귀하의 월평균 저축액은 ? 1) 10만원이하( ) 2) 15만원정도( ) 3) 20만원정도( ) 4) 25만원정도( ) 5) 30만원이상( )
	10. 귀하의 건강상태는 ? 1) 쾌적( ) 2) 보통( ) 3) 피곤( ) 4) 근무에 지장( ) 5) 지병( )있다면:
	11. 귀하의 종교는? 1) 불교( ) 2) 유교( ) 3) 기독교( ) 4) 천주교( ) 5) 없음( ) 6) 기타( )
회사 생활	12. 회사에서의 동료와의 관계는 ? 1) 화목( ) 2) 대체로 화목( ) 3) 화목하지 못한편( ) 4) 불화( ) 그 이유는 ?
	13. 회사에서의 상사와의 관계는 ? 1) 신뢰받고 있다( ) 2) 다소 신뢰받고 있다( ) 3) 모르겠다( ) 4) 불신을 받고있다 ( )그이유는?
	14. 현재 귀하의 자격이나 직위에 대하여 1) 만족( ) 2) 보통( ) 3) 불만( ) 의견은:
	15. 현재 귀하의 급여수준에 대하여 1) 만족( ) 2) 보통( ) 3) 불만( ) 월최저 생활비는 원
	16. 현부서의 근무 분위기는 A. 1) 의욕적이다( ) 2) 보통이다( ) 3) 침체해 있다( ) 그 원인은 : B. 1) 부드럽다( ) 2) 보통이다( ) 3) 딱딱하다( ) 그 원인은 :

해답란	1	2A	2B	2C	3	4	5	6	7	8	9	10	11	12	13	14	15	16A	16B

직무 관계	17. 현재 담당하고 있는 직무를 기술하시오
	18. 현재 담당하고 있는 직무에 대하여 1) 만족하고 있다( ) 2) 특별한 불만없다( ) 3) 조금 불만이 있다( ) 4) 불만이다( )
	19. 현재 담당하고 있는 직무를 1) 바꾸기 싫다( ) 2) 바꾸고 싶다( ) 3) 아무래도 좋다( ) 4) 망설이는 중이다( )
	20. 지금 담당하고 있는 직무는 A.1) 힘들다( ) B.1) 어렵다( ) C.1) 변화가 있다( ) D.1) 중요하지 않다( ) 2) 편하다( ) 2) 쉽다( ) 2) 단조롭다 ( ) 2) 중요하다( ) E.1) 능력 발휘할 수 있다( ) 2) 능력 발휘할 수 없다( )
	21. 적성에 맞는다고 생각하는 직무 및 부서를 기술하시오.
	22. 적성에 구속받지 말고 희망하는 직무 및 부서를 기록하시오.
	23. 지난 1년간의 근무결과에 대하여 스스로 만족합니까? 1) 만족한다( ) 2) 보통이다( ) 3) 불만이다( ) 그 이유는?
	24. 지난 1년간 본인이 주장할 만한 주요업적 1) 2) 3) 4)
교육 훈련	25. 우리회사의 교육훈련 전반에 대하여 어떻게 생각하십니까? 1) 아주 부족하다( ) 2) 부족한 편이다( ) 3) 보통이다( ) 4) 충분한 편이다( ) 5) 아주 충분하다( )

	26. 당신은 직무수행에 필요한 교육훈련을 어느정도 제공받고 있습니까? 1) 아주 부족하다( ) 2) 부족한 편이다( ) 3) 보통이다( ) 4) 충분한 편이다( ) 5) 아주 충분하다( )
	27. 당신이 이수한 교육훈련은 직무수행에 어느정도 도움이 됩니까? 1) 많이 도움이 된다( ) 2) 조금 도움이 된다( ) 3) 전혀 도움이 안된다( )
	28. 현직무와 관계되는 분야에 대해 현재 연구하고 있다면 그 내용은?
	29. 최근 습득한 기술이나 자격이 있다면(직무와 관계불문)?
	30. 본인이나 회사의 발전을 위해 연구하고 싶은 것이 있다면 그 내용은?
	31. 당신의 능력향상을 위해 회사에서 실시가 요망되는 교육훈련은?
건의 요망	32. 직장생활 및 사생활의 개인적인 애로사항
	33. 회사에 대한 요망사항(후생복지, 인사고과, 경영개선, 근무조건 등 무제한)

해답란	17	18	19	20A	20B	20C	20D	20E	23	25	26	27

⑦ 다면평가법

다면평가란 어느 개인을 평가할 때 직속상사 한 사람이 평가하는 것이 아니라 다수의 평가자가 여러 방면에서 평가하는 것을 말한다. 전통적인 인사고과는 본인의 직속상사가 실시하는 단면에 의한 평가인데 반해 다면평가는 본인의 직속상사뿐 아니라 대각선(관련부문의 상사), 옆(부서 내외의 동료), 경우에 따라서는 부하 및 본인에 의한 평가이다.

다면평가는 상사의 일방적인 고과제도의 결점을 보완하고 직속상사, 동료, 부하 등으로부터 다면적으로 평가되기 때문에 평가의 객관성과 납득성을 높일 수 있다.

다면평가를 도입함으로써 기대되는 구체적 효과는 다음과 같다.

첫째, 관리자가 자신의 관리행위의 장·단점에 대해서 부하직원으로부터 피드백을 받을 수 있어 관리행위를 개선할 수 있는 기회를 가질 수 있다.

둘째, 관리자들이 부하직원으로부터 자신의 리더십을 평가받게 되므로 리더십의 향상을 위해 관리자와 부하직원간의 대화의 장이 마련될 수 있으므로 의사소통이 보다 원활해 질 수 있다.

셋째, 직속상사가 부하직원을 일방적으로 평가하는데 대한 부작용을 최소화할 수 있다.

넷째, 보다 체계적인 조직책임자 육성이 이루어질 수 있다. 평가결과를 통해 피평가자의 강점과 약점이 부각됨으로써 피평가자가 자신의 강점을 보다 잘 발휘하여 조직목표를 효율적으로 달성할 수 있는 제반환경이 조성될 수 있다. 한편 약점에 대해서는 이를 보완하고 개선할 수 있도록 교육 프로그램에 반영하고 아울러 인재육성에 참고자료로 활용될 수 있다.

다섯째, 평가 과정에서 부하사원은 나름대로 바람직한 리더상을 스스로 정립해 볼 수 있다.

여섯째, 인사고과에 대한 참여의식을 고취시킬 수 있다.

4. 인사고과의 한계

인사고과에서는 어떠한 고과방법을 이용한다 하더라도 그 평가는 인간이 하는 것이므로 여기에는 주관적 판단과 편견이 있다는 것은 부정할 수 없는 사실이다. 사람이 사람을 평가하는 것처럼 어려운 일이 없다는 말은 이래서 하는 말일 것이다. 그러면 우리가 인사고과를 할 때 흔히 범하기 쉬운 오류들은 무엇인가?

인사고과의 평가과정에서 오류를 가져오는 일반적인 현상으로는 다음 두 가지를 들 수 있다.[12]

첫째는 평가자의 심리적 이유로 말미암아 생기는 오류이고, 둘째는 집단의 분포도에서 볼 수 있는 오류이다. 이와 같은 오류는 최대한 배제되어야 하고 고과결과는 누구나가 믿을 수 있도록 신뢰성이 확보되어야 한다. 다시 말하면, 어느 평가자가 동일한 평가대상자를 몇 번 평가하더라도 동일한 평가결과를 가져올 수 있도록 되어야 한다는 것이다. 인사고과상 나타나는 전형적인 평정오류는 다음과 같다.

1) 평가자의 심리적 현상에 따른 오류

(1) 헤일로 효과(halo effect)

현혹효과(眩惑效果) 또는 후광효과(后光效果)라고도 하는데 이는 고과자가 피고과자의 하나의 평가요소에 대한 호의적 혹은 비호의적인 인상이 다른 모든 평가요소에 대해서도 동일하게 평가하려는 경향을 나타내는 것을 말한다. 예컨대 부하의 첫인상이 좋다고 느낄 경우, 그의 모든 능력과 자질, 근무태도도 좋을 것이라고 평가하려고 한다든지, 숙련도가 높으니까 판단력과 통솔력도 좋다고 평가한다든지, 근면하니까 작업량도 많을 것이라고 판단한다든지 용모가 좋으니까 이해력과 판단력도 높다고 판정하는 경우 등이다.

이와 같이 고과자가 무의식중에 피고과자의 어느 평가요소가 특히 좋다고 생각하면 그 심리적 작용이 다른 요소에 영향을 미치게 되는 것을 현혹효과라고 한다. 물론 반대의 경우는 그 결과도 반대가 된다.

---

12) D. Yoder, et al., *op. cit.*, section 15, p. 31.

이러한 현상은 주로 ① 용이하게 관찰할 수 없는 특성, ② 명백하게 정의되지 않는 특성, ③ 취급되거나 논의된 일이 적은 특성, ④ 도덕적으로 중요도가 높은 특성 등으로 인하여 자주 일어난다.

이러한 현혹효과의 실제적인 증거는 다음 두 가지로서 알 수 있다. 즉, ① 평가자가 다르면 같은 정보를 가지고서도 사람들을 다르게 평가한다는 것이고, ② 어느 특정한 사람에 대한 평가에서 거의 관련이 없는 특성들이 높은 상관관계를 보이고 있다는 것이다.

이러한 현혹효과를 감소시킬 수 있는 방법에는 다음과 같은 것들이 있다.

① 고과자가 특정한 사람의 전체특성을 연속적으로 평가하지 말고 하나의 특성으로 전체 피고과자를 평가한 뒤, 그 다음 특성을 평가하도록 한다.

② 평가자들이 서로 다른 편견을 가질 가능성이 있을 때에는 그들로 하여금 같은 사람을 독립적으로 평가하게 하여 현혹효과를 상쇄시킨다.

③ 아무리 하여도 헤일로 효과가 나타나는 경우에는 대조리스트법이나 강제할당법을 이용하는 것이 좋다. 따라서 고과자의 훈련, 고과방법의 개선, 고과방법의 기술적인 활용 등이 요구된다.

(2) **논리적 오차**(logical error)

각 고과요소간에 논리적인 상관관계가 있는 경우, 비교적 높게 평가된 평가요소가 있으면 다른 요소도 높이 평가하는 경향이 있다. 이것을 논리적 오차라 한다. 예를 들면 기억력이 좋으면 지식도 광범위하고 또 작업량이 많으면 숙련도도 높다고 속단한다든지, 근면도와 작업량과는 일반적으로 밀접한 관계가 있기 때문에 근면한 사람을 그 작업량도 남보다 높다고 판단하는 경향이 있는 것 등은 논리적 오차 때문이다.

논리적 오차는 헤일로효과와 같은 것으로 이해하기 쉬우나 양자는 본질적으로 다른 것이다. 헤일로 효과, 관대화경향, 중심화경향은 어느 것이나 고과자 개인의 오차이며 그중 헤일로효과는 개인의 특성에 의한 평정상의 오차(error)이다. 이에 대해서 논리적 오차는 고과자 개인과는 관계가 없고 각 고과요소간에 논리적인 상관관계가 있는 경우 발생한다.

논리적 오차가 생기는 이유는 다음과 같다.

① 일반적 기준에 의하여 평가하려 하지 않고 자기방식으로 독자적인 기준에서 판단을 내린다.

② 직장 내에서 종업원의 업적과 직장외의 소행 및 활동이 분리되어 평가되지 않는다.
③ 객관적인 기록을 정비하고, 그것에 의거하여 정확하게 평가하지 않고, 전체적인 인상과 머리에 떠오른 어떠한 사건 등을 중심으로 적당히 평가하는 것 등이다.

이러한 논리적인 오차는 다음과 같은 방법에 의하여 제거할 수 있다.[13)]
① 추상성이 높은 요소나 내용이 중복되는 요소로 평가하는 고과방식들을 설계하지 말고 객관적으로 관찰 가능한 사실을 평가하는 방법을 택한다.
② 요소에 대한 정의와 설명을 충분히 한다. 특히 유사한 요소가 있을 경우에는 그 착안점의 상이를 명확히 한다.
③ 평가자는 인사고과의 운용기준을 반드시 지키며, 주관적인 판단이나 추측에 의하여 평가해서는 안된다.
④ 유사한 평가요소에 대해서는 가능한 시간을 두고 평가를 한다.

(3) 대비오차(contrast error)

대비오차는 객관적인 기준에 따라 평가하기보다는 고과자가 자기 자신을 기준으로 하여 평가하는 경향을 말한다. 즉 피고과자를 평가할 때 피고과자의 특성을 고과자 자신이 보유하는 특성과 비교하여 평가하는 오류를 말한다. 즉, 고과자가 너무 착실하고 꼼꼼하면 타인을 흐리터분한 사람으로 보는 것과 같이 어떤 특성에 대하여 고과자가 자기를 기준으로 하여 피평정자를 자기와 반대방향으로 평정해 버리는 경향을 말한다.

대비오차는 다음과 같은 방법에 의해 방지할 수 있다.[14)]
① 평가자는 평가를 할 때 자기의 평가기준을 고집하는 이른바 자기식평가를 삼가한다.
② 종업원에게 기대하는 기준을 평소의 지도관계에서 명시하고 납득을 얻어야 한다.
③ 자기신고법이나 자기평가법 등을 도입하여 부하가 기입한 자료를 참고로 자기 자신의 평가편차를 발견하며 그 요인을 규명한다.

(4) 상동적태도(stereotyping)

상동적태도란 사람에 대한 경직적인 편견을 가진 지각(知覺)을 뜻하는 것으로서 타인에 대한 평가가 그가 속한 사회적 집단에 대한 지각을 기초로 해서 이루어지는 것을 말한다.

13) 池澤章雄, 人事考課の實效, 經林書房, 1974, pp. 309~310.
14) 池澤章雄, 上揭書, pp. 308~309.

아무개는 어느 지역 출신이기 때문에, 또는 어느 학교 출신이기 때문에 보나마나 이러저러할 것이라고 판단하는 것은 상동(常同)적 태도의 대표적인 예라 할 수 있다.

상동적태도는 인사고과에서는 물론 많은 인간관계의 영역에서 판단을 그르치게 만들며, 도덕적, 경제적 결점을 지니고 있다. 우선 도덕적 관점에서 보면, 사람에 대한 평가를 어떤 범주(성, 연령, 종교, 지역 등)에 따라 내린다는 것은 잘못이다.

한편 경제적인 면을 보아도 중요한 인적자원의 잠재적인 손실을 초래할 수 있다는 것이다. 모든 사람은 그들의 능력을 최대한 발휘할 기회가 있어야 하며, 성, 연령, 종교, 지역 등이 제한요소가 되어서는 안된다. 이러한 상동적태도는 한 집단의 여러 구성원들과 접촉한 경험이 많을수록 줄어들며, 논리의 체계나 도덕적 기준에 의하여 바꾸어질 수 있다.

(5) **근접오차**(proximity error)

근접오차는 시간적 또는 공간적으로 접근하여 평가하는 경우에 나타나는 오류이다. 즉, 인사고과표에서 거리상 접근하고 있는 평정요소는 서로 떨어져 있는 경우보다 흡사한 평정결과를 나타내는 경향이 있다는 것이다.

이러한 근접오차는 시간적으로 접근하고 있는 경우에도 볼 수 있다. 예를 들면 능력평가를 하고 곧바로 실적평정을 하는 것이 상당한 시간이 경과하여 평가하는 것보다 두개의 평정결과에는 유사성이 있음을 알게 된다. 이것은 시간적으로 접근해 있으면 앞의 결과에 영향받기 쉽다는 것이다.

이러한 근접오차를 방지하기 위해서는 다음과 같은 방법이 효과적이다.

① 고과표를 설계하는 데 유사한 요소는 가능한 간격을 두어 배열한다.

② 시간적인 근접오차를 방지하기 위해서는 평가요소를 하나씩 배열하고 이것으로 전원을 평가하는 것이 좋다.

③ 요소배열에 따르지 않고 확신할 수 있는 요소부터 평가하는 방법이다.

2) 집단의 분포도상 나타나는 오차

(1) **관대화 혹은 가혹화 경향**(positive & negative leniency tendency)

관대화경향이란 피고과자를 실제보다 과대 또는 과소평가하는 것으로서 집단의 평가결과가 한쪽으로 치우치는 경향을 말한다. 우리는 인사고과에 있어서 평가가 상위로 향하는 것을 흔히 발견할 수 있는데, 그 정도가 얼마만큼인지가 문제인 것이다. 이러한 관대화경향의 원인은 집단가운데 우수한 사람이 많아서 후한 평가를 하는 경우와 고과자의 후한 기질에 의한 경우가 있다. 이와 같이 관대화경향이라 하면 일반적으로 후한 정(正)의 관대화경향(positive leniency tendency)을 칭하는 경우가 많으나 피고과자를 낮게 평가하는 가혹화경향(negative leniency tendency)도 있다.

관대화경향을 방지하기 위해서는

① 평가방법으로서 분포비율에 의한 강제할당법(수 10%, 우 20%, 미 40%, 양 20%, 가 10% 등)을 사용하는 것이 효과적이다.
② 평가요소에 대한 정의를 명확히 한다.
③ 평가자에게 평가전에 주의 깊은 평가를 하도록 훈련을 시키는 것이 좋다.

(2) **중심화경향**(central tendency)

중심화경향은 집단화경향이라고도 하며 평가자가 보통 또는 척도상의 중심점에 집중하는 경향을 말한다. 이의 원인으로는 ① 고과자가 평가방법을 이해하지 못하였거나 평가능력이 부족하여 적당히 중간척도에 평가한 경우, ② 평가방법에 대해서 회의적이거나 피고과자를 잘 알지 못하기 때문에 적당히 중간척도에 평가하는 경우, ③ 낮게 평가할 경우 피고과자와의 감정적 대립을 우려하여 중간으로 평가한 경우와 소홀한 평가를 한 경우 등을 들 수 있다.

이러한 중심화경향을 방지하기 위해서는 다음과 같은 방법이 필요하다.

① 관대화경향의 예방책과 마찬가지로 분포제한 즉 강제할당법을 사용한다.
② 중앙부분의 척도의 눈금을 더욱 세분화하여 중앙부분에도 분산이 있게 한다.
③ 부하와의 일상적인 접촉을 늘리고 면접의 기회를 가져 개별적으로 부하를 관찰, 이해하며, 평가자에게 평가요소의 정의(定義)와 평가방법 등을 충분히 설명함으로써 평가자가 자신을 갖도록 한다.

그러나 앞에서 예시한 인사고과에서 나타나는 오류들을 제거하기 위하여 아무리 여러 제도적 장치를 마련한다고 하여도 충분하지 않다. 가장 중요한 것은 공정한 평가자로서의 태도를 갖는 것이다.

5. 인사고과의 실시계획

인사고과는 이를 실시하는 목적에 따라 알맞은 고과양식(考課樣式)이 설계되고 적절한 고과자(考課者)가 선정되어 충분한 교육훈련을 받은 뒤에 일정한 절차에 따라 실행될 수 있도록 치밀한 고과계획이 수립되어야 한다.

1) 인사고과양식의 설계

(1) 인사고과요소의 선정

종업원의 가치를 분석적으로 평정하는 데 고과요소의 선정은 대단히 중요한 것으로 그것이 평정의 성패를 결정하는 요인이 되기도 한다. 따라서 고과요소의 선정은 무엇보다도 적절한 것이어야 하는데 고과요소를 선정할 때에 지켜야 할 사항은 다음과 같다.[15)]

첫째, 객관적인 요소를 선정하고 명확한 정의를 부여하여야 한다. 즉, 고과요소는 모든 고과자가 다같이 이해할 수 있는 용어로 정의되어야 한다. 여기서 객관적이라고 하는 것은 업무의 양이나 출근율과 같이 객관적인 자료에 의해 모든 고과요소가 뒷받침되어야 한다는 것을 뜻하는 것이 아니라, 외부에서 관찰할 수 있으며 그 결과를 알 수 있어야 한다는 것을 의미한다. 이렇게 해서 고과요소가 선정되면, 각각의 요소에 대하여 다음과 같은 절차를 거쳐야 한다.

① 고과요소의 내용을 오해하여 평가하는 일이 없도록 정의를 내리고, 그 요소로는 인간의 어떤 측면을 평가할 것인지를 명확하게 한다. 고과요소의 내용이 명확하지 않으면 올바른 평정을 할 수 없다.
② 각 요소에 대해 우수한지, 열등한지, 뒤지고 있는지, 그리고 소유하고 있는지 아닌지를 평정한다. 즉 착안점(着眼點)이 어디에 있는지를 분명히 해준다.
③ 각 고과요소에 대하여 평가상 주의점을 명시한다. 예컨대 지식 있는 자와 이해력이 뛰어난 자를 구별하는 것이 그것이다. 이러한 절차 중 가장 중요한 것은 고과요소를 정의하는 것이다.

15) J. F. Mee, *op. cit.*, p.310., R. C. Smith and M. J. Murghy, *op. cit.*, pp.209~210.

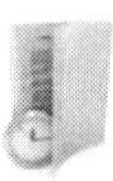

▌표 4-14▐ 고과요소의 범위와 평정의 착안점 및 주의점의 예시

요소	평정의 범위	평정의 착안점	평정상의 주의점	비고
창조력	종래의 방법으로서는 잘 되지 않는 경우, 새로운 사고, 새로운 방법 등을 생각하여 내는 능력이다.	기계설비, 제조기술, 사무처리, 작업방법 등에 대해 어느 정도 참신한 사고 또는 개선안을 마련하였는지를 본다.	착상이 적절한가 어떤가 그리고 단순한 착상으로 현실의 가능성이 있는가 없는가에 대하여서도 생각하여야 한다.	연구전문직에서는 "창조적 사고력"이라고 하는 표현이 적절할 것이다.
협조성	동료 또는 상사와 일을 잘 추진하여 나가는 능력이다.	어느 정도 자기의 의견을 가지면서, 어느 정도 인격, 태도상 서로 다른 사람과 협조할 수 있는지를 본다.	정당한 권리의 주장, 의견의 제시는 불복종 및 반항과 다르다.	동료와의 협조성과 상사와의 협조성을 구별하여 고과한다고 하는 방법도 생각할 수 있다.
근면성	정형 내지 반복적인 일에 책임을 가지고 진실되게 수행하는 열의를 말한다.	어느 정도까지 표리(表裏)없이 책임을 가지고 일을 수행하였는지를 본다.	결근, 지각과 같은 형식적인 것이 아니고, 부여된 일을 어느 정도 진실하게 수행하였는가를 본다.	그 이면에는 책임감이 있다.

고과요소에 대한 평정의 범위, 평정의 착안점, 평정상의 주의점을 예시하면 〈표 4-14〉와 같다.

둘째, 고과요소는 직군별(職群別)로 종업원의 질에 따라 선택하여야 한다. 고과요소는 직군에 따라 상이해야 하며, 각 요소에 대한 가중치도 달라야 한다.

예를 들어 근무성적을 보고자 하는 인사고과인 경우에는 그 직무의 성공적 수행에 필요한 특성만 선정하면 되고, 종업원평정인 경우에는 배치가 예상되는 직무에 필요한 특성의 유무가 판정되면 족하다. 그리고 자격제도를 위한 인사고과의 경우에는 그 자격에 필요한 특성의 정도, 또는 한급위의 자격에 필요한 특성의 유무를 조사하면 된다. 이와 같이 평정해야 할 특성은 현재 맡고 있는 직무에 따라, 앞으로 맡을지 알 수 없는 직무에 따라, 그리고 소속하고 있는 자격 등급에 따라 달라지지 않으면 안된다.

예를 들면, 부하를 가지고 있지 않는 사람의 근무성적을 평정할 때 지도력 및 섭외력, 통솔력 등을 볼 필요는 없고, 경영자의 성적으로 출근율을 본다는 것은 의미가 없는 것이라 하겠다. 인사고과의 평가요소의 선택방법은 〈표 4-15〉과 같다.

▌표 4-15▐ 인사고과의 평가요소 선택방법

종 별	하 위 직	중 위 직	관 리 직
성 적	일의 질 일의 양	일의 질 일의 양	업무별 수행도
의 욕	규율성 협조성 적극성 책임성	규율성 협조성 적극성 책임성	협조성 적극성 기업의식 책임성
능 력	지식, 기능 이해력 창조력 표현력	지식, 기능지식 판단력 기획력 절충력 지도력	지 식 결단력 개발력 섭외력 통솔력

셋째, 단일의 명확한 내용을 지닌 요소를 선택하여야 한다. 평가요소의 수는 가능한 적은 편이 좋다. 너무 많으면 고과는 오히려 부정확하기 쉽고 또 너무 적으면 피평정자의 가치를 충실히 반영하기 곤란하다. 이때 주의해야 할 것은 애매한 평가요소는 피하도록 하는 것이다.

넷째, 중복되는 요소는 피하고 피고과자간에 차이가 없는 요소는 제외하여야 한다.

중복되거나 직무를 수행하는 데 고과자간에 차이를 발견할 수 없는 요소는 제외하는 것이 좋으며 판정의 논거를 제시하기 어려운 요소는 평가가능한 요소로 대체하는 것이 좋다.

예를 들어 협조성과 근무태도 또는 작업량과 근면성과 같이 중복된 요소는 피하고, 건강, 체력 등이 그렇게 나쁘지 않는 한 직무를 수행함에 있어 피고과자간에 차이를 발견할 수 없는 항목은 생략하여도 좋다. 그것은 상대적인 차이를 표시하는 데 영향력이 없기 때문이다.

그러나 이러한 네 가지 조건 이외에도 평가요소는 모든 피고과자에게 공통적인 것이어야 하며 고과자가 피고과자의 직무수행에서 관찰할 수 있는 것이어야 한다.

이와 같이 인사고과요소의 선정은 일률적으로 결정하기가 어려우며, 업종의 성격과 직무의 성질에 따라 합리적으로 마련해야 한다. 스코트(W. D. Scott)와 스프리겔(W. R. Spriegel)에 의한 업종 성격을 달리하는 기업에서 사용된 인사고과 요소의 일람을 보면 〈표 4-16〉과 같다.[16)]

16) W. D. Scott, R. C. Clothier and W. R. Spriegel, Personnel Management, McGraw-Hill, 1954, p. 196.

▌표 4-16▐ 업종성격을 달리하는 기업의 고과요소 예

은 행	제조업	금속공업	백화점	제조업
1. 업무량	**기계공**	1. 작업질	**판매인**	**감독자**
2. 정확성	1. 작업지식	2. 작업량	1. 용모	1. 종업원관계
3. 민속성	2. 작업질	3. 순응성	2. 작업지식	2. 품질에 대한 책임
4. 연구력	3. 작업량	4. 작업지식	3. 상품지식	3. 원가책임
5. 완전성	4. 책임수행도	5. 신뢰도	4. 고객접대력	4. 일정(日程) 책임
6. 근면도	5. 협조성	6. 태도	5. 민속성	5. 보전
7. 필요한 감독	6. 솔선력			6. 지도력
8. 이해도				7. 작업지식
9. 지식	**보전공**			8. 신뢰도, 판단력
10. 기억력	1. 정확성			9. 솔선력, 창조력
11. 협조성	2. 작업지식			10. 건강
12. 자제력(극기)	3. 지도능력			
13. 지속성	4. 속도			
14. 업무태도	5. 안전			
15. 인격				
16. 건강				
17. 정교도				

(2) 가중치의 결정

가중치는 평가요소와 같이 요소별(要素別), 평가목적별(評價目的別), 직종별(職種別), 직위(職位) 또는 직급별(職級別)로 상이한 것이 일반적이다. 목적별 고과에 있어서 상여나 교육훈련과 같은 목적을 위해서는 업적에 높은 가중치를 두고, 승진과 승급(昇級)에 사용하기 위한 고과라면 업적보다는 능력이나 태도에 높은 가중치를 두는 것이 일반적이다. 또 직종에 따라서도 그 가중치가 달라지며, 직급에 따라서도 달라져야 함은 물론이다.

또한 복수 2차고과를 할 경우는 1차 고과자와 2차 고과자의 점수 비중을 어떻게 할 것인지도 문제이다. 다음 〈표 4-17〉은 우리나라 어떤 기업의 가중치의 예를 보여주고 있다.

▌표 4-17▐ 고과별, 직위별 가중치

고과구분 \ 피고과자	사원	계장	공장장, 지점장, 차장, 과장, 주임연구원, 조사역, 영업소장
업 적 고 과	30%	25%	20%
근 무 태 도 고 과	45%	30%	15%
능 력 고 과	25%	45%	65%
합 계	100%	100%	100%

(3) 척도의 설계

고과양식의 설계에서 또 하나의 중요한 문제는 고과요소와 척도를 어떻게 배열할 것이냐이다. 고과요소의 배열에는 일정한 규칙이 없으며 기업에 따라서는 특정한 요소로부터 일반적 요소로, 평가하기 쉬운 요소로부터 평가하기 어려운 요소로 배열하기도 하고 그 반대로 배열하기도 한다. 그러나 평정척도법(評定尺度法)의 경우 척도는 다음과 같이 배열하는 것이 이상적이다.[17)]

첫째, 모든 척도를 높은 단계에서 낮은 단계로 또는 낮은 단계에서 높은 단계로 똑같은 방향으로 배열하면 고과자로 하여금 처음에 평가한 것과 똑같이 모든 요소를 평가하는 오류를 범하기 쉽다.

둘째, 전후의 요소에 대한 평가의 영향을 줄일 수 있도록 [그림 4-1]의 척도설계에서 볼 수 있는 바와 같이 간격이 다른 척도를 사용한다.

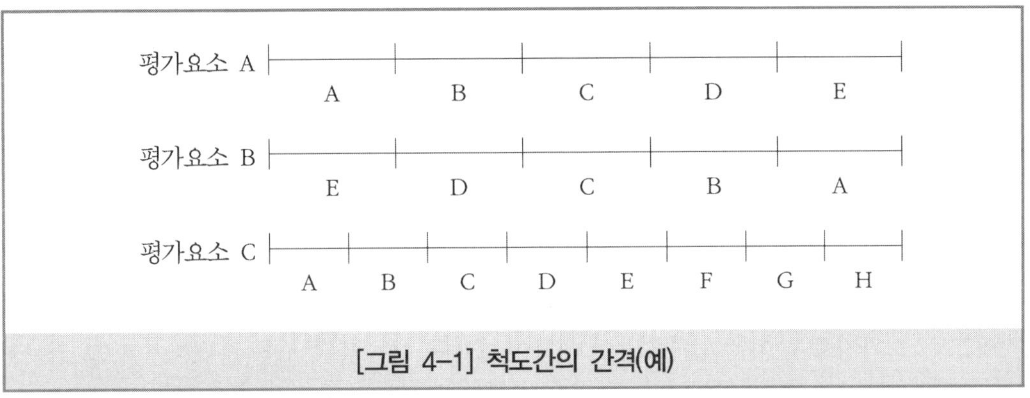

[그림 4-1] 척도간의 간격(예)

셋째, 척도는 고과요소의 정도를 점수나 수로 나타내는 것보다는 서술문으로 사용하는 것이 더 좋다.

2) 고과자의 선정과 훈련

(1) 고과자의 선정

인사고과의 실시에서 고과를 실제로 담당하는 고과자는 대단히 중요한 존재가 된다. 그것은 아무리 좋은 고과방법이 연구되고 고과표에 대해 많은 배려가 이루어졌다 하더라도,

---

17) M. J. Jucius, *Personnel Management*, Homerwood, Ilinois; Richard O. Irwin, Inc., 1971, pp. 230~231.

적당한 고과자를 얻지 못하여 고과가 뜻한대로 진행되지 못한다면, 인사고과에 대한 본래의 목적을 달성할 수 없기 때문이다.

조직에서 관리자나 감독자는 그들의 지위 때문에 부하에 대한 고과자로서의 임무를 부여받고 있으나 상급자라는 지위가 곧 고과자로서 충분한 자격을 갖추었다는 것을 의미하지는 않는다. 따라서 인사고과의 실시에 있어서는 무엇보다도 고과자의 선정이 중요하다. 고과자가 구비하여야 할 자격요건은 다음과 같다.[18]

① 피고과자인 종업원과 일상적으로 접촉하여 그 종업원의 근무상황에 대해 잘 관찰할 수 있어야 한다.

② 그 종업원의 직무와 책임의 구체적인 내용은 어떤 것인가, 직무수행의 기준으로서 요구되는 수준 및 필요한 자격의 정도가 어떤 것인지를 잘 알고 있는 사람이어야 한다.

③ 그리고 종업원에 대하여 일상적으로 지도, 감독하는 입장에 있는 사람이 좋다. 이런 뜻에서 본다면 고과자로서는 보통 피고과자의 감독자가 적당하며, 그 중에서도 직접 감독자가 고과자로서 가장 알맞은 사람이 된다.

(2) 고과자의 훈련

아무리 인사고과를 올바르게 이해하고 또 고과표나 고과제도가 잘 작성되었다 하더라도 고과에 대한 고과자의 태도가 옳지 못하다면 인사고과의 존재의 의의는 없어질 것이다. 고과의 결과는 기업경영에 있어서뿐만 아니라 종업원에게 있어서 매우 중대한 영향을 미치는 것이므로, 고과자로 하여금 인사고과에 대하여 올바른 태도를 갖도록 훈련시키고 그 임무와 책임을 자각시켜야 한다. 여기에 고과자훈련의 필요성이 있다.

화이트(D. L. White)는 고과훈련의 구체적인 방법으로 ① 소집단회의, ② 정보교환, ③ 토론 등을 들고 있다.[19]

요더(Dale Yoder)는 ① 역할연기법, ② 단체지도, ③ 강의, ④ 개인지도, ⑤ 평가실습, ⑥ 지침에 의한 교육을 들고 편람과 간행물 역시 가치 있는 훈련의 보조수단이라 하였다.[20]

고과를 효율적으로 실시하기 위해서 고과자는 교육훈련을 거쳐 다음과 같은 태도가 확립되어야 한다.

첫째, 타인의 조언에 현혹되지 말고 고과자 자신이 독자적인 판단에 의하여 자주적,

19) 安樂定信編, 人事考課, ダイヤモンド社, 1961, p. 137.
19) D. L. White, *Introduction to the Study of Public Administration*, McMillan, 1954, p.326.
20) D. Yoder, et al., *op. cit.*, p.15.

독립적으로 평가하여야 한다.

둘째, 주관을 배제하고 객관적으로 공정성과 타당성이 인정되게 평가하여야 한다.

셋째, 직무의 중요성과 직무수행의 난이도를 고려하여 평가하여야 한다.

넷째, 고과는 가능하면 단기간내에 실시하고 평가기간을 소급 또는 연장해서는 안된다.

다섯째, 고과결과는 종합적으로 분석, 평가하여야 한다.

여섯째, 고과요소의 정의와 착안점 등을 충분히 숙지한 뒤에 평가하여야 한다.

6. 고과절차

인사고과는 전사적(全社的)으로 하나의 흐름을 유지하면서 이루어져야 하는데, 기업에서 유용하다고 판단되는 복수 2차 고과자의 고과절차는 [그림 4-2]와 같다. 평가는 자기평가와 복수의 상사에 의한 평가로 구성되는 것이 보통이다.

고과에 있어서 절차내용은 다음과 같다.

① 피고과자는 자기신고서 및 자기평가표에 기입 및 자기평가하여 1차 고과자에게 제출한다.

② 1차고과자는 피고과자의 자기신고서 및 자기평가서를 참조하고 피고과자와 면담을 통하여 평가한다.

③ 1차고과자는 평가 후 즉시 피고과자의 자기신고서 및 자기평가표를 2차고과자에게 제출하고 고과표는 인사담당부서로 송부한다.

④ 2차고과자는 1차고과자를 경유한 피고과자의 자기신고서 및 자기평가표를 참조하고 피고과자와 면담을 통하여 평가한다. 2차고과자는 평가 후 즉시 고과표에 피고과자의 자기신고서 및 자기평가표를 첨부하여 인사담당부서로 송부한다.

⑤ 인사담당부서는 1차고과에 의한 고과와 2차고과자에 의한 고과결과를 조정하여 점수화하고 피고과자에게 피드백시켜 준다.

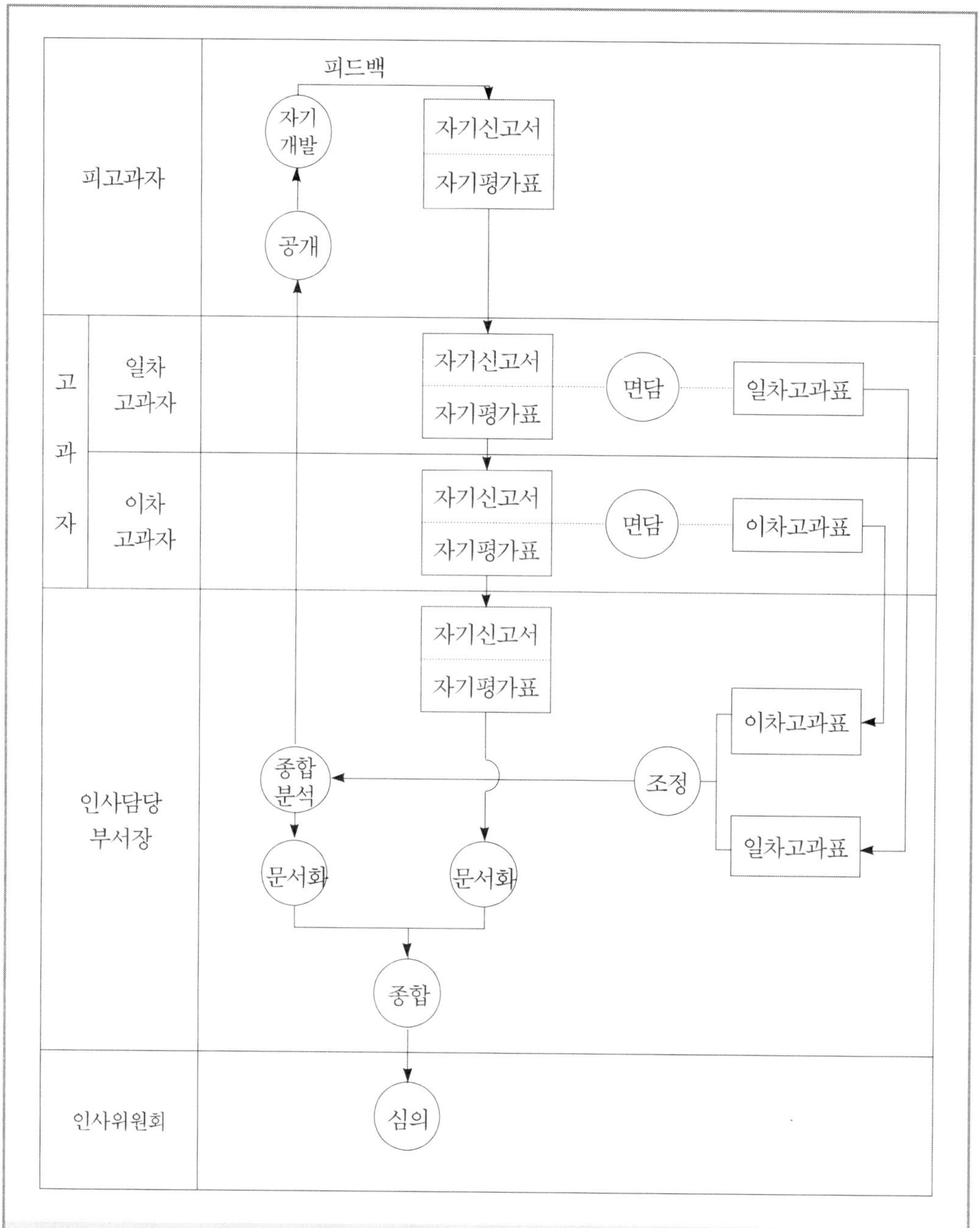

피고과자
피드백
자기 개발
자기신고서
자기평가표
공개

고과자
일차 고과자
자기신고서
자기평가표
면담
일차고과표

이차 고과자
자기신고서
자기평가표
면담
이차고과표

인사담당 부서장
자기신고서
자기평가표
이차고과표
종합 분석
조정
일차고과표
문서화
문서화
종합

인사위원회
심의

[그림 4-2] 고과절차도

7. 인사고과결과의 검토·조정 및 공개

1) 고과결과의 검토

인사고과의 결과가 인사관리의 기초자료로서 유용한 것이 되기 위해서는 무엇보다 종업원의 근무성적, 성격, 능력 등을 정확하게 파악할 수 있는 평정방법과 고과요소를 선정하여야 함과 동시에 고과자가 평정의 정의, 평정절차에 관하여 충분한 지식을 가져야 한다.

오늘날의 인사고과는 주관적 평정과 개인의 편견을 상당정도 배제할 수 있었다. 그러나 인간은 완전하지 못하기 때문에 때로는 부적정한 평정을 하는 경우도 없지 않다. 그러므로 평정의 감사 및 조정이 필요하게 된다. 이것은 또한 평가방법의 잘못을 발견하며, 고과자의 결함을 발견하여 앞날의 실시를 위한 개선에 도움이 되기도 한다.

(1) 신뢰성의 검토

인사고과에 있어서 고려되어야 할 중요한 사항은 결과의 신뢰성이며 이를 위해서는 객관성과 일관성(consistency)이 확보되어야 한다.[21]

신뢰성이란 고과가 개인적인 주관에 좌우되지 않고 어떠한 고과자가 고과한다 하더라도 동일한 고과결과가 얻어지는가 하는 객관성(objective)의 정도와, 또는 종업원이 같은 근무태도로서 일을 하고 있는 한 같은 고과를 몇 차례 반복하여도 같은 결과가 얻어지는가 하는 일관성(consistency)을 검토하는 것이다. 먼저 객관성을 검토하기 위해서는 동일한 피고과자를 대상으로 많은 고과자로 하여금 평정하게 한 다음 그 평정결과에 일치하는 정도를 검토하면 된다. 이 경우 상관계수(coefficient of correlation)를 이용하면 편리하다. 상관계수가 높을수록 그 평가방법은 객관성이 높은 것이다. 다음 일관성을 검토하기 위해서는 짧은 기간 동안 동일 고과자가 동일한 피고과자를 대상으로 2회의 평가결과를 비교하여 본다. 이 경우에도 2회의 고과결과를 비교하여 그 일치하는 정도를 조사하기 위해서 상관계수를 이용하면 편리하다. 상관계수가 높을수록 이 평가방법은 일관성이 높은 것이 된다. 이 경우 일반적으로 상관계수가 0.7 이상일 때 일관성이 있다고 할 수 있다.

(2) 타당성의 검토

평가에서 타당성이 있다 함은 평가대상이 되는 제반특성에 대한 보유도와 발휘도를 정확하게 판단하고 있다는 사실을 의미한다. 예를 들면 이해력을 평가하면서 숙련도를 본다든지, [우수]를 [양]으로 판단한다든지 하는 따위의 평가는 타당성이 있다고 할 수 없다.

---

21) D. Yoder, *Personnel Principles & Policies*, Prentice-Hall, 1956, pp.329~330.

이 타당성을 검토하는 방법에는 ⓐ 객관적 기준에 의한 직접적 검토방법과 ⓑ 근사적(近似的) 기준에 의한 간접적 검토방법이 있다.

객관적 기준에 의한 직접적 검토방법은 평가의 결과를 비교하는 것이다. 그러나 이 방법에 의한 타당성은 생산품의 질과 양·계약고, 매상고 등의 객관적 기준에 의해 검토할 수 있으나, 일반적으로 객관적 기준의 정확한 설정이 어려우므로 이 방법은 사용하지 않는다. 그러므로 타당성의 검토방법으로는 근사적 기준에 의한 간접적 방법이 사용되고 있다. 이 방법에 의한 타당성 검토방법은 ⓐ 심리학적 시험(psychological test)과의 비교, ⓑ 작업표본(work sample)과의 비교, ⓒ 평가분포에 의한 분석, ⓓ 헤일로 효과의 유무 검토, ⓔ 고과 후에 종업원의 진보상황과의 비교 등으로 나누고 있다.22)

① **심리학적 시험과의 비교**: 이것은 어느 특성을 평가한 결과와 심리학적 시험의 결과를 비교하는 것이다. 인사고과의 고과요소에 포함되어 있는 모든 특성을 분리하여 시정할 수 있는 테스트가 완비되어 있다면 모르나 그것이 완비되지 못한 단계에서는 무리이며, 또 테스트의 타당성 그 자체가 인사고과의 결과를 바탕으로 검토되고 있다는 것을 감안하면 그 효과가 기대되는 방법이라고는 할 수 없다.

② **작업표본과의 비교**: 작업표본이란 「통제된 조건에서 단기간의 작업상태(performance)로 그 결과가 측정되는 것」을 말한다. 즉, 표본적인 일을 시켜 봐서, 그 결과와 고과결과를 비교하는 방법이다. 이 경우에 일치도가 높으면 타당성이 있다고 보는 것이다.

③ **평가분포에 의한 분석**: 이것은 피고과자의 수가 많을수록 고과결과가 정규분포에 가까우면 가까울수록 그것의 고과에 대한 타당성이 있다고 하는 방식이다.

일반적으로 종업원의 능력 또는 성격의 측정결과는 정규분포곡선을 그린다. 따라서 만약 종업원의 성격과 능력이 이와 같은 정규분포곡선을 그린다면 근무성적에 대한 고과결과도 이와 동일한 분포상태를 나타내게 될 것이다.

그러나 여기에서 주의해야 할 것은 많은 사람 중 무작위로 표본을 추출하여, 그 성격 또는 능력을 평가하였을 경우에는 이와 같은 정규분포의 형태를 가진다고 말할 수 있지만, 종업원의 근무성적에 대한 고과결과가 반드시 정확한 정규분포를 나타낸다는 보장은 없다. 실제로 기업경영에서 고과결과는 [좋다]라고 하는 항목으로 기우는 경우가 가끔 있다.

---

22) R. S. Driver, *The Validity and Reliability of Rating*. Edited by J. Tiffin and V. Manpuis, *Rating and Supervisory Performance*, American Management Association, 1954, pp.60~65.

④ **헤일로 효과의 유무검토** : 몇 개의 고과요소로 평가한 경우 헤일로 효과가 나타난다면, 그 결과의 타당성을 인정할 수가 없다. 그러나 각 요소간의 내부 상관만으로는 헤일로 효과가 작용하고 있는지의 여부를 알 수 없고, 또 어떤 특성에 우수한 자의 요소간 상관관계가 높은 것은 다른 특성에 있어서도 우수하기 때문인지의 여부를 판정하기 어렵다. 따라서 헤일로 효과의 유무로 요소간의 상호관련을 판정하여, 그것으로 타당성을 검토한다는 것은 불충분하다.

⑤ **고과 후 종업원의 진보상황과의 비교** : 고과결과와 그후의 진보나 성공과의 상관을 구하여 타당성의 지표로 삼으려는 방식이다. 이 방법은 객관적인 외부기준을 설정할 수 없는 경우에, 가장 만족스런 방법이라 할 수 있다. 그러나 이 방법은 결론을 내기까지에는 적어도 1년정도의 기간이 필요한 기술적인 문제 이외에도, 방법론상의 한계가 있다. 즉 이것은 고과 후 종업원의 직무수행상의 진보와 성공이 고과의 기준이 된다는 것이다. 그러므로 이 방법은 고과의 신뢰도가 낮다고 볼 수 있다. 신뢰성이 없는 기준과의 비교는 그 타당성을 검토했다고 볼 수 없다.

2) 인사고과결과의 조정

인사고과의 조정에는 사전조정과 사후조정이 있다.

사전조정은 미리 채점단계별로 인원수의 분포를 할당해 두고, 그 범위내에서 평가를 하도록 채점기준을 정하여 조정하는 강제할당법과 일률적으로 인원분포를 제한하지 않고 부문마다 전체 피고과자 득점의 평균점만을 규제하는 평균적 규제법이 있다. 그러나 현실적으로는 이와 같은 사전조정이 제대로 이루어지지 못하고 있으므로 불가피하게 사후조정이 필요하게 된다.

사후조정은 고과평정이 끝난 뒤에 조정자가 조정하는 방법으로 다음과 같은 것들이 있다.

(1) 일률조정

일률조정이라 함은 이미 취득한 고과득점에다 새로운 점수를 사후에 일률적으로 가감한다든지 또는 일정한 배율로 늘리거나 줄이거나 하는 조정방법이다. 여기에는 가감법과 간격배율법 등이 이용되고 있다.

① **가감법** : 이 방법은 동일 고과자가 평가한 집단의 각 피고과자의 고과득점에 일정한 점수를 일률적으로 가산하든지, 아니면 감소시키는 방법이다.

② **간격배율법** : 이 방법은 어떤 평가집단의 득점간격을 타집단의 득점결과를 고려해가면서 일정한 비율로 수정한 후 규정된 평균점에 합치시키기 위해 일정한 점수를 일

률적으로 가감하는 방법이다. 이 방법은 평점분포의 폭에 차이가 있는 두 집단을 조정할 필요가 있는 경우에 쓰인다.

(2) **개별조정**

개별조정은 특정개인에 대하여 고과점을 조정하고자 할 때 이루어지는 조정이다. 예컨대 1인의 고과자가 행한 1집단의 피고과자의 순위 또는 점수가 어느 소수의 특정인에게 잘못되었다고 인정될 때 사용되는 조정방법이다. 이와 같이 피고과자 중에서 특정인의 고과결과를 수정할 때의 절차로서는 일반적으로 고과를 행한 본인에게 직접 면담을 하여 고과과정, 기타 잘못이 없는지를 확인함과 아울러, 고과표 중의 조정란 등에 조정할 정도와 그 이유를 표기한다.

3) 고과결과의 공개

인사고과의 결과를 공개하는 것이 좋으냐, 아니면 공개하지 않는 것이 좋으냐에 대해 찬반 양론이 있다.

먼저 찬성론의 주장을 요약하면 인사고과가 하나의 능력측정의 기술인 이상 공개해서 나쁠 것은 없다. 특히 인사고과가 기업내에 있어서의 종업원가치의 공평성을 보증하고 이것에 의해서 종업원에게 안정감을 부여하여 근로의욕을 향상시킨다면 공개해야 한다. 이것은 종업원의 자각심과 자기개발을 촉진하기 위해서도 필요하다는 것이다.

그러나 인사고과는 어디까지나 인사문제라는 이유로 공개하지 않는 것이 원칙이라는 주장이 있다. 즉, 인사고과는 주로 승진, 승급 사정 등의 인사문제이므로 비밀로 해야 한다는 것이다. 따라서 고과를 실시한 기업측에서도 발표를 꺼리며 종업원측에서도 불안감을 가짐으로써 본인의 청구가 있는 경우에 한하여 공개하는 예가 많다.

또한 그 결과를 공개하면 기업내에 혼란을 일으킬 가능성이 많다는 것이다. 이와 같이 인사고과의 결과를 공개하느냐, 않느냐의 문제는 속단할 수 없고 또 여기에는 현실적으로 곤란한 문제도 없지 않다.

그러나 가급적이면 공정한 고과를 실시하여 그 결과를 공개하는 것이 바람직하다. 특히 적어도 고과방법, 고과요소, 고과상의 유의점 등은 공개해야 한다. 또 고과자는 솔직한 대화를 통해서 고과내용과 그 결과를 설명하고 납득시키는 노력이 필요하다. 「계획 자체가 완전한 것이라면, 대부분의 경우, 종업원은 불공평을 의심치 않으며」[23] 「사실에 입각한 고과였다면, 문제가 일어나지 않는다」[24]

---

23) R. C. Smith & M. J. Murphy, *op. cit.*, p.233.

제2절 인사감사

지금까지 인사관리에서 통제기능을 소홀히 다루어 왔지만 인사관리의 업무가 다양하고 복잡해짐에 따라 조정 및 통제의 기능이 절실히 요청되면서 인사통제에 있어서 인사감사는 빼놓을 수 없는 부분이며 또한 통제를 위해서는 인사감사활동이 필요하게 되었다.

1. 인사감사의 의의

인사감사(personnel audit)란 일정기간 수행된 인사관리활동을 일정시점에서 계획과 성과를 종합적으로 평가, 검토함으로써 기업경영의 건전성을 확보, 유지하려는 감사활동을 말한다. 즉, 인사감사는 인사관리활동과 그 성과에 관한 사실적 자료를 체계적으로 수집, 평가하여 인사관리의 강점과 문제점을 발견, 평가하고 필요할 때에 개선방안을 제시하는 것이다. 인사고과가 개개인의 수준에서 그 능력과 업적이 조직의 요구에 비추어 어떻게 평가되는지를 아는데 그 목적이 있다면, 인사감사는 인사관리 활동이 그 의도하는 목적에 비추어 적합한지를 평가하는 것이다. 따라서 인사감사는 인사관리과정에서 인사통제의 주요한 수단의 하나이다. 일반적으로 인사감사(人事監査)는 1931년경에 스코트(W. D. Scott), 클로티어(R. C. Clothier), 매튜슨(C. B. Mathewson) 등에 의해 간단한 사실묘사를 질문지에 기입하는 방식으로 처음 시작되었다. 그러나 본격적으로 연구되고 보급된 것은 1948년이래 요더(Dale Yoder) 교수의 지도하에 미네소타대학의 산업경영연구소의 3중 감사방식(triple audit system)이 개발되면서부터이다.[25)]

1900년까지 감사라고 하면 그 발전동기가 부정의 방지였으나 부정을 방지하는 내부통제시스템이 발달함에 따라 오늘날에는 인사감사의 발전동기는 소극적으로 인사의 부정을 막는 것보다는 오히려 인사제도와 운영상의 효과, 성과, 경제성을 평가하는 데 관심을 갖는다. 또한 최근에는 인력관리정책의 실태가 몰개성적, 획일적, 모방적 성격을 갖고 있음을 문제로 삼고 효과측정이 곤란한 측정치를 분석, 검토하는 데 더 관심을 기울이고 있는 경향이 있다고 할 수 있다. 예를 들면 노사간의 이해관계 조정을 기하고, 잃어버린 인간성 회복 요구에 응해서 조직건강의 사회지표(social indicates)를 제공하자는 것이 최근의 추세이다. 이렇게

24) H. J. Churden & A. W. Sherman, *op. cit.*, p.237.
25) 日本勞務研究會編, 勞務監査ハントブック, 增補版, 1973, pp.4~5.

본다면 인사감사는 인사관리의 전면적인 합리화를 위해 인적자원관리의 목적을 확인하고 그 실태를 자기반성의 바탕 위에서 체계적으로 조사하여 경영상의 효과를 평가한 다음 이것을 바탕으로 개선점을 발견하고 다음단계의 인사정책에 반영함으로써 인사관리가 방만하게 진행되지 않고 합리적이고 체계적이고 능률적으로 추진되도록 하는 데 그 뜻이 있다.

인사감사는 최고경영층으로 하여금 그들이 가진 고지식하고 오만한 인적자원관리에 대한 고집을 반성케 할 뿐만 아니라 기업의 특수사정을 고려하여 효과를 높일 수 있도록 언제나 기존의 방침을 검토하고 새로운 개선점을 찾게 해주는 기능을 수행하고 있다.

인사감사는 발견된 사실과 문제점, 개선되어야 할 사항 등을 간결하고 주의를 끌 수 있는 스타일로 문서화하거나 도표화하여 최고경영층 및 관계부서에 감사보고서를 제출함으로써 완결한다. 감사보고서는 문제점에 대한 원인분석, 개선을 위한 목표 및 수단제시가 포함되어 있어야 하고 불필요한 자극은 피하는 것이 좋다.

2. 인사감사의 방법

1) ABC 감사

이 감사방식은 일본노무연구회의 노무감사위원회에서 개발한 것으로 원리상으로는 미네소타식 3중 감사방법을 발전시킨 것이다.[26)]

(1) A 감사

인사정책의 경영면(administrative phase)을 대상으로 하여 실시되는 감사이다.

이 감사는 경영의 전체적 입장에서 전반적 인사관련 정책에 관한 사실을 조사하고 인사관리의 방침과 구체적 시행과의 관계, 시행정책의 기능과 운용 등에 관하여 정기적으로 평가하고 이의 타당성을 검토하여 인사관리의 실태를 비판하고 인사관리에 존재하는 개선점을 찾는다는 것을 목적으로 한다. 그래서 이것을 A 감사(administrative survey)라고 한다.

A 감사에서 정책의 경영면이라고 하는 것은 인사정책, 이를 시행하기 위한 인사관리조직, 노사관계, 채용배치, 이동, 복무, 노동시간관리, 인사고과, 급여, 교육훈련, 안전위생, 복지후생, 홍보활동, 인사조사연구 등을 가리키며 이와 같은 인사기능을 수행하기 위한 계획, 프로그램화의 적정성에 관하여 감사한다.

---

26) 日本勞務研究會編, 前揭書, 東京, 1972.

(2) B 감사

인사정책의 경제면(economical phase)을 대상으로 실시되는 인사예산 감사이다. 인사관련 제정책의 실시에 있어서 인사관리예산의 적정성 평가, 인건비 및 인사담당요원의 적정성을 분석, 평가하여, 인사관련 제정책의 전반적 규모, 직능별 구성의 적부 등을 해석, 평가하고, 인사정책의 조정, 인사계획의 적부 등을 검토하는 것을 목적으로 한다.

그래서 B 감사(budget analysis)라고 한다. B감사에서는 노무관리비 분석, 노무요원 비율 분석, 노무비분석 등을 검토한다.

(3) C 감사

인사관계 제정책의 실제 효과를 대상으로 이를 측정하고 검토하여 당해년도에 있어서 조직 균형상태뿐만 아니라 인사정책을 재해석하고 이를 종합 판단하여 새로운 정책을 수립하는데 유용한 자료를 제공하는 것을 목적으로 하는 감사이다. 이를 C 감사(contribution survey)라고 한다.

C 감사에서는 매출액지수, 생산지수, 매출액 이익률, 총자본 이익률을 검토하는 경영측정과 간접요원비율, 인사관리요원비율 등을 다루는 요원측정을 포함하고 또한 결근률, 징계률 등을 비교하는 복무측정, 급여지수, 복리비지수, 퇴직금 지수 등을 다루는 급여측정, 불량률, 분쟁률, 재해도수율을 검토하는 손실측정을 포함한다. 이밖에 제안률, 교육, 훈련자 수강률, 교육훈련 시간률 등을 다룬다.

이러한 A, B, C 감사는 발생시간순으로 본 인사통제과정에 따라 이루어진 것이다. 즉, 통제과정이 계획, 프로그램화, 예산, 성과의 측정순으로 이루어지듯이 A → B → C 순으로 감사가 이루어진다.

이때 성과의 측정이 다음 계획에 영향을 미치므로 C → A → B → C 순으로 계속하여 감사가 이루어진다.

2) 내부감사, 외부감사 및 합동감사

(1) 내부감사

내부감사는 기업내부의 경영계층이 인사감사를 실시하는 경우이다. 대개 경영자와 인사스텝이 같이 구성하는 경우가 많다. 그리고 기업내부의 인사전문가 또는 사원 중에서 자격있는 자들이 주체가 되어 실시하고, 때로는 협조조직으로 주요한 라인의 경영자가 회의조직에 참여하기도 한다. 최고경영자를 도와서 자기 기업에 가장 효과적인 인사관리를 실시하기 위한 정보를 얻는 것을 목표로 한다. 그러므로 이들은 그러한 목표를 달성하기 위해 기업의 각부서, 지점 또는 다른 하부조직의 인사제도의 효과를 평가한다.

이 내부감사제도의 장점은 감사인이 내부스텝이어서 자료나 정보의 수집을 쉽게 할 수 있어 실태파악이 용이하다는 점이다. 그러나 단점으로는 독립성이 약하기 때문에 기업내의 관행이나 전통에 대하여 새로운 감각을 갖고 비판할 수 없다는 점이다.

(2) 외부감사

외부감사는 기업외부의 전문가(컨설턴트, 대학, 연구기관 등)에 의뢰해서 실시하는 감사이며, 위탁감사라고도 한다. 이는 경영자측에서 위촉한 목적과 내용에 따라 실시하며, 때로는 일반적인 인사감사방식을 기계적으로 적용한다든지 또는 독자적인 방법을 적용하여 감사한다.

이 외부감사의 장점은 독립성이 강하고 또 전문적인 신기법을 적용하거나 타기업과의 비교를 통하여 객관적인 평가를 할 수 있다는 점이다. 또 단점으로는 기업내부의 사정에 정통하지 않아서 정확한 정보를 얻고 해석, 판단하는데 시간과 비용이 많이 든다는 점이다.

(3) 합동감사

이는 내부감사와 외부감사의 혼합방식이다. 이 합동감사의 장점은 내부감사와 외부감사의 결점을 보완할 수 있다는 점이고 반대로, 단점은 감사인 상호간에 책임전가를 한다거나 또는 감사의 특성이 결여될 위험성이 있다는 점이다.

3. 인사감사의 절차와 인사효과의 측정방법

1) 인사감사의 절차

감사절차(audit procedure)란 감사자료를 비교하고 검사하고 증명하는 절차이다. 인사감사는 모든 조직에 적합한 일반적인 절차란 있을 수 없으며 조직이 처한 상황에 따라 또는 요구되는 바에 따라 감사절차가 정해지게 된다. 그러나 일반적으로 인사감사는 다음과 같은 절차를 포함한다.[27)]

(1) 인사감사의 범위결정

인사감사는 기본적인 인사관리체제로부터 인사관리의 실적에 이르기까지 여러 분야와 측면을 포함할 수 있다. 인사체계에 대한 감사는 주로 인사관리의 기본이념과 원리, 목적 그리

---

27) Hervert J. Chruden & Arthur W. Sherman, *Personnel Management; The Utilization of Human Resources*, 6th ed., Cincinnati, Ohio: South-Western Publishing Co., 1980, pp.545~547.

고 방침과 일관성을 지니고 있으며, 인사관리의 목적달성을 위하여 방침과 절차가 잘 준수되고 있는지를 확인하는 것이다. 그리고 실적감사는 감사기간에 어떠한 목표가 설정되었고, 그 목표를 실제로 얼마나 달성했는지를 분석하는 것이다. 따라서 인사감사를 착수할 때 먼저 인사체제감사냐, 실적감사냐, 통제감사냐 하는 감사의 범위를 결정하는 것이 선행되어야 한다.

(2) 감사위원회의 구성

기업체에서 실시하는 인사감사는 주로 내부감사이기 때문에 그 위원회를 구성하는 일이 중요하다.

이 감사위원회를 구성하는 방법으로는 주로 내부경영자로 구성하는 방법과 외부자문위원을 위촉하는 방법이 있다. 일반적으로는 주로 내부의 실무경영자와 인사관리스텝으로 구성하고 있다. 다만 특별한 경우에는 외부의 인사전문가를 위촉하여 감사를 하게 되는 경우도 있다.

(3) 감사의 실시

감사위원 등은 실무부서에서는 인사관리문서와 서류를 검증하고, 각종 인사관리의 비율과 통계를 분석하고, 관리자와 인사업무 담당자와 면접을 하며, 업무수행의 관찰 등을 통하여 인사감사를 실시한다. 인사감사에 사용되는 주요 자료는 다음과 같다.[28]

- 인력계획 : 인사관리예산, 모집비용
- 선　　발 : 면접자료, 전직(轉職)요청서류
- 교육훈련 : 교육훈련비용, 생산실적, 사고통계, 품질관리자료
- 노사관계 : 고정처리 통계자료, 중재서류자료
- 업적평가 : 인사고과자료, 생산통계, 불량품 통계, 업적평가 면접자료
- 임금관리 : 임금 및 후생복지 자료, 임금조사자료, 연장작업자료
- 직무조건 : 이직률, 결근율, 사고율, 태도, 사기조사 등이다.

(4) 감사결과의 분석, 토의

여러 가지 자료를 통하여 감사가 실시되면 감사결과를 종합하여 분석하고 통계정리를 하여야 한다. 또 감사위원이 여러 사람일 때는 그 분석결과에 대한 토의도 이루어져야 한다.

28) Chruden & Sherman, op.cit, p.547.

(5) 감사보고서의 작성

감사위원회는 감사보고서를 작성하여 경영자에게 제출하여야 한다. 인사감사에서 발견된 사실과 문제점, 개선되어야 할 사항 등의 내용을 간결하고 이해하기 쉬운 형태로 문서화 또는 도표화하여 최고경영층 및 관계부서에 제출함으로써 완결한다. 이때 보고서 기술양식은 통일된 것은 없지만 〈표 4-18〉과 같은 예를 들 수 있다.[29)]

표 4-18 감사보고서 기술양식의 예

인사관리 내부감사 보고서

1. 총　　괄
2. 공통사항
   1) 조직관리　　　2) 인력관리
   3) 임금관리　　　4) 복지후생관리
   5) 근로조건관리　6) 직무관리
   7) 교육훈련관리
3. 개별사항
4. 건의사항

(6) 현행 인사관리체제와 업무의 개선

인사감사에서 지적된 사항은 인사관리분야의 문제로 제기되어 충분한 원인분석과 실무관계자의 협의를 거쳐서 현행 인사관리체제와 업무를 개선하는 데 활용된다. 감사결과에 대하여 경영자가 중시하지 않을 때에는 감사활동은 시간적, 경제적인 낭비일 뿐만 아니라 관계자의 위신을 손상시키고 조직의 사기를 저하시켜 그후의 각종 감사활동에 중대한 지장을 초래한다.

감사결과에 대하여서는 감사보고회를 개최하여 경영자 및 인사관계자에게 동시에 또는 별도로 브리핑해야 한다. 보고회에서 명백히 드러난 문제점에 대해서는 그 대책을 입안하여 결정하지 않으면 안된다. 결정과 정책은 소관 인사관리부문을 통하여 실시하게 되며 일상업무의 일부로서 반성과 검토를 하여야 한다.

2) 인사효과의 측정방법

인사효과를 측정하는 현행의 접근방법으로는 일반으로 통계적 방법과 비통계적 방법이 있다.[30)]

---

29) 崔鍾泰, 前揭書, p.272.

(1) 통계적 방법

통계적 방법이란 주로 기술통계학을 사용하는 방법인데, 그래프, 도표(charts), 표(tables), 지표(indexes), 간단한 비율 등을 사용하는 방법이다.

예를 들면 고용률, 이동률, 결근율 등을 측정하기 위해 종업원의 수, 단위당 종업원의 수, 나이, 성별, 종교별, 단위수준별 종업원수, 종업원의 평균나이, 관리층의 평균나이, 근무연수에 따른 종업원의 분포, 휴가의 유형, 직무급별·직무유형별 종업원이동, 출근율, 조사시간 등과 같은 것을 조사하는 방법이다.

그러나 이와 같은 자료는 조직의 총괄적 건강과 상태를 감독하는 데 중요한 것은 틀림없지만, 기껏해야 인사부서의 효과를 간접적으로 측정하는 데 지나지 않는다. 이런 자료의 표면적 원인을 추정하는 것이 중요하다. 이 자료가 유용하기 위해서는 이들 이전의 숫자 혹은 비교 가능한 숫자와 비교함으로써 적절한 판단을 할 수 있어야 한다.

이와 같은 방법으로는 상관관계분석, 추세분석을 하는 것이 일반적이다. 그 외의 방법의 하나는 태도조사를 하는 것이다.

(2) 비통계적 방법

비통계적 방법이란 태도조사, 예산, 추정비용 절약, 이직, 면접, 인사고과 등을 사용하는 방법이다. 태도조사에 있어서 그 결과는 그 부서의 모든 성원에게 피드백(feed back)되어 검토와 토의가 이루어져야 하고 그렇게 함으로써 필요한 변화를 초래하는 바탕을 만들어야 한다.

4. 인사감사의 문제점

인사감사의 측정은 그 대상이 인간과 그 관련사상이며, 인간의 활동은 특히 복잡한 조건의 합성물이므로 인사시책의 효과를 단순·명확하게 파악할 수가 없다. 그렇지만 각 감사대상의 상호관계 및 연차조사의 계수치에 의한 변화의 관계는 인사시책의 실제적 효과를 유기적으로 나타내어 준다.

그러나 우리나라의 인사시책은 일반적으로 직감과 경험에 입각한 상상적, 오성적(悟性的), 정서적 내지 무드(mood)적 성격을 많이 지니고 있다. 게다가 이성적 및 계산적 측면에 대한 경시가 존재하고 또 노동조합 및 기타 외부압력에 의한 인사관리부재의 상태도 존재한다.

30) 金植鉉, 前揭書, p.164.

그 외에 경영이념 내지 정책이 명확하지 못하며, 기업에 의한 자주적이고 실천적인 개선력 등이 부족하기 때문에 인사감사의 실시에 있어서 다음과 같은 문제가 존재한다.

① 경영전반에 걸쳐 인사시책의 실시가 복잡하고 그 효과의 측정이 쉽지 않다.

② 비용이 항상 효과와 상호 비교되고 여기서 고정(苦情)이 나온다.

③ 인사담당자의 불안, 특히 자기의 공과에 대한 비판이 존재한다.

④ 직장(職長)의 저항을 일으킨다. 직장, 감독자의 체면과 부하에 대한 이해관계를 고려하지 않은 인사감사에 의하여 업무성적이 평가되어질 때 사기에 나쁜 영향을 미쳐 적극적인 저항을 일으키게 된다.

확실히 우리나라의 경우 인사감사는 아직 시행단계이며, 그 태도 및 방법에 있어서 많은 개선이 기대된다. 우리나라 경영의 근대화는 이 부분에서 많이 요청된다.

제3절 인사정보

I. 인사정보시스템의 의의

인사정보시스템(personnel informations system ; PIS)은 경영정보시스템(MIS)의 하위시스템으로서 인적자원관리에 필요한 정보자료를 수집·처리하여 경영자나 인적자원관리에 관련된 의사결정을 내릴 때 유용한 정보를 제공할 수 있도록 설계된 인간-기계시스템(man-machine system)이다.[31] 여기서 기계란 주로 컴퓨터를 의미하며 인간이란 정보처리자를 가리킨다. 경영자가 합리적인 인사계획을 통제하기 위해서는 정확하고 신속한 인사정보가 무엇보다 필요하므로 인적자원관리에서 PIS가 차지하는 비중이 날로 늘고 있다.

PIS를 이용함으로써 얻을 수 있는 효과나 이점은 ① 인적자원 관리에 관련된 다량의 정보저장 및 검색가능, ② 정보의 정확성, 일관성, ③ 정보처리의 신속성, ④ 정보처리 중복제거 및 비용절감, ⑤ 적시정보제공, ⑥ 업무의 표준화, 합리화, 효율화, 최적화, 고급화, ⑦ 관리 및 전략적 의사결정을 위한 정보의 유용성 등을 들 수 있다. PIS는 사내 외의 정보집계를 통해 현황을 파악할 수 있게 하는 현황정보, 분석과 예측을 가능케 하는 관리정보, 장기적으로 최적화를 모색할 수 있도록 만들어 주는 전략정보 모두를 포함한다.

---

31) 梁創三, 前揭書, p.148.

2. 인사정보시스템의 구조

인사정보시스템은 급여관리로부터 시작하여 인적자원에 관한 모든 사항을 인사기록파일(personnel data file)에 입력시키고 실적평가파일(performance evaluation file), 관리자 목록파일(management inventory file), 모집파일(recruit file), 교육훈련 파일(training & education file), 후생복지파일, 기술목록파일(skill inventory file), 연구조사파일(research data file) 등 인적자원관리에 대한 정보파일을 개발함으로써 인사데이터베이스(personnel data base)를 구축해 나간다.

이와 같이 구축된 인사데이터베이스는 조직체 전반에 걸친 경영계획과 방침 그리고 예산 등이 입력되어 있는 경영관리 시스템파일과 외부의 인력시장파일과 연결되어 인적자원 관리 분야에서 의사결정모형에 의해 요구되는 모든 정보자료가 산출되어 나오게 된다. 그러므로 PIS의 기능은 인적자원 정보자료 파일들이 얼마나 잘 개발되어 인사데이터베이스를 형성하고 있고 생산, 마케팅, 재무, 회계 등 경영 각 분야의 계획들과 얼마나 잘 연결되어 있으며, 필요한 인적자원 정보 자료를 산출해 낼 수 있는 소프트웨어 프로그램과 의사결정모형들이 얼마나 잘 개발되어 있느냐에 달려있다.

▌표 4-19▐ PIS에서의 컴퓨터 이용

분 야	이 용 보 기
급여관리	급여전산화, 직급별, 부서별, 연도별, 목적별 급여통제
인사기록	종합적 인사기록 파일, 학력, 경력, 경험, 기술, 능력, 가족 및 기타 인적사항
인사행정 정보자료	모집, 실적평가, 관리자목록, 기술목록, 연구조사 등 각종파일, 고용, 승진, 전직 등 신규채용 및 인사이동에 도움이 되는 적임자 산출
인력개발 정보자료	구성원 경력경로, 경력개발 프로그램 산출
인력계획	인적자원 정보파일 및 인력시장 파일, 분야별, 직급별, 기간별 인력수급계획
인사전략, 정책 시뮬레이션	인사데이터베이스 및 각종 정보파일, 인적 자원관리 및 정책방향에 대한 여러 대안에 시뮬레이션 기법적용

3. 인사정보시스템의 관리

1) 정보자료의 효율적 이용

인사관리는 많은 변수가 복잡하게 얽혀 있어서 어떤 연구조사로부터 완벽하고 절대적인 결론을 기대할 수 없다. 컴퓨터는 가능한 인적자원관리에 관련된 모든 변수들을 입력시켜 이를 종합적으로 연결시키고 체계화함으로써 상황에 보다 적절한 의사결정을 내릴 수 있는 자료들을 산출해내고 있다. 따라서 인적자원 관리자는 이 정보자료를 정확히 이해하고 평가하여 최종 결정을 내릴 수 있는 컴퓨터지식, 판단력, 의사결정능력이 필요하다.

2) 정보시스템의 개발

PIS개발에 있어서 라인관리자와 인적자원 스텝의 적극적인 참여가 요청되고 있다. 기업이 컴퓨터를 도입함에 있어서 제일 먼저 주의해야 할 것은 기업의 실정에 맞는 컴퓨터의 도입이지만 도입이후 그 운영 및 처리를 위해서는 계속적으로 조직에 맞는 소프트웨어를 개발하는 것이 무엇보다 중요하다.

3) PIS요원의 확보와 능률적 운영

컴퓨터 시스템의 분산처리와 OA추세가 커짐에 따라 PIS관련요원의 인적자원이 급격하게 늘어가고 있다. PIS운영 인력은 가능하다면 자체 교육훈련을 통해 충원하는 것이 바람직하다. 그만큼 업무처리에 신속을 기할 수 있고 인건비 절감에도 보탬이 되기 때문이다.

4) 철저한 정보처리

인사정보는 다른 어떤 정보보다도 정확성과 기밀성을 필요로 한다. 인사관리자는 자료투입시 오류가 없도록 다시금 확인해야 하며 산출된 인사정보가 업무이외에 누설되지 않도록 보안을 철저히 해야 한다.

5) 인사관리자의 자질향상

PIS운영에는 전문지식이 크게 요구되므로 인사관리자의 자질향상이 크게 요구되고 있다. 산출된 정보의 통계적 의미를 이해하는 것뿐만 아니라 정보를 통해 미래를 예측하고 전략을 구상할 줄 아는 지식과 안목을 가지고 있어야 한다. 이를 위해서는 끊임없는 교육과 훈련, 그리고 최고경영자의 이해와 훈련이 필요하다.

6) 인사관리의 기능변화에 대한 인식

정보기술의 급격한 발전과 정보자료의 폭발적인 증가는 조직구성원의 업무수행과 조직체 생활에 많은 변화를 안겨다 주고 있다. 서류없는 사무실, 사무실없는 회사, 직장에 출근하는 대신 컴퓨터 단말기를 이용하여 집안에서 근무하는 재택근무제(telecomuting) 등은 조직의 근무환경이 얼마나 빠르게 컴퓨터 문화, 정보문화쪽으로 변하고 있는지를 보여주고 있다. 이것은 모두 정보기술, 컴퓨터의 발달과 깊게 연관되어 있다. 인사관리자는 이같은 변화의 흐름에 따라 인사관리의 기능도 변화하고 있다는 것을 인식하고 이러한 환경속에서 바람직한 조직문화, 인간이 삶의 이미지를 잃지 않는 문화를 개발해 나가는 데 앞장서야 할 것이다.

제5장

채용관리

제5장

채용관리

제1절 채용관리의 의의와 중요성

1. 채용관리의 의의

인사관리는 사람을 채용하는 것으로부터 시작된다. 따라서 채용활동은 인사관리의 출발점으로서 인사관리의 성패를 좌우하는 중요한 분야이다.

인사관리는 채용을 기점으로 하고 퇴직을 종점으로 한다. 채용관리는 경영에 필요한 질을 구비한 노동력을 경영이 필요로 하는 양(인원수)만큼 조달하여 경영이 필요로 하는 시기에 노동력을 발휘할 수 있도록 선발, 배치하는 계획적·조직적 조치이다. 따라서 이러한 채용활동을 하기 위해서는 첫째, 채용될 노동자가 어떠한 정신적·육체적 조건을 갖추고 있어야 할 것인지를 판정하여야 한다. 즉, 직무분석에 의하여 채용될 노동자가 취업할 직무를 분석하여 직무수행에 요구되는 인적자격요건을 확정하여야 한다. 둘째, 이러한 직무분석에 의하여 그 직무수행에 요구되는 노동력의 양을 산정하여 필요한 인원수를 계획하여야 한다. 셋째, 필요한 자격요건을 갖춘 노동자를 적절한 방법에 의해서 선택하여 필요한 인원만큼 직무에 배치시켜야 한다. 그러므로 채용관리는 결국 ① 경영이 업무상 요구하는 노동력의 요건을 확립하고, ② 경영이 요구하는 필요인원수를 산정하고, ③ 경영이 요구하는 노동능력과 성질을 노동자중에서 발견하는 기술을 확립하는 방법을 중심으로 하여 합리화되는 것이다.[1)]

1) P. Pigors and C. Myers, *Personnel Administration: A Point of View and a Method*, 3rd ed. McGraw-Hill, 1956, p.245.

이렇게 하여 합리화된 채용방식과 유동적인 노동시장의 상황에 따라 세워진 일정한 채용방침과 계획에 의해서 기업이 필요로 하는 요건에 합치되는 노동자를 채용함으로써 인사관리는 시작되는 것이다.

그리고 채용된 종업원을 각 직장에서 원활하게 받아들일 수 있도록 교육하고 그들의 소질과 능력에 알맞은 직장을 배치하는 것이다. 또한, 기업의 여러 가지 사정에 따라 직무요건이 변경되거나 수정을 하게 될 경우에는 그에 대응할 수 있도록 한편에서는 교육훈련을 실시하고 다른 한편으로는 인사이동과 승진을 실시하게 된다.

2. 채용관리의 중요성

조직이 필요로 하는 사람을 제대로 적시에 낮은 비용으로 조달하는 것은 효율성 측면에서 대단히 중요하다. 그러나 필요한 자격요건을 갖춘 사람을 제대로 선발하는 것은 쉬운 일이 아니다. 개인의 능력과 특성에 대한 정보는 개인에 편중된 사적 정보(private information)로서 기업이 쉽게 획득할 수 없기 때문이다. 한편 고용관리를 잘못함으로써 발생하는 비용은 생산성 저하로 인한 비용, 채용비용, 훈련비용, 해고와 관련된 제반 비용만이 아니라 보다 적합한 인력을 적시에 채용하지 못함으로써 발생하는 기회비용도 있다.

효과적인 채용관리는 인력조정의 유연성을 높인다. 기업특유의 기능과 가치를 지닌 핵심인력은 시장에서 쉽게 조달할 수 없기 때문에 조직내부에서 육성하는 것이 효율적이다. 이러한 핵심인력은 고용을 보장하고 내부에서 장기적으로 육성해서 조달하고, 시장에서 쉽게 조달할 수 있는 단순직무나 전문직종의 인력은 고용을 보장하지 않는 임시직이나 계약직을 채택함으로써 경기변동이나 여타 이유로 인한 인력과부족의 문제에 유연하게 대처할 수 있다. 이처럼 채용관리를 핵심과 주변 인력으로 구분해서 실시하면 인력의 기능적 유연성(functional flexibility)과 함께 수량적 유연성(numerical flexibility)을 높일 수 있다.

채용관리는 인적자원의 역량을 축적하여 지속적 경쟁우위의 원천을 창출하고 나아가 새로운 사업기회를 활용할 수 있는 내생적 역량을 개발한다는 의미에서도 매우 중요하다. 모집과 선발은 조직이 전략적 목표를 달성하는데 필요한 능력과 자질을 갖춘 사람을 조직에 제공해준다. 또한 사람을 선발할 때 현재 보유하고 있는 지식이나 기능수준보다는 잠재적인 학습능력과 학습의지에 근거해서 선발하고 내부에서 체계적인 직무할당과 훈련을 통해서 다능화된 인력을 육성하는 것이 장기적으로는 매우 효과적인 인력육성방법인 것으로 평가되고 있다. 이 방법은 직무가 동태적으로 변하는 경우에 특히 효과적이다. 왜냐하면 직무가 변하는 경우에는 특정 직무수행능력보다는 광범위한 직무를 수행할 수 있는 기초능력인 학습능력이 중요하기 때문이다. 외국의 선진기업들이 인력의 엄격한 선발과 선발조건으로서 잠재적 학습능력과 학습의지 나아가 태도나 인성적 개인성향에 근거해서 정기적으로 인력을 선발하는 이유도 바로 여기에 있다고 하겠다.

채용관리는 종업원 개인의 관점에서는 경력개발과 관련되므로 종업원의 행위와 동기부여에도 중요한 영향을 미친다. 인력의 공정한 할당이 종업원 사기에 미치는 영향은 매우 크다. 선발·이동·승진·해고와 관련된 인력할당의 규칙은 종업원들에게 조직이 중시하는 가치가 무엇인지에 대한 정보를 제공함으로써 종업원의 기대와 행위에 영향을 미친다. 채용관리 특히 선발관리는 조직문화의 형성과 변화에 상당한 영향을 미친다. 최근 개인의 기대가 조직보다는 자신의 경력으로 옮아가고 있음에 따라서 경력개발에 대한 개인의 욕구가 높아지고 있다. 반면 조직의 평면화와 유연화로 인해서 조직 내 계층상승의 기회는 점차 줄어들고 있다. 따라서 개인의 경력욕구를 충족시키면서 조직이 필요로 하는 능력을 지닌 사람을 육성하기 위한 고용관리상의 새로운 혁신이 요청된다고 하겠다.

마지막으로 채용관리는 기업의 명성과 정당성에 영향을 미친다. 투명하고 공정한 채용관리는 기업의 이미지를 높이고 응모자들과 사회일반의 기업에 대한 명성을 높인다. 한편 고용상의 차별금지나 각종 고용관련 법규를 준수하는 것은 이로 인한 법정소송비용을 절감할 수 있을 뿐만 아니라 기업의 사회적 수용성 또는 정당성을 높이는 역할을 수행한다.

3. 채용 시 주의해야 할 법률문제

1) 채용 시 남녀 차별 금지

남녀고용평등과 일·가정 양립 지원에 관한 법률(이하 "남녀고용평등과 일·가정 양립 지원에 관한 법률"이라 함) 제7조에서는 "사업주는 근로자의 모집 및 채용에 있어서 남녀를 차별해서는 아니된다"고 규정하여 채용 시 남녀를 차별하는 것을 금지하고 있다. 근로자의 모집과 채용 시 남녀를 차별하는 경우에는 사업주에게 벌금이 부과되고, 근로자는 이에 대한 손해배상을 청구할 수 있다. 하지만 직무의 성질상 남성근로자가 아니면 업무의 정상적인 수행이 곤란하여 남성만을 채용하는 경우에는 원칙적으로 법 위반이라고 할 수 없을 것이다.

2) 근로계약서의 작성

근로계약은 법령상 반드시 서면으로 할 필요는 없으며 구두로도 가능하다. 당사자 사이의 분쟁을 예방하기 위해서는 서면으로 체결하여 계약내용을 명확히 하는 것이 필요하다. 그러나 다른 일반적인 계약과 달리 근로기준법 제17조에 의해 "임금의 구성항목·계산방법·지급방법, 소정근로시간, 휴일 및 연차유급 휴가에 관한 사항"은 서면으로 명시하고 근로자의 요구가 있으면 그 근로자에게 교부하여야 한다.

3) 건강진단의 실시

채용 시 건강검진의 경우 산업안전보건법 제43조 제1항 개정으로 삭제됨에 따라 사용자는 근로자를 채용할 때 반드시 실시하여야 했던 건강검진을 이제 의무적으로는 하지 않아도 된다. 그렇지만 사업주가 임의로 실시하는 것까지 금지하는 것까지는 아니므로 사용자는 기본적으로 근로자 채용 시 지원자가 업무에 적합하지 않는 질병 인자를 보유하고 있는 것은 아닌지 그 여부를 검진하여 채용 결정에 고려하는 것이 타당하다.

제2절 인력계획

I. 인력계획의 정의

인력계획(manpower planning)은 현재 및 장래의 각 시점에서 기업이 필요로 하는 특성을 지닌 인원의 수를 예측하고, 이에 대한 사내·사외의 인력공급을 계획해서 인력의 수급을 조정하는 계획활동이다. 인력의 질적 계획이 직무계획이라면 인력의 양적 계획은 인력계획에 해당된다. 즉, 인력계획이란 직무계획에서 필요한 자격요건을 갖춘 사람을 확정하면 이에 따라서 필요한 수의 인력수급을 계획하는 활동이다. 인력계획과 관련해서 정원계획이라는 용어가 사용되고 있는데 이는 예측을 필요로 하지 않는 현재의 정태적인 인력계획에 해당된다. 이에 비하여 장래의 인력계획은 장래의 상태에 관한 예측을 요한다.

인력계획은 종업원의 입사에서부터 퇴직까지의 인력의 흐름에 관한 전반계획이다. 인력의 수급계획에 있어서 인원수라는 양적인 측면만이 아니라 조직이 필요로 하는 특성과 능력을 갖춘 사람을 적시에 공급해야 하는 질적인 측면도 중요하다. 이러한 질적 측면은 지식, 기능, 능력 등 인적자원의 역량에 관한 것으로서 종업원의 내부육성 또는 경력개발과 연관되어 있다. 따라서 인력계획은 채용, 승진, 훈련 등 인력의 흐름과 관련된 직능활동의 계획을 포함하고 있다. 또한 인력계획은 인력수급의 과부족에 대한 조정계획을 포함하고 있다. 이상과 같은 의미에서 인력계획은 전반계획에 포함된다고 하겠다.

2. 인력계획의 중요성

인력계획은 경영전략을 실행하기 위한 인적자원의 수급에 관한 계획이다. 경영전략은 결국 사람을 통해서 실행된다. 아무리 훌륭한 사업계획이나 전략적 목표를 설정한다해도 이를 추진할 핵심인력을 충당하지 못한다면 이는 한낱 휴지조각에 불과하다. 또한 인력의 양적인 수급이 조정되더라도 질적인 측면에서 조직이 필요로 하는 능력과 가치를 보유한 인력을 충당하지 못한다면 경쟁기업에 비해서 시장에서의 경쟁우위를 달성하기 어렵다. 기업특유의 기능과 문화를 체득한 핵심인력은 외부노동시장에서 조달하기가 곤란하다. 이러한 인력은 인력계획에 따라서 조직내부에서 장기적인 차원에서 육성되어야 한다. 결국 인력계획은 조직의 장기적인 인력구성과 인력의 질을 계획하는 활동으로 볼 수 있다.

인력계획이 잘못 수립되면 인력과잉이나 인력부족으로 인한 심각한 문제가 발생한다. 인력과잉의 경우 대량해고와 같은 사태를 맞이하거나 과도한 인건비부담 때문에 저임금정책을 쓰지 않을 수 없게 된다. 물론 어느 정도의 여유인력은 여유자원과 함께 조직혁신의 원천이자 새로운 도약의 토대가 된다. 그러나 의도적으로 보유하고 있는 여유자원이나 여유인력과 그렇지 않은 인력 과잉은 구분되어야 한다. 인력의 부족도 마찬가지 결과를 가져온다. 왜냐하면 적정수준 이하의 인력으로 과도한 양의 업무를 처리하자면 일의 질을 확보할 수가 없고 또 고임금정책을 쓴다 하더라도 합리적인 업무배정을 할 수 없으므로 창의를 위한 사고의 여유를 없게 하고 노동력의 재생산 자체에 영향을 주어 개인에게 과도한 업무압박을 가져 와서 그 결과는 장기적으로 반드시 계속적인 고생산성을 얻는 데 효과적이라 할 수는 없다.

인력계획은 전략적 목적과 인사관리목적 그리고 인사관리목적과 개별인사관리 직능활동의 목적을 연계시키는 역할을 한다. 예를 들어 매출액 대비 인건비라는 인력예산 제약하에서 총인력의 수준이 결정된다. 인력계획은 고용관리를 위해서 뿐만 아니라 승진·이동관리·훈련계획·임금계획 등과도 밀접한 관련을 가지고 있다. 계획적인 승진이나 이동을 시키자면 사전에 조직 내의 각 직위의 필요 인원수와 현재 인원의 변동관계를 파악하여야 하기 때문이다. 또 임금예산은 인원수에 의하여 영향을 받기 때문에 인력계획과 밀접한 관계를 가지게 된다.

인력계획은 조직의 활성화에 영향을 미친다. 인력의 공급은 외부 노동시장을 통해서도 이루어지지만 조직내부의 인력을 통해서도 이루어진다. 사내인력의 승진·이동을 통한 필요인력의 충당은 비록 훈련비용이 든다고 하더라도 사기와 학습의욕을 높이는데 큰 영향을 준다. 뿐만 아니라 사내인력의 능력이나 인성평가는 외부인력의 평가보다 훨씬 용이할 수 있다. 그래서 오늘날 대부분의 기업은 내부고용 우선 방침을 채택하고 있다. 그러나 기업이 사내인력만으로 필요인력을 채울 수 없는 경우에는 외부에서 경력을 가진 사람을 채용할 필요가 있다. 이는 또한 조직 내에 활력을 불어넣는 의미에서도 유용하다. 왜냐하면 사내승진이 너무 강조되고 특히 승진정책이 연공주의에 치우치는 경우에는 조직의 분위기가 안일해질 가능성이 있기 때문이다.

3. 인력의 예측기법

인력의 예측기법은 [그림 5-1]에서와 같이 인력수요예측기법과 인력공급예측기법으로 크게 분류할 수 있다.

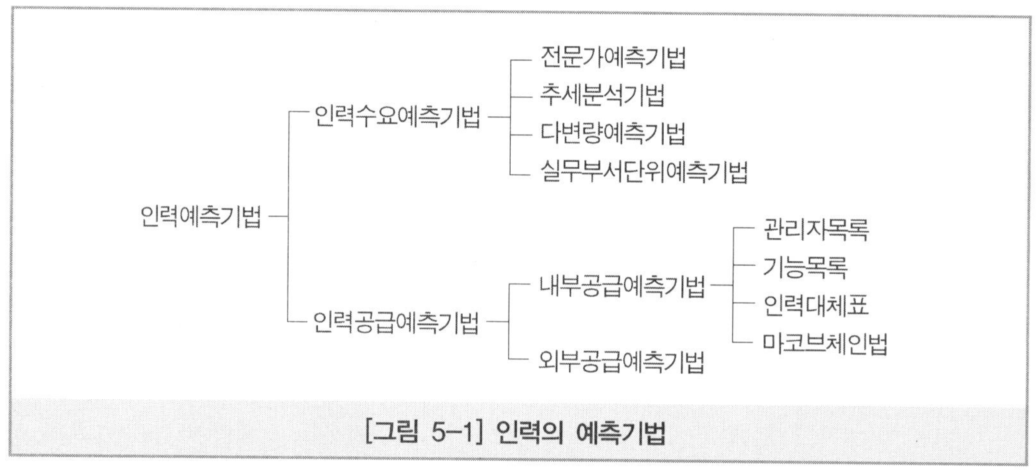

[그림 5-1] 인력의 예측기법

1) 인력수요예측기법[2)]

수요예측은 공급측면과는 달리 많은 불확실한 변수들을 고려해야 한다. 예건대, 세계경제와 국민경제의 추이, 지역사회의 특성, 시장여건, 소비자의 태도 및 행동, 정부의 규제 등을 충분히 고려하여야 한다.

인력예측기법에는 ① 전문가 예측기법, ② 추세분석기법, ③ 다변량예측기법, ④ 실무단위

2) 송병식, 창조적 인적자원관리, 청람, 2008. pp. 151-155.

예측기법 등이 있다.

(1) **전문가예측기법**(expert estimate technique)

가장 간단한 방법으로서 주로 인사부서 스탭이나 인적자원관리자 자신의 경험과 판단에 의하여 과거의 주요추세를 기초로 미래의 필요인력을 예측하는 방법이다. 따라서 기업 규모가 비교적 작고 기업의 전략목적 달성에 작용하는 인적자원변수가 간단하고 제한된 경우에는 이러한 주관적·비공식적인 방법을 사용하여 어느 정도 정확한 인력을 예측할 수 있다. 전문가의 예측을 보다 정확하게 하기 위하여 델파이기법(Delphi technique)[3]이 흔히 사용된다.

(2) **추세분석기법**(trend analysis technique)

인력수요와 밀접한 관계를 가진 판매량과 고용량간의 과거의 관계를 중심으로 분석하여 인력수요를 예측하는 방법이다. 대부분의 기업들은 제품의 판매수준이 고용량의 변동을 가져온다는 경험을 가지고 있다. 오랜 동안의 경험을 분석함으로써 미래의 수요예측이 가능하게 되는 것이다.

(3) **다변량예측기법**(modeling and multiple-predictive technique)

매우 복잡한 기법으로서 추세분석기법의 경우는 주로 판매량과 같은 하나의 변수를 고려하여 수요를 예측하는 반면에 다변량예측기법은 판매량뿐만 아니라 경제지표와 소비자 소득 등 여러 개의 변수들을 사용하여 보다 정확한 인력수요를 예측하는 방법이다.

이 기법은 조직전체나 각 부서의 목표달성에 필요한 인력수요를 계산해 줄뿐만 아니라, 전략결정에 있어서 기능목록(skill inventory)과 인촌지도(personnel map)[4]와 더불어 시뮬레이션을 통하여 가장 적합하고 실현가능한 조직목표도 설정해 줄 수 있다. 많은 변수를 사용하고 또한 변수간의 관계가 복잡하므로 인력수요예측모형을 만드는 것은 많은 비용투자와 전문가가 필요하다. 따라서 인력예측모형은 많은 자원투입이 가능한 대기업에서 시도되고 있다.

(4) **실무부서단위예측기법**(unit demand forecasting technique)

각 부서단위별로 각 구성원과 직무를 분석하여 각 부서의 목표를 달성하는데 필요한 인

---

3) 델파이기법은 1940년대에 미국 랜드사(Rand company)의 두뇌집단(think tank)에서 개발된 전문가 의견 평가법으로 직접적인 대면을 통한 집단토론을 피하고 전문가의 의견을 개별적으로 종합하여 미래의 상황을 예측하는 방법이다.

4) 인촌지도는 컴퓨터에 기억시켜 둘 종업원 개개인에 대한 상세한 정보를 말함. 기업에서 종업원의 승진·승급 등의 인사이동시에 종업원에 대한 정보를 미리 컴퓨터에 기억시켜 두고 그 정보에 따라 적격자를 발견하여 합리적인 인선을 하기 위한 방법이다. 따라서 인촌지도는 인력에 관한 정보를 지도에 비유한 개념이다.

력수요를 예측하고 이것을 상위경영층에서 종합하여 최종적으로 인력수요를 예측하는 방법이다. 각 부서에서 중심이 되어 구성원 각자를 분석하고 승진·전직·퇴직 등 기대되는 변동사항도 고려하여 설정된 목표달성에 필요한 인력수요를 예측하므로 구성원의 능력과 기술 등 질적 요소가 많이 반영되는 반면에 부서의 부분적이고 단기적인 관점에서 인력수요를 과대예측하기가 쉽다는 단점도 있다.

이상의 인력수요예측기법들은 수요예측에 있어서 단독적으로 사용되는 것이 아니라 서로 복합적으로 사용되고 있다. 여기에서 어떤 기법을 사용할 것인가 하는 것은 타당성과 수익성을 고려하여 기업별로 결정할 문제이다. 추세분석기법과 다변량예측기법은 인력예측모형의 경우 이에 관련된 비용이 많이 발생하므로 수익성에서 문제가 된다. 그리고 실제 연구결과에서도 고도의 계량적 예측방법은 전문가예측기법보다 덜 정확하다는 것이 드러나고 있다. 따라서 전문가예측기법과 실무부서단위예측기법이 가장 일반적으로 많이 사용되고 있다.

2) 인력공급예측기법

인력공급에 관한 예측은 현재의 고용인력을 분석함으로써 시작된다. 그 다음으로 필요한 인력을 어떻게 조달할 것인가를 예측해야 한다. 인력의 공급원은 내부공급원과 외부공급원으로 나눌 수 있다. 내부공급원(internal source)은 현재 조직 내에 존재하면서 여러 직무들을 충원할 수 있는 현재의 인력을 말하는데 이러한 내부공급원은 승진이나 배치전환, 강등을 통하여 조직 내에 존재하는 공석을 충원하게 된다. 외부공급원(external source)은 현재 조직 내에 존재하지 않지만 조직 내의 직무에 충원될 수 있는 외부인력을 말한다.

(1) **관리자목록(management inventory)**

조직 내의 모든 관리자들의 관리능력을 포함하여 그들에 관한 자세한 정보모음을 말한다.

(2) **기능목록(skill inventory)**

인재목록이라고도 하는데 비관리직 종업원을 대상으로 기능을 포함하여 그들에 관한 정보를 입력하여 승진, 배치전환, 교육훈련의 순위 등에 사용하는 정보모음을 말한다.

(3) **인력대체표(replacement chart)**

중요한 직위에 대해 승진계획의 일환으로서 인력대체표를 작성하여 그 직위의 현재 담당자 및 후임후보자들에 대한 연령, 경력, 현재의 성과수준, 승진가능성, 업적 등에 관한 시각적인 정보를 제공할 수 있는 조직도표이다.

(4) 마코브체인법(markov chain method)

일정기간 동안의 종업원들이 한 직위에서 다른 직위 또는 조직 밖으로 이동확률을 과거의 자료를 통하여 구한 다음에 이를 근거로 미래 일정시점에서의 인력의 흐름을 예측하는 확률적 모형이다.

제3절 모집관리

1. 모집의 의의

조직은 인적자원의 수요를 예측하여 직위의 공석이 예상되면 그 직위에 적격한 사람으로서 그 직무를 희망하는 사람을 찾아야 한다. 모집(recruitment)이란 조직이 필요로 하는 사람을 선발하기 위하여 자격을 갖춘 우수한 사람들을 지원하도록 유인하는 과정이다. 즉 모집은 조직이 인적자원의 수요를 충족시키기 위해서 많은 유능한 사람들로 하여금 조직이 제공하는 직무를 받아들이고 지원하도록 영향을 주는 조직활동이다.

성공적인 모집활동은 조직의 목표를 성공적으로 수행할 수 있는 가장 우수한 자격과 능력을 갖춘 인재를 선발하기 위해서 많은 후보자들을 찾아내고 지원하도록 유인하는 것이다. 여기서 직무분석은 수행되어야 할 직무의 특성과 요건에 관한 정보를 제공하며 인적자원계획은 선발해야할 직무의 수를 결정해 준다. 따라서 인적자원관리 담당자들은 인적자원의 수요와 공급의 균형을 고려하고 직무기술서에서 명시하는 인재를 선발할 수 있도록 적격한 후보자 집단을 확보하려는 모집활동 노력을 기울여야 한다. 모집활동에 있어서 인적자원관리자들은 모집의 원천, 모집기관, 유인방법에 초점을 두어야 한다.

2. 모집의 방법

조직은 대체해야할 직위나 추가해야할 인원이 결정되면 인재를 선발하기 위한 모집의 방법을 결정해야 한다. 즉 조직은 인재를 조직내부에서 모집할 것인가, 조직외부에서 모집할 것인가 하는 모집의 원천을 결정해야 한다. 일반적으로 대부분의 조직들은 충분한 후보자를 확보하기 위해서 내부원천과 외부원천을 활용하고 있다.

사내모집은 필요한 인재를 개발·육성해야 하기 때문에 훈련프로그램 개발비용이나 교육훈련비용이 많이 드는데 비하여 사외모집은 필요한 인재를 광범위하게 발굴하여 배치해야 하기 때문에 모집·선발·오리엔테이션 비용이 많이 든다.

1) 사내모집 방법

(1) 사내공모

사내공모는 회사의 직무공석을 게시판, 사보, 전자게시판 등에 공개하고 후보자의 능력과 자격요건을 알려서 관심있는 종업원들이 응모하도록 하는 모집방법이다. 오늘날 대부분의 기업들은 사내공모제도를 통해 모든 종업원들이 쉽게 접근할 수 있도록 하고 있다. 즉 조직의 직무공석을 그 회사의 컴퓨터에 게시하고 그 직위에 응모하고자 하는 종업원은 컴퓨터를 통하여 지원하도록 하며 선발되지 않은 응모자에게는 그 이유를 피드백 해 주고 있다.

(2) 기능재고목록

기능재고목록 또는 인력배치표를 이용하여 해당 직위에 적격한 인재를 비공개적으로 찾아내는 방법이다. 기능재고목록은 보통 종업원의 성명, 능력, 직무경험, 성과 및 보상 그 외에 종업원의 관심직무, 선호근무지, 경력목표 등에 관한 정보를 포함하고 있다. 최근 기능재고목록은 컴퓨터를 이용하여 종업원에 관한 정보를 처리하고 조직에 필요한 기술이나 능력을 중심으로 내부 인적자원을 관리하여 모집에 활용하고 있다.

(3) 승진 및 전보

조직들은 사내모집의 한 가지 방법으로서 승진이나 전보를 이용하고 있다. 승진은 종업원이 보다 많은 책임이 부여되거나 보다 높은 임금을 받는 직위로 이동하는 것을 말한다. 조직들은 종업원의 승진계획을 위하여 대체도표를 활용하고 있는데 대체도표는 조직의 모든 주요 직위에 대한 현직자와 미래의 승진후보자 그리고 승진후보자의 잠재력과 개발 필요성을 열거하고 있다.

전보는 종업원이 임금의 인상없이 유사한 직위로 이동하는 것을 말하는 것으로서 조직은 종업원들에 대한 몇 차례의 수평적 직무전보나 직무순환을 통하여 직무수행 능력을 향상시키고 조직에 대한 광범위한 견해를 신장시켜 나아간다.

2) 사외모집방법

조직이 신속하게 성장하고 기술변화가 급속도로 진행되면서 많은 전문경영자와 기술자를 필요로 하게 된다. 그러나 내부공급으로 많은 인적자원의 수요를 충족할 수 없게 되면 인적자원관리자는 외부노동시장에서 유능한 인재를 탐색하지 않으면 안된다.

(1) **매체광고**

조직들은 보편적으로 종업원 모집을 위하여 신문, 방송, 전문잡지, 지하철, 벽보 등 다양한 매체광고(media advertisements)를 이용한다. 광고는 모집에 관한 정보뿐만 아니라 기업이미지를 지원자에게 제공하여야 하므로 지원자들의 주목과 흥미를 끌 수 있도록 광고매체의 선정과 광고문안의 작성에 세심한 주의를 기울여야 한다. 광고는 짧은 시간에 많은 잠재후보자들에게 알릴 수 있는 장점이 있으나 비용이 많이 든다는 단점도 있다.

(2) **고용대행기관**

통상적으로 직업소개소로 불리고 있는 고용대행기관은 사용자의 모집과 선발기능을 대행하는 동시에 구직자들에게 직장을 알선해 주는 기관으로서 공공 소개소와 사설소개소가 있다. 공공직업소개소는 수수료의 부담없이 주로 생산직 근로자의 모집에 활용되고 있으며 근래에는 전문직, 관리직, 기술직의 모집에도 활용되고 있다. 사설직업소개소는 주로 전문직, 사무직 근로자의 모집에 활용되고 있으며 수수료는 사용자가 부담한다.

(3) **취업박람회**

새로운 조직 또는 일반에 잘 알려지지 않은 조직들이 잠재후보들을 유치하기 위해서 취업박람회를 이용하고 있다. 어떤 회사들은 유능한 전문가를 유치하기 위하여 회사의 호화로운 회의실에서 전문가회의를 개최하고 중역들로 하여금 회사의 이미지 개선을 위한 연설을 하도록 하고 있으며 많은 회사들은 대학 캠퍼스나 공공장소를 이용하여 공동으로 취업박람회를 개최하고 회사의 제품, 기술, 경영방침, 복지시설, 고용계획 등에 관한 인쇄물을 배포하면서 종업원의 모집유치와 회사의 이미지 개선에 노력하고 있다. 취업박람회는 비용이 적게들 뿐만 아니라 회사에 관한 상세한 정보를 전달할 수 있는 장점이 있다.

(4) **교육기관**

종업원 후보자를 교육하는 대학, 고교, 직업훈련기관들은 지식, 기술, 능력을 갖춘 잠재근로자들을 보유하고 있다. 대학을 통한 모집은 유능한 종업원 확보를 위한 가장 효율적인 방법이다. 따라서 많은 조직들은 각급 학교들과 긴밀한 유대를 유지하면서 계속적으로 우수한 졸업생들을 쉽게 유치하려고 노력하고 있다. 학교측에서도 취업알선 및 상담제도를 통하여 적절한 인재를 지도하고 선발하여 추천하는 취업지도를 하고 있다.

(5) 인터넷

조직의 모집활동에 있어서 혁명적인 변화는 인터넷의 활용이다. 대부분의 기업들은 모든 모집관련 활동에 인터넷을 이용하고 있으므로 오늘날 인터넷은 직업정보탐색의 가장 중요한 원천이 되고 있다.

모집방법으로서 인터넷이 인기가 있는 이유는 첫째, 조직의 입장에서 적격한 지원자를 유치하는데 상대적으로 비용이 적게 드는 방법이며, 둘째, 구직자의 입장에서 인터넷은 광범위한 지역에서 회사의 게시판을 탐색할 수 있기 때문이다. 이에 더하여 조직의 홈페이지는 회사의 제품이나 서비스, 고용기회 및 지원절차 등에 관한 배경정보를 제공할 수 있다.

(6) 인턴제도

인턴제도(internship)는 학생들에게 방학기간 또는 개학기간의 파트타임을 이용하여 직무수행기회를 부여하여 경험을 쌓게하고 자격이 인정되면 졸업 후에 정식으로 고용하는 제도이다. 인턴제도는 조직의 입장에서 노동력이 부족한 현장에서 최선의 사람들을 유지하기 위한 방법으로 이용되고 있으며, 학생들의 입장에서는 방학기간에 돈을 벌기도 하고 현실 직무경험을 얻기도 하며 미래의 취업가능성을 확실히 하는 수단으로서 이용되고 있다.

그 외의 사외 모집 방법으로는 종업원의 추천, 노동조합의 소개, 자발적인 지원 등을 이용하여 조직의 모집활동을 전개할 수 있다.

제4절 선발관리

Ⅰ. 선발의 의의

선발(selection)은 모집활동을 통해서 지원한 다수의 취업희망자 중에서 직무요건에 적합한 사람을 결정하는 과정이다. 다시 말하면 선발이란 특정의 직무에 최적의 인적요건을 갖춘 사람을 결합시키는 과정이며 특정직무를 효율적으로 수행할 수 있는 최적의 적성과 최선의 기술을 지닌 사람에게 어떤 조직의 구성원자격을 부여하는 행동이라고 정의할 수 있다.

그러나 선발이 장기고용을 전제로 하는 경우에는 개인의 특정 직무에 대한 적합성만을 고려하기보다는 미래에 근무하게 될 직무군에 대한 적합성이나 특정 조직의 이념이나 문화에 대한 적응성 그리고 미래의 조직발전에 기여할 수 있는 잠재성을 판단하여 결정하는 것이 중요하다.

2. 선발의 절차

선발절차란 선발관리를 합리적으로 하기 위한 일련의 과정에 차례를 정하는 것을 말한다. 선발과정을 구성하는 각 단계나 절차 및 순서는 조직에 따라 다를 뿐만 아니라 또한 충원되는 직무의 수준과 유형에 따라 달라질 수 있다.

이러한 선발절차의 단계와 순서는 국가나 지역 및 기업에 따라 차이가 있을 수 있으므로 각 단계의 효율성과 선발비용을 고려하여 해당기업의 특성에 적합한 선발절차를 선택하여야 한다.

오늘날 대부분 기업의 선발절차는 ① 예비면접, ② 지원서제출, ③ 선발시험, ④ 선발면접, ⑤ 전력조사, ⑥ 신체검사 등으로 집약되고 있다. 이러한 실제적인 선발절차에 대하여 보다 구체적으로 살펴보면 다음과 같다.

1) 예비면접

예비면접(preliminary interview)은 선발과정의 초기에 무자격자를 탈락시키려는 데 그 목적이 있다. 즉, 지원자의 당해직무에 대한 적격여부를 판단하기 위한 절차이다. 예비면접에서 응모자가 적절하다고 판단되면 그 후에 실시되는 시험에서는 응모자의 결점 내지 단점을 발견하기보다는 장점 내지 특수기능을 발견하는 데 중점을 두어야 한다.

2) 지원서 제출

선발과정에서 지원서(application blank)는 교육적 배경, 직업경력, 보유기능, 자격, 가족사항 등 지원자에 관한 여러 가지 사실적인 정보를 수집하는데 있다. 따라서 지원서의 내용은 선발의 타당성이 높게끔 항목이 유의적으로 구성되어야 한다. 특히, 특정의 직종에 다수의 인원을 채용하는 대기업에서는 당해직무에 대한 적성의 판단에 필요한 사항에서 비중을 높게 매길 수 있는 지원서의 세부항목을 결정할 필요가 있다. 그리고 지원서의 세부항목은 경험에 비추어서 채용후의 업적과 관련된다고 생각되는 표준적 항목에 한정하도록 한다.

3) 선발시험

종전에는 선발시험(employment test)에 대한 인식이 대부분 학식에 치중된 것이었으나 근

래에 와서는 심리학적 측정법이 발전되어 사람의 적성구조의 구분에 따른 측정법이 발전되어 사람의 적성구조의 구분에 따른 여러 가지 시험방법이 개발되었다. 이들 시험을 살펴보면 다음과 같다.

(1) 지능·지식의 검사법

이 검사법은 일반적·전문적 또는 종합적이고 지적능력이나 학식의 영역을 측정할 것을 목적으로 한 것으로서 직무와 그 대상이 되는 지원자와의 관련해서 다음과 같은 검사를 단독으로 실시하거나 또는 병행한다.

① 지능검사 : 지능의 측정법을 최초로 고안한 사람은 1905년 프랑스의 비네(A. Binet)이다. 비네검사는 개별식 지능검사이며, 제1차세계대전 중에 미국에서 군대정신 검사법(army mental test)이 고안되어 집단식 지능검사의 급속한 발전을 보게 되었다.

인사관리에서 사용되는 검사는 주로 집단식 지능검사이며, 이 검사는 직장에 적응하기 위한 기초가 되는 지적능력을 측정하는 것으로서 학력에 의하지 않고 동일척도의 평가를 얻을 수 있다는 이점이 있다. 그리고 판정하고자 하는 지능의 성질, 검사의 목적, 실시방법, 문제분야의 상이에 따라서 여러 가지의 지능검사법이 개발되고 있다.

② 지식검사

ⓐ 일반지식검사 : 일반적인 업무에서는 물론 기술적, 연구적 업무에서도 어떤 결정 내지 판단을 하기 위해서는 전문적인 견지에서뿐만 아니라 각각의 지위에 상응한 보다 폭넓은 관점에서 행할 필요가 있다.

ⓑ 전문지식검사 : 지원자의 전공분야 가운데서 직무가 필요로 하는 요소를 추출하여 시험문제를 구성한다. 예컨대 대졸 정도의 문제로서 기계 분야에는 수학, 전기공학, 수력학(水力學), 열역학, 재료역학, 기계설계, 금속재료, 기계공작, 열기관(熱機關) 등을 들 수 있다.

(2) 기능·기술의 검사법

① 기능검사 : 특정직무의 지식이나 기능정도를 실지로 조사하기 위하여, 그 직무의 특성을 나타내는 기기(機器), 재료, 방법을 사용하여 실제 작업의 일부분을 수검자에게 행하게 하는 것이다. 예컨대 대학, 고교에서 기계를 전공한 자에 대해서 제도라든가 기계조작 등의 실기를 과하거나 사무원, 기기조작원 선발의 경우 일정한 실기를 과하여 그 결과를 속도, 정확성, 태도 등의 관점에서 평가한다.

② 기술검사 : 기능은 물질을 실제로 가공 내지 변형하여 새로운 것을 생산해 가는 경우

에 요청되는 것이 대부분이며, 기술이란 그 방법을 연구하고 평가하여 관리하는 것이라 할 수 있다. 따라서 기술업무에 요구되는 것은 자연과학 내지 이공학적인 기초지식이나 전문적인 특수기능이라 할 수 있다.

이와 같은 기술검사에는 기술적인 업무를 계획, 통제, 조정하는 직무에 요구되는 것과, 스스로 설계하거나 공작법을 연구하여 적용하기 위한 실험계획을 입안한다든지 하는 사람에 요구되는 내용으로 크게 나눌 수 있다.

(3) 적성·기능의 검사법

이 검사법은 직무수행에 필요한 협의의 특수성 내지 기능을 측정하는 데 그 목적을 두고 있는 것으로서, 당해직무에 대한 적성검사나 운동기능검사 등이 사용된다.

① **적성검사**: 여기서 말하는 적성검사(aptitude test)는 장래의 직무수행에 대한 예측을 목적으로 하는 협의의 적성검사를 뜻하는 것으로서 주로 개인의 잠재능력을 측정한다. 적성검사를 실시하면 관리자와 종업원의 쌍방에 다음과 같은 이점이 있다. 관리자의 입장에서 보면, (a) 종업원의 교육 및 훈련기간이 단축되어 양성비를 절약할 수 있고, (b) 종업원 이동률이 감소되며, (c) 기계설비의 보전이 제대로 되고, (d) 여러 가지 사고를 미연에 방지할 수 있다.

한편, 종업원의 입장에서 보면, (a) 작업에 흥미를 가지게 되므로 작업피로가 감소되며, (b) 생산량의 증가에 따라 수입이 증대된다.

② **기능검사**: 여기에서 말하는 기능검사란 주로 눈, 손, 발 등 말초기능의 적성발견을 목적으로 하는 검사로서, 실제의 직무수행에서 지각, 판단, 운동, 조작하는데 있어서 어느 정도의 기민성, 정확성을 가지고 행할 수 있는지를 예측하는 것이다.

4) 선발면접

일반적으로 면접(interview)이란 두 사람 이상의 인간이 특정장소에서 대면하여 정보·의견·감정을 교환하고, 그에 따라 상대방에 관한 자료를 파악코자 하는 것을 말하는데, 우리나라 기업에서는 선발 시에 가장 일반적인 시험방법으로서 이와 같은 면접이 실시되고 있다.

미국기업의 경우에는 선발기준으로서 면접결과 63.8%, 경험 32.3%, 신체검사 2.2%, 학력 1.4%, 신용조회결과 0.3%로 면접을 가장 중요시하고 있다.[5]

면접의 목적은 통상 다른 시험으로는 측정이 곤란한 요소인 지원자의 인물·인생관·용모·태도·가정환경·성격·표현력 등 구체적인 정보자료의 획득과 지원자에게 기업에 대한 정보

---

5) 李學鍾, 전게서, p.245.

를 제공하려는 데 있다. 그리고 구술시험 등과 같이 구체적인 능력을 평가하는 경우도 있다.

(1) 정형적 면접

정형적 면접(pattern interview)은 지시적 면접(directive interview)이라고도 하며 직무명세서를 기초로 하여 미리 준비된 질문항목에 따라 면접자가 일정한 질문순서에 의하여 면접을 진행하는 방법을 말한다. 즉, 면접자는 질문사항 순서대로 피면접자의 반응을 체크하고 기록하는 것이다.

(2) 스트레스 면접

스트레스 면접(stress interview)은 감정이 매우 고조된 상황아래서 피면접자가 어떻게 행동하느냐를 판단하고 조사하기 위하여 사용하는 방법으로서 제2차 세계대전 당시 미국에서 첩보요원을 선발하기 위하여 고안된 것이다.

스트레스 면접방법은 선발되지 않은 지원자에게 회사에 대한 부정적 이미지를 갖게 하기 쉬우며, 또한 지원자를 채용하려 해도 입사제안을 받아들이지 않는 경우도 있으므로 기업에서는 별로 사용되지 않고 있다.

(3) 패널 면접

패널 면접(panel interview)은 위원회 면접(board interview)이라고도 하며, 다수의 면접자가 한사람을 두고 집단적으로 면접하면서 그 사람이 갖고 있는 소질이나 특징을 평가하는 방법이다.

예컨대 선발될 사람의 직무가 복수의 부문에 관계가 있는 경우, 이들 부문의 대표자로 구성된 집단에 의해서 면접하는 것이 합리적일 뿐만 아니라, 면접자가 개인인 경우보다 집단인 경우 공정성을 기할 수 있다. 이 방법은 관리직이나 전문직 같은 고급직종의 선발면접에서 주로 사용된다.

(4) 집단 면접

집단 면접(group interview)은 보통 6~12명 정도의 피면접자를 집단으로 구성하여 집단단위별로 특정문제에 대해 자유토론하게 하고, 토론과정에서 피면접자들의 현재적(顯在的) 행동뿐만 아니라 잠재적 행동까지도 파악하여 개별적으로 적격여부를 심사·판정하는 방법이다.

집단면접의 장점으로서는 첫째, 자유토론을 하게 되므로 피면접자는 긴장이 해소되어 무의식하의 복잡한 동기가 현재화(顯在化)된다. 둘째, 동시에 다수의 피면접자를 평가할 수 있으므로 시간의 절약이 가능하다. 셋째, 우열비교를 통하여 리더십이 있는 인재를 발견할 수 있다.

5) 전력조사

전력조사(investigation of previous employment history)에는 주로 지원자들의 경력 및 신원의 확인, 직무와 인사에 관련된 조회자료(references)의 검토, 학력에 관한 사실 확인 등이 포함된다.

6) 신체검사

대상직무에 대한 적부를 판정하기 위하여 선발에 대한 최종의사 결정을 하기 전에 지원자들은 신체검사(physical examination)를 받게 된다. 신체검사는 신체적 요건이나 운동기능 등을 측정하는 것으로서 의학적 검사, 형태적 검사 및 기능적 검사 등이 포함된다.

① 의학적 검사 : 일반내과, X선 촬영, 혈압측정, 혈청검사, 뇨검사

② 형태적 검사 : 신장, 체중, 하지장(下肢長)

③ 기능적 검사 : 시력검사, 색각검사, 폐활량검사, 악력(握力)검사, 사지(四肢)의 형상 및 운동

신체검사는 지원자의 신체적 능력을 확실히 하며, 신체적 결격자를 사전에 탈락시킴으로써 재해보상 청구소송에서 기업을 보호하고, 또한 전염성 질병을 예방하려는 데 그 목적을 두고 있다.

이상과 같은 선발절차 가운데서 중요한 것은 선발시험과 면접이다.

3. 선발도구의 합리화

선발의 합리화를 기하기 위한 기본적인 요건으로는 채용방법이나 수단·여건 및 채용결과 등이 객관적으로 타당성을 인정할 수 있는 ① 신뢰도 ② 타당도를 충분히 고려해야 한다.

1) 신뢰도(reliability)

선발도구가 효율적이고 합리적이기 위해서는 그 자체가 먼저 높은 신뢰도를 가져야 한다. 시험·면접 기타 선발도구들이 신뢰할 만하다는 것은 그 측정의 결과가 안정되어 있다는 것

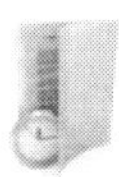

을 의미한다. 다시 말하면 신뢰도는 일관성을 나타내는 것으로 매 측정시마다 같은 결과를 나타내는 정도이다.

선발의 신뢰도를 측정하는 방법으로는 다음과 같은 세 가지가 있다.

(1) **시험-재시험방법**(test-retest method)

이 방법은 같은 사람에게 같은 내용의 시험을 시기를 달리하여 두 번 실시하여 두 번의 시험결과를 비교한다.

(2) **대체형식방법**(alternate form method)

이 방법은 특정한 사람에게 한 종류의 항목을 테스트한 다음에 유사한 항목으로 다른 형태의 테스트를 하여 두 형태간의 상관관계를 살펴보는 것이다.

(3) **양분법**(split-halves method)

이 방법은 시험내용이나 문제를 반으로 나누어 각각 테스트 한 뒤에 양자의 결과를 비교하는 것이다.

2) 타당도(validity)

타당도란 선발도구가 선발목적을 얼마나 잘 예측하는가를 나타내는 정도를 말한다. 선발도구의 타당도가 낮다는 것은 그 도구에 의한 예측치(시험점수, 면접점수 등)가 기준치(직무성과, 생산성 등)와 연결되어 있지 못하다는 것을 의미 한다. 선발도구의 타당도를 평가하는 데는 다음과 같은 세 가지 유형이 흔히 사용된다.

(1) **기준관련타당도**(criterion-related validity)

이는 예측치와 하나 또는 그 이상의 기준치를 비교하여 어느 정도로 상관관계가 있는가를 나타내는 것이다. 예컨대 선발에 있어서 시험성적이 높은 지원자가 실제로 높은 직무성과를 달성할 것으로 예측하여 선발한 것이 과연 타당하였는가 하는 것이다. 기준과 관련되어 있는 타당도에는 현재타당도와 예측타당도의 두 가지가 있다.

① 현재타당도(concurrent validity) : 이는 동시타당도라고도 하는데 현재 종업원의 채용을 위한 시험을 실시해서 그 시험성적과 현재 그 종업원의 직무성과와를 비교하여 타당성을 검사하는 방법이다. 이 방법은 예측치와 기준치가 현재 종업원으로부터 얻어진다.

② 예측타당도(predictive validity) : 이는 선발시험에 사람의 시험성적과 입사 후의 직무성

과를 비교하여 타당도를 검사하는 방법이다. 이 방법은 현재타당도의 결함을 보완한 것인데 미래의 종업원의 잠재능력까지도 어느 정도 파악 내지 예측할 수 있으므로 합리적이라고 볼 수 있다. 이 예측타당도는 예측치 즉 시험성적이 지원자들에 의하여 만들어진 것이다.

(2) **내용타당도**(content validity)

이는 측정대상의 취지를 어느 정도 시험문제에 담고 있는가를 알아보고 타당도를 검사하는 것이다. 이것은 직무성과의 중요한 측면을 시험이 요구하는 내용이나 행위에 어떻게 잘 나타내는가를 보여주는 것이다. 이 내용타당도는 시험성적과 직무성과와의 통계적 상관관계로 측정하지 않고 논리적으로 판단하여 결정된다. 즉, 주로 전문가의 판단에 따라 예측 타당한 시험문제를 설계하게 된다. 따라서 기준관계타당도에 비하여 직접적이고 단순하다.

시험문제의 내용이 실제 직무행위에 가까울수록 내용타당도는 높아진다. 예컨대 공인회계사 시험에서 회계실습 중 자주 발생하는 사항이 시험문제로 출제되었다면 이 시험문제는 내용타당도가 높은 것이다.

(3) **구성타당도**(construct validity)

이는 특정 시험이 무엇을 측정하느냐 하는 시험의 이론적 구성과 과정을 측정하는 정도를 말하는 것으로서 측정 자체보다는 측정되는 대상 또는 그 속성에 대하여 보다 이론적으로 충실을 기하는 것이다.

이것은 시험이 측정하려는 어떤 심리적 성질, 즉 내향성 또는 지능과 같은 것을 결정하는 과정을 거친다. 구성타당도는 한 시험과 과거에 실시한 다른 시험을 상관시킴으로써 또는 다양한 시험들이 동일한 인간의 특성을 측정하는 정도를 확인하는 요인분석이라는 통계적 절차를 사용함으로써 결정된다.

제5절 배치관리

1. 배치의 의의

배치(placement)란 선발된 종업원에게 일정한 직무를 할당하는 것을 말한다. 즉 사람을 직무에 합리적으로 연결시키는 절차이다. 기업에서 어려운 모집과 선발과정에서 뽑힌 종업원을 각 부서에 배속시켜 일정한 직무를 할당한다.

선발 과정에서 아무리 유능한 종업원을 뽑았다 할지라도 배치가 잘못 이루어지면 기대한 만큼 직무성과를 거둘 수 없는 경우가 많다. 따라서 인사부에서는 선발에 못지않게 배치에 주의를 기울여야 한다.

2. 배치의 종류

배치에는 양적인 배치와 질적인 배치가 있는데 전자를 인원배치라 하고 후자를 적정배치라고 한다.

1) 인원배치

인원배치는 배치에 있어서 인원수만을 고려한 배치이며 그 구체적인 배치기법은 다음과 같다.

(1) 소요인원의 결정

소요인원은 작업의 총량을 1인당 작업량으로 나누어 산출한다. 소요인원을 결정할 때에는 먼저 직무인원의 수를 결정하고 다음에 기술인원 및 사무요원의 수를 노무요원수 또는 생산량과의 관계에서 산출한다.

(2) 여유인원

종업원의 결근·휴가·퇴직 기타의 이동에 대비하기 위하여 항상 어느 정도의 여유인원을 보유할 필요가 있는데 이 여유인원을 예비인원과 보충인원으로 나누어 생각할 수 있다. 전자는 장래의 사업계획 또는 자연감소율 등을 고려하여서 그 수와 기능의 정도, 양성의 내용 및 기간을 정한다. 후자는 담당자의 결근·휴업 등에 있어서 단순히 이것을 보충함으로써 작업의 정지를 방지하기 위해서 필요로 하는 일정 수의 보조원을 말한다.

(3) 작업량과 조업도

각 부서의 업무량 또는 작업량은 조업도에 비례하여 증감하는 것과 불변인 것이 있는데 인원배치를 적정히 하기 위해서는 항상 이것을 정확히 구분하여 둘 필요가 있다. 이것은 업무의 조직, 기구가 어떠냐의 관계가 있을 뿐만 아니라 종업원의 자질이나 능력, 즉 질의 문제와도 관계가 있다.

2) 적정배치

적정배치란 직무수행에 필요한 자격요건을 갖추고 또 알맞은 적성을 가진 종업원을 알맞은 직무에 배치하는 것을 말한다. 다시 말해서 적재적소의 배치원칙을 실현하는 구체적인 과정이라고 할 수 있다.

이와 같은 적정배치는 직무요건에 대한 결정과 인물적성에 대한 결정과의 양자대응에 의한 배치절차에 따라 이루어진다.

(1) 직무요건

직무요건이란 직무를 올바르게 수행하는 데 있어서 종업원에게 요구되는 신체적·정신적 특질을 의미한다. 이것을 구체적으로 분류하면 그 내용은 다음과 같다.

① 직무가 요구하는 능력수준, ② 직무가 요구하는 인격특성, ③ 직무의 수행이 구체화될 직장환경, ④ 직무의 조직상의 지위.

이러한 직무요건을 구명하기 위하여 발전된 기술이 바로 직무분석, 직무평가, 직무설계 등 직무를 중심으로 한 제연구이다.

(2) 인물적성

인물적성이란 종업원이 맡은 바 직무를 잘 수행할 수 있는 능력, 신체적·정신적·인격적 특질을 의미한다. 다시 말하면 종업원의 성격이 직무요건을 충족시킬 수 있는가 하는 적합성을 의미한다.

(3) 배치의 결정

적정배치의 마지막 단계는 각 직무요건과 인물적성 및 부서의 요구와 종업원의 희망을 종합적으로 고려하여 최종적으로 배치를 결정하는 과정이다.

① 각 작업부서의 소요적성표에서 각 부서의 적격자기준을 작성한다.
② 배치에 대한 본인의 지망직종을 제1, 2, 3순위로 조사하여 정한다.
③ 적격자 기준에 본인이 지망한 부서가 상기 평가판정과 일치하는 경우에는 지망에 따라 배치한다.
④ 각 직장에서 요구하는 인원이 지망하는 인원수보다 적을 때에는 제2, 제3 지망에 대하여 고려한다.
⑤ 각 직장에서 요구하는 인원수만큼 적격자가 없을 경우에는 기준을 완화하는 과정을 거친다.

3. 부적격자의 조치

아무리 신중히 고려하여 배치를 하였다 하더라도 시간이 경과함에 따라 당초에 배치하였을 때의 기대와는 달리 부적격자가 발생할 수 있다. 이와 같은 경우에 적절한 조치를 취하지 않으면 본인에게는 물론 기업에 대하여서도 비효율적이며 바람직하지 못한 결과를 가져오게 된다. 이와 같은 때에 부적격자에게 다음과 같은 조치를 취한다.

1) 재교육훈련

우선 현재 배체되어 있는 직무에 대해 어떤 점이 부적합한가를 충분히 검토하여 문제의 초점을 명백히 하고, 그 문제점에 관하여 재교육을 시킨다.

2) 생활지도

부적격자는 직무에 대하여 불만족 혹은 불평, 상사·동료와의 인간관계가 좋지 않은 데서 발생하는 경우가 있다. 따라서 그 원인을 잘 조사하고 상담을 통한 생활지도로서 부적격의 문제를 해결하여야 한다.

3) 직장환경의 개선

직장의 분위기라든가 작업환경에서 부적격 상황이 오는 경우도 있다. 그럴 때에는 일광·명암·온도·연기 등을 통해 주변 환경을 개선한다거나 기계공구, 작업대 등의 설비 환경을 개선하여 그 원인을 제거시켜 주어야 한다.

4) 배치전환

업무자체가 적성에 맞지 않거나 기타 이유로 부적응 상태가 생길 때에는 배치전환을 하는 것이 좋다. 이에는 업무내용을 변경시키는 것과, 같은 업무지만 직장만을 바꾸는 경우가 있고, 때로는 해직을 시킬 경우도 있다. 이러한 경우에는 여러 가지 여건을 충분히 고려하여 납득할 수 있도록 조치하는 것이 좋다.

제6장

이동관리

제1절 인사이동의 개념

제2절 배치전환

제3절 승진관리

제4절 이직관리

제5절 퇴직과 정년제

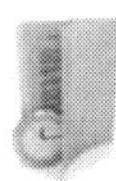

제6장

이동관리

제1절 인사이동의 개념

1. 인사이동의 의의와 필요성

1) 인사이동의 의의

인사이동(change of job)이란 종업원이 어떤 기업에 고용되어 특정한 직무에 배치된 뒤, 그의 능력이나 직무내용의 변화 또는 기업운영상의 여러 가지 여건변화에 따라 수직적·수평적으로 배치상의 변화를 가져오는 인사관리상의 절차를 의미한다.

따라서 배치관리가 일과 사람을 결부시키는 정태적인 것인데 비하여 이동관리는 상황변화를 고려하여 다시 조정하는 동태적인 것이라 할 수 있다.

이 이동관리에는 동일수준의 다른 직무로 횡적인 재배치를 하는 경우도 있고, 능력의 향상에 따라서 높은 수준의 일로 이동되는 경우도 있으며, 기업운영상의 여건변화에 따라 직무로부터 떠나는 경우 등 여러 가지가 있다. 즉 이동관리(異動管理)의 내용은 배치전환(transfer), 승진(promotion), 이직(separation) 등이 있다.

이직에는 일시해고(lay-off), 휴직(temporary retirement), 퇴직(retirement) 등으로 나누어 볼 수 있다.

2) 인사이동의 필요성

오늘날 기업환경의 변화는 극심하다. 이와 같은 기업내외의 여건변화에 능동적으로 대응해 나가야 기업의 성장·발전을 지속적으로 유지할 수 있다. 인력을 관리하는 인사관리에 있어서도 여건변화에 따라 신속하고 적절하게 그리고 동태적으로 조정이 이루어져야 한다. 특히 기업 내에서의 인사이동은 인력과 직무 사이에 적합성의 결여, 즉 양자간에 부적합성이 발생하였을 때에는 지체없이 이루어져야 한다. 그런데 이러한 부적합성이 발생하는 경우에는 다음과 같은 세 가지로 나누어 볼 수 있고, 이것이 바로 인사이동의 필요성이라고 할 수 있다.

첫째, 종업원을 채용하여 일정한 직무에 배치하였으나 직무배치 자체가 적절하지 않았기 때문에 그 인력이 가지고 있는 모든 기능 및 지식과 직무요건이 적합하지 않은 경우이다.

둘째, 종업원을 채용하여 이루어진 최초의 직무배치가 일단 적절하였으나, 배치된 인력의 능력이 향상되었거나 저하되어 그 인력이 직무가 요구하는 요건 이상 또는 이하의 기능과 지식을 가져 적합성이 결여된 경우이다.

셋째, 기업 규모상의 변화, 즉 기업의 확장이나 축소로 말미암아 인력의 조정이 요구되는 경우이다.

이상과 같은 인사이동의 필요성이 발생할 때에는 경영자는 인력의 유용한 이용을 위하여 끊임없이 인간과 직무와의 최적합 상태가 유지되도록 계획적·조직적으로 조정하는 인사이동 작업을 단행하여야 한다.

2. 인사이동의 목적

기업경영에 있어서 인사이동을 실시하는 중요한 목적을 들어보면 다음과 같다.

1) 적재적소주의에 철저하기 위해서

기업의 고용정책이나 선발방법이 아무리 잘 되었다 할지라도, 처음 배치가 적성이나 능력, 직무요건에 잘 부합되도록 이루어지지 못하였을 때에는 근무평정이나 능력평가 또는 자기신고에 의하여 인사이동을 시켜 적재적소주의를 실현해야 한다.

2) 직무전환을 통하여 인재를 효과적으로 육성하기 위해서

기업이 필요로 하는 인재는 실무경험을 통하여 육성할 수 있는 인사이동이 요망된다.

특히 우리나라와 같은 연공인사제도가 대종을 이루는 나라에서는 실무경험을 통하여 여러 가지 직무내용을 잘 파악하여 다능공화되거나 간부양성을 할 수 있다.

3) 조직활동에 생기를 넣어 주고 근무의욕을 높이기 위해서

종업원이 동일한 직무에 오래 근무함으로써 능력정체나 퇴보현상이 나타나거나 종업원과 관리감독자간 또는 종업원상호간에 불화가 있어 사기가 저하된 경우에는 이동을 시킴으로써 조직활동을 원활하게 하고 사기를 높일 수 있다.

4) 공평한 처우를 실현하기 위해서

어느 종업원이 어느 곳에 배치된 뒤, 그 능력이 계속 신장되었을 때 좀더 상위 직위로 이동시켜 공평한 처우를 받을 수 있게 해야 한다. 이 경우는 대개 승진이나 승급의 경우에 해당한다.

5) 업무의 번한(繁閑)를 시정하기 위하여

정원관리가 잘 이행되지 못하거나 직무구성부분과 능력구성부분이 잘 조화·조정되지 못하여 업무상 번한이 있는 경우에는 이를 시정하기 위하여 이동이 이루어져야 한다.

6) 조직계획의 변동에 대응하기 위해서

기업이 성장·발전함에 따라 조직계획, 즉 생산계획 및 판매계획 등이 변경되거나 또는 새로운 직무를 설정할 경우에는 이에 대응한 정원의 수정이 필요하게 되어 이에 따른 인사이동이 있어야 한다.

3. 인사이동의 원칙

인사이동은 그 시기에 따라 정기이동과 임시이동으로 구분된다. 정기이동이란 매년 일정 시기에 전체조직에 걸쳐서 실시되는 계획적인 이동인데 비하여, 임시이동이란 정기이동만으로는 인사상의 불균형을 해소하기가 곤란하기 때문에 그때그때 조직적 필요성에 따라 발생하는 이동이다. 인사이동은 기업의 인사철학을 토대로 한 공식적이고 제도화된 인사이동 방침과 절차를 가질 필요성이 있다.

그러므로 인사이동을 실시하는 데 공식적인 방침을 가지고 있다면 이동관리의 일관성이 유지되고 효율성이 확보되어 종업원의 불평·불만·불안이 감소될 것이다. 그리고 그러한 방침과 절차를 기업의 다른 제목표와 종업원의 복지 등과 조화를 이룸으로써 기업을 위해서나 종업원들을 위해서 다같이 유익한 결과를 가져올 것이다.

따라서 효율적인 인사를 위해서는 다음과 같은 몇 가지 원칙을 준수해야 할 필요가 있다.

1) 적재적소주의의 원칙

기업은 조직의 효율성을 존중하고 이것을 통하여 기업목적의 달성을 바라기 때문에 조직구성원들의 능력과 성격을 고려하여 최적의 직위에 배치함으로써 최고의 능력이 발휘될 수 있도록 인력관리가 이루어져야 한다. 여기에 적재적소의 원칙(the principle of right person for the right job)이 적용된다. 능력과 적성을 고려하지 않고 인사이동을 하면 아무리 우수한 능력과 적성을 가진 종업원이라 하더라도 충분히 자기역할을 할 수 없게 되고 오히려 직무에 대한 부적응 현상이 나타나거나 불평·불만이 생길 가능성이 있다.

그러나 인간은 상당한 유연성과 적응성을 갖고 있다는 사실도 고려하여야 하며, 우수한 인재의 경우에는 특히 그러하다.

2) 실력주의 원칙

실력주의란 실력, 즉 능력을 발휘할 수 있는 업무영역을 제공하며 그 일에 대하여 올바르게 평가하고, 평가된 업적과 실적에 대하여 만족할 수 있는 대우를 하는 원칙을 말한다.

이는 전술한 적재적소주의 원칙을 포함한 광의의 개념이다. 이 원칙은 인사관리 전반을 지배하는 것이지만 특히 인사이동에서 중요한 의의를 갖는다. 그런데 실력이란 기존의 실력에 국한되는 것이 아니고 앞으로 새롭게 길러지는 성질도 가지므로 실력의 활용뿐만 아니라 개발·양성하는 측면에서도 충분히 배려가 있어야 한다. 이때 실력, 즉 능력에 대한 정의는 아래와 같이 여러 가지로 볼 수 있다.[1)]

① 능력 = 지능×성격×의욕
② 능력 = 직무수행능력 = 체력×지식×경험×성격×의욕
③ 능력 = 개발할 수 있는 능력
④ 능력 = 자기실현능력+실천능력
⑤ 능력 = 가치실현능력

1) 愼侑根, 前揭書, p. 291.

등이다. 이처럼 능력이란 다양하게 표현되고 또 매우 추상적인 개념이어서 그 측정에 있어서 문제가 있으나 대체로 다음과 같은 특성을 가지고 있다.

첫째, 능력은 기업의 구성원으로서 기업목적달성에 공헌하는 직무수행능력이다.

둘째, 능력은 실천을 결정짓는 기초로서 업적과 밀접한 관계를 가지고 있다.

셋째, 능력은 기업환경의 급격한 변화로 인하여 계속 개발되지 못하면 퇴보할 수 있는 유동적인 측면이 있다. 따라서 종업원의 능력, 즉 실력을 공정하게 평가, 측정, 개발하여 이동시켜야 한다.

3) 인재육성주의 원칙

사람을 사용하는 방법에는 사람을 소모적으로 사용하는 방법과 사람을 성장시키면서 사용하는 방법이 있다. 장기적으로 보면 후자가 바람직한 방법이다. 특히 최근에 와서 성취동기의 중요성이 강조되고 있기 때문에 인재육성주의원칙은 더욱 중요시되고 있다.

그리고 주의하여야 할 것은 상사가 부하를 육성하는 면뿐만 아니라 종업원 자신의 의지와 의욕 및 욕망에 따라 자기육성이나 자기개발이 중요시되고 있다. 최근에 중요시되는 자기개발론(self develop- ment)이나 경력개발계획(career development program)에 있어서 경력의 자각 및 자기관리가 이에 관련된다.

4) 균형주의 원칙

조직이란 인간과 인간의 관계로 형성된 하나의 사회이기 때문에 기업조직의 인사이동에 있어서도 단순히 종업원 개인의 적재적소만을 고려하여 이루어지는 것만이 중요한 것이 아니라, 조직구성원 모두에 대하여 평등하고 공평하며 균형있는 이동이 이루어져야 한다.

요컨대, 직장전체의 실력증진과 사기앙양 등을 꾀하는 의미로서 전체와 개인의 조화가 이루어지는 인사이동이 바람직하다.

제2절 배치전환

1. 배치전환의 의의

배치전환(transfer)이란 종업원이 새로 담당할 직무가 임금수준이나 지위·위신·소요기능 및 책임에 있어서 종전의 직무와 별다른 차이가 없는 수준에서 수평적으로 인사이동을 하는 것을 말한다. 승진이 능력의 향상에 따라 등급이 높은 직무, 즉 조직에서의 서열과 권한 및 책임의 증대가 수반되는 직무로의 수직적인 이동인데 비하여 배치전환은 같은 수준의 직무로 자리바꿈을 하는 수평적인 이동이란 점에 차이가 있다.

2. 배치전환의 목적

조직경영상 인력의 효율적 활용과 조직목적의 효과적인 달성을 위하여 배치전환을 하게 되는데, 그 주요한 목적을 요약하면 다음과 같다.[2)]

① 인적자원의 효율적 활용 : 인적자원을 적재적소에 배치함으로써 그들의 역량을 효과적으로 활용한다.

② 자기발전 기회 제공 : 종업원들에게 새로운 직무를 제공함으로써 자기발전을 도모한다.

③ 직무충실화 자극 : 직무전문화·단순화로 인한 권태와 지루함을 제거하고 새로운 직무에 대한 의욕을 부여한다.

④ 후계자 양성 : 다양한 직무경험을 제공하여 미래에 조직을 이끌어 나갈 후계지도자를 양성한다.

⑤ 동기부여 향상 : 새로운 도전 가치있는 직무를 제공하고 승진기회를 자극함으로써 동기부여를 향상시킨다.

이러한 배치전환의 목적은 직무분석에 의한 직무요구와 인사평가를 통한 종업원 능력을 정확하게 파악함으로써 보다 효과적으로 달성할 수 있다.

3. 배치전환의 유형

배치전환은 ① 종업원이 이동하는 범위에 따른 분류, ② 종업원이 이동하는 목적에 따른 분류가 있다.

---

2) Watkins, Dodd, McNaughton & Prasow, *The Management of Personnel and Labor Relations*, McGraw-Hill, 1950, pp.441~444.

1) 이동범위별 분류

① 과간 배치전환(inter-section transfers) : 업무의 내용이 유사한 과간에 수평적으로 이루어지는 배치전환이다.

② 부문간 배치전환(inter-department transfers) : 이는 부와 부사이 또는 부문과 부문사이에 이루어지는 배치전환이다.

③ 공장간 배치전환(inter-plant transfers) : 이는 공장과 공장사이에 이루어지는 배치전환으로서 생산업무가 유사한 것이 전제가 된다.

④ 회사간 배치전환(over-all firm transfers) : 이는 회사 전체를 통하여 필요한 인력을 폭넓게 배치전환시키는 것이다. 특히 관리직 분야에 많다.

2) 이동목적별 분류

① 생산상황에 따른 배치전환(production transfers) : 이는 노동의 수요가 점차 감소되는 직무로부터 노동의 수요가 증대되거나 이직으로 인하여 결원이 생긴 직무로 옮기는 이동이다. 즉, 생산이 증가하고 있는 부문에서는 새로운 종업원을 고용해야 하는데 반하여, 생산이 감소되고 있는 부문에서는 기존종업원을 일시 해고해야 할 경우에 그 대상인원을 생산이 신장되는 부문의 유사직무에 이동시킴으로서 인력운용의 불합리성을 해소하고 조직내부에서 고용의 안정을 꾀하기 위하여 실시하는 유형이다.

② 인원대체를 위한 배치전환(replacement transfers) : 이는 생산 상황에 따른 배치전환과 마찬가지로 특정종업원에 대한 일시해고를 피하는 것을 목적으로 한다. 경제불황이나 조업단축으로 인하여 전체적인 인원조정이 필요할 때 근속연수가 오래된 사람, 즉 선임권을 중심으로 부서간의 인원을 이동시키는 방법이다. 즉 근속연한이 긴 종업원을 다른 부서의 근속연한이 짧은 종업원에 대체시킴으로써 근로자를 보호하고 안정을 꾀하려는 유형이다.

③ 만능공 양성을 위한 배치전환(versatility transfers) : 이는 종업원의 기술능력이 신장되어 직무배치상 융통성과 신축성을 높이기 위해 실시하는 유형이다. 특히 한 종업원에게 특정한 직무만 시킬 수 없을 정도로 충분한 작업량이 없는 소규모 공장에서 조업의 탄력성을 유지하기 위해 실시하는 경우도 있고, 또 장래의 경영간부를 양성하기 위한 경우도 있으며, 또 업무가 한창 바쁠 때 여러 가지 작업을 처리할 수 있는 특별히 훈련된 유격대를 기르기 위하여 실시되는 유형이다.

④ 근무교대를 위한 배치전환(shift transfers) : 하루에 둘 이상의 교대근무반을 운영하고 있

는 경우에 종업원을 하나의 시간대에서 다른 시간대로 이동시키는 유형이다. 예컨대, 주간반에서 야간 A반 또는 야간 B반으로 이동시키는 것이다. 이 방법은 주로 생산직 종업원의 교대근무에서 많이 볼 수 있는 이동이다.

⑤ 구제적 배치전환(remedial transfers) : 최초의 배치가 적당치 않았거나 감독자와 동료사이에 불화가 있다거나, 나이가 너무 많다거나, 건강상태나 사고기록을 보아 필요하거나 현직무가 단조로움과 싫증이 나서 다른 직무로 옮기기를 원한다든지 하는 따위의 여러 가지 이유로 실시되는 이동이다.

이상과 같은 여러 가지 유형의 배치전환은 서로가 완전히 배타적인 것은 아니며 오히려 상호보완적인 것으로 다목적적인 성격을 띠고 있다. 따라서 이들 배치전환은 인사이동 기본방침의 테두리 안에서 이동정책에 따라 실시되어야 한다.

제3절 승진관리

Ⅰ. 승진의 의의

승진(promotion)이란 종업원이 보다 유리한 직무로 수직적·상향적으로 이동하는 것을 말한다. 즉 승진은 보다 커다란 의사결정권한과 책임을 가지게 되며, 위신(威信)의 증대와 지위의 상승 및 임금의 증가 등이 수반하게 된다. 또 승진은 이러한 외적·물적인 효과 이외에 내적·심리적인 효과, 즉 근로의욕의 향상과 자아실현의 욕구를 충족시켜주게 된다.

앞에서 살펴본 배치전환이 같은 내용과 성질의 직무로의 수평적인 이동인데 반하여, 승진은 보다 유리한 직무, 즉 종전의 직무에 비하여 더욱 많은 능력을 필요로 하는 높은 수준의 직무로 수직적으로 이루어지는 이동이란 점이 다르다. 이는 특히 보다 유리한 직무에 공석이 생겼을 때 외부사람을 고용하여 채우는 것이 아니고, 현재 인력의 능력을 평가·인정하여 내부적으로 보충하는 제도이기 때문에 종업원의 사기진작에 큰 역할을 하게 된다.

승진과 밀접한 관련이 있는 개념으로 승격(昇格)이 있는데, 이는 승급이라고도 한다. 이는 소규모의 승진이라고도 할 수 있는 것으로, 동일한 조직단위내에서 기능의 수준이 높은 직무로 옮겨가는 것이기 때문에 지위의 소폭적인 상승이 있게 된다. 예컨대 2급 기계공이 1급 기계공으로 올라가는 것이 승격 또는 승급이다.

승진이나 승급은 다 같이 보다 유리한 직무에 충원을 함에 있어서 외부에서 사람을 영입·보완하는 것이 아니라, 현종업원의 능력을 발전시켜서 이것을 내부적으로 인정함으로써 보충하려는 수직적인 인사이동이란 점에서 같다.

승진이 조직과 종업원들에게 왜 중요한지를 살펴보면 다음과 같다.

첫째, 승진은 조직에서 개인의 목표와 조직의 목표를 합치시켜 주는 역할을 한다.

즉 조직의 구성원들이 조직에 대해 갖고 있는 욕구와 조직의 목표를 조화있게 결합하는 인적자원관리 기능이 곧 승진관리인 것이다. 따라서 승진은 조직의 목표달성을 위해 인적자원에 대한 최대의 시너지효과(synergy effect)를 내도록 유도하고 종업원의 잠재적 능력을 개발하여 자기개발의 목표를 자극하여 조직의 유효성도 동시에 높여주는 수단이 된다.

둘째, 승진은 종업원에 대한 가장 유효한 커뮤니케이션 수단이 된다. 이 경우 커뮤니케이션의 중심과제는 조직이 무엇을 제일 가치 있는 것으로 생각하고 있는가 하는 것을 알려주는 신호인 것이다. 따라서 종업원은 조직의 이러한 가치기준에 강한 관심을 갖고 자기개발의 기준을 여기에 맞추려고 노력한다. 결국 승진은 조직의 가치기준이 외면적으로 가장 솔직하게 나타나는 표상이라고 할 수 있다.

셋째, 합리적인 승진기준과 승진제도는 조직의 인사체증 현상을 해결할 수 있다. 한 조직에서 인사체증을 없애는 방법은 결국 계속적인 양적 성장을 해나가는 방법밖에는 없는데 그럴 경우 조직은 비대증에 걸려 자칫 도산의 원인이 되기도 한다. 따라서 안정기에 들어선 기업일수록 계속적인 양적 성장은 점차 어렵기 마련이다. 새로운 직무기회를 끊임없이 탐색하며, 종업원들의 능력개발에 대한 자극을 적극 부여하고 도전적인 직무할당 등 직무의 질적인 측면에서 종업원의 성장욕구를 충족시켜 주기 위해서는 합리적인 승진관리가 이루어져야 한다.

2. 승진의 방침

기업은 승진제도를 합리적으로 운영하기 위해 승진에 관한 기본적인 방향을 설정해야 한다. 이 승진에 관한 기본적인 방향이 바로 승진방침(promotion policy)이다. 이것은 인사관리의 기본이념과 불가분의 관계에 있기 때문에 인사관리 전반에 영향을 미치게 된다. 승진방침의 중요한 것은 다음과 같다.

1) 연공주의(seniority system)

연공주의(年功主義)란 개인이 어떤 조직에서 재직한 근속연수, 즉 선임권(seniority)을 존중하여 승진에 우선권을 주는 제도이며, 이는 재직연수에 비례하여 개개인의 업무능력과 숙련도가 신장된다는 기본적인 사고에 입각한 것으로 우리사회에 전통적·온정주의적 성격으로 존재해 오고 있다.

그 이유를 살펴보면 ① 입사 후 상당한 기간이 경과되기까지는 각개인의 능력차이가 정확하게 판단되기 어렵다 ② 근속년수나 경력연수와 같은 객관적으로 인정되는 기준을 사용하면 일반의 납득이 가능하다 ③ 근속연수에 비례하여 업무능력과 숙련도가 신장된다는 이유에서이다. 그러나 최근 기술혁신의 가속화와 종업원의 의식변화와 같은 결과로 이에 대한 재고의 필요성이 증대되고 있다.

2) 능력주의(competence system)

능력주의(competence)란 개인의 직무수행능력(ability)을 근거로 하여 승진에 우선권을 주는 제도이며, 이때 능력이란 주로 과거의 성과와 능력에 의하여 판단되는 것으로 그 판단자료는 개인의 성과평정, 전력기록(前歷記錄) 그리고 직무관계시험에서 획득한 점수 등이다. 이는 경영성과를 중시하는 오늘날의 기업경영에서 널리 지지를 받아 온 것으로 종업원의 직무수행능력을 직접적으로 성과에 반영하는 바람직한 제도이다. 그러나 우리나라와 같이 연공주의적 승진제도가 오랫동안 실시되어 온 경영사회에서는 안정감의 상실, 능력측정의 곤란성 등의 이유로 상당한 반발을 받고 있다.

3) 연공주의와 능력주의의 조화

승진제도의 운영 방침을 정할 때는 위와 같은 연공주의와 능력주의 방침 중 어느 하나만을 선택할 것이 아니라, 주어진 각 요소의 상대적인 비중을 결정하고 이들간의 조화를 꾀하여야 한다.

그러나 앞으로 가급적이면 속인적 요소중심인 연공주의 방침에서 속인(屬人)과 속직적(屬職的) 요소가 종합되는 능력주의가 실질적으로 조화되기 위해서는 다음과 같은 몇 가지 전제조건들이 우선되어야 한다.[3)]

① 직무와 종업원에 대한 각각의 명세가 철저히 파악되어야 한다.

---

3) M. J. Jucius, *Personnel Management*, 7th ed., Homewood, Illinois: Richard D. Irwin Inc., 1971, p.276.

② 완전한 배치전환 및 승진계획이 공포되어야 한다.
③ 종업원의 능력을 적절히 평가할 수 있는 평가시스템, 즉 객관적인 인사고과제도가 확립되어 있어야 한다.
④ 능력의 구성요소에 대한 노동조합이나 종업원의 동의를 얻을 수 있는 검토계획이 설정되어 있어야 한다.
⑤ 고정처리를 신중하게 보완하여 모든 종업원이 수긍할 수 있도록 해야 한다.

이상과 같은 전제들이 충족되었을 때 연공주의와 능력주의의 조화가 효과를 발휘할 수 있다.

▮표 6-1▮ 연공서열주의 승진제도와 능력주의 승진제도의 비교

구 분	연공서열주의 승진	능력주의 승진
① 합리성 여부	• 비합리적 기준	• 합리적 기준
② 사회행동의 가치기준	• 전통적 기준, 정의적 기준	• 가치적 기준, 목적적 기준
③ 사회문화적 전통 (경영외적 요인)	• 가족주의, 종신고용제, 유교사상 • 집단주의, 장유서열관, 동양사회 • 운명공동체적 풍토	• 개인주의, 단기고용제 • 능력서열관, 서구사회 • 이익공동체적 풍토
④ 직종·계층 (경영내적 요인)	• 일반직종 • 하위계층	• 전문직종 • 상위계층
⑤ 승진기준	• 사람중심(신분중심)	• 직무중심(직무수행능력·업적 중심)
⑥ 승진요소	• 근속년수·연령·학력·성별·경력	• 직무수행능력·업적 또는 성과
⑦ 승진제도	• 연공승진제도	• 직계승진제도
⑧ 장단점	• 집단중심의 경영질서 형성 • 승진관리의 안정성 • 연공기준의 객관화	• 개인중심의 경쟁질서의 형성 • 승진관리의 불안정 • 능력평가의 객관성 확보곤란

3. 승진의 기준

승진의 기준은 승진방침에 따라 설정되는 것이므로 방침이 시대와 기업에 따라 각양각색이듯이 그 기준도 시대와 기업에 따라 다르게 된다. 여기서는 대체로 일반화된 몇 가지 요건을 중심으로 그 기준을 살펴보기로 한다.

1) 직무평정의 결과

인사관리 도구 중 하나인 근무평정제도의 궁극적인 목표는 종업원의 근무의욕을 높이기 위하여 개개인을 각각의 능력과 업적에 따라 공정하게 처우하는 관리체제를 구축하며, 인사상의 제문제에 사실상의 근거를 제시하여 승급, 상여, 배치 등을 공평하고 객관적으로 할 수 있게 하기 위해서다.

이와 같은 목표를 가진 인사고과가 구체화되고 제도화되는 경우에 직무수행능력, 공헌도, 업적, 장래발전성, 태도 및 적성 등의 자료가 정비된다.

근무평정의 대상이 되는 것은 현재직위의 자격요건이기 때문에 그 성적이 좋다고 해서 상위직위에의 자격요건을 갖추었다고 속단할 수 없으며, 이 때 더욱 문제시되는 것은 때로는 현재의 직위에서는 업적을 올리지 못하고 능력을 충분히 발휘하지 못하더라도 상급직위에 맞는 능력요건을 갖고 실적을 올릴 수 있다는 것이다. 그러나 승진에 관한 한 현재의 직무수행상태와 관련시켜 그의 잠재능력 및 기대가능성을 고려하지 않을 수 없다는 사실은 어느 정도 위험성과 곤란성을 내포하고 있는 것도 사실이다.

근무평정의 내용을 실적·태도·능력·장래성의 네 요소로 크게 나눌 때 실적과 태도의 비중이 능력과 장래성보다 낮다고 할 수 있으므로 승진기준으로 설정할 수 있는 것은 종합평가 성적이 일반적으로 우수하여야 함과 동시에 그들 요소 중 능력과 장래성의 비중을 높이 다루는 것이 바람직하다. 예컨대 종합점수가 같은 A ,B 두 사람 중에서 한 사람만 승진시켜야 할 경우라면 근무성적에 관한 실적이나 태도보다는 능력과 장래성이 좋은 사람이 승진되어야 한다.

2) 승진시험의 결과

승진의 대상자를 시험에 의해서 결정하는 승진시험을 제도화하려는 경향이 높아져 가고 있다. 이와 같이 승진시험의 결과에 의해서 승진대상자를 결정하려는 방침은 합리적이라고 할 수 있고, 더욱이 능력주의 인사관리제도하에서는 바람직한 기준이다.

그러나 승진시험에 있어서도 ① 누구를 ② 어떤 시험방법으로 ③ 어떤 문제를 시험내용으로 하여 ④ 언제 실시할 것인가 하는 것들이 문제점들이다. 이런 문제점에 대한 확실한 해답을 얻고 승진시험을 실시한 뒤 그 결과에 따라 승진이 이루어져야 한다.

3) 연공평가

연공이 승진대상자 선정의 기준이 되는 것은 세계적인 현상이다. 서양에서는 선임권의 개념으로 동양에서는 연공서열주의라는 개념으로 사용된다. 연공에 대해서는 승진방침에서 설명된 바 있으나 우리나라에서 많이 사용되고 있는 승진기준이다.

그러나 오늘날과 같이 기술이 급속도로 발전하여 점차 기계화됨으로써 기능에 의존하는 것보다는 두뇌의 발달과 기술에 의존하게 되어 능력주의 인사관리를 하지 않을 수 없는 시점에서 연공의 의미와 그 비중이 낮아지게 됨은 필연적인 사실이나, 과도기적으로 연공을 승진자선정의 기준으로 할 때에는 승진대상직위가 요구하는 자격요건을 명확히 제시할 수 있고, 그 같은 요건과 관련하는 직위에서의 근속년수만을 고려한다는 기준선을 축으로 하여 연공주의를 적용하는 기준절차를 명확히 함이 바람직하다.

4) 학력

학력이 승진기준이 되는 것은 능력에 의하여 얻은 것이 '학력'이고, 이 학력과 직무수행능력과는 상관관계가 있다는 전제에서이다. 우리나라에서는 학력이 승진기준으로 널리 활용되고 있다. 높은 학력에 대한 기업의 요청이 시대적인 경향이 되고 있는 것은 높은 직위에 있는 사람에게 높은 자질이 요구되기 때문이다. 그러므로 학력존중 그 자체가 불합리하다거나 능력주의 개념과 상치한 것이 아닌 것은 분명하다. 그러나 최근에 능력주의 인사정책이 실현됨에 따라 학력은 없으나 능력이 있는 유능한 종업원들이 오히려 조직의 성장·발전을 위하여 크게 공헌하게 되고 이들을 승진에서 탈락시킬 때 그들은 조직을 이탈하는 경향이 있어서 문제점이 되고 있다. 따라서 학력을 승진기준으로 할 때는 직무수행능력과 관련시켜 파악하는 것이 바람직하다.

5) 경력평정

경력기간을 승진기준으로 하는 것도 일반화되어 있다. 기업마다 경력기간을 승진기준으로 삼기 위하여 승진소요 최소년수 또는 직급별 정체년수를 정하여 최소한도의 능력훈련기간을 통제하고 있으나 점차로 능력주의 정신에 따라 그 기간을 단축하려는 경향으로 가고 있다.

그런데 경력을 승진기준으로 하기 위해서는 다음과 같은 가설 중 어느 것 또는 그 전부를 적용해서 경력을 평정해야 한다. 중요한 가설을 들어보면, ① 승진대상이 되는 직위의 직무에 대하여 유사성 또는 친근성이 높은 경험은 낮은 경험보다 유효하다. ② 직무수행능력은 일반적으로 경력년수에 비례한다. ③ 어떤 경력이 어떤 직무에 유효하기 위해서는 그 이전에 일정 한도의 경력 및 학력이 있어야 한다. ④ 어떤 직무에 대하여 유효한 경력과 학력은 동등하다. ⑤ 일정 한도 이상의 경력이나 학력은 그 이상 증가하더라도 유효성은 증가되지 않는다. ⑥ 새로운 경력은 오래된 것보다 가치가 있다. ⑦ 책임이 무거운 직위경력은 가벼운 직위의 경력보다 가치가 있다. ⑧ 진보성이 있는 경력은 그 정도가 낮은 경력보다 가치가 크다 등이다. 이들 제가설은 적용상에 많은 문제가 따르게 된다.

6) 교육훈련의 결과

승진대상직위에 대한 직무수행능력을 판단하는 기준을 ① 어떤 특정연수과정을 마치거나 ② 연수의 결과를 활용하는 경우가 있다. 어떤 특정연수과정의 수료로써 어떤 특정 직위로 승진하기 위한 최저 자격요건으로 정하거나, 연수의 내용이나 정도에 따라 이를 그 직위에서의 경험이나 필요한 지식·교육정도 등 승진을 위한 필요한 자격요건으로 대신 평가해 주는 경우도 일반화되어 있다. 또 일부 대기업에서는 특정교육훈련을 실시하고 그 결과로 얻은 성적이 바로 승진에 영향을 미치게 되어 있다.

7) 인사기록

승진자의 선정기준으로 인사기록이 활용된다. 인사기록이란 종업원의 입사 이전의 교육·경력 등을 포함하여 입사에서 퇴사하기까지의 고용관계에 관한 기록으로써 기업이 종업원의 능력을 기업목적달성을 위한 입사관리상의 자료로써 이용할 수 있도록 고안되어야 한다.

4. 승진의 유형

승진은 일반적으로 대별하여 ① 직계승진제도 또는 직위승진제도 ② 신분 및 능력을 중심으로 한 자격승진제도 ③ 역직승진제도 ④ 대용승진제도 ⑤ 조직변화승진제도가 있다. 이를 좀 더 구체적으로 설명하면 다음과 같다.

1) 직계승진(직위승진)

이는 직무중심적 능력주의에 입각한 것으로 직계제도(職階制度)에서 보다 상급직계의 직위에 배치 변경됨을 말한다. 이것을 위해서는 직무의 분석·평가·직무급에 의한 직계제도가 확립되어 있어야 하며, 이를 토대로 하여 직무자격 요건의 적격자를 선정·승진시킨다. 직계승진제도가 잘 실현되기 위해서는 다음의 전제조건을 필요로 한다.[4]

① 직위관리체계가 정비되어 있어야 한다.

② 인적능력구성과 직계구성이 대체로 일치되어야 할 필요가 있다.

---

4) 姜正大, 前揭書, p. 162.

③ 업무내용이 안정되고 조직기구·생산양식·기업규모와 같은 것에 현저한 변동이 없어야 한다.

일반적으로 직무담당자의 경험·능력·숙련·기능 등의 신장에 의하여 서로 담당하는 직무가 보다 높은 직계에 있는 직위인 경우에 승진이 되는 것이다. 이는 직무와 직결된 속직적 승진제도이다.

2) 자격승진

이것은 직무내용 또는 권한·책임의 증대라고 하는 것과는 직접적인 관계없이 각 개인에게 갖추어진 인적자격요건(학력·연령·근속 등) 즉 속인적 요소에 따라 상위의 처우구분에 승진시키는 방법이다. 여기에는 다시 두 가지 종류가 있다.

① **신분자격 승진**: 이것은 사람중심적 연공주의에 입각한 제도로서 승진기준을 단순히 학력·근속년수·근무상황·기본급 등과 같이 개인에게 속하는 형식적 요소에 두고 있는 승진제도이다. 이러한 승진형태는 종업원의 능력 구성의 상승에 의하여 이루어지는 역직승진제도에서 승진체증을 해소하는 방법의 하나로서의 효용을 가지고 있으며, 보통 이 승진제도만을 단독으로 채택하지 않고 역직승진과 결합해서 사용하고 있다.

② **능력자격승진**: 이는 승진의 연공주의와 능력주의를 종합시킨 것으로 연공주의의 장점을 살리면서 능력주의의 합리성을 가미한 것이다.

이것은 현재의 담당직무에서 요구되는 자격요건과 직결되지 않지만, 개인이 보유하는 지식·기능·능력 등과 같은 잠재능력을 평가하여 그 장래에 대한 유용성 또는 신장도를 추측하여 자격제도상의 상위자격에 승진시키는 것이다. 이 자격승진 제도는 직무에 직결된 조직구성 혹은 경영질서에 의한 승진제도는 아니고, 각 개인이 갖추고 있는 자격요건에 의한 승진제도이지만, 그중 신분자격승진은 「직무에 관계없는 속인적요소」에 의하며, 능력자격승진은 「직무에 관계가 있는 속인적요소」에 의한 승진제도이다. 일반적으로 자격승진이라고 할 때 능력자격승진을 의미한다. 능력자격승진제도는 직능자격 승진제도라고도 한다. 이는 담당하는 직무내용과는 관계없이 각인에게 갖추어진 인적자격 요건에 따라서 경영내의 공식적인 자격을 인정하고 상급의 처우단위로 승진시키는 방법이다.

3) 역직승진

이 제도는 직계승진의 일부라고도 볼 수 있지만, 직무와 직계에 연계되는 직위처리제도가 확립되지 못하는 경우에는 관리체계로서의 직제·직위만이 소위 역직위로서 체계화되어 그 승진관리가 행해진다. 이때의 승진이란 계장 → 과장 → 차장 → 부장과 같은 역직위(役職位)의 서열계층을 올라가는 것을 의미한다. 보통 승진이라고 하면 이 역직승진만 생각하는 경향이 있다. 그러나 역직수는 극히 한정되지 않을 수 없고 이것을 증가시키면 경영능률이 저하된다. 따라서 역직(役職)조직만으로는 역직 이외의 종업원들에게 안정감 및 만족을 줄 수 없다. 또한 역직조직은 직무의 곤란성이나 책임의 정도와 관계없는 권력의 조직이기 때문에, 종업원이 상위로 승진의욕만 강하게 가지며 권력욕만 커져서 직무내용의 전문성에 대한 관심이 줄기도 하고, 고수준의 직무를 추구하는 노력을 않게 될 위험성이 있다.

4) 대용(代用)승진

일반적으로 승진은 개인의 직무내용의 변화 및 임금, 지위, 책임과 권한이 동시에 상승하게 마련이다. 그러나 직무중심의 경영체제에서 특정 구성원을 승진시켜야 하지만, 마땅한 담당직책이 없어 직무의 변화를 고려하기 어려운 경우가 있다. 이때에는 인사체증과 사기저하를 방지하기 위해서 직무내용의 실질적인 변화는 없이 직위명칭 또는 자격호칭 등의 직위심볼상의 형식적 승진만을 하게 된다. 그러므로 승진의 실질적인 측면인 직책과 그에 따른 권한구조는 종전과 변함이 없으나 명칭상의 형식적인 측면의 승진이 이루어지고, 이에 따른 임금, 복지후생, 사회적 신분 등의 부수적인 상승이 수반된다. 이러한 형태의 승진을 대용승진(surrogate promotion), 준승진(quasi-promotion), 건승진(dry pro- motion)이라고도 한다.

5) 조직변화승진

조직변화승진(Organization change promotion system))이란 승진대상에 비하여 직위가 부족한 경우에 조직구조자체를 변화시켜 조직의 직위계층을 만들고 승진기회를 확대하여 실시하는 승진을 말한다. 이 경우는 조직구조를 변화시킴으로써 직무구조의 재편성까지 뒤따르는 것이 일반적이다.

5. 승진제도의 운용

조직의 승진제도는 사회·문화적 배경뿐만 아니라 경영자의 인사철학, 종업원의 의식구조, 조직의 경영풍토 등에 의해서 크게 영향 받는다. 그러므로 승진제도는 여러 가지 다양한 형태를 나타내고 있으며, 동일한 승진제도라 할지라도 실제로 적용할 때에는 각 기업은 자기 체질에 맞는 고유한 형태의 것을 운용하게 된다. 따라서 각종 승진제도가 아무리 합리적으로 잘 설정되었다고 하더라도 실제의 운용이 바르고 공평하지 않으면 그 효과를 기대할 수 없다. 실제로 승진제도의 여러 유형들은 서로 독립적인 것이 아니고, 서로 병용되거나 보완적 역할을 수행하는 것이 많다. 그러므로 이들간에 서로 모순되지 않도록 서로의 관련성을 조정해야 할 필요가 있다. 그런데 승진제도를 활용하여 필요인력의 효과적인 육성과 노동력의 효율적인 활용을 도모하기 위하여는 다음과 같은 내용을 충분히 고려하여야 한다.

1) 승진계획의 수립

승진계획은 승진제도가 소기의 성과를 얻기 위해 필요한 절차이다. 이러한 승진계획을 수립할 때 고려해야 할 사항들은 다음과 같다.

① 승진계획은 승진방침에 따라 조직 내의 모든 적용 가능한 직위에 대하여 작성·수립되고 실시되어야 한다.
② 기업은 새로운 승진계획을 실시하거나 실시중인 계획을 고치려고 할 때 종업원 및 종업원 단체의 의견을 참고하여야 한다.
③ 승진계획은 다른 부문의 인사계획 특히 인력계획, 모집계획, 교육훈련계획 등과 조화되도록 해야 한다.
④ 승진계획이 어떤 절차에 의하여 운영되고 있는가를 종업원들이 잘 알게 해야 한다.
⑤ 승진계획은 모든 종업원에 대하여 통일적이고 공평하게 적용되어야 한다.

2) 승진경로의 설정

종업원은 누구나 각자의 능력과 공헌도를 종합적으로 평가받아 승진할 권리를 가지고 있다. 따라서 기업은 효과적인 승진 및 장기적인 인사계획을 연결하기 위해서 합리적인 승진경로를 설정하여야 한다. 승진경로를 결정하기 위해서 지금까지의 자료를 분석하여 그 경로와 속도를 참고로 하여 직무분석에 의해 직무의 유사성, 연속성을 분명히 하고 소요 능력의 종류 및 정도를 명확히 하여야 한다.

3) 승진방식의 결정

승진의 경로에 따라서 승진방식이 결정되어야 하는데 [그림 6-1]과 같이 직선방식과 다각방식이 있다.

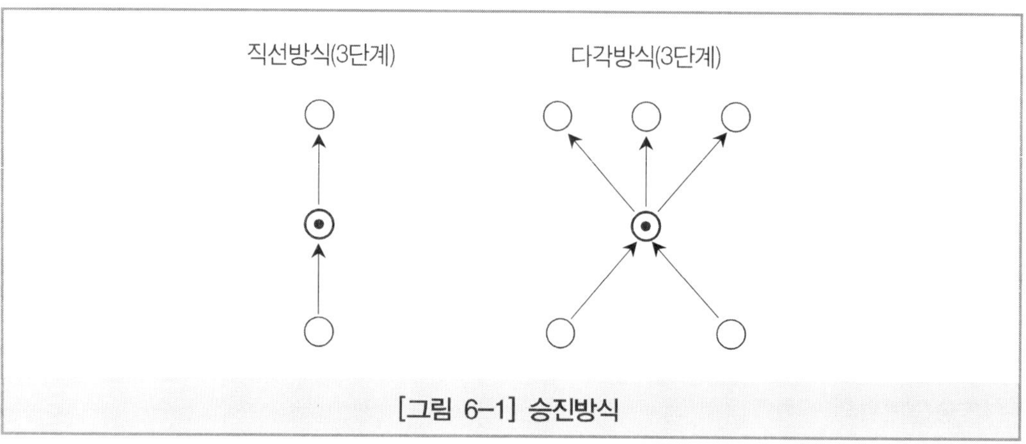

[그림 6-1] 승진방식

직선방식이란 예컨대 경리분야 또는 전산분야와 같은 동일직무계통 안에서 승진하는 것을 말한다. 한편 다각방식이란 다른 계통의 직무를 경험하면서 상위직위로 승진하는 방식을 의미한다. 따라서 이 방식을 직무순환(job rotation)이라고도 한다. 이러한 두 승진방식을 비교하면 다음과 같다.

일반적으로 간부직 경로는 상급직위를 향하여 다각방식이 되고 직능별 경로는 중급 직위에서는 다각방식이 되고 최하급 직위에서는 직선방식이 되는 경우가 많다. 또 전문가와 하위 직위일수록 직선방식을 상위 직위일수록 다각방식이 채용된다.

4) 승진의 집행

승진을 실제로 집행하는 권한과 책임은 라인관리자의 책임이다. 인사부장은 라인관리자가 승진을 집행함에 있어서 필요한 전문적 사항에 대한 조언을 함으로써 승진방침의 성공적인 집행을 할 수 있도록 하여야 한다.

라인관리자는 승진기준에 의한 여러 가지 요소의 평가결과를 종합하여 적격성을 판정한다. 이들 제요소들의 상대적 비중이나 반영은 각 기업의 업종, 규모, 직종, 직급에 따라 달라질 수 있으므로 승진방침으로 규정해 놓은 것이 계속성을 유지하고 공평성을 잃지 않게 되어 종업원에게 승진방침에 대한 신뢰감을 줄 수 있게 된다. 이렇게 하여 승진대상자가 결정되면 승진직위로 발령하여 업무집행에 들어갈 수 있게 한다.

5) 승진의 사후관리

승진대상자가 결정되면 다음과 같은 조치들이 신속히 이루어져야 한다.5)

첫째, 적격자가 승진을 거부하는 경우도 있으므로 승진 대상자의 최종의사를 확인한다. 사람에 따라서는 승진에 필수적으로 따르는 책임의 증가에 의한 심리적 압박을 피하고 싶어 하는 경우도 있다. 또한 승진과 동시에 타지역으로 재배치되어야 할 경우 가족이 이미 일정한 곳에 사회적 활동의 기반을 확립하고 있다면 승진대상자가 차라리 이직을 택하거나 또는 승진을 포기하는 경우도 있다.

둘째, 승진이 확정된 종업원은 현재의 직무에서 신속하게 해방되도록 조처하여야 한다. 따라서 인사부서는 관련 부서와 논의하여 승진자가 현재의 직무에서 신속히 떠날 수 있도록 조치해 주어야 한다.

셋째, 승진이 이루어진 한두 달 정도 후에 간단한 인터뷰를 통하여 승진이 적절하였는지 확인하는 피드백시스템이 확립되어 있어야 한다. 이것은 종업원의 사기에 중요한 역할을 한다.

넷째, 승진 탈락자에 대한 대비책을 강구해야 한다. 만약 대비책을 강구하지 못하는 경우 자칫하면 승진탈락자의 직무성과가 떨어질 수 있을 뿐만 아니라 각 부서내의 팀워크가 혼란해질 우려가 있기 때문이다.

제4절 이직관리

1. 이직의 의의

이직(separation)이란 종업원이 기업으로부터 이탈하는 것을 말한다. 종업원관계는 고용으로부터 시작되어 이직으로 종결된다. 즉, 조직을 하나의 중간매체로 하여 고용단계에서 투입되어 이직단계에서 유출되는 것이다. 노동이동의 관점에서 볼 때, 조직내부에서 이동되는 배치전환, 승진이 있고, 조직외부에서 내부로 이동되는 입직·고용이 있으며, 조직내부에서 외부로 이동되는 이직이 있는데, 일반적으로 협의의 노동이동은 입직과 이직만을 말하고 가장 좁은 의미로 사용될 때는 마지막의 이직만을 말한다.

---

5) Manual London, "What every Personnel Director should know about Management Promotion Decisions", *Personnel Journal*, Oct. 1978, p.554.

종업원이 조직을 떠난다 하더라도 소속되어 있던 조직체와의 관계는 완전히 단절되는 것이 아니라 여전히 그 조직의 성장·발전에 큰 영향을 미칠 수 있는 이해관계자 집단의 일원으로서 존재하게 된다. 따라서 조직을 떠난 종업원이 조직체에 대하여 호의적인 태도를 갖는가, 또는 비호의적인 태도를 갖는가 하는 것은 중요한 의미를 내포하고 있으며, 이직관리의 중요성도 이런 점에서 강조된다. 따라서 조직을 떠나는 종업원에 대한 효율적 관리와 그들이 기업에 대하여 좋은 이미지를 갖도록 관리하는 것은 매우 중요한 일이다.

2. 이직의 유형

이직은 그것을 결정하는 주체가 종업원 자신인가, 아니면 기업인가에 따라 자발적 이직과 비자발적 이직으로 구분된다.

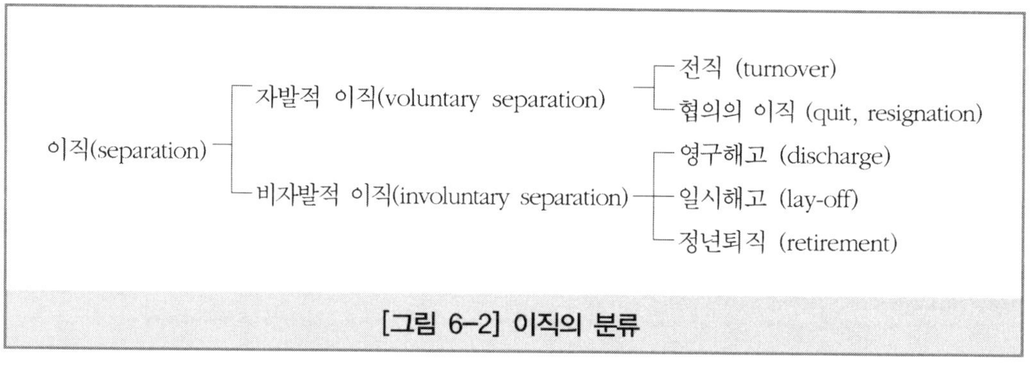

[그림 6-2] 이직의 분류

자발적 이직은 사직(quit, resignation)이라고도 하는데, 이는 회사에 불만이 있거나 보다 나은 기회를 찾기 위하여 다른 직장으로 옮기는 전직(turnover)과 결혼·임신·출산·질병·가족의 이주 등으로 회사를 그만 두는 협의의 이직으로 나누어진다. 비자발적 이직은 회사규칙의 위반이나 불충분한 업무수행으로 인한 영구해고(discharge)와 경제적 불황이나 인력과다로 인한 인력감축의 일환으로 사용되는 일시해고(lay-off)로 구분된다.

일반적으로 이러한 이직관리에 있어서 중요한 과제는 특히 자발적 이직과 관련된 문제들이다. 인적자원의 확보와 관리라는 측면에서 신규종업원의 채용 혹은 스카우트뿐만 아니라 현직 종업원의 이직을 방지한다는 것은 대단히 중요한 문제이다. 이러한 관점에서, 기업의 입장에서 대부분 회피가능이직(avoidable separation)이라 할 수 있는 자발적 이직의 원인을 우선 파악해 보는 것이 필요하다.

3. 이직의 원인과 대책

1) 이직의 원인

일반적으로 이직의 원인은 한 가지만 존재하는 것이 아니고 여러 가지가 복합적으로 작용한다. 피고즈와 마이어즈(P. Pigors & C. A. Myers)는 구체적인 이직사유를 다음과 같이 들고 있다.[6)]

① 보다 나은 다른 직무를 찾아서
② 통근조건·작업조건·교대근무의 어려움 때문에
③ 다른 사원이나 동료 때문에
④ 성취감을 얻지 못해서
⑤ 집안사정·학교복학·결혼·임신·배우자이동 때문에 일할 수 없게 되어서 등이다.

마치와 사이먼(J. G. March & H. A. Simon)에 따르면 조직이 성원에게 제공하는 유인(inducement)과 조직성원이 조직에 주는 공헌도(contribution)의 정도가 최소한 같거나 유인이 많을 때 종업원은 조직에 남게 된다. 따라서 개인이 조직을 떠나는 원인은 그가 원하는 보상(reward)을 조직이 충족시켜 주지 못해 종업원의 기대가 어긋나게 되기 때문이다.

2) 이직의 대책

기업에서 노동자가 이직할 때 떠나는 노동자에게 관심을 가질 여유가 없다고 생각할 것이 아니라 왜 이직하는지 그 원인을 자기 반성적으로 충분히 연구·검토할 수 있는 기회를 가져야 한다.

노동자가 이직하는 이유를 알아내는 방법에는 퇴직면접과 퇴직 후 질문지를 통한 방법이 있다. 퇴직 시 행하는 퇴직면접은 면접자가 체크목록을 가지고 직접상담하는 방법인데 이것은 퇴직원인만을 알아내는 것이 아니라 이직원인이 회사의 적절한 조처에 의해 구제될 수 있는 것이라면, 이직을 방지할 수 있는 방법도 찾아낼 수 있는 것이다.

그러므로 면접자는 적절한 면접기술을 가지고 종업원의 실제 퇴직이유를 알아낼 수 있는 사람이어야 한다. 그렇지 않고 미숙한 면접자라면 피상적인 퇴직이유만 알아내어 준비한 체크목록에 기입하는 것으로 그치고 말 것이다.

우리나라 대부분의 기업에서는 종업원이 퇴직 후 퇴직면접이라는 형식없이 퇴직이유를

---

6) P. Pigors and C. A. Myers, *op. cit.*, pp.225~227.

직속상관이나 부서장에게 알리고 사직서에 기재함으로써 이직자의 이직이유를 알릴 수 있는 제도가 마련되어 있지 않다. 이직자의 이직 이유를 연구·검토하여 정확한 이직원인을 알아냄으로써 회사의 인사정책의 개선점을 알아내고 이직자의 이직이유에 대해 해결책을 강구하여 이직을 줄이기 위해서는 퇴직면접의 실시가 요청되는 것이다.

퇴직 후 질문지법은 종업원이 퇴직한 후 일정기간이 경과한 후에 이들을 대상으로 그들의 퇴직이유를 우편에 의한 질문지를 배포하여 질문하고 익명으로 답변을 구하는 방법이다. 이러한 방법에 의하면 회답자의 이름을 알 수 없으므로 퇴직면접시의 이유와 개별적으로 비교할 수 없으나 퇴직 후 일정한 기간이 경과한 종업원들은 전직기업에 대해 어느 정도 냉정한 판단을 내릴 것이다.

그러므로 퇴직면접과 병행하여 퇴직 후 질문지법을 통하여 이직관리 대책의 개선점을 추구하는 제도적 장치는 이직을 감소시키기 위해서 유용한 관리 수단으로 활용할 수 있을 것이다.

제5절 퇴직과 정년제

Ⅰ. 퇴직

1) 퇴직의 의의

퇴직(retirement)이란 경영자와 근로자간의 합의나 근로자의 일방적 의사표시에 의하여 양자간의 고용계약이 완전히 파기되어 고용관계가 단절되는 경우를 말한다.

퇴직은 해고와는 다르다. 해고는 징계처분이나 기타 회사측의 생산계획 등의 변경에 따라 경영자측의 일방적 의사표시에 의하여 고용관계가 해소되는데 비하여, 퇴직은 본인의 사망이나 정년, 고용기간의 만료나 또는 본인의 의사표시에 의한 것이다.

2) 퇴직의 유형

퇴직은 크게 두 가지 유형으로 나누어서 볼 수 있다.

① 당연퇴직(mandatory retirement) : 당연퇴직은 종업원의 사망, 휴직기간의 만료, 종업원의 정년연령의 도달, 고용기간을 정하고 채용된 경우의 고용기간만료 등 일정한 사태발생으로 인하여 이루어지는 퇴직을 말한다. 그 중 특히 정년에 도달하여 이루어지는

퇴직을 정년퇴직이라고 한다.

② 의원퇴직(voluntary retirement) : 의원퇴직(依願退職)은 종업원이 퇴직의 의사를 표시하는 퇴직원을 경영자에게 제출함으로써 이루어지는 퇴직이다. 기업에서 특히 문제가 되는 것은 의원퇴직이다. 이는 종업원이 타회사로의 전직이나 일신상의 이유 또는 회사에 대한 불평불만으로 인한 퇴직이기 때문이다. 이러한 의원퇴직이 빈번히 발생하면 그 파급효과가 크며 회사에 바람직하지 못한 결과를 가져오기 쉽다.

3) 퇴직프로그램의 운영

사람들은 그들의 일생동안 얻어진 경험의 결과로서 여러 가지 개인적인 문제, 실망, 그리고 비극적인 일에까지도 어떻게 적응해야 하는지를 배운다. 그러나 퇴직은 대부분의 사람들이 그들의 일생동안 단 한번 겪게 되는 중요한 일이기 때문에 그것에 적응할 만한 경험의 기회를 갖지 못한다. 사실 우리가 직장을 얻기 위한 준비에 수년을 소비하면서도 흔히 직장으로부터의 퇴직의 준비는 거의 없다는 것은 이상한 일이다 그러므로 종업원들이 퇴직에 쉽게 적응하도록 도와주기 위해서 퇴직프로그램(reti- rement program)제도를 운용할 필요가 있다. 이때의 퇴직프로그램은 의원퇴직을 하는 종업원이 아니라 주로 정년 등 임기가 정해진 종업원들을 대상으로 실시하는 제도이다.

또한 이는 종업원들이 언젠가는 퇴직할 것이라는 것을 인식하고 퇴직에 대한 충격을 완화시켜 서서히 이에 익숙해지도록 하고, 퇴직 후 당면하게 될 여러 가지 문제로 인한 어려움을 사전에 방지하거나 감소하자는 데 그 의미가 있다. 효과적인 퇴직프로그램의 두 가지 주요 요소는 ① 자발적 참여 ② 자기계획(self-planning) 설정에 도움을 주는 정보의 제공이라고 할 수 있다. 그런데 퇴직프로그램에서 취급되는 주요사항은 다음과 같다.[7)]

(1) 재정적 사항

① 사회 안정보장혜택(social security benefits)

② 회사연금(company pension)

③ 계속적인 회사의 관례(예, 보험·신용조합 등)(continuing company benefits)

④ 개인적 예산관례(personal budgeting practices)

⑤ 유언서(wills)

7) E. B. Flippo, *Personnel Management*, 5th ed., McGraw-Hill, 1980, p.463.

(2) 주택

① 퇴직공동체(부락)(retirement community)

② 공동체에서의 이동문제(problems in moving from community)

(3) 여가시간의 활용

① 취미생활(hobbies)

② 공동체의 자발적 조직(volunteer organization in community)

③ 시간고용제(part-time employment)

④ 사회적 접촉의 욕구(need for social contacts)

(4) 건강

① 영양(nutrition)

② 심리적·정서적 문제(psychological and emotional problems)

2. 정년제

1) 정년제의 의의

정년제(age-limit system)란 사용자가 연령을 정하여 그 연령에 도달한 근로자의 능력여하를 불문하고 자동적·강제적으로 퇴직시키는 제도를 말한다. 즉 종업원이 취업규칙 또는 근로협약에 규정된 일정한 연령에 달했을 때 제도적으로 그 기업을 떠나도록 하는 것이다.

요컨대 정년제(停年制)는 기업에 있어서의 신규노동력의 유입과 고령노동력의 유출이라고 하는 노동력의 신진대사를 자동적으로 실시하는 기능을 갖는 퇴직에 관한 제도라고 할 수 있다. 따라서 정년제는 일정한 한계연령을 설정하고 고령근로자를 자동적으로 기업에서 유출시키는 것을 유도하는 것으로서 그의 목적은 기업에 필요한 노동력을 상시보전하고 그의 효율적 이용을 도모하는 데 있다고 할 수 있다. 정년제는 국가에 따라 또는 직무와 직급 등에 따라 차이가 있으며, 그 나라의 사회보장정책, 고령자 보호정책 및 종합적 인적자원 관리정책과도 밀접하게 관련되어 있다.[8)]

---

8) 鄭京燮, 前揭書, p.186.

2) 정년제의 유형

정년제에는 여러 가지 형태가 있으나 이를 세 가지 유형으로 나누어 살펴보면 다음과 같다.

(1) **통상정년**(normal retirement)

공적연금제도 또는 사적연금제도로부터의 노령임금이나 퇴직연금을 완전히 수급할 수 있는 연령(구미에서는 65세가 대부분)에서의 퇴직이다. 이 경우 퇴직에 대한 강제성은 전혀 없으며, 퇴직하느냐 안하느냐는 근로자가 임의로 정할 수 있다. 또한 완전 연금수급자격 취득전에 퇴직하여 감액연금을 수급하는 경우를 조기정년(early retirement)이라 부르기도 하는데 이는 근로자가 임의로 퇴직하는 경우이므로 통상정년과 같은 범주에 포함시키고 있다. 통상정년은 성격상 구미의 노령연금제도와의 관련성이 특히 강하다.

(2) **강제정년**(compulsory retirement)

강제정년은 기업에서 퇴직을 강제하는 연령에 도달한 경우인데, 이 경우에도 사용자의 의사와 근로자의 희망이 합치되는 경우에는 동일한 사용자 밑에서 근무연장 내지 재고용될 수 있다.

(3) **자동정년**(automatic retirement)

기업에서 자동적으로 퇴직하게 되는 연령으로서 동일한 사용자 밑에서 근무연장이나 재고용될 여지가 없는 경우이다.

이상과 같이 유형화되는 정년제의 형태는 어느 것이나 공적연금제도 내지 사적연금제도, 또는 양자의 노령연금제도 그리고 퇴직일시금제도와 밀접한 관련을 가지고 있다.

정년제도의 유형에는 이상과 같은 구분방법 이외에 일률정년제, 계급정년제, 직급별정년제, 직종별 정년제 등이 있다. 또한 특수한 형태로 선택정년제가 있다. 즉 상용근로자 전원에 대해서 직업이나 성별에 관계없이 정년연령이 일률적으로 정해지고 있는 정년제도를 일률정년제라고 하며, 직업의 종류별로 정년연령이 정해지고 있는 정년제도를 직종별정년제라고 한다. 한편 선택정년제는 명예퇴직제도라고도 한다.

3) 정년제의 운용

정년퇴직은 많은 사람들에게 사회생활의 종말로 받아들여지고 있기 때문에 새로운 사회문제로 등장하고 있다. 즉 경제가 저성장 및 안정의 단계로 들어서면 경제활동인구가 고령화·노령화되는 것은 세계적인 추세이다. 그리고 정년문제는 사회복지와도 깊은 관련이 있는데,

시민의 노후복지 또는 노후생활의 안정이라는 측면에서 중요하게 다루어져야 한다. 그래서 고령 근로자 본인의 의욕과 능력에 따라 정년퇴직의 기준이 탄력적으로 적용되는 것이 본인과 사회에 대하여 다 같이 이익이 된다.[9)]

한편 정년제의 탄력적 운용의 일환으로서 ① 근무연장제 ② 재고용제 ③ 선택정년제 등이 있다.

(1) 근무연장제

정년 그 자체는 연장하지 않으나 정년에 도달해도 즉시 퇴직시키는 것이 아니고 개별심사 등에 의하여 1년 내지 3년 정도의 근무연장기간을 설정해 놓고 탄력적으로 운영하는 제도를 말한다.

(2) 재고용제

정년도달 시에 고용계약을 형식적으로는 일단중지하고 퇴직금을 지불한 뒤 촉탁 내지 임시사원으로 다시 채용하는 제도로서 재고용의 경우 신분·임금·상여금 등은 낮아지는 것이 일반적이다.

(3) 선택정년제

기업에서 종업원의 정년을 연장하게 되면 인력구성이 고령화되고 임금인상이 퇴직금 산정의 기초부분에 파급되어 퇴직금 비용이 대폭 증대된다. 따라서 종업원들이 최종정년전 특정연령에 이르러 누구라도 자기의사에 의해 퇴직하는 경우 일반적으로 근속 20년 이상의 사람에게는 퇴직금 기준액을 100%로 보장하여 주는 제도를 마련할 수 있는데, 이를 선택정년제라 한다.

이 제도는 일정한 고연령에 도달하면 본인이 신청하거나 또는 회사가 인정하는 시점을 정년으로 보는 것이며, 퇴직금은 정년취급과 같이 계산하여 우대지급하든지 특별프리미엄이 붙게 된다. 요컨대 선택정년제는 일반적으로 근속 20년 이상의 종업원이 정년전에 퇴직하는 경우 제2의 직업을 찾을 기회를 주자는 것과 한편으로는 고령사원에 대한 인건비, 퇴직금 등의 부담을 덜고 기업에 활력을 부여하려는 데 그 의의가 있다.

---

9) 愼侑根, 前揭書, pp. 556~558.

제7장

교육훈련관리

제7장

교육훈련관리

제1절 교육훈련의 개념

1. 교육훈련의 의의

기업에 필요한 인력을 확보하기 위한 채용관리가 인사관리의 출발점이라고 한다면 종업원의 개인적 자질과 관리능력을 향상하기 위한 교육훈련은 그 두 번째 과정이라고 할 수 있다. 기업활동이 계속적으로 전개되는 과정에서 일단 채용한 종업원을 직장의 환경에 적응시켜 한 사람의 뛰어난 숙련자로 육성하며 그들이 보유한 능력을 최대한 발휘시키기 위해서는 계속적인 교육훈련이 필요하다.

일반적으로 기업에 있어서의 능력개발은 기업내 교육훈련, 또는 산업훈련(industrial training)이라는 명칭으로 행해지고 있다. 또한 교육훈련이라는 말 대신에 연수라는 용어가 사용되기도 한다. 교육(education)은 일반적으로 특정직무와 관련되지 않는 일반지식과 기초이론을 가르침으로써 장기적인 학습능력을 향상시키는 데 도움을 주는 것이다. 따라서 교육은 개인단위의 능력배양은 물론이고 종업원의 잠재력을 유인하는 정신적인 의미까지 강조된다. 반면 훈련(training)은 특정직무를 수행하는 데 필요한 지식이나 기능 등을 새로이 습득시키고 발달시키는 것이다.

그러므로 교육은 주체적·자기개발적 인간의 형성을 내적으로 촉진하는 것이고, 훈련은 인간의 능력을 외부로부터 보충하는 것이라고 할 수 있다.[1] 한마디로 교육훈련은 종업원의 사고,

습관 및 태도를 변화시킴으로써 그들이 맡은바 직무를 효과적으로 수행할 수 있도록 원조하기 위해 계획된 조직적 활동이라 할 수 있다. 따라서 기업교육훈련관리란 현재 필요로 하는 직무지식이나 기능 내지 종합적 판단능력 등을 계획적으로 체계화하여 종업원에게 학습시키고 또한 훈련하는 일련의 관리활동을 말한다. 한편 현재의 직무수행에 곧바로 필요한 것은 아니지만 가까운 장래에 담당하게 되거나, 새로이 발생하게 되리라고 추정되는 직무를 수행하는 데 필요한 지식이나 기능을 스스로 익히고, 잠재능력의 확충을 도모하고자 하는 종업원의 자기개발(self development)활동, 즉 능력개발(ability development)을 용이하게 하도록 계획적으로 촉진하고 지원하는 활동을 능력개발관리라고 할 수 있다. 예컨대 독창력의 개발, 감수성 훈련, 넓은 식견, 컴퓨터의 이용이나 마케팅지식·기법의 응용 등을 들 수 있다.

오늘날 기업의 규모가 점차 확대되고 새로운 직무가 나타남에 따라 교육훈련의 중요성이 더욱 커지고 있다. 기업규모가 작고 직무가 단순하며 습득하기가 용이하고 기술변화에 의한 영향을 적게 받을 때에는 종업원의 기술수준이나 관리능력을 향상시키거나 변경할 필요가 거의 없다. 그러나 오늘날처럼 고도로 발달한 산업사회에서 일어나는 급속한 변화로 인하여 기업은 제품과 서비스의 생산 및 조달방식, 필요한 직무유형, 이들 직무를 완수하기 위한 관리 및 기술유형을 변경해야 할 필요성에 직면해 있다. 따라서 교육훈련은 신규채용된 종업원들에게만 한정되는 것이 아니고 현직 종업원들의 직무를 전환하거나 승진 시 또는 새로운 고도의 기술도입을 위해서도 수시로 필요하다.

2. 교육훈련의 목적

기업의 성과는 노동력의 질에 의존하고, 노동력의 질적 향상은 교육훈련에 의존한다. 그러므로 교육훈련을 실시하는 과정에서 먼저 고려되어야 할 사항은 교육훈련의 목적을 명확히 하는 일이다. 기업에서 교육훈련을 실시하는 궁극적인 목적은 전종업원의 지식·기능·태도를 향상시킴으로써 기업을 유지·발전시키는 데 있다. 이것을 기업측면에서 본다면 업무능률을 향상시키고 그것이 계속적으로 발휘될 수 있도록 인재를 육성하는 일이다. 그리고 종업원 측면에서 보면 인간적인 완성을 위한 성장과 이에 따른 처우의 향상이 교육훈련의 의도하는 바라고 할 수 있다.

예컨대 교육훈련의 목적을 미이(F. Mee)교수는 ① 사고율의 저하 ② 커뮤니케이션의 개선 ③ 사기의 제고 ④ 품질의 개선 ⑤ 종업원의 불평해소 ⑥ 감독자의 부담경감 ⑦ 작업방법의

1) 花岡正夫·勝山英司, 現代人事管理, 白桃書房, 1972, pp.165~166.

개선 ⑧ 낭비와 소모의 절감 ⑨ 결근과 인사이동의 감소 ⑩ 습득기간의 단축 등을 들고 있다.

3. 교육훈련의 효과

교육훈련에서 기대할 수 있는 효과는 다음과 같다.[2)]

첫째, 교육훈련을 통해서 종업원들은 자신들에게 영향을 미칠 정책·절차·관행·규정 등과 그들이 담당할 직무에 대해서 알게 된다. 그리고 이러한 정보들은 새로운 작업환경에 익숙해지는 데 도움을 주고 회사에 대한 친근감과 안정감을 가지게 한다.

둘째, 종업원들은 직무기술서에 나타난 직무요건에 따라 정확하고 포괄적으로 교육받는다. 이렇게 함으로써 좀 더 빨리 표준성과에 도달할 수 있고 조직에서 자신들의 가치를 증대시킬 수 있을 뿐만 아니라 개인적인 성장이라는 인간적 욕구를 충족시킬 수 있다.

셋째, 교육훈련을 통하여 사고, 불량품, 기계 및 설비의 손상을 최소한으로 유지할 수 있다.

넷째, 효과적인 교육훈련은 종업원들의 불만·결근·이동을 크게 감소시킨다. 그것은 교육훈련이 종업원 전체에 대해 그 능력을 최고도로 발휘할 수 있게 하기 때문이다.

다섯째, 종업원들이 계속적으로 교육훈련에 참여함으로써 조직에서의 그들의 가치를 점차로 증가시키고, 그들 자신의 승진에 대비하여 능력향상을 도모할 수 있다.

여섯째, 교육훈련은 새로이 도입된 신기술에 대한 종업원의 적응을 원활히 한다.

결론적으로 교육훈련의 효과는 종업원의 지식·기술·태도를 향상 발전시켜 종업원들로 하여금 그들의 직무에 만족을 갖게 하고, 직무수행능력을 더욱 발전시켜 그들로 하여금 한층 더 중요한 직무를 수행할 수 있도록 하는 데 있다. 따라서 교육훈련은 궁극적으로 기업을 유지·발전시키는 것과 직결된다.

제2절 교육훈련의 계획과 실시

교육훈련을 계획하고 실행에 옮길 때에는 계획일반의 기본적인 원칙을 충실히 지켜 합리적이고 실행에 무리가 없도록 해야 한다. 교육훈련은 일반적으로 다음과 같은 과정에

2) Paul Pigors & Charles A. Myers, *Personnel Administration*, 9th ed. McGraw-Hill, 1981, pp.261~262.

따라 실시된다.

1. 교육훈련 필요성의 발견

훈련이 왜 실시되어야 하는지를 밝히고 그 이유와 목적에 따라 훈련이 실시되도록 한다. 오늘날 기업에서 필요로 하는 능력은 과거의 능력개념보다도 훨씬 확대되었고 질적으로 향상된 것이다.

능력에 대한 요구가 이처럼 변화된 것은 조직을 둘러싸고 있는 환경에 커다란 변화가 일어났고, 그 변화가 계속해서 빠른 속도로 진행되고 있는 데 기인한다. 이러한 변화에는 ① 제품의 다양화, 마케팅 전략의 중요성, 정보의 시스템화, 컴퓨터의 도입, 기업활동의 국제화 등으로 인한 기업업무의 다양화 및 고도화, ② 기술경쟁, 원가경쟁, 마케팅경쟁 등 기업간 경쟁의 격화, ③ 노동력 부족과 이로 인한 성력화(省力化)경향, ④ 경제 및 기업규모의 확대, ⑤ 사람들의 가치관과 생활태도 등의 변화로 인한 인사관리 방법과 제도의 변화 등이 있다.

그런데 이상과 같은 환경적 요인의 변화는 교육훈련을 촉진하는 일반적인 이유에 불과하고 실제 각 기업에 있어서는 그 기업이 처한 상황에 따라 교육훈련의 필요성이 결정된다. 그러므로 교육훈련의 필요성은 각 기업의 관점에서 고찰하는 것이 중요하다.

즉 현시점에서 종업원이 보유하고 있는 직무지식, 직무기능, 직무태도 등을 고려하여 교육훈련이 계획·실시되어야 한다. 따라서 직무수행에 필요한 직무요건보다 종업원의 직무수행능력이 부족하다고 판단되면 교육훈련이 필요한 것이다.

2. 교육훈련의 대상선정

현재 훈련이 필요한 사람이 신입사원인지 또는 이미 취업을 하고 있는 종업원인지를 알아야 하며, 더욱 구체적으로 현 종업원 가운데서도 현재 훈련의 필요성을 가장 절실히 느끼고 있는 것이 일선의 종업원인지, 감독자층인지 또는 경영자층인지를 분명히 파악해야 한다. 훈련을 받아야 할 대상이 먼저 결정되어야 할 이유는 이들 대상에 따라 훈련의 내용이나, 기간, 장소, 담당자 등이 달라지기 때문이다.

3. 훈련의 내용선정

훈련의 내용에 대한 계획을 수립하기 위해서는 먼저 종업원들의 담당직무를 연구하여 도달되어야 할 작업표준을 명확하게 밝혀내야 하며, 다음으로 종업원 개인의 근무실적, 능력, 태도 등을 검토해서 이것을 설정한 작업표준과 비교한다.

즉, 현재 종업원이 가지고 있는 직무상의 지식이나 기능이 도달되어야 할 작업표준에 미치지 못할 경우에는 부족한 분야의 지식이나 기능은 교육훈련을 통해 신속히 보충해 줄 필요가 있다.

4. 훈련담당자의 선정

훈련의 담당자는 기업의 규모, 업종, 경영자의 방침 등에 따라서 상이하지만, 대체로 대규모 기업에 있어서는 독립된 교육훈련부를 가지고 전 종업원에 대한 조직적이며 계속적인 훈련을 실시하고 있다.

훈련의 담당자가 되기 위해서는 무엇보다도 교육해야 할 직무에 관한 광범한 지식과 오랜 경험을 가짐으로써 피훈련자로부터 신뢰와 존경을 받을 수 있는 자라야 하며, 나아가서는 탁월한 훈련기술을 소유하고 교육에 대한 인내와 열의를 가져야 한다.

5. 훈련방법의 결정

교육목적·교과내용에 따라 어떤 방법으로 가르쳐야 할 것인지를 결정한다. 훈련대상자의 수준에 따라 교육내용에 알맞은 교육방법을 사용해야 교육을 성공적으로 이끌 수 있다.

6. 훈련의 시기·기간 및 장소

훈련의 시기와 기간은 대체로 훈련의 목적, 장소, 담당자 및 피훈련자의 능력 등에 의해서 결정된다. 신입사원의 경우에는 대개 실무에 종사하기 전 1주 내지 10일간 실시되며 현직자 훈련의 경우에는 피훈련자의 능력이나 경험을 기준으로 해서 훈련의 장단이 결정되며 되도록이면 작업에 별로 지장이 없을 때를 택해서 그 기간을 선정할 필요가 있다.

그리고 훈련장소는 훈련의 내용과 방식에 따라서 결정된다. 교육훈련을 실시하기 위해서는 누가, 무엇을, 언제, 어디에서, 누구에게, 어떻게 가르칠 것인지에 대한 치밀한 훈련계획표를 작성해야 한다.

7. 훈련의 실시

훈련담당자는 각 교과목이 당초계획대로 충실히 교육되고 있는지를 살피고 차질이 있을 경우 수정해 나간다.

8. 훈련성과의 평가

목표한 성과가 달성되었는지를 평가하고 만족할 만한 결과를 얻지 못했을 경우 새로운 훈련계획을 계획하여 개선되도록 한다.

제3절 교육훈련의 종류

종업원에게 실시하는 교육훈련의 형태는 훈련을 받는 대상, 훈련을 실시하는 장소에 따라 대상에 의한 분류와 장소에 의한 분류로 나눌 수 있다.

1. 대상에 의한 분류

대상에 의한 분류는 교육훈련을 받는 대상자를 중심으로 신입자교육훈련과 현직자교육훈련으로 구분된다.

1) 신입자교육훈련

신입자교육훈련은 신입종업원 전부를 대상으로 입직훈련(orientation)과 실습교육의 단계를 거친다.

(1) 입직훈련(orientation)의 의의

기업에 신규 채용된 신입종업원들에게 견습기간 중 또는 채용직후 일정기간 동안 회사에 관한 제반사항, 직무에 관한 요건, 근무태도 등을 교육훈련시키는 것이다. 이 기간은 신입자에게 회사에 대한 좋은 인상, 친밀감, 애사심 등을 심어줄 수 있는 중요한 시기가 된다. 신입종업원의 교육훈련은 흔히 '오리엔테이션'(orientation)이라고 하며, 구체적으로 다음과 같은 목적을 가지고 있다.

① 회사의 새로운 교육훈련에 신속히 적응하도록 한다.
② 회사의 경영기본방침 및 현황을 알리며, 내부의 여러 가지 기풍을 익힘으로써 좋은 분위기에 젖게 한다.
③ 신입종업원 상호간의 친목을 도모하고 각 부서의 관리자와의 접촉을 통해 좋은 노동관을 육성시킨다.
④ 실무에 필요한 태도와 관례를 알려서 회사의 일원으로서 충실히 근무하도록 하며, 자기 직무에 대한 연구심과 의욕을 길러준다.
⑤ 각 부·과·계의 시설과 작업에 관하여 주지시키고, 간부 및 동료들과 접촉하는 기회를 마련함으로써 인간관계를 원활하게 할 수 있도록 한다.
⑥ 회사에 대한 좋은 인상과 감정을 갖도록 하여 귀속의식을 자각하게 하고, 노동이동률을 감소시킨다.

(2) 입직훈련의 내용

회사에 따라 차이가 있을 수 있는데 일반적으로 다음과 같은 것이 있다.

① 회사의 기본적 사항 : ⓐ 회사의 연혁, 설비, 조직 및 경영방침 ⓑ 제품·업종·동종기업 및 판매시장 ⓒ 인사방침, 고용조건 및 복무규정 ⓓ 소속부문의 조직과 직무, 근로시간, 임금, 승진기회 ⓔ 복지후생시설 및 사내에서 이용할 수 있는 제반시설 ⓕ 회사내의 노동조합의 활동과 종업원과의 관계
② 실무의 기초적 사항 : ⓐ 상사·동료·관계자에 대한 소개 ⓑ 직무내용, 안전관리, 작업장, 기계, 공구, 작업표준, 임금산출방법 등에 관한 설명 및 견학 ⓒ 문서취급상의 주의사항, 전표발행방식, 기장방법, 보고서제출 ⓓ 소속 부서에 적용되는

제 규칙과 관례 ⓔ 복무규율과 징계에 관한 제 규정

③ **교육훈련후의 면접** : ⓐ 입직훈련에 관련된 전반적인 질의응답과 중요사항에 관한 재강조 ⓑ 배치의 적부 및 배치전환에 대한 검토 ⓒ 임의가입제인 복지후생제도, 자율적인 종업원 단체에 참가 여부 ⓓ 기타 개별적 사항.

(3) 멘토시스템

멘토(mentor)는 오늘날 경험많은 연장자가 연하의 동료 또는 신입사원에게 그가 이미 조직에서 터득했던 지혜와 경험을 전해 주는 사람으로 통용되고 있다. 기업조직에서 멘토는 "후진들(mentee: 멘토의 지원을 받는 자)에게 역할 모델을 제공할 뿐만 아니라 도전적 직무부여, 상담 및 조직에 대한 지식제공 등을 통해 그의 대인관계 개발 및 경력관리에 도움을 주는 자"로 이해되고 있다.[3)]

멘토의 조직사회화관련 기능을 아래와 같이 3가지로 요약할 수 있다.

신입사원에게 멘토관계가 형성되었을 때 멘토가 수행하는 기능 중 가장 먼저 나타나는 것이 지도활동(teaching)"이다. 이 단계에서 신입사원은 멘토로부터 조직에 대한 의미있는 정보를 획득한다. 즉 신입사원이 조직에 적응하는데 필요한 정보인 기존 구성원의 인적사항, 조직내 권력구조 및 조직의 일반적 풍토 그리고 조직에서 갖추어야 할 기본자세, 예의바른 태도 등을 멘토로부터 교육받게 된다. 또한 멘토는 신입사원이 수행하는 직무에 대한 지식, 수행요령 그리고 기존 조직구성원과의 직무관련 협동양식 등에 대해서도 구체적인 정보를 제공한다. 이러한 "지도활동" 단계는 결국 멘토가 신입사원에게 조직에 관한 정보와 직무에 관한 정보를 제공하는 기능으로 특징지을 수 있다.

두 번째 단계는 멘토의 신입사원에 대한 "심리적 상담 및 개인적 지원활동"이다. 이러한 기능수행의 핵심은 멘토가 신입사원에게 자신을 내보이며 서로 감정적인 동화가 되는 단계이다. 즉 신입사원이 조직에서 겪는 어려운 일들에 대해 멘토는 이를 지원하고 신입사원의 직무범위 밖의 사항인 개인생활 내지 가정생활에 대해서도 조직과 관련하여 조언 내지 지원을 한다.

멘토의 기능수행 중 세 번째 단계는 "조직적 개입활동"이다. 이 단계에서는 이제까지 발전되어온 멘토-신입사원의 관계가 둘만의 관계로부터 조직내 알려지게 되고 필요한 경우 멘토는 조직에 신입사원의 존재를 과감히 알려준다. 즉 신입사원을 조직의 타 구성원이 인정할 수 있도록 여건을 조성하고 실행한다. 이러한 멘토의 활동은 신입사원의 능력에 대한 자신감에서 출발하며 신입사원의 조직에 대한 수동적인 "적응"자세에서 조직에서의 경력개발이라는 적극

---

3) 박경규, 신인사관리, 홍문사, 2001, pp. 305-306

적인 자세로 전환시키는 것을 말한다. 이러한 입장전환에는 항상 위험이 따르며 신입사원이 이로 인해 조직에서 어려움을 겪게 되면 멘토가 보호하기도 한다.

이상에서 제시한 멘토시스템의 기능이 꼭 신입사원에게만 국한되는 것은 아니고 신입사원의 조직 및 직무에의 적응단계를 넘어 조직에서의 성장까지 포괄하고 있다.

2) 현직자교육훈련

아무리 우수한 종업원을 모집하였다 하더라도 경영자가 이들에게 새로운 지식과 기능, 기술 및 경영방침 등을 훈련시키는 데 소홀하게 되면 종업원의 질은 저하되고 기업의 입장은 날로 불리하게 된다.

그러므로 급격히 발전하는 산업사회의 경쟁에서 승리하기 위해서는 부단한 현직자 교육훈련을 통하여 새로운 산업기술이나 경영기술을 습득시켜야 한다.

현 종업원에 대한 훈련내용은 기업조직 내에서 수행하는 직무의 성격이나 지위에 따라 달라져야 하므로 여기서는 이것을 일반종업원 훈련, 감독자 훈련, 관리자 훈련, 경영자 훈련 등으로 나누어서 살펴보기로 한다.

(1) 일선종업원훈련

일선종업원은 일반직에 있는 남녀사원 전원을 대상으로 각 직급의 역할에 상응하는 내용을 교육한다. 이 교육훈련의 주요 목적은 조직의 구성원으로서 기초적인 마음가짐이나 미래의 간부로서의 자질 및 적극적이고 협조적인 사회인을 육성하려는 데 있다. 그러기 위해 일선 종업원훈련은 다음과 같은 방향에서 실시되어야 한다.[4)]

ⓐ 일반 종업원의 시야를 확대하고, 분석력·판단력을 육성한다. ⓑ 관리의 기초능력을 육성한다. ⓒ 협력의식의 향상과 상호 계발에 의한 자질의 향상을 도모한다.

일선 종업원 훈련은 그 내용에 따라 노동교육, 교양교육, 기능교육으로 구분된다. 이 세 가지 교육은 별도로 실시되는 것보다 상호관련하에 동시에 실시하는 것이 효과를 높일 수 있다.

① 노동교육 : 노동교육은 종업원의 사회적·경제적 지위향상과 노동생활의 질을 개선하고 노동조합원으로서 필요로 하는 지식을 습득시키는 데 그 목적이 있다. 일반적으로 노동교육은 노동조합측에서 실시하는 것이 보통이다. 그러나 노사관계의 개선과 기업의 생산성 향상에 기여하기 위해서는 기업측에서도 이에 적극적인 관심을 기울일 필요가 있다. 노동교육의 내용은 노동을 중심으로 하는 산업, 경제, 정치, 사회의

---

4) 産業勞働調査所, 新人事制度事例百科, 東京, 1979, p.407.

역사, 노동법규의 이해, 소속산업 및 기업의 제문제, 근로조건, 단체협약, 취업규칙, 조합원으로서의 훈련 등이 포함된다.

② **교양교육** : 교양교육은 종업원의 인격과 그들이 사회의 구성원으로서 생활하여 나가는 데 필요한 일반지식 및 교양을 높이기 위한 교육훈련이다. 교육의 범위는 교양에 관계되는 정치, 경제, 사회, 문화의 전반에 걸친다. 이의 교육훈련 방법으로는 학교교육, 독서교육, 강연회 등과 같은 것을 들 수 있다.

③ **기능훈련** : 일반종업원에 대한 훈련은 현장의 제품생산과 직접으로 관련시켜 그 기능을 향상시키는 데 중점이 있으므로 실제로 기능직의 기능훈련(skill training)을 위주로 하게 된다.

기능훈련의 종류와 내용은 다음과 같다.

ⓐ 직업학교 교육훈련(vocational school training) ─ 이는 기능공을 외부의 직업학교에 파견하여 작업에 필요한 기초지식, 예컨대 공업수학, 독도(讀圖), 컴퓨터 프로그래밍 등에 관한 훈련을 시키는 것이다. 이러한 기초적 훈련은 회사에서 행하는 것보다 각종 직업학교에 종업원을 파견하여 교육시키는 것이 비용면이나 효용면에서 유리한 경우가 많다.

ⓑ 도제훈련(apprentice training) ─ 이 훈련방법은 중세에 발달한 도제제도(apprenticeship)에서 유래된 것으로 종업원의 기능을 향상시키기 위한 훈련 가운데서 가장 오랜 역사를 가지고 있다. 도제훈련(徒弟訓練)은 작업현장에서 감독자의 지도를 받거나, 숙련공의 작업수행을 보조하면서 기능과 지식을 습득하는 것이다. 특히 수공적(手工的)인 정교한 기능을 장시일에 걸쳐 채득해야 작업에 유용성이 크다.

ⓒ 실습장훈련(vestibule training) ─ 급속한 사업확장 등과 같이 일시에 다수의 종업원을 훈련시킬 필요가 있을 때 주로 사용되는 방법으로서 실제의 작업장이 아닌 실습장(實習場)에서 실습용설비 등을 이용하여 작업방법을 습득하고 기능훈련을 행하는 방법이다.

(2) 감독자훈련

감독자훈련(supervisory training)의 대상이 되는 것은 직접 부하를 지휘·감독하는 제일선의 감독자로서 직공을 감독하는 직장(職長)과 사무원을 감독하는 계장 등이 이에 해당한다.

감독자의 교육훈련은 테일러(F. W. Taylor)이래 중시되어 온 것으로서, 특히 미국에서는 1920년대부터 조직적으로 발달하였다. 이러한 감독자의 교육훈련방법의 하나로 TWI(training within industry; 산업내훈련)방식을 들 수 있다.

이것은 감독자를 위한 직장 외 훈련의 대표적인 정형방식으로서 주로 생산부문에 있어서는 일선 감독자의 훈련을 위하여 제2차 세계대전 중에 부족한 감독자의 속성훈련을 위하여 미국의 전시노동력 위원회(Division of War Manpower Commission)에서 고안한 것으로서 1948년에 국제노동기구(International Labor Organization: ILO)에 의하여 채택되어 세계각국에 널리 보급되었다.

TWI방식에 의하면 감독자에게 공통적으로 필요한 자격요건으로서는 ① 감독하는 작업에 관한 지식, ② 직책에 관한 지식, ③ 작업지도의 기능, ④ 작업방법 개선의 기능, ⑤ 부하통솔의 기능 등 2가지 지식과 3가지 기능으로 되어 있다. 그러나 이 가운데서 두 가지 지식은 각 직무마다 내용이 상이하여 통일적으로 다룰 수가 없으므로 공통적으로 실행가능한 세 가지 기능, 즉 J. I(job instruction: 작업지도), J. M(job method: 작업개선) 및 J. R(job relations, 현장인간관계)의 3계열로 구성되어 있다.

TWI의 실시방법은 1개반을 10명의 직장(foreman)으로 편성하여 주로 직장에서 발생하는 구체적인 문제에 대하여 훈련지도자(instuctor)의 사회로 다른 직장의 의견을 듣고 각자의 감독자로서의 체험에 의한 토론을 전개하면서 스스로 기능을 발전시키는 회의식 훈련방법을 택하게 된다. 그리고 3계열의 각각에 대하여 1회의당 2시간으로 하여 5회로서 1계열을 습득하게 하여 3계열 30시간으로 훈련이 끝나게 된다.

(3) 관리자훈련

중간관리자의 교육훈련기법으로 MTP 방식이 있다. MTP(management training program)방식은 1949년 극동미공군(Far Eastern Air Force)이 일본감독자에 대한 교육훈련기법으로 사용하였던 것이 오늘날에는 산업계에서 널리 활용되고 있다. 이 방식은 TWI방식에 비하여 상위에 있는 중간관리층을 대상으로 하는 것이므로 비교적 광범위한 경영문제를 다룸과 아울러 경영원리의 해명과 관리자로서 필요한 관리기술의 지도를 목적으로 한다. 이와 같은 중간관리자는 실제로 최고경영자와 하위감독자의 중간에 위치하여 생산·판매·구매·인사·서무·회계·기술·조사 등의 각 부문활동을 담당한다. 따라서 중간관리자는 자기의 소관직무에 대한 지식과 경험이 풍부해야 함은 물론 여러 가지 새로운 관리방식을 습득하여야 한다. 또한 기업 내에서 발생하는 여러 문제를 분석·처리하는 능력과 협조성 및 부하에 대한 통솔력을 가져야 하며, 산업경제에 대한 탁월한 판단력을 가지고 있어야 한다. 이러한 지식, 능력 등을 습득·육성시키기 위하여 중간관리자를 대상으로 하여 조직적·계획적으로 실시하는 것이 중간관리자의 교육훈련이다.

MTP의 내용으로서는 교육대상인 부장과 과장급 15명을 1개반으로 구성하여 회의식·토의법으로 훈련시키는데, 교육시간은 1일 2시간씩 20회 실시로 전과정은 총 40시간으로 종료하게 된다. 또한 MTP방식은 6개 부문, 20개 항목으로 되어 있는데 이를 구체적으로 살펴보면 다음과 같다.

① 관리의 기초 : 관리의 기본적인 이해, 조직의 원칙, 조직의 검토
② 작업의 개선 : 작업할당의 개선, 작업방법의 개선, 창의력의 발휘, 작업의 기준
③ 작업의 관리 : 계획, 지시, 통제, 조정, 직장회의의 지도
④ 부하의 육성 : 부하육성의 원리, 개인능력의 육성, 조직능력의 육성
⑤ 인간관계 : 부하를 이해하는 방법, 부하와의 대화방법, 인간문제의 처리, 직장사기 앙양
⑥ 관리의 전개 : 리더십

이상과 같이 관리자를 위한 교육훈련도 TWI방식과 마찬가지로 작업지도의 기능, 작업개선의 기능, 현장에서의 인간관계의 조정에 관한 기능의 세 가지를 포함하고 있으나, 이외에도 관리의 원칙, 회의의 지도, 직장사기 등과 같은 관리자로서 직책을 수행하는 데 필요한 많은 항목이 계통적으로 편성되어 있는 것이 특징이다.

(4) 경영자훈련

기업의 감독자나 관리자에 대한 교육훈련은 주로 업무중심의 기술이나 관리 지식의 습득에 치중하는데 반하여, 경영자훈련은 기업전반의 관점에서 전문적 지식 및 기술, 판단력, 추리력, 계획력, 분석력, 종합력 등을 계발시키고 기업의 사회적 책임을 인식하면서 최고경영자로서 의사결정을 할 수 있는 훈련내용이어야 한다. 또 기업의 계속적인 발전을 위하여 새로운 기업관의 정립, 기업경영의 전망, 소유와 경영의 분리개념, 기업환경의 적응, 추진능력, 리더십 문제 등과 같은 내용도 훈련에서 중점적으로 다루어져야 한다.

경영자훈련을 위한 AMP방식 및 ATP방식에 대해서 살펴보면 다음과 같다.

① AMP(advanced management program)방식 : 하버드 경영대학원의 고등경영강좌(AMP)를 예로 들어보면 경영간부의 경영관리능력을 향상시키기 위해 매년 여름에 12주 과정으로 기업의 최고경영자 150명을 집중교육시키고 있다. AMP방식은, 첫째 기업에서 실제로 당면하고 있는 구체적인 문제, 둘째 각 사의 참가자의 토론에서 나온 문제, 셋째 경영의 각 분야에 걸쳐 대표적인 지도자와의 토론에서 나온 문제 등과 같은 각종의 현실적인 제문제점을 사례연구법에 의하여 훈련하는 것이다.

AMP교과과정은 ① 사업방침, ② 경영실무, ③ 사회와 기업, ④ 원가 및 재무관

리, ⑤ 마케팅관리, ⑥ 노사관계에 관한 제문제 등이다.

② ATP(administrative training program)방식 : 최고 경영층의 직장 외 훈련방식의 대표적인 것으로서 경영자훈련강좌(ATP)를 들 수 있다. 이 방식은 토의 방식을 통하여 15명 정도를 1개 반으로 하여 128시간에 걸쳐 경영간부에게 최신의 과학적 기업경영에 관한 지식과 기법을 지도한다. 그러나 현재 일본에서는 이 강좌를 강의방식과 토의방식을 병용하여 총 소요시간을 25시간으로 조정실시하고 있다. 주요내용은 ① 기업의 목적과 방침, ② 조직, ③ 관리, ④ 운영의 4부문으로 이루어지고 있다.

이를 흔히 CCS강좌라고 하는데, 그 까닭은 1949년 당시 일본에 주둔하고 있던 연합국 점령군총사령부의 민간통신국(Civil Communication Section)이 일본의 통신공업계의 경영상의 결함을 시정하기 위해 이를 소개하였기 때문이다.

2. 장소에 의한 분류

교육훈련이 실시되는 장소를 중심으로 직장훈련(OJT), 직장외훈련(off-JT) 으로 나누어진다.

1) 직장내훈련(on-the job-training)

이 훈련은 훈련장소와 대상자를 직장내에 한정시키고 시기와 내용을 정한 다음 작업과정에서 감독자가 직접 부하종업원을 개별적으로 훈련시키는 방법이다. 이 방법의 장점으로는 훈련과 생산이 직결되어 경제적이며, 직장의 현실에 맞는 훈련을 실시할 수 있고, 교실이나 인공적인 상황이 아니기 때문에 피훈련자의 학습동기를 증진시킬 수 있다는 점이 있다. 그러나 훈련의 성공을 좌우하는 관건은 훈련담당자인 감독자에 있기 때문에 인사관리 부문은 모든 감독자를 유능한 훈련담당자로 육성할 책임이 있다.

2) 직장외훈련(off-the job-training)

이 훈련은 피훈련자로 하여금 일정기간 직무를 떠나서 훈련에만 열중케 하는 집단훈련의 일종이다.

이 방식은 다수의 종업원에게 조직적·통일적인 훈련을 실시할 수 있고 전문적인 훈련담당자 밑에서 훈련에만 전념할 수 있으므로 보다 효과적이며, 타 부문이나 다른 직장에 있는 종업원들과 지식과 경험을 교환하고 경쟁의식을 가짐으로써 훈련효과를 높일 수 있다. 그러나 경제적 부담이 커지고 중소기업에서는 실시하기가 매우 어렵다는 단점도 있다.

제4절 교육훈련의 방법

교육훈련의 내용이 아무리 훌륭하다 하더라도 훈련방법이 적절하지 못하면 교육훈련의 효과는 기대하기가 어렵다.

실무적인 지식이나 기능의 습득을 위해서는 OJT나 강의식방법이 좋고, 새로운 태도 내지 행동패턴의 습득에는 감수성훈련이나 역할연기법이 그리고 문제분석 능력과 해결능력의 학습을 위해서는 사례연구법이나 비즈니스 게임과 같은 시뮬레이션(모의훈련)의 방법이 적합하다. 그러므로 교육훈련 담당자는 훈련의 내용, 훈련대상자의 소양, 훈련실시 장소, 훈련에 소요되는 시간과 경비 등을 고려하여 가장 합리적인 방법을 선택해야 한다. 기업에서 일반적으로 많이 이용하고 있는 훈련 방법으로는 다음과 같은 것들이 있다.

1. 강의식방법(lecture method)

일정한 장소에 집합된 피교육자를 대상으로 교육자가 교단에서 일방적으로 강의하고 피교육자는 이것을 청강하는 방법이다. 다수의 종업원을 단기간에 교육시키고자 하는 경우, 자주 이용되며 미지(未知)의 사실에 관한 지식교육·기술교육의 수단으로서 가장 좋은 방법이다. 교육훈련에서 가장 보편적으로 사용되는 방법으로서 소정시간내에 강사의 일방적 설명으로 필요사항을 전달할 수 있는 반면, 획일적, 수동적으로 청강하므로 참여의식이 약하고 개별적 훈련이나 문제점에 대한 토의를 할 수 없다는 단점이 있다.

따라서 강의식방법에 있어서는 수강자의 관심과 이해를 촉진하기 위하여 강의내용의 준비, 설명방법, 교재, 시간배분에 대해서 충분히 배려할 필요가 있다. 그리고 강사의 일방적인 강의에 끝나지 않고 문제토의, 간단한 시험, 과제물부과 등을 병용하는 것이 바람직하다.

2. 통신식방법(communication method)

통신식방법은 강사진이 부족하거나 피훈련자가 넓은 지역에 산재되어 있거나 또는 일단 훈련을 받은 종업원에 대하여 보충적인 교육을 실시할 때 사용하는 방법으로서 강의록, 기타인쇄물을 이용한 통신강좌를 통하여 훈련하는 방법이다. 통신훈련방법의 장점으로는 전국

각 지역에 지점·영업소·출장소가 설치되어 있는 기업에서는 피교육자를 일정한 장소에 집합시켜서 훈련하는 것보다 경비절약이 된다는 것이며, 이에 반하여 단점으로는 교육자와 피교육자가 직접 접촉할 수 없으므로 질의응답, 시청각교재의 활용, 인간교육 등이 이루어지지 못한다는 것이다. 따라서 순회강좌, 연구발표회 등을 개최하여 보완할 필요가 있다.

3. 회의식방법(conference method)

훈련참가자가 일정한 장소에 모여서 주제에 관한 각자의 견해, 지식, 경험 등을 발표, 교환하고 문제점 등에 대하여 토의하는 것을 말한다.

정형화된 회의식 교육프로그램으로서는 일선감독자훈련을 위한 TWI, 관리자훈련을 위한 MTP 등이 있다. 현대의 교육방법이 강제로 지식을 주입하는 것이 아니라 스스로 배우고, 깨닫고, 생각한다는 자기 연수방식으로 이행됨에 따라 회의식교육의 중요성이 점점 강조되고 있다. 회의식방법은 주제를 중심으로 사회자에 의해 질의응답식 토의가 진행되므로 납득할 수 있는 결론을 얻을 수 있도록 하기 위해서는 사회자의 토의진행 방법이 중요하다.

회의식 방법에는 ① 자유식(unguided conference), ② 정형식(guided conference)의 두 가지가 있다. 전자는 자유토론방식(free discussion)으로 사회자는 각별히 회의의 진행규칙, 시간제한, 체계적인 질문, 결론유도 등을 꾀할 필요가 있다. 후자는 주제를 중심으로 사회자에 의하여 서로의 질의 응답과 토의가 진행됨으로써 일정기간내에 어떤 결론에 도달하도록 하는 방법이다. 이와 같은 정형식에는 ① 배석토의방식(panel discussion) ② 좌담식 토의(symposium) ③ 분반토의 방식(buzz session) ④ 포럼(forum) ⑤ 콜로퀴(colloquy)[5] 등이 있다.

4. 시청각훈련방법(audio-visual method)

비디오, VCD, DVD, 슬라이드, 오디오, 사진, 괘도, 모형, 도표 등의 시청각교재를 사용하여 교육훈련하는 방법이다. 특히 영화는 기계부품과 생산공정의 설명, 부품조립, 품질관리

5) 콜로퀴는 배석토의법의 하나의 변형으로서 panel member는 3-4명의 전문가외에 3-4명의 청중대표도 참가하여 청중대표의 질문과 전문가의 회답이라는 형태로 진행한다. 이 방법의 특징은 배석토의에 앞서 전문가의 지식, 의견, 정보를 청중의 요구에 따라 도출할 수 있다.

교육, 안전관리 등에 효과적이다. 시청각훈련방법의 장점은 ① 흥미가 있는 학습으로서 동기유발을 시키며 ② 학습효과가 빠르며 ③ 현실성이 풍부하여 인상이 매우 강하다는 것이며, 이에 반하여 단점은 ① 경비와 시설이 문제가 되며 ② 이동이 불편하며 ③ 적절한 교재확보가 어렵다는 것이다.

5. 사례연구방법(case study method)

사례연구방법은 1871년 하버드 대학 법학전문대학의 랑델(C. C. Langdell)에 의하여 창안된 것으로서 오늘날 경영학의 실무교육과 관리자 및 경영자훈련에 널리 이용되고 있다. 이 방법은 주제에 관한 사례를 작성배포하고 여기에 관하여 토론을 하는 방식으로서, 사례연구에 의하여 이론과 실제를 연결시킨 문제해결을 시도함으로써 참가자는 판단력, 분석능력 등을 기르고 어떠한 상황에서도 경영문제에 대처할 수 있는 자질을 갖추게 된다.

사례연구방법은 흥미와 학습동기를 유발할 수 있으며 현실적인 학습이 가능하다. 반면 적절한 사례의 확보가 어렵고 원칙을 체계적으로 습득하기가 어렵다. 그리고 학습의 진도를 측정하기가 어렵다는 등의 단점이 있다.

6. 역할연기법(role-playing method)

역할연기법은 모레노(J. L. Moreno)의 심리극(psychodrama)을 응용한 것으로서 주제에 대하여 피훈련자로 하여금 실제로 경험케 하는 훈련 방법을 말한다. 즉 피훈련자들 가운데서 실연자를 선출하여 일정한 역할을 실연토록 하여 실연자 자신과 이를 관찰하는 다른 피훈련자는 다같이 주제에 대한 정확한 이해를 할 수 있고 실제로 피훈련자 전원이 순차적으로 할 수 있으면 그 효과는 더욱 크다. 역할연기법은 실제의 행동을 통하여 인간관계 기능을 습득하고, 자신의 행동이 상대편에게 주는 영향 등을 배울 수 있는 기회를 피훈련자에게 부여하는 것을 주된 목적으로 하고 있다. 이 방법은 주로 영업사원의 거래처 방문, 사무원의 접객태도, 상사가 부하에게 주의를 주는 방법 등과 같은 훈련에 널리 사용되고 있다.

역할연기법의 장점으로서는 ① 피훈련자에게 흥미와 책임감을 준다. ② 문제점을 정확히 노출시킨다는 것, 즉 다른 피훈련자나 평가자로부터 피드백을 받아서 그것을 바탕으로 자신의 행동의 문제점을 발견하여 수정할 수 있다. ③ 직접 실연하지 않아도 자기판단을 가지게 한다는 것 등을 들 수 있다. 반면 단점으로서는 훈련장소의 확보가 어렵다는 것을 들 수 있다.

7. 코칭(coaching)

코칭이란 관리자가 지시·충고·비평·제안을 통하여 다른 관리자를 지도하는 데 실제적인 역할을 담당하는 관리자훈련기법이다. 관리자가 직접 하급관리자를 코치하게 되어 밀도 높은 상호작용과 자신의 업적을 재빨리 확인할 기회를 가짐으로써 학습효율을 높일 수 있는 이점이 있다.

그러나 현재의 관리스타일이 영속화될 위험이 많고 훈련의 성패가 코치의 능력에 너무 좌우된다는 단점이 있다.

8. 비즈니스 게임(business game)

비즈니스게임은 1950년대 후반에 미국에서 개발된 경영자 교육훈련기법으로서 현실의 경영활동에 근사한 모의적 경영상태를 설정하고, 팀간의 경쟁, 즉 게임을 통하여 투자·생산·관리·판매의 전과정에 관한 경영상의 의사결정에 대한 교육훈련을 하는 것이다.

훈련참가자들을 5~6명으로 구성된 소집단으로 구분하고 그것을 독립된 회사로 간주한 다음에 참가자들로 하여금 각 회사의 경영진이 되게 한다. 이들에게 매출액의 극대화와 같은 목표가 주어지며 제품종류·생산량·재고량·광고비·연구개발비 등에 관하여 각 기별로 의사결정을 하도록 한다. 이에 대하여 심판단은 각 기별로 각 회사의 판매실적을 결정하여 통보해 준다. 각 회사에서는 이것을 토대로 차기의 의사결정을 다시하게 되며, 이것이 반복되면 자연히 경영의 우열이 나타나므로 실제로 회사에서는 수년이 걸리는 실무상의 경험을 몇일 안으로 경험할 수 있게 된다. 그러나 게임이 계량화되었을 때 게임모형의 개발과 실행에 많은 시간과 비용이 필요하고 의사결정이 한정된 대체안 중에서만 행하여지며, 참가자들이 좋은 의사결정을 내리는 데 힘쓰기 보다는 게임에 이기는데 열중하게 된다는 문제점도 있다.

9. 대역법(understudies)

대역법(代役法)은 직무수행과정에서 완벽한 지도를 받은 후 특정 직무를 독자적으로 수행케 하는 훈련기법으로, 특정인을 대역으로 지명하는 점이 다른 훈련방식과 다른 점이다. 즉 상급자가 현재 담당하고 있는 직무를 원만하게 수행할 수 있도록 준비시킴으로써 관리자의 휴가나 승진 또는 정년퇴직 등으로 인하여 공석이 생겼을 때 그 자리를 적임자가 맡을 수 있도록 하는 훈련방식이다.

이 방식의 이점은 훈련이 실시되는 장소가 실제적이고 현실적인 상황이면서도 피훈련자는 성과에 대한 책임을 부담하지 않는다는 점이다. 이런 결과로 중대한 과오가 감소되고, 피훈련자를 정신적 긴장으로부터 해방시킨다.

그러나 대역으로 특정인이 지명되기 때문에 승진을 위한 경쟁이 끝난 인상을 줌으로써 지명되지 못한 타인의 모티베이션을 저하시키고 피훈련자는 자기 상급자의 관리지식만을 답습하게 될 염려가 있다. 또 대역으로 지명된 피훈련자의 장래는 상급자의 장래에 의하여 좌우되기 때문에 발전과정이 불확실하다는 단점이 있다.

10. 인바스켓법(in-basket)

인바스켓 기법은 관리자의 잠재능력을 측정하거나 통찰력·사고력·분석력·창조력을 향상시킴으로써 그들에게 필요한 업무처리능력을 높이기 위한 것이다.

먼저 훈련자에게는 회사와 그 제품, 조직, 주요인물 등에 대한 가상적인 정보가 주어지고, 다음에 회사업무에 관한 문서·요청서·데이터 등이 제공된다. 피훈련자는 이러한 정보 및 상황을 분석하여 정해진 시간에 걸쳐서 대체적(代替的)인 행동 등을 제안한다. 제안된 이 결과들은 그 의사결정의 질, 각 상황에 맞는 우선순위를 자료로 해서 분석·평가를 받게 된다.

이 방법으로 개발할 수 있는 관리자능력에는 ① 세부항목을 상기하고 우선순위를 확정하며, 항목간의 연관, 추가정보의 필요성을 결정하는 상황판단능력, ② 적절한 문서작성기법, 회의개최계획, 실시된 조처에 대한 설명능력, ③ 자발적인 의사결정과 실천능력 등이 있다. 이 방법은 피훈련자가 추가 정보를 얻기 위하여 모의전화를 이용할 수 있고, 조직내에서 적절한 상대와 통화했을 때 더 많은 정보를 받게 된다.

11. 브레인스토밍(brain storming)

브레인스토밍(brain storming)은 오스본(A. F. Osborn)에 의하여 광고분야에서 창조적인 아이디어를 개발하기 위하여 사용된 기법으로서 오늘날 광고뿐만 아니라 제품개발 기타 모든 문제해결을 위하여 회의식 방법으로 널리 사용되고 있으며, 두뇌선풍 또는 영감법(靈感法)이라고도 한다. 브레인스토밍은 창의성을 발휘하는 데 장애가 되는 것을 제거하고 잠재적인 아이디어를 많이 도출하기 위하여 ① 타인의 아이디어를 부정하거나 비판하는 발언을 하여서는 안되며, ② 자유분방(free-wheeling)원칙, 즉 엉뚱한 아이디어라도 얼마든지 제시하도록 하며, ③ 질보다 양의 원칙, 즉 아이디어의 양은 많을수록 좋으며, ④ 결합과 개선원칙, 즉 타인이 제시한 아이디어가 보다 나은 아이디어가 되게끔 시사하거나, 둘 이상의 아이디어를 조합하여 또 다른 아이디어를 창출하는 것과 같이 아이디어를 결합 내지 개선한다는 네 가지 기본원칙아래 브레인스토밍을 하게 된다. 브레인스토밍을 통하여 창의성훈련과 문제해결 외에도 인간관계의 원활화, 적극적인 태도의 확립, 동기부여, 독선적인 사고배제, 진취적 태도의 배양 등의 부수적 효과를 얻을 수 있다. 그러나 ① 단순한 의사결정문제에만 적용할 수 있으며, 리스크(risk)나 불확실성이 큰 문제에는 적용할 수 없다. ② 매우 시간이 걸리게 되므로 비용이 많이 든다. ③ 피상적인 아이디어밖에 얻지 못하는 경우도 있다. ④ 아이디어의 결합을 위한 기법이 충분히 개발되지 못하고 있다는 등의 결함도 지적되고 있다.

12. 감수성훈련(sensitivity training)

감수성훈련(sensitvity training)은 실험실 훈련(laboratory training) 또는 T-그룹훈련[6]이라고도 하며 르윈(K. Lewin)이 전개한 집단역학개념으로부터 도출되어 조직개발의 선구적 역할을 해온 기법중의 하나이다.

원래 이 기법은 1947년에 미국의 전국훈련연구소(National Training Laboratory)가 메인(Maine)주의 베셀(Bethel)에서 기업, 행정부 및 대학 등과 같은 조직의 지도적 위치에 있는 사람들을 위하여 마련한 일련의 회합에서 이룩되었으며[7]이를 계기로 조직개발이 감수성훈련의 대표적인 전략이 되었다.

이 훈련방법은 자유로운 분위기가 형성된 상황에서는 대부분의 사람들이 친밀하게 되고 각자가 자기 자신에 대해 더 많은 것을 알 수 있다는 가정에 성립되고 있다. 즉 타인이 자기를 보는 것처럼 자신을 봄으로써 자기 자신을 이해하자는 것이며, 그렇게 함으로써 자신의

---

6) 감수성훈련은 소집단을 형성하여 실시되므로 T-group training(연수집단훈련)이라고도 한다.
7) D. Nampton, C. Summer & R. Webber, *Organization Behavior and The Pratice of Management*, N. Y. ;

행동을 바꾸게 하려는 것이다.

감수성훈련은 소위 '문화의 고도'라고 하는 사회적 조건에서 서로 알지 못하는 10~20명의 참가자를 대상으로 진행된다. 그 주된 내용은 1~2주간의 집단생활을 통한 참가자 상호간의 대면학습 과정에서 이루어진다. 이 과정에서 참가자들은 자신의 행동이 타인에게 어떠한 영향을 주고 있는지를 직접 알게 됨으로써 자기 자신에 대한 자아인식을 높이게 된다. 그리고 이 과정이 되풀이됨으로써 자신의 행동을 지배하고 있는 가치관과 의식구조를 알게 되고, 따라서 자기 자신의 행동을 분석할 수 있는 능력을 찾게 된다.

그런데 이 방법은 다음과 같은 구체적인 목표를 갖는다. ① 타인과의 솔직한 인간관계 증대, ② 타인에 대한 보다 많은 배려, ③ 개인차에 대한 관용의 증가, ④ 인종적 편견의 완화, ⑤ 집단과정에 대한 이해, ⑥ 경청습관의 향상, ⑦ 신뢰와 지지의 증가

이 방법은 역할이 미리 짜여져 있지 않다는 점에서 역할연기법보다 훨씬 자연스럽다. 동시에 자신의 주관적 감정에 기초를 둔 사고에서 벗어날 수 있는 기회를 제공함으로써 타인과 협동적인 유대관계를 맺을 수 있는 이점이 있다. 또 집단훈련과 실무를 연결할 수 있고 리더십의 향상 및 자기실현능력을 체득하는 데 유용하다. 그러나 경영에 무관심한 인간상이 다루어질 염려가 있고, 동일기업내에서 실시하기 어려운 단점이 있다.

13. 행동모델법(behavior modification method)

행동모델법(behavior modeling)은 관리자 및 일반 종업원에게 어떤 상황에 대한 가장 이상적인 행동을 제시하고 교육참가자가 이 행동을 이해하고 그대로 모방하게 하는 것이다.

기업상황에서는 대개 특정 상황에 대한 이상적인 행동을 비디오 테이프에 담아 이를 교육참가자에게 보여주고 행동이유, 과정 등을 이해시키고 이를 그대로 반복·연습함으로써 "행동변화"를 유도하는 것이다.

앞에서 소개한 역할연기법은 교육참가자가 주어진 상황에 대한 행동을 본인 스스로 결정하여 연기를 하지만 행동모델법에서의 교육참가자는 행동의 종류를 선택할 여지가 없으며 주어진 행동을 반복하여 습득하는 것이다. 행동모델법의 장단점은 다음과 같다. 장점으로는 ① 교육참가자에게 기업의 인간관계와 관련되는 구체적 상황에 대한 이상적인 행동을 제시해 주기 때문에 이에 대한 학습이 신속하게 이루어진다. ② 기업실무에서의 시행착오를 줄여 준다. 단점으로는 ① 기법을 개발하는데 비용이 많이 든다. ② 행동모델법을 배울 수 있는 인간관계관련 행동의 수가 제한적이다.

14. 청년중역회법(junior board of executive method)

청년중역회법(Junior Board of Directors)은 관리자 내지 관리자의 길을 걸을 예정인 종업원을 대상으로 조직전반에 대한 지식을 축적하는데 도입되는 기법이다. 진행과정은 다음과 같다.

① 기업내 하위관리자 및 평사원급에서 12~16명을 선발하여 모의 이사회를 구성한다. 여기에 참가하는 구성원은 대개 기업의 여러 부서에서 오게 된다.
② 정기적(예: 월 1회)으로 모임을 갖고 이 기업의 이사로서 조직에서 일어나고 있는 일에 대한 문제점을 제시한다.
③ 제시된 문제점을 회의에서 분석하고 해결방안을 강구한다.
④ 문제점과 해결방안을 실제 기업조직의 해당부서에 피드백시켜 문제해결에 도움을 준다.

이러한 모의 이사회에 참석함으로써 교육참가자는 기업내 다른 부서에서 일어나고 있는 일에 대한 지식을 획득할 수 있고 전체 기업경영에 대한 이해와 통찰력을 제고시킬 수 있다. 이 기법의 장단점은 다음과 같다. 장점으로는 ① 조직전반에 대한 지식을 획득하는데 매우 효과적이다. ② 조직내 커뮤니케이션이 활성화된다. 단점으로는 ① 모의 이사회에 선발되지 못한 관리자에게 갈등을 유발할 수 있다. ② 모의 이사회에서 제시된 문제점 때문에 실제 해당부서가 곤경에 빠질 수가 있어 이들 부서의 모의 이사회에 대한 방어적인 자세가 나타날 수 있다.

15. 인턴사원(Internships)

인턴사원프로그램에는 대학 재학생이 포함된다. 대학생들은 출석수업하는 시간과 조직에서 일하는 시간을 나눈다. 고용주 입장에서 인턴사원제는 잠재적인 종업원을 평가하는 훌륭한 수단을 제공한다. 여기에서 보통 채용시 면접에서 보다 더 많은 정보를 얻게 된다. 그래서 관리층은 선발 및 배치에 관한 의사결정을 더 잘 내릴 수 있게 된다. 인턴사원제는 학생에게도 이점이 있다. 업무를 통하여 얻은 경험은 학교에서 배운 이론과 경영현실을 통합할 수 있도록 만들어 준다. 동시에 조직에 대한 지식을 갖기 때문에 그 기업이 일하기에 좋은지 아닌지를 결정할 수 있도록 도와준다.

제5절 교육훈련의 평가방법

1. 교육훈련평가의 필요성

교육훈련평가란 조직체가 교육훈련을 실시한 뒤에 그 목적하는 바를 어느 정도 달성하였는가를 분석·측정하는 것을 말한다.

교육훈련은 일종의 투자이기 때문에 그것을 실시한 후에 그 효과가 어느 정도인가 하는 것이 평가되어야 한다. 그런데 기업내 교육훈련의 효과는 바로 나타나는 것이 아니고 또 애매하고 측정하기도 곤란하다. 즉 직종·연령·경력을 달리하는 각계각층의 종업원을 대상으로 하는 기업내 교육훈련은 그 효과에 있어서 많은 종업원이 동시에 동일한 장소에서 동일한 내용을 동일한 지도자에 의해 훈련받는다고 하더라도 피훈련자 개개인에게 크게 다르게 나타난다. 그러나 일정한 목적을 가진 교육훈련이 실시된 뒤에는 반드시 평가를 실시하여 소기의 목표가 어느 정도 달성되어 있는가, 그 방법과 기술은 적절하였는가를 분석하고 점검하여 그 개선점을 발견할 필요가 있다.

2. 교육훈련의 평가기준

교육훈련의 효과를 평가하기 위해서는 먼저 객관적으로 마련된 평가기준이 있어야 한다. 평가기준이 없는 평가는 본래 기대하는 방향이 없기 때문에 평가가 충실하게 이루어질 수 없을 뿐만 아니라 그 평가결과를 활용할 수도 없게 된다. 따라서 다음과 같은 평가기준을 적용해야 한다.

① 훈련대상자 및 관계자들이 필요성을 충분히 인식하고 있는가?

② 훈련계획의 내용은 훈련의 제방식·수단을 통하여 충분히 훈련대상에 전달되어 있는가?

③ 훈련내용은 훈련대상이 심리적으로 수용하고 또 바람직한 지식·기능·태도에 반영하여 파악하고 있는가?

④ 훈련대상은 새로이 획득한 지식·기능을 그 직무의 관련부문에서 구체적으로 적용하고 있는가?

⑤ 관리자가 훈련대상자인 경우 훈련대상자의 행동변화가 그 부하의 행동에 바람직스

러운 변화를 일으키고 있는가?

⑥ 관리자가 훈련대상인 경우 훈련대상자의 행동변화가 동료·스탭·상사 등에 의하여 지지를 받고 있는가?

⑦ 훈련대상자 및 동료의 행동변화는 그들의 만족감을 향상시키며, 경제적·사회적 기업 목적의 달성도를 향상시키고 있는가? 등이다.

3. 교육훈련의 평가방법

교육훈련의 평가란 훈련목적의 달성 정도를 분석하는 것이다. 교육훈련에 막대란 투자를 하였음에도 불구하고 충분한 평가가 이루어지지 않으면 교육훈련이 의도한 목적에 어느 정도 기여했는지를 알 수 없으므로 차기의 교육훈련 계획을 수립하는 데 도움이 되지 못한다. 그러므로 효과적인 교육훈련의 평가방법이 요구된다. 교육훈련의 평가방법에는 전후비교법, 표준비교법, 테스트법, 평균비교법 등이 있다.[8)]

1) 전후비교법(pre-test and post-test method)

이 방법은 동일한 평가기준을 써서 훈련전과 후에 나타난 변화를 비교함으로써 교육훈련의 효과를 평가하는 것을 말한다. 예를 들면 판매를 촉진하기 위한 교육훈련을 평가할 수 있다. 이것은 동일한 피훈련자를 대상으로 하는 평가방법이다.

2) 표준비교법(matched control method)

동질의 2개 집단을 선정하여 한 집단은 훈련을 시키지 않고 다른 한 집단은 훈련을 시킨 다음 양집단의 차이를 알아보는 방법이다. 이 방법은 변화의 발생이 훈련 때문인지 아니면 다른 요인 때문인지를 확인하는 데 도움을 주는 것이다.

3) 시험평가법(test method)

이것은 특정한 기술·지식의 습득을 목적으로 하는 교육훈련의 경우, 교육훈련후 그것에 대한 검정시험을 실시함으로써 성과를 측정하여 소기의 교육훈련의 목적을 달성하였는지의 여부를 판정하는 것이다.

---

8) 姜正大, 前揭書, p.256.

4) 평균비교법(average scores method)

동일한 훈련을 여러 차례 되풀이하는 경우, 지금까지 훈련받은 집단들에 나타난 훈련효과의 평균치와 어떤 특정집단의 훈련효과를 비교함으로써 각 집단의 질적 차이가 훈련효과에 미치는 영향을 알아볼 수 있다.

교육훈련 평가방법에는 이상과 같은 여러 가지 방법이 있지만 평가의 신뢰성과 타당성을 높이기 위해서는 되도록이면 여러 가지 방법을 병행하여 실시하는 것이 바람직하다.

제8장

경력개발관리

제8장

경력개발관리

제1절 경력개발관리의 기초개념

1. 경력개발의 의의

경력개발(career development)이란 개인의 경력(經歷)목표를 달성하기 위한 경력계획(career planning)을 수립하여 조직의 욕구와 개인의 욕구가 합치될 수 있도록 각 개인의 경력을 개발하는 활동을 말한다. 즉 조직이 요구하는 인적자원과 조직구성원이 희망하는 목적을 통합시켜 구성원의 경력진로(career path)를 체계적으로 계획·조정하는 인적자원 관리과정을 말한다. 경력개발은 인간존중의 이념을 바탕으로 기업의 목적과 개인의 목적을 통합하는 데 있으며 이를 실현하기 위하여 개인의 경력을 장기적으로 그리고 계획적으로 개발하는 것이다. 근래 조직의 내외 환경의 변화와 더불어 개인과 조직의 통합이 점점 중요해짐에 따라 인력개발에 있어서 구성원의 경력개발문제가 중시되고 있다. 인력개발이 보다 효과적으로 실천되려면 조직의 인력개발뿐만 아니라 구성원의 경력개발욕구도 충족되어야 한다.

경력(career)은 자동차(car)와 동일 어원의 용어로서 동사로는 곧바로 '질주한다'는 뜻이다. 경력개발제도에서 경력의 의미는

① 일련의 경험한 일(sequence of work experience)

② 계속적 내지 누진적으로 목표를 추구하는 것

③ 영속적인 직업으로서 스스로 택하여 훈련을 쌓아야 하는 전문적 직업이라고 할 수 있으며, 요컨대 스스로의 노력으로써 개척하는 전문직업상의 인생계획이라 해석할 수 있다.

한편 플리포(E. B. Flippo)는 경력이란 개인적으로 인지되고, 사회적으로 제약되는 것으로서, 일련의 작업경험이 반드시 한 직업(profession)을 형성하는 것이 아니고 유동적이든 안정적이든 개인이 시간과 공간을 통해서 택해온 조직화된 경로(organized path)를 경력이라고 정의하고 있다.[1)]

그리고 경영심리학자인 홀(D. T. Hall)은 경력을 개인이 일생동안 일련의 직무나 작업활동에서 얻게 되는 태도와 행동의 연속이라고 정의하고[2)], 눈에 보이는 행동뿐만 아니라 눈에 보이지 않은 태도까지도 경력에 포함시킴으로써 한 개인이 조직에 참여하게 되면서 겪게 되는 모든 경험의 과정을 뜻하고 있다. 이와 같이 경력개념을 포괄적으로 이해하려는 경향은 경력을 폭넓게 파악함으로써 개인의 경력을 개발하여 궁극적으로 조직의 효율성을 제고시킨다는 경력개발의 현상을 반영하는 것이라 볼 수 있다. 경력개발에는 다음과 같은 세 가지 요소가 포함되어 있다.[3)]

① 경력목표(career objectives) : 개인의 경력상 도달하고 싶은 미래의 지위를 말한다.

② 경력계획(career planning) : 경력목표를 설정하고 이를 달성하기 위한 경력경로를 구체적으로 선택하는 과정을 말한다.

③ 경력개발(career development) : 개인적인 경력계획을 달성하기 위하여 개인 또는 조직이 실제적으로 참여하는 활동을 말한다.

위와 같은 세 가지 요소를 갖는 경력개발을 정의하여 보면 경력개발이란 개인의 경력목표를 설정하고 이를 달성하기 위한 경력계획을 수립하여 조직의 욕구와 개인의 욕구가 합치될 수 있도록 각 개인의 경력을 개발하는 것이다. 전통적 인사관리는 개인의 욕구를 무시하고 조직의 욕구만을 추구하는 일방적인 인사관리라고 볼 수 있는데 비하여, 현대적 인사관리는 개인의 욕구를 고려하는, 즉 개인의 주체성을 존중하는 상호작용적인 인사관리이다. 이와 같은 현대적 인사관리는 경력개발을 통하여 그 실천이 가능하다.

---

1) E. B. Flippo, *Personnel Management*, 6th ed., McGraw-Hill International Book Co., 1984, p.250.
2) D. T. Hall, *Careers in Organizations*, Goodyear Publishing Co., Inc., Santa Monica, Calif., 1976, p.4.
3) W. B. Werther, Jr., K. Davis, personnel management and Human Resources, New York, McGraw-Hill. Inc., p.207.

2. 경력개발 제도의 성립배경

경력개발제도는 미국 육군문관의 인사관리를 개선하기 위하여 1955년 미국의회에 제출된 제2차 후버위원회의 인사부문 권고안에 의거 미국 육군문관에 대해서 실시된 것이 효시이다. 그 후 미국의 민간기업에도 도입 실시되고, 장기적으로 계획적인 관리자율성을 도모하려고 구상된 경력개발제도는 1960년대에 종신고용제에 기반을 둔 일본의 민간기업에도 도입되기 시작하였다. 미국이나 일본에서는 그 도입수준이 높고, 교육훈련, 승진, 이동 등의 유력한 수단으로 활용되고 있으나 우리나라의 경우에는 아직 그 도입수준이 낮으며, 전체 기반조차 정립되어 있지 못한 실정에 있다.

현재 미국 및 일본에서 종업원의 계획적·장기적 개발육성제도의 하나로서 널리 보급되어 있는 경력개발제도의 성립배경은 다음과 같이 네 가지로 요약될 수 있다.[4)]

① 외적 환경변화에서 나타나는 급속한 기술변화를 들 수 있다. 급속한 기술혁신에 대응하기 위해서는 인적자원의 육성과 개발 문제가 중요한 과제로 등장하였다는 점.

② 사회적인 가치관의 변화를 들 수 있다. 경제성장에 힘입어 풍요한 생활을 하게 됨에 따라 종업원들의 가치관이 일 중심에서 보람 중심으로 바뀌면서 직무를 개인의 자아실현이나 성장욕구를 충족시킬 수 있도록 재설계하는 문제가 중요한 과제로 등장하였다는 점.

③ 불평등고용 문제를 시정하려고 전개된 평등고용기회(equal employment opportunity) 운동이 활발해짐에 따라 필요한 인적자원을 조직 내에서 개발·육성하는 문제가 중요한 과제로 등장하였다는 점

④ 행동과학의 발달로 인한 이론적 기초가 경력개발에 박차를 가하였다. 즉 경력개발은 행동과학의 인간존중의 이념을 바탕으로 기업의 목적과 개인의 욕구를 통합하는데 있으며, 이를 실현하기 위하여 개인의 경력을 계획적·장기적으로 개발하는 문제가 중요한 과제로 등장하였다는 점 등이다.

---

4) 金植鉉, 前揭書, p. 386.

3. 경력개발의 목적과 설계

1) 경력개발의 목적

모든 인사활동과 마찬가지로 경력개발에 있어서도 그 추구하는 목적이 있다. 경력개발의 목적을 구체적으로 열거하면 다음과 같다.

첫째, 개인과 조직의 유효성을 성취할 수 있도록 한다(help achieve employee and organization effectiveness). 즉, 경력개발의 중요한 목적은 능력있는 종업원을 성장시킬 수 있는 프로그램을 설계하는 것이다.

둘째, 진부화를 방지하는데 있다(reduce obsolescence) 즉, 경영자와 종업원의 부적절한 경력계획과 경력개발에 기인한 훈련·개발의 부족과 모티베이션 부족으로 발생하는 인력의 舊式化를 방지하자는 것이다.

셋째, 이직과 인사비용을 감소시킨다(reduce turnover and personnel costs) 기업이 종업원의 경력을 계획하도록 도와줄 때 보다 낮은 이직률과 인사비용이 소요되어 이익을 볼 수 있게 된다.

넷째, 앞으로는 현재에는 존재치 않는 많은 직무가 생길 것이며, 또 직무의 전문화가 가속될 것이므로 이들을 보다 포괄적으로 관리하기 위하여 인적자원의 경력개발이 필요하게 된다.

다섯째, 인적자원의 보다 효율적인 활용이 필요하다. 즉, 앞으로의 기술은 보다 전문화가 가속되고 그 수준도 높아지기 때문에 조직은 인적자원의 보다 효율적인 활용이 요청되며, 이는 경력개발과 결합될 때 그 가능성이 높아진다.

여섯째, 경력개발이 갖는 장기적·계속적 속성 때문에 조직 내에 훈련된 전문 스탭 개발의 체계를 구축할 필요성이 높아진다.

2) 경력개발의 설계

경력개발의 목적이 확정되면 그 목적에 따라 경력개발계획이 설계되어야 한다. 경력개발의 설계를 위한 요건을 제시하면 다음과 같다.[5)]

① 조직의 욕구와 개인의 욕구를 충족시킬 수 있는 인력계획(manpower planning)을 수립한다.

② 현재의 기술수준의 질과 양, 현재의 성과수준, 개인차에 따른 성장가능성의 영역,

---

5) K. H Chung. L. C, Megginson, Organization Behavior : Developing Managerial Skills, Harper & Row, p. 539.

그리고 현재의 경력단계의 파악을 위한 기능목록(skill inventory)을 작성한다.

③ 경영자들은 개발목표를 설정해서 종업원의 욕구에 적합한 개발계획을 수립한다.

④ 경영자와 종업원 사이에 신뢰할 만한 대화가 오갈 수 있는 조직풍토가 마련되어야 한다.

⑤ 경력개발은 비교적 수준 높은 현대적인 인사관리기능으로서 인력계획과 직무분석, 교육훈련, 인사고과와 인사정보시스템 등의 인사관리제도와 기본자료가 구비되어야 한다.

⑥ 경력개발을 효과적으로 운영하려면 이에 대한 제도적 체계와 더불어 인사관리 스탭과 경력상담가 등 전문가들의 지원도 중요하다.

그러나 더욱 기본적인 것은 인력개발에 대한 경영층의 관심과 지원 그리고 실무관리자의 직접적인 상담 및 지도역할이다.

경력개발계획을 설계할 때 그 구성내용으로서는 다음과 같은 것을 고려하여야만 한다.[6)]

① **전문영역의 설정**: 대상이 되는 전체 직위 가운데서 각 직능상 동일계열에 속하는 것을 종합하여 전문영역을 설정한다.

② **직능등급의 설정**: 전문영역 내의 직위를 필요로 하는 전문성(지식, 기능, 능력)의 정도에 따라서 몇 단계로 나눈다.

③ **경력경로계획표의 작성**: 전문영역 내의 직위상호간에서 어느 직위에서 어느 직위로 승진, 또는 어느 직위에서 어느 직위로 이동되는가를 나타내는 경력경로계획표를 작성한다.

④ **훈련계획, 자기계발 프로그램의 작성**: 경력경로계획표에 따라서 승진 내지 이동이 가능한 직위로 전출될 경우에는 어떠한 교육훈련을 받을 필요가 있는지, 또는 자기계발을 해야 하는지를 표시하는 교육훈련 프로그램이나 자기계발프로그램을 작성한다.

⑤ **평가상담**: 정기적으로 구성원의 업적, 업무수행능력 등을 평가하고, 이에 바탕을 둔 구성원의 승진 내지 이동에 대하여 상담하고 조언한다.

이와 같이 작성된 경력경로계획표는 구성원의 실제 성과와 그의 경력목표상의 변경, 그리고 조직의 상황변동에 따라서 주기적인 결과평가와 경력상담을 거쳐서 적절히 조정 및 수정할 필요가 있다. 이를 위해서는 일상적인 관찰과 접촉이 중요하다.

---

6) 松浦健兒·山田雄一, 經營人事心理學, 朝倉書店, p.93.

제2절 경력개발관리의 기본원칙

경력개발을 관리하는 데는 기본적으로 준수되어야 할 원칙이 있다. 이 경력개발관리의 기본원칙을 들면 다음과 같다.7)

1. 적재적소배치의 원칙

경력관리는 적재를 적소에 배치하는 것(the right man, the right place)을 원칙으로 하고 있다. 즉, 종업원의 적성·지식·경험·기타 능력과 조직의 목표 달성에 필요한 직무가 잘 조화되도록 맞추는 것을 의미한다. 이를 위해서는 자격요건과 종업원의 적성 및 선호구조에 대한 정보를 충분히 파악하여야 한다. 즉 경영정보시스템의 일환으로서 인적자원정보시스템을 적극적으로 개발하고 있으며 특히 노동집약적인 기업에서는 원가관리의 주요대상으로서 적재를 적소에 배치하는 것을 경력관리와 더불어 인적자원정보시스템의 효율적 활용을 통해서 관리하고 있다.

2. 승진경로의 원칙

경력관리는 명확한 승진경로의 확립을 그 원칙으로 하고 있다. 이 원칙은 기업의 모든 직위는 계층적인 승진경로로 형성되고 정의되며 또한 기술되고 평가되어야 한다는 입장이다. 즉, 과학적인 직계를 이루고 이에 따른 승진관리가 이루어져야 한다는 것이다.

승진경로의 설정은 질적 인사계획의 수립에 있어서 본질적인 문제해결의 길잡이가 된다. 또한 정의되고 기술된 승진직계는 각각 직무평가의 과정을 거쳐서 제시되므로 이는 노동의 질과 양을 존중하는 기초자료가 되기도 한다.

7) 최종태, 전게서, p. 141.

3. 후진양성의 원칙

경력관리는 기업 내부에서 후진양성의 확립을 원칙으로 하여 자체적으로 유능한 인재를 확보하는 것을 원칙으로 한다. 즉 경력관리는 인재확보를 기업의 외부에서 스카웃하는 방법보다 기업의 내부에서 자체적으로 양성하는 것을 원칙으로 삼는다. 또한 이는 종업원에게 성장의 동기부여를 하고 종업원을 기업에 밀착하도록 하는 것이다. 이렇게 함으로써 인재를 확보할 수 있고 경영초심자로 인한 기업의 손실을 방지할 수 있다. 예컨대 경영내부의 인재육성으로 경영외부로부터 들어온 신입종업원이 겪는 소외감과 더불어 조직, 작업 스타일, 직무분위기 등에 적응시간과 비용을 절감할 수 있다. 또한 기업은 직계(職階)의 연계를 통하여 소위 경영맹인(management blind man)의 위험도 피할 수 있게 된다.

4. 경력기회개발의 원칙

종업원이 자신들의 경영상 필요점을 알게 되면 기업은 경력경로를 작성해야 하며, 종업원의 능력발전보다 기회가 제한된다고 인정되는 저기회(低機會)의 직업은 별도로 명시하여야 하고 또한 이를 후보자에게 알려야 한다. 승진의 기회가 많지 않는 종업원들도 그들의 경력개발 기회를 갖기 원한다. 이때 적용될 수 있는 기준은 근속년수에 의한 연공이다. 그러므로 기업은 연공에 의한 경력개발의 기회를 통하여 승진경로가 어떤 한 부서에서만 국한되지 않도록 기회를 확장시켜야 한다.

제3절 경력개발의 모형

경력개발은 개인욕구와 조직욕구가 경력을 통하여 만나고 궁극적으로는 조직유효성을 증대시킬 것을 목적으로 하고 있다. 경력개발의 주도권이 개인에게 있느냐 조직에 있느냐에 따라 개인차원의 경력개발과 조직차원의 경력개발이 있으며, 전자의 모형을 개인차원의 경력개발모형이라고 하고, 후자의 모형을 조직차원의 경력개발모형이라고 하는데 이를 좀 더 구체적으로 살펴보기로 한다.

I. 개인차원의 경력개발모형

이 모형에는 경력단계모형, 경력닻모형 그리고 경력성공모형 등이 있으며, 주로 개인의 경력계획과 개발에 초점을 둔 것이다.

1) 경력단계모형(career stage model)

이 모형은 yale대학의 심리학교수인 레빈손(D.J. Levinson)이 개발한 모형이론(인생단계론)으로 [그림 8-1]과 같이 4단계로 나누어진다.

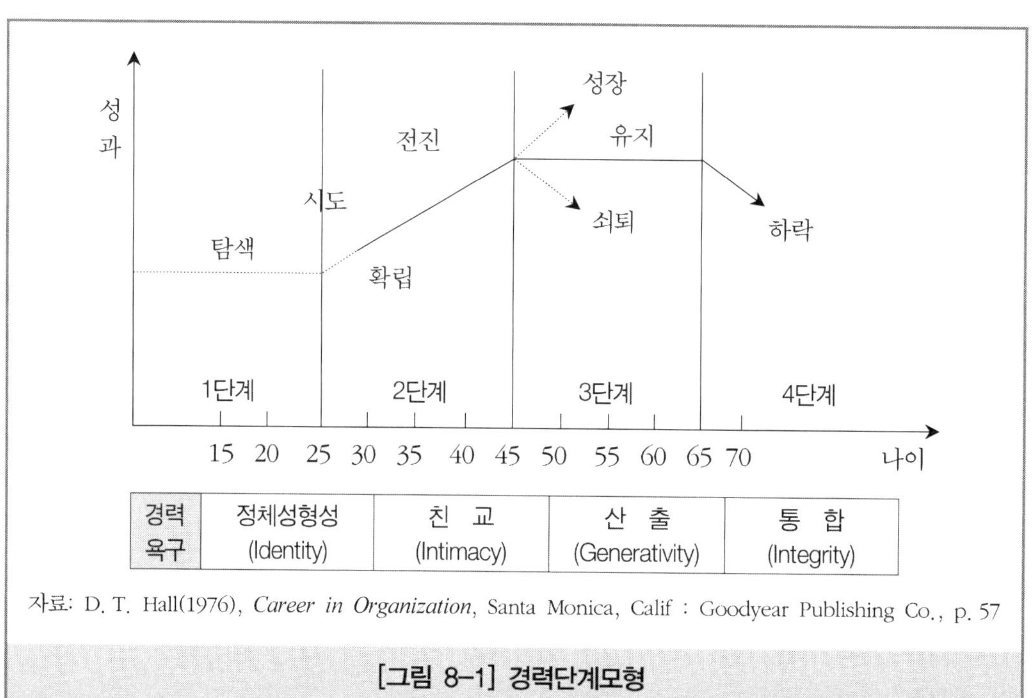

자료: D. T. Hall(1976), *Career in Organization*, Santa Monica, Calif : Goodyear Publishing Co., p. 57

[그림 8-1] 경력단계모형

(1) 탐색단계(exploration stage)

이 단계는 15세부터 25세까지의 성장단계로서 자아개념(self-concept)을 정립하고 미래에 자신이 무엇을 해야 할 것인가의 경력지향(career orientation)을 결정한다. 이 단계의 마지막 부분은 시도기(trial period)로서 조직에 새로 들어온 지 1-2년 정도의 시기이며 자신에게 적합한 분야를 탐색하고 이에 따른 최초의 직무를 찾아내고 그 직무를 발전시켜 평생의 업으로 삼을 것을 계획하는 시기이다. 따라서 이 시기에 처한 사람들은 그만큼 고민도 많고 방황도 하며 이직률도 많다. 시도기에 처한 각 개인은 여러 가지 직무를 경험할 수 있도록 하여 자신과 직무의 적합관계를 알아보는 자기탐색이 이루어지도록 해주어야 한다.

(2) **확립 및 전진단계**(establishment & advancement stage)

이 단계는 25세에서 45세에 이르는 단계로서 일단 특정한 직무영역에 정착하는 시기이며 각 개인은 자신의 분야에서 유능하게 된다. 이 시기에는 다른 동료 또는 라이벌과의 사이에 상당한 정도의 경쟁심이 작용하며 갈등 및 실패에 대한 감정적 처리가 대단히 중요하다.

(3) **유지단계**(maintenance stage)

45세에서 65세에 이르는 단계로서 다음 세대에 무엇인가 의미 있는 것을 만들어 주려고 노력하는 시기로 생산시기라고도 한다. 또한 이 단계는 경력고원단계로서 자기 자신을 반성하고 경력진로의 재조정을 고려하며, 경우에 따라서는 심리적 충격도 받게 된다. 이것은 개인의 신체적 노화와 능력상의 도태를 느끼기 시작하기 때문이다. 그러므로 개인이 이를 얼마나 잘 극복하느냐에 따라서 계속적으로 성장 또는 쇠퇴할 수 있다. 그러나 일반적으로 과거의 경력을 유지하는 것이다.

(4) **하강단계**(decline stage)

65세 이후의 쇠퇴단계로서 조직에서 은퇴를 준비하는 시기이며, 자신의 조직생활을 통합해 보려는 시기이다. 이 시기에는 퇴직 후의 생활계획을 세우게 되고 조직 내에서의 역할은 소극적인 것이 된다.

일반적으로 탐색단계에서는 각자가 여러 가지 기능분야에서 순환하면서 기초경험을 얻고 확립단계에서는 승진·발전하면서 중심적인 역할을 하게 되며 유지단계에서는 점점 중심역할에서 벗어나 주변적인 역할을 한다거나 강등도 겪게 된다. 그리고 하강단계에서는 퇴직과 더불어 자신의 경력에 대하여 회상하면서 새로운 사생활에 들어가게 된다.

2) 경력닻모델(career anchor model)

미국 MIT의 샤인(E.H. Shein)교수는 경영대학원 수료생들을 대상으로 한 연구에서 그들이 자신의 경력으로부터 원하는 지배적 동기 다섯 가지를 관찰하였다. 즉 경영자의 경력개발을 위한 모델을 제시하였는데 이를 '경력닻(career anchor)모델'이라고 한다.[8]

경력닻이란 조직 내의 개인들이 경력을 선택하고 발전시키도록 영향을 주는 욕구나 충동(drives)의 조합을 말하며 이것의 기본적인 동기는 개인이 선택하는 직업과 경력목표의 여러

---

8) E. H. Schein, "How career Anchors Hold Executives to Their career paths?" personnel May-June, pp.11-24.

가지 방법을 설명하는 데 도움을 주고 있다. 이 연구에서 밝혀진 다섯 가지의 경력닻은 다음과 같다.

(1) 닻1(관리능력, managerial competence)

경영자들의 기본적 욕구는 관리라는 개념이 의미하는 일련의 행위를 능숙하게 하는 것을 의미하는데 여기에는 세 가지의 구성요소가 있다.

① 대인적 능력(interpersonal competence) : 조직목적을 효과적으로 달성하기 위해서 다른 사람들에게 영향력을 행사하고 감독·조정·통제하는 능력이다.

② 분석적 능력(analytic competence) : 불확실하고 불완전한 정보하에서 개념적인 문제를 인식하고 해결하는 능력이다.

③ 감정적 능력(emotional stability) : 감정적 또는 대인적 위기에 주저하거나 나약해지기보다는 오히려 고무되는 능력과 높은 수준의 책임감을 감당해 낼 능력, 공포나 죄의식이 없이 권한을 행사하는 능력이다. 이 닻1을 가진 사람들은 기업체의 일반관리직에 종사하는 사람이다.

(2) 닻2(기술적-기능적 능력 technical-functional competence)

기술직 또는 기능직 관리자들의 닻이다. 이러한 닻을 갖고 있는 사람들은 기능이나 기술이 필요하지 않는 다른 부문으로 승진하기보다는 오히려 조직을 이탈하려 한다.

(3) 닻3(안전 security)

개인의 경력욕구가 특정 조직이나 업무에 강하게 밀착되어 있을 경우에는 안전경력닻이 나타난다. 이러한 경력닻을 가진 사람들은 그 조직에 종속하려고 하며 그 일에 최선을 다한다. 이동시에는 비슷한 직무에 머무르는 수가 많다.

(4) 닻4(창의성 creativity)

이 닻을 가진 사람들은 어떤 새로운 것을 만들어 내고자 하는 강한 욕구를 갖는다. 즉 새로운 사업방법, 신제품, 새로운 서비스 등 그 개인과 함께 인식될 만한 어떤 새로움을 추구하는 것이다.

(5) 닻5(자립과 독립 autonomy and independence)

조직이 개인생활을 제약하며 비합리적인 몰입을 한다고 생각하는 사람들이 이 닻을 갖는다. 이들은 좀더 독립성을 허용 받는 경력을 쌓으려고 한다.

샤인(E.H. Schein)은 개인의 경력개발을 위해서 각 개인의 경력닻을 파악하고 그 개인에게 적합한 경력계획을 수립해야 한다고 주장하고 있다.

3) 경력성공순환모델(career success cycle model)

이 모델은 홀(D.T. Hall)과 모건(M.A. Morgan)이 개발한 것으로서 이는 [그림 8-2]와 같은 기본가정을 들고 있다.

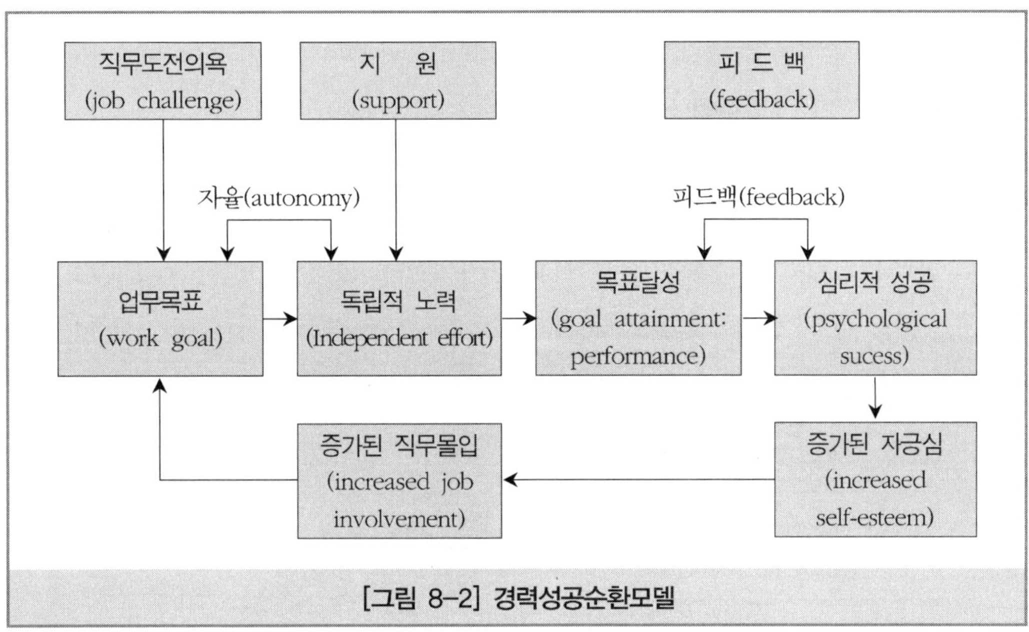

[그림 8-2] 경력성공순환모델

(1) 기본가정

① 가정1 : 인간은 자신의 직무로부터 보상과 적극적인 강화를 얻으려고 한다. 보상은 봉급인상 등의 외재적인 것일 수도 있고, 성취감과 같은 내재적인 것일 수도 있다.

② 가정2 : 보상 받은 행위는 반복된다.

③ 가정3 : 인간은 자부심을 높이려고 노력하고 자부심이 낮아지는 것을 회피하려고 한다.

(2) 경력성공의 순환모델

위에서 나타낸 [그림 8-2]의 경력순환성공모델을 살펴보면 먼저 작업목표는 독립적 노력을 하도록 하여 목표달성을 하게 한다. 목표달성 즉 성과는 심리적인 성공감을 느끼게 하고, 이 심리적 성공감은 자부심을 증대시킨다. 물론 자부심이 증가하면 직무에 대한 몰입이 증가되고, 증가된 직무몰입은 다시 보다 높고 큰 작업목표를 세우게 한다. 이밖에도 이 순환에 개입한 변수로는 직무도전의욕으로 좀더 어려운 목표를 설정하게 하고 자율적으로 목표달성의 수단을 자신이 선택하게 한다. 또한 지원은 상위자 또는 동료로부터 받는 도움이며, 피드백은 목표에 얼마나 접근했나를 알기 위한 것이고, 수행도 개선은 노력의 방향을 알게 하고 결과평가를 하기 위한 것이다.

이러한 경력성공순환모델이 시사해 주는 것은 자율성, 지원, 피드백을 어느 정도 충분히 허용해 주는가 하는 조직 내의 분위기가 개인의 경력개발에 대단히 중요하다는 것이다.

2. 조직차원의 경력개발모델

조직차원의 경력개발모델에는 알핀·저스터의 모델(Alpin & Gerster model)이 있는데, 이 모델은 알핀(J.C. Alpin)과 저스터(D.K. Gerster)가 개발한 것으로서 이는 조직욕구와 개인욕구의 조화를 그 핵심으로 하고 있다. 이 모델은 [그림 8-3]에서와 같이 4단계로 이루어지고 있다.

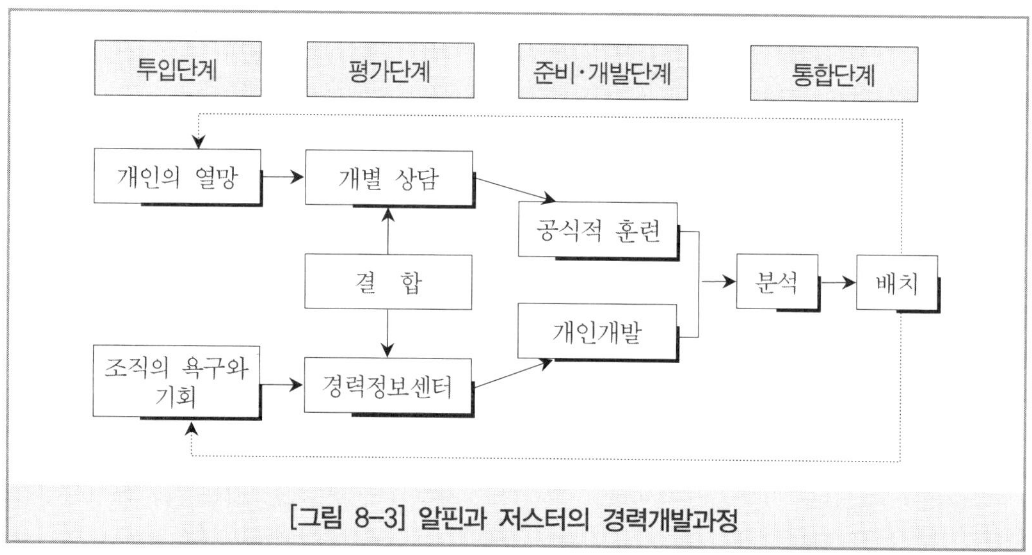

[그림 8-3] 알핀과 저스터의 경력개발과정

① 투입단계(input stage) : 투입단계는 개인들의 경력욕구가 무엇인지를 파악하고 조직이 필요한 경력기회와 어떤 관계가 있는지를 조사하여 경력개발의 투입자료를 이용하는 것이다. 조직의 라인경영자나 인적자원담당자들은 경력투입자료를 이용하여 종업원들에 대한 경력상담 자료를 이용하고 조직의 경력정보센터의 경력개발 자료를 활

용한다.

② **평가(assessment)단계** : 개인목표와 조직목표를 성공적으로 통합시키기 위해서는 그 목표와 욕구가 명시적으로 정의되어야 한다. 이를 위해서는 종업원으로부터 직접 정보를 얻기 위하여 개인의 상담을 실시하고 조직측면에서는 조직 내의 가능한 경력기회를 파악하여 종업원들에게 충분한 정보를 제공할 수 있도록 하여 조직의 입장에서 종업원들의 수행도에 대한 평가자료를 만든다. 양쪽에서 얻은 모든 정보는 경력정보센터로 보낸다.

③ **준비 및 개발(preparation & development)단계** : 평가과정에서 나타난 경력개발에 필요한 여러 가지 요건을 충족시키는 과정이다. 이 과정은 목적에 따라 기술개발, 대인관계능력개발, 개념구성능력개발 등으로 나누어진다.

④ **통합(integration)단계** : 분석에 따라 조직목표와 개인욕구를 모두 만족시키는 자리에 인력을 배치한다. 일단 배치가 되면 계속 직무수행을 하면서 다시 피드백하게 된다.

제4절 경력개발을 위한 제제도

경력개발제도란 조직 내에서 종업원 개인의 경력을 적극적으로 개발하여 인적자원을 유용하게 활용하려는 정기적·종합적인 인적자원관리제도의 한 부분이다. 따라서 인적자원관리를 위한 제도 중에서 교육훈련, 승진제도, 인사기록제도, 인사평가제도는 모두 경력개발과 연결된 대표적인 제도이지만 특히 경력개발을 목적으로 나타난 제도로서는 자기신고제, 직무순환제, 직능자격제, 인적평정센터제, 기능목록제 등을 들 수 있다.

1. 자기신고제(self-reporting system)

자기신고제(self-reporting system)는 기업이 종업원에게 자기의 직무내용, 담당직무에 있어서 능력의 활용정도, 능력개발에의 희망, 전직희망, 취득한 자격 등에 대해서 일정한 양식의 자기신고서에 기술하게 하고, 원칙적으로 소속 장을 통하여 인사부서에 정기적으로 신고하게 하는 제도를 말한다.

종래의 하향식 관리(top down management)체계하에서의 인사평가나 교육훈련의 평가 및 인사이동상의 평가자료 등은 상위자의 일방적 판단에 따르기 마련이어서 각자의 개성이나 특성을 고려하지 않는 획일적인 것이 되기 쉬웠다. 그러나 자기신고제에 의할 경우에는 종업원의 자기계발 내지 자발적 협력을 촉진한다는 견지에서 종업원의 알려지지 않은 개성이나 특기 등을 정확히 파악할 수 있을 뿐만 아니라 그들의 능력개발의 필요성 및 지도방향을 올바르게 파악하고 지도할 수 있게 되었다.

이와 같은 자기신고제는 인사평가제도와 병용하여 인사이동, 교육훈련 등에 활용된다. 또한 자기신고제는 상위자와 면담도 수반하게 되므로 상위자와 의사소통의 수단도 되며 상하간의 대화의 장을 제공한다는 점에서 유익한 제도이다.

2. 직능자격제(job qualification system)

일본에서 발달한 제도로 직무를 수행할 수 있는 능력을 자격에 따라 몇 개의 등급을 설정하고 그 자격을 획득한 자에게 대응하는 직위를 부여하는 제도이다. 급여는 자격에 의하여 지급되며 동일한 자격에는 동일 임금이 지급된다.

이 제도의 과정은 먼저 직무수행능력의 발휘도, 신장도를 구분한 직능자격을 설정하고 그 직무수행능력의 내용과 정도를 규정한 직능자격기준이 있어 한편으로는 배치·이동·교육훈련의 지표가 되고 다른 한편으로는 직무수행능력 신장도의 평가기준이 되어 그 평가 결과를 승격이나 임금처우에 관련시켜 운영하는 제도이다.

이 제도의 성격을 정리해 보면 다음과 같다.[9]

① 능력이 향상되면 자격등급이 상승하고 그 뒤에 본인의 적성을 고려하여 직위나 직무의 상승이 이루어지게 된다.

② 능력이 향상되면 어떤 종업원이든지 승격되기 때문에 원칙적으로 정원제는 있을 수 없다.

③ 능력의 발전단계는 대개 5-9등급 정도로 구분되기 때문에 동일자격 등급일지라도 근속·숙련의 능력 폭이 있고 자격등급마다 범위임률이 적용될 수 있다.

④ 동일자격이면 동일기회·동일처우가 원칙이고 이에 따라 직무순환이 적절히 요구된다.

⑤ 능력에 따라 등급화되기 때문에 능력이 변하지 않는 한 승격은 없다.

이러한 성격의 직능자격제도의 효과는 다음과 같다.

9) 日經連職務分析センター, 職能給の導入と運用, 日經連, 1982, pp. 30-31.

① 능력주의 인사체계의 명확한 기준이 된다
② 처우에 대하여 종업원들이 납득한다
③ 가능성을 최대한으로 확대시킬 수 있다.
④ 중도채용자의 공정한 처우가 가능하다.

3. 평가센터제도(assessment center system)

평가센터제도(assessment center)는 종업원의 장래성을 체계적으로 예측하고 경력개발을 추진하기 위하여 기업 내의 유사한 조직계층에 있는 종업원 6-12명 정도의 평가대상자를 평가센터에 약 3일 정도 합숙시키고 개별면접, 심리검사, 경영게임, 문제해결 토론, 사례연구 등 다양한 방법을 통하여 그들의 잠재능력이나 능력개발 필요성을 평가하는 기법이다.

여기에서 평가자(경영자, 전문가)는 평가대상자들을 직접 관찰하고 그들의 학습능력, 적성, 표현력, 창의력 등 많은 항목들을 평가하게 된다.

4. 기능목록제도(skills inventory system)

기능목록제도(skills inventory system)란 흔히 인재목록제도(human inventory system)라고도 하며 종업원의 직무수행능력을 평가하는데 필요한 정보를 파악하기 위한 개인별 능력평가표이다. 이 제도는 궁극적으로 경력개발제도의 중요한 구성요소이다. 이 제도는 장·단기의 인원계획, 승진배치계획 내지 채용계획에 이용하기 위하여 기업이 인적 자산으로서 보유하고 있는 여러 가지 기능의 종류, 양 및 수준의 재고조사이며, 컴퓨터화한 인사정보시스템의 중핵부분을 형성한다. 기능에는 특정의 작업적 기능이나 전문적 기능뿐만 아니라 인간관계기능, 관리기능, 환경적응기능 및 환경교섭기능도 포함된다. 기능목록제도에서 종업원별로 기능보유색인을 작성하여 데이터베이스에 저장하여 인적자원관리 및 경력개발에 활용하게 된다. 기능목록의 처리과정을 요약·정리하여 나타내면 [그림 8-4]와 같다.

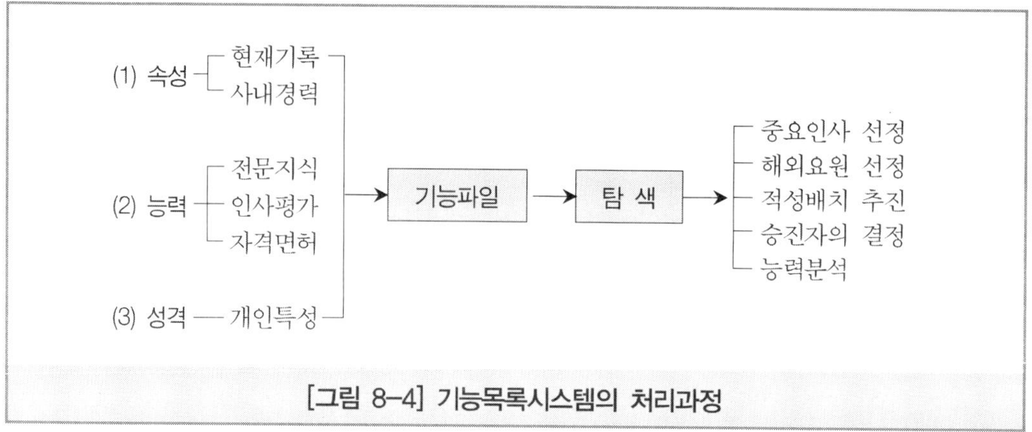

[그림 8-4] 기능목록시스템의 처리과정

5. 직무순환제(job rotation system)

직무순환제는 각자의 담당직무를 순차적으로 교체함으로써 기업의 직무전반을 이해하고 지식·기능·경험을 풍부하게 하는 것이다. 즉 개인을 조직의 여러 분야에 노출시킴으로써 개인에게 폭넓은 경험을 제공하려는 것이다. 모든 조직은 승진과 마찬가지로 직무순환의 방침을 정해 둘 필요가 있다. 인적자원관리자는 이들 방침을 입안할 준비를 하여야 하며 라인관리자가 이것을 효율적으로 관리하도록 조력해야 한다. 또한 이와 같은 직무순환의 방침은 다른 여러 인사제도에 의해 보강되어야 한다.

이러한 직무순환의 방침을 결정하기 위해서는 ① 순환이 이루어지는 상황 ② 순환을 신청하여 승인하는 권한 ③ 이동해 간 곳의 직무 ④ 순환이 발생한 장소 또는 단위 ⑤ 순환의 기준 ⑥ 순환자가 받는 임률 등의 요인들에 대하여 결정이 내려져야 한다. 이와 같은 입장이 명확하게 제시될 경우 직무순환은 그 본래의 목적을 달성할 수 있게 된다.

제9장

임금관리

제9장

임금관리

제1절 임금관리의 기초개념

1. 임금의 의의

임금 (wage)이란 노동을 하여 얻는 소득을 말한다. 즉 임금은 노동자가 사용자에게 노동력을 제공하고 그 반대급부로서 사용자로부터 받는 경제적 보상을 말한다. 따라서 미국에서는 임금을 재무적 보상(Financial compensation)이라고 통칭하고 있다. 우리나라의 근로기준법 제18조에 의하면 "임금이란 사용자가 근로의 대상으로 근로자에게 임금, 봉급 기타 여하한 명칭으로든지 지급하는 일체의 금품을 말한다"고 규정하고 있다. 따라서 임금을 넓게 해석하여 정기적으로 지불되는 통상의 임금 및 급료 등의 경상적 지급에 수당·상여 등 각종의 임시적 지급까지를 포함하여 임금이라고 이해하기도 하고, 또 이를 좁게 해석하여 각종 임시적 지급을 제외한 경상적 지급만을 임금이라 이해하기도 한다.1)

이와 같이 임금(wage)과 봉급(salary)의 개념을 혼용하여 사용하는 것이 일반적인 경향이기는 하나, 학문적으로는 양자를 엄격하게 구분하고 있다. 즉 임금과 봉급은 그 지급대상·지급기간 및 지급방법 등을 기준으로 하여 구분한다. 즉 임금은 그것을 받는 대상을 중심으로 구별할 때에는 육체적 노동에 종사하는 근로자에 지불되는 것을 임금이라고 하고, 정신적 노동에 종사하는 근로자에게 지불되는 것을 봉급(salary)이라고 한다. 이 때 전자인 임금

---

1) 姜正大, 前揭書, p.324.

은 주로 시간당임금 또는 임률(wage rate)이 정해져 있으며, 경우에 따라서는 성과급과 같이 일정한 성과에 대하여 일정임률이 정해져 있기도 하고, 일당 등과 같이 하루를 기준으로 해서 지불되기도 한다. 이에 비하여 후자인 봉급은 대부분 1개월을 기준으로 결정되어 있는 경우가 있다.

이상에서 살펴본 바와 같이 임금과 봉급은 다 같이 노동을 제공하고 얻는 소득이라는 관점에서 같을 뿐만 아니라 양자를 구분하여 사용한다고 해서 학문적으로 실익이 있는 것도 아니고 또 경제학 등 인접학문이나 현실경제사회에서 임금이 봉급을 포괄하는 개념으로 사용되고 있기 때문에 임금과 봉급을 구분하여 사용하지 않고 넓게 칭하여 임금이라고 이해할 필요가 있다.

2. 임금의 중요성

임금은 사용자에게나 노동자에게 다 같이 중요한 의의를 가지고 있다. 먼저 사용자측에서 볼 때 임금은 제품의 원가를 구성하는 기업의 비용으로서 노무비에 속한다. 따라서 기업의 입장에서 고찰하여 보면 이 노무비를 낮추는 것이 원가절감(cost reduction)을 가져오므로 가능한 한 낮은 임금을 지급하려는 경향이 있다. 또 노동자측에서 볼 때 임금은 사용자에 못지않은 다음과 같은 중요성을 갖는다. 즉 첫째, 경제적 견지에서 임금은 근로자가 생계를 유지하는 주요한 수입의 원천이며, 생계비가 되는 것이다. 여기서 말하는 생계비는 근로자 개인만의 것이 아니라 가족 전체의 생계비를 의미한다. 둘째, 사회적 견지에서 임금은 근로자의 사회적 신분을 규정하는 기준이 된다. 즉 임금의 높고 낮음이 기업 내부와 외부에서 근로자의 사회적 지위를 결정하는 요인이 된다. 셋째, 심리적 견지에서 임금은 근로자의 생활안정의 기준이 된다. 즉 임금은 높고 낮음에 대한 근로자의 관심이 클 뿐만 아니라 근로자의 심리에 크게 작용한다. 임금수준이 높으면 안정감이 있으며, 낮으면 불안하게 된다. 따라서 근로자의 입장에서 고찰하여 보면 근로자는 생활수준의 개선을 도모하기 위하여 보다 높은 임금을 요구하게 된다. 이에 따라 양자간에 이해관계가 엇갈리게 되고, 임금문제는 노사간의 분규의 직접적인 원인이 되며 뿐만 아니라 인사관리에 있어서 가장 중요한 부분이다.

3. 임금관리의 의의

지금까지는 일반적으로 임금관리(wage and salary administration, compensation management)를 기업이 지불해야 할 임금의 액과 제도에 관하여, 이것을 인사관리의 일환으로서 합목적적으로 계획하고 조직하여, 그 실시의 결과를 감사하고 개선함으로써 인사관리의 목적달성에 도움이 되도록 하는 관리라고 정의하여 왔다. 즉 인사관리의 일환으로서 임금액과 임금제도를 합리적으로 관리하는 것이 임금관리라고 정의하였다. 그러나 오늘날에는 임금관리를 단순히 인사관리의 목적달성이라는 관점과 기능에만 한정하지 않고 장기경영계획의 일환으로서 장기인건비 계획의 문제로 인식하고 있다. 이렇게 생각하면 기업의 장기적인 지불능력과 장기적정 인건비 등과 같은 인건비의 관리도 임금관리에 포함할 필요가 있다고 하겠다. 만약 그렇다고 한다면 임금관리는 인사관리의 목적달성이라는 관점에서만이 아니라 경영관리 전반의 문제와 불가분의 관계가 있음을 알 수 있다.

4. 임금관리의 구성내용

임금관리의 구성내용과 목적은 취급하는 의도에 따라 서로 다르지만, 그 기본적인 사고는 적정성, 공정성, 합리성 등을 들 수 있다. 따라서 임금관리의 구성내용도 임금수준, 임금체계, 임금형태 등의 순으로 전개할 수 있다.

다음의 [그림 9-1]은 임금관리의 구성내용을 정리한 것이다.

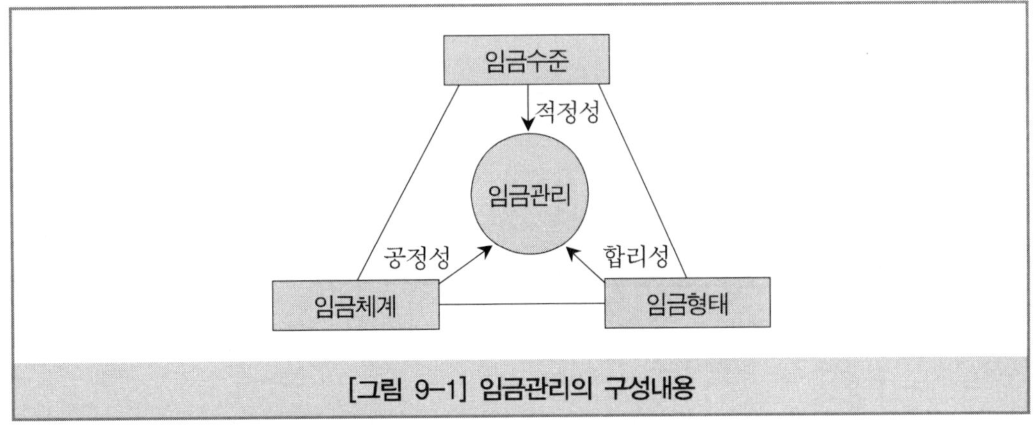

[그림 9-1] 임금관리의 구성내용

따라서 임금관리의 구성요소는 다음과 같이 세 가지 측면에서 효율적 임금관리가 이루어질 수 있다.

1) 임금수준관리

임금수준(wage level)관리는 종업원에게 제공하는 임금의 크기와 관련된 것으로서 가장 기본적이면서 적정한 수준이 되도록 '적정성의 원칙'에 의하여 결정하여야 한다.

2) 임금체계관리

임금체계(wage structure)관리는 각 종업원 개인에게 임금총액을 배분하여 개인간의 임금 격차를 가장 공정하게 설정함으로써 종업원들이 이를 이해하고 만족하며 동기부여 되도록 하는데 그 내용의 중점이 있다.

3) 임금형태관리

임금형태(wage payment system)관리는 임금계산 및 지급방법에 관한 것으로서 종업원의 근로의욕 향상과 직접적으로 관련되고 있어서 그 적용에 '합리성의 원칙'이 요구되고 있다.

이러한 임금관리의 3대 지주는 각각 독립적으로 작용하는 것이 아니라, 서로 상호보완적으로 작용하여 기업과 종업원 모두에게 최대의 만족을 제공할 수 있도록 관리되어야 한다.

제2절 임금수준의 관리

I. 임금수준의 의의

임금수준(wage level)이란 일국(一國), 일산업 또는 일기업의 노동자 1인당 지불된 임금액을 의미한다. 임금수준은 보통 임금 베이스(wage base)라고 한다. 기업에서 지급되는 임금총액을 종업원수로 나누면 1인당 평균노무비가 계산되는데, 이를 임금수준이라 한다. 임금수준은 고찰하는 대상범위에 따라 일국산업의 임금수준, 산업별 임금수준, 기업별 임금수준, 특정연령 또는 직종별 임금수준 등으로 나누어 고찰할 수 있다. 이 경우에 임금의 범위가 문제가 된다. 즉 임금의 범위를 명목임금으로 하느냐, 실질임금으로 하느냐, 또는 기준 내 임금으로 하느냐, 또는 복리후생비 등 노동비용이 포함된 노동비총액으로 하느냐의 목적에 따라 그 파악방법이 다르다. 그런데 둘 이상의 노동자군간의 임금수준을 비교하는 방법에는 평균임금을 비교하는 방법과 특정조건에 있는 노동자의 임금을 비교하는 방법이 있다.

평균임금을 직접 비교하는 방법은 계산이 비교적 간단하기 때문에 널리 사용되고 있다. 그러나 문제는 비교되는 두개의 평균임금이 동일하다 하더라도 반드시 개인 노동자의 임금이 동일한 것은 아니라는 것을 주의할 필요가 있다. 기업의 경우 임금은 노무비로서 비용문제로 다루어지나, 종업원에게 있어서는 생존과 관련되는 소득원천이다. 따라서 일반적으로 기업은 임금수준을 낮게 책정하려는데 비하여, 종업원은 임금수준이 높게 책정되기를 바란다.

2. 임금수준의 결정요인

기업에 있어서 임금수준(wage level)을 결정하는데 영향을 주는 요인으로는 여러 가지를 들 수 있다. 예컨대 플리포(E.B. Flippo)는 숙련종업원의 수급, 노동조합, 기업의 지불능력, 기업의 생산성, 근로자의 생계비, 정부 등의 6가지를 들고 있다. 또 배크만(J. Backman)은 임금비교, 생계비, 생산성, 지급능력, 경제환경의 다섯 가지 기준을 들고 있다.[2)]

번스타인(I. Bernstein)은 임금비교, 생계비, 경영상태, 업무의 특성, 채용기준, 생산성, 노동시간, 일반경제, 노동조합의 동향, 노동력확보요인을 들고 있다.[3)] 피고스와 마이어스(P. Pigors & Myers)는 동종타기업과의 비교임금, 기업의 재정상태, 생계비, 정부의 규제 등의 4가지를 들고 있다. 또 벨처(Belcher)는 최저·최고임금에 대한 법의 규제, 지역사회나 일반산업에서 비교 가능한 직무에 대하여 지급되는 임금, 노동조합의 압력에 의해서 이루어지는 임금수준, 기업조직에 의해서 일방적으로 혹은 종업원을 대변하는 노동조합과 관련을 갖는 기업조직에 의해서 채택될지도 모르는 임금수준에 대한 어떤 다른 기준 등을 들고 있다.

이상 여러 학자들에 의하여 주장되고 있는 요인들을 유사군으로 정리하여 보면 기업의 지불능력, 생계비, 사회일반의 임금수준의 3가지로 구분하여 체계화할 수 있다.

---

2) J. Backman, *Wage Determination: An Analysis of Criteria*, D. Van Nostand Co., Inc., 1959. pp.295-296.

3) I. Bernstein, *Arbitration of Wage*, University of California Press, 1954, p.27.

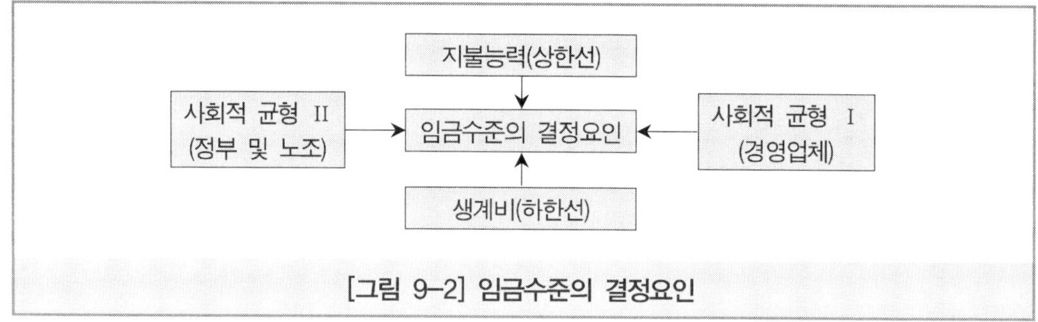

[그림 9-2] 임금수준의 결정요인

이를 좀더 구체적으로 살펴보면 다음과 같다.

1) 기업의 지불능력(ability to pay)

기업의 지불능력이란 기업이 임금으로 얼마나 지불할 수 있는지의 가능성이고, 기업이 최대한으로 지불할 수 있는 액을 의미하는 것보다는 얼마나 지불하는 것이 정상이며 기업경영상 허용될 수 있는지의 문제이다. 경영비용으로서의 임금은 기업의 지불능력(ability to pay)의 범위내에서 결정되어야 한다. 노동자의 입장에서는 임금은 고액일수록 좋겠으나, 기업의 입장으로서는 재무상태에 따라 어느 수준보다 낮은 임금을 지급하는 경우와 반대로 우수한 종업원을 확보하기 위하여 높은 수준의 임금을 지급하는 경우가 있다.

그러나 임금수준은 어디까지나 기업의 지불능력의 범위내에서 결정되지 않을 수 없는 것이다. 기업의 지불능력에 문제가 있는 경우에는 지불능력의 범위내에서 시장임금률 폭의 하한의 임금을 지불하고, 그후 경영자는 낭비를 제거하고 경영의 합리화에 노력함과 동시에, 설비투자에 의해서 생산성을 향상시킴으로써 임금지불능력을 갖도록 모든 노력을 다하지 않으면 안 된다.

그런데 기업이 어느 정도의 지급능력을 가지고 있는지를 파악하는 것은 결코 쉬운 일은 아니다. 이러한 기업의 지급능력은 기업의 생산성(productivity)과 수익성(profitability)을 분석하여 파악하는 방법이 일반적이다. 기업의 생산성을 분석하는 방법 중 가장 널리 쓰이는 것은 매출액분석과 부가가치 분석의 두 가지이며, 수익성분석을 통한 지불능력의 측정 방법에는 손익분기점분석·원가구성분석 및 매출 총이익분석 등이 있다.[4)]

2) 생계비(cost-of-living)

생계비를 임금결정의 기준으로 생각할 때, 두 가지 의미로 나누어 볼 수 있다. 하나는

---

4) 姜正大, 前揭書, p.341.

노동자에게 생존비용이 된다는 점이다. 임금은 노동자에게는 생활비용을 보장해야 한다는 점이다. 또 하나는 노동자로 하여금 비교적 풍요로운 사회생활을 영위할 수 있는 비용액이 되어야 한다는 점이다.

저임금시대에서는 생존비용으로서의 생계비가 임금수준 그 자체를 결정함과 동시에, 생활급체계의 예에서 볼 수 있는 바와 같이 임금체계도 결정하는 요인이 된다. 그러나 고임금의 풍요로운 사회에서는 사회적 생활비용으로서의 생계비는 임금체계나 임금수준 전체에 대한 결정적인 결정요인으로서의 기능은 하지 못한다. 즉 생계비의 임금결정기준으로서의 의미는 최저직급의 초임급, 연령별 최저임금, 세대별 인원 최저임금 등을 정할 때의 기준, 또는 각 직급의 연령별 임금곡선을 그을 때의 기준으로서의 역할을 하는 정도에 불과하다. 그런데 생계비를 보장하는 경우에는 어떤 생계비를 기초로 하느냐가 문제가 된다. 생계비에는 실태생계비·이론생계비로 크게 나누어진다.

(1) 실태생계비

실태생계비는 이론생계비에 대응하는 개념이며 실제의 생계에 필요한 지출액을 말한다. 즉 실생활에서 음식물비, 피복비, 주거비, 광열비, 문화비 및 잡비 등이 얼마만큼 지출되었는지를 직접 가계조사를 통하여 분석하는 것으로서 우리나라에서는 정부에서 정기적으로 도시가계 조사를 실시하여 공포하고 있다. 대체로 실태생계비는 이론생계비보다 낮게 나타나기 때문에 기업측에서는 이것을 기준으로 노조와 임금교섭을 하는 경우가 많다.

(2) 이론생계비

먼저 가계가 필요로 하는 소비 내용을 이론적으로 그 생계비 산정의 목적에 따라 결정하고 그것에 각 품목의 적정가격을 곱하여 얻은 금액을 이론생계비라 한다. 이론생계비가 되기 위해서는 노동과학·생활과학 등 여러 과학의 발달이 전제가 되며, 이의 발달로 이론적 생활 내용이 규정되며 이론생계비가 파악된다. 이론생계비에는 최저생계비, 표준생계비, 유락생계비 등이 있다. 최저생계비 및 유락생계비(愉樂生計費)는 현재 임금결정에는 거의 영향을 주지 않는다. 특히 유락생계비는 산정된 예가 거의 없다.

이에 비해 표준생계비는 우리들 생활에 관계가 깊은 생계비 산정방식이다. 표준생계비는 표준적 생활을 영위하는 데 필요한 물질 또는 서비스의 가격을 산술적으로 가산함으로써 산정한다.

이러한 표준생계비 파악에는 그 대상 범위에 따라 ① 전물량방식(全物量方式,market basket)과 ② 반물량방식(半物量方式)이 있다. 전자는 필요한 양에 가격을 곱하여 산출되고,

후자는 엥겔(Engel)방식이라고도 하며, 주(主)가 되는 음식물비에만 전물량방식을 투입하고, 기타 비목은 실태생계비를 이용한다. 이론생계비는 절대적인 생계비 보장과 생활개선을 위하여 노동조합에서 임금교섭을 위하여 많이 사용한다.

3) 사회일반의 임금수준(comparable wages)

임금수준결정에 있어서 또 하나 중요한 기준은 임금의 사회적 수준, 즉 사회적 균형의 유지이다. 이를 비교임금이라고도 한다. 임금은 인력의 확보 및 종업원의 사기와 직결되어 있으므로 임금이 다른 제반 요건을 충분히 감안하여 합리적인 수준에서 결정되어 있더라도 동종타기업의 임금수준과 비교하여 균형을 이루지 못하면 좋은 인재를 획득하지 못하며 생산성 향상을 기대하기가 어렵다. 이 때 '동종'이란 기업이 놓여 있는 동일산업, 동일지역, 동일규모 등 제요소와 유사성을 의미한다. 따라서 기업은 경쟁적인 동업타사의 임금수준에서 자사의 임금을 결정하는 것이 타당하다. 좋은 인재를 확보하기 위해서는 사회일반의 임금수준 이상의 임금을 지급하거나 최소한도로 같은 수준의 임금이 지급되어야 한다. 그러나 이 임금의 사회적 균형이 기업의 지불능력과 모순되는 경우가 가끔 있으나 임금의 사회적 균형에 중점을 두고 임금이 지불능력 내에 있도록 노동생산성을 올림으로써 두 원칙이 양립할 수 있도록 하여야 한다.

제3절 임금체계의 관리

1. 임금체계의 의의

임금체계란 일반적으로 기업이 종업원에게 지급하는 임금액의 구성내용 또는 임금액의 결정기준이라고 정의할 수 있으며, 이는 종업원의 개별 임금수준의 격차를 형성하는 중요한 기준인 것이다. 따라서 임금체계는 개별 종업원의 임금 결정기준으로서 공정성의 확보와 개별 임금의 격차를 정하는 기준으로서 사회적 형평성과 객관성이 충분히 고려되어야 할 것이다. 이와 같은 임금액의 결정기준으로서의 임금체계의 구성내용에 대해서는 다양한 견해가 있으나 일반적으로 광의와 협의의 두 가지 관점에서 임금체계를 구분할 수 있다. 광의의 임금체계는 기업내 종업원의 개인별 임금액의 결정 및 지급을 위한 전체적 임금결정기준 또는 임금구성항목을 의미하는 것이다.

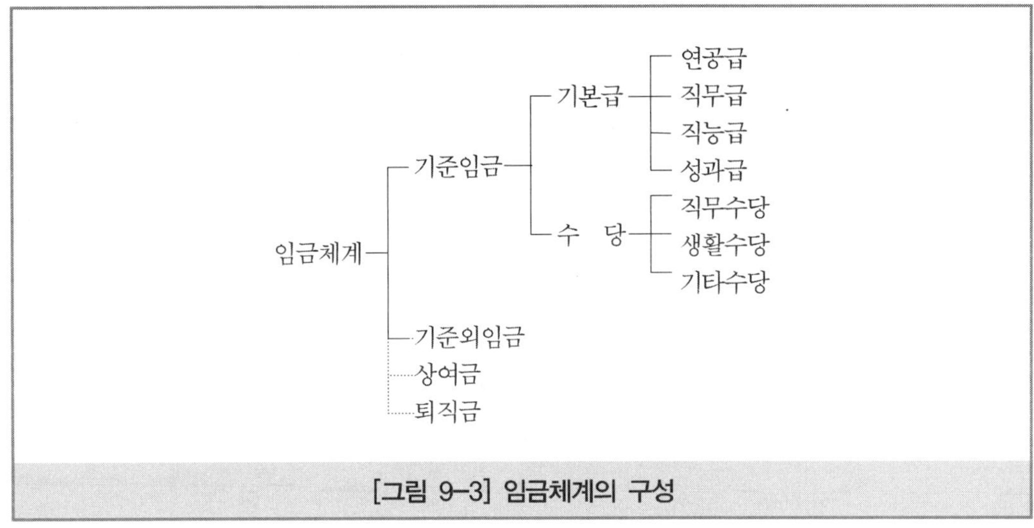

[그림 9-3] 임금체계의 구성

즉 (그림9-3)에서 알 수 있는 바와 같이 소정의 근로조건 및 근로시간내의 노동대가로 지급하는 기준 내 임금과 소정의 근로조건 및 근로시간을 초과하여 제공하는 노동의 대가로 지급하는 기준외 임금, 그리고 일정한 성과나 공로 등의 대가로 지급하는 상여금 등의 전체적 임금체계를 포괄하는 개념으로 이해할 수 있다.

협의의 임금체계는 임금의 기본적 부분을 구성하는 기준내 임금체계를 의미한다. 기준내 임금체계는 연공급, 직무급, 직능급, 성과급 등으로 구성되는 기본급체계와 일정수당으로 구분할 수 있다.

2. 임금체계의 결정기준

임금체계란 개별임금을 결정하는 기준을 말하는데 종업원들간의 임금의 차이가 어떤 기준을 어떻게 적용하여 결정하였는가를 밝히는 것으로서 임금의 공정성 차원에서 매우 중요한 문제이다. 종업원의 임금은 보편적으로 조직에 대한 공헌도에 따라 결정되어야 한다는 주장이 지배적이다. 종업원의 조직에 대한 공헌도는 직무의 가치로 평가될 수 있고, 종업원의 능력으로 측정될 수 있으며, 또는 직무수행 결과의 가치로도 판단될 수 있다. 한편 임금은 종업원의 최저한의 생계를 보장할 수 있는 기준에서 지급되어야 하므로 저임금수준에서는 연공에 따라 임금체계를 설정해야 한다는 주장도 설득력이 있다고 하겠다. 이를 그림으로 표시하면 다음과 같다.

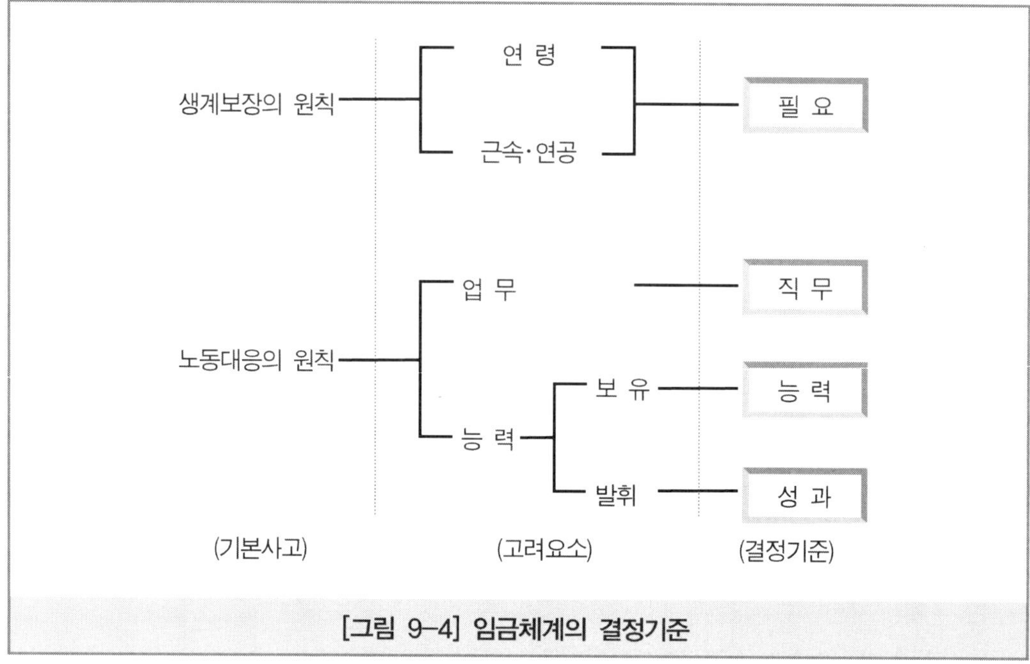

[그림 9-4] 임금체계의 결정기준

1) 필요기준(according to needs)

이는 수령자의 필요를 중시하여 임금이 결정되는 기준이다. 개별적인 임금을 결정함에 있어서 종업원의 실제 필요생활비를 반영하는 것이 대표적인 경우이다. 임금에 의한 최저생계유지가 안 되거나 근무지에 따라 생계비의 격차가 현저한 경우에는 이를 고려한 추가적 임금을 지급하는 경우가 있다. 가족수당이나 학자금 보조수당, 물가수당 등과 같은 것이 그 예가 되며, 이러한 항목들이 개별임금에서 차지하는 비중이 높을수록 생활급적 임금이라 할 수 있다. 필요기준에 의해서 고려해 볼 수 있는 외형적인 요소는 연령, 근속, 연공 등이다.

연령은 그 증가에 따라서 기초적인 생계비는 물론 부대비용의 증가를 수반하므로 임금의 결정에 필요기준으로 연령을 고려하는 일은 의미 있는 일이다. 근속이나 연공은 종래와 같이 장기간의 근속과 연공이 직무수행과 관련한 숙련의 증가를 의미하던 시기에는 업적이나 성과에 직결되는 까닭에 성과기준의 고려대상이 되어 왔다.

그러나 기계화의 진전으로 숙련의 의미가 감소한 오늘날에는 근속이나 연공은 업적이나 성과와는 별로 관계가 없이 생계비 상승요인이 된다고 인식하여 필요기준으로 감안하는 것이 바람직하다 할 것이다.

2) 직무기준(according to job)

이 기준은 직무담당자가 어떤 능력을 가지고 있든 간에 그가 받는 임금은 그가 담당하는 직무의 내용에 따라 결정된다는 것이다. 물론 직무수행이 소기의 성과를 달성하기 위해서는 능력 있는 자를 배치한다는 것은 당연한 논리이다. 따라서 실제로 이 기준을 적용하는 직무급 체제에서는 직무별 대응능력의 소지여부를 엄격히 심사하여 적격자를 배치하는 것을 가장 중요한 원칙으로 적용하고 있다. 그러나 원칙적으로 이 담당직무기준이 적용되면 실제로 그 직무를 담당할 능력 이상의 수준에 있는 사람도 그가 담당하는 직무에 부여된 임금수준을 초과하여 받지 못한다.

3) 능력기준(according to ability)

이는 임금결정의 기준이 종업원이 소지한 능력에 있다는 것이다. 능력은 조직이 구체적으로 필요로 하는 능력이며, 이는 현재 담당하고 있는 직무 및 앞으로 담당할 직무와 관련되는 능력을 포함한다. 이러한 능력의 원천에는 연공과 학력 등이 있다. 연공의 경우, 어떤 일은 상당한 기간의 연공이 요구되며 연공과 능력이 거의 같이 병행되는 경우도 있다. 그러나 대체로 모든 직무는 일정한 기간의 연공에 이르면 그 이상의 능력발전은 없는 경우가 보통이다. 학력의 경우 최종학교의 분야와 수준이 그 사람의 능력을 결정하는 요인이 된다. 그러나 학교를 졸업한 지 오래된 경우에 학력이 능력을 좌우한다고 주장하기 어렵다. 그리고 동일한 학력자 간에도 시간이 지남에 따라 능력의 차이가 생기는 것이 당연하다고 할 수 있다.

4) 성과기준(according to performance)

성과는 곧 업적이라고 할 수 있으며 이는 종업원의 조직에 대한 기여도이다. 그런데 보통 조직에서 기본임률의 결정은 역시 직무나 능력 및 연공의 기준 중에서 선택하게 마련이다. 실제로 많은 작업직에서는 이들 기준들 가운데 하나 또는 둘 이상의 기준을 적용하여 임률의 격차를 결정하고 이를 성과와 연결하는 방법을 취하고 있다. 이러한 입장에서 본다면 성과기준은 연공급이나 직능급, 직무급 등을 산출할 때에 적용해야 될 기본사항으로서 고려되어야 한다. 또한 성과기준은 퇴직금의 경우에도 고려되어야 할 기준이라 하겠다.

3. 임금체계의 종류

1) 연공급

(1) 연공급의 의의

연공급은 연령, 근속기간, 학력, 성별, 경력 등 인적요소를 중심으로 임금을 결정하는 것을 말한다. 이는 일반적으로 근속년수, 학력, 경력 등이 많아짐에 따라 기본급이 높아지는 것이 특징이다. 동일작업에 종사하거나 동일 업적을 올린다 해도 임금은 학력, 연령, 근속년수에 따라 개별적으로 차이가 난다. 연공급은 넓은 의미로 보아 생활급이지만 연령, 근속년수가 적용된다. 일반적으로 종업원의 생활보장을 통해 귀속의식을 확대하고 종신고용을 전제로 초임 최저임금에서 정기적으로 승급하는 제도를 택한다. 이것은 연장자를 우선하는 동양적 봉건 가족사회의 주종관계가 빚어낸 임금체계이다.

이러한 연공급 체계는 사회적으로 노동이동률이 낮고 직무의 난이도 격차가 적으며, 회사내의 배치전환이 용이하고 조직의 풍토와 경영층의 의식 그리고 업무내용 등이 보수적인 조직에 적절하다. 또한 연공급에서는 근속년수에 따른 정기승급에 의해 보상액이 증가하게 되어 고용의 안정과 노동의 정착이 진전되고 구성원의 조직에 대한 귀속의식이 고양되며, 구성원에 대한 교육훈련의 효과를 높일 수 있다는 데 큰 의의가 있다.

(2) 연공급의 유형

연공급은 크게 연령급과 근속급으로 나눌 수가 있다. 연령급은 연공요소 중에서 구성원의 연령이 주요 평가기준이 되는 것으로서 생활급적 형태가 강한 임금체계이고 근속급은 구성원의 근속년수 기준에 따라 임금을 지불하는 체계를 말한다. 이러한 연공급은 매년 정기승급에 의해 운영되는데 근속년수에 따른 임금인상의 형태에 따라 [그림 9-5]와 같이 네 가지 유형으로 구분된다.

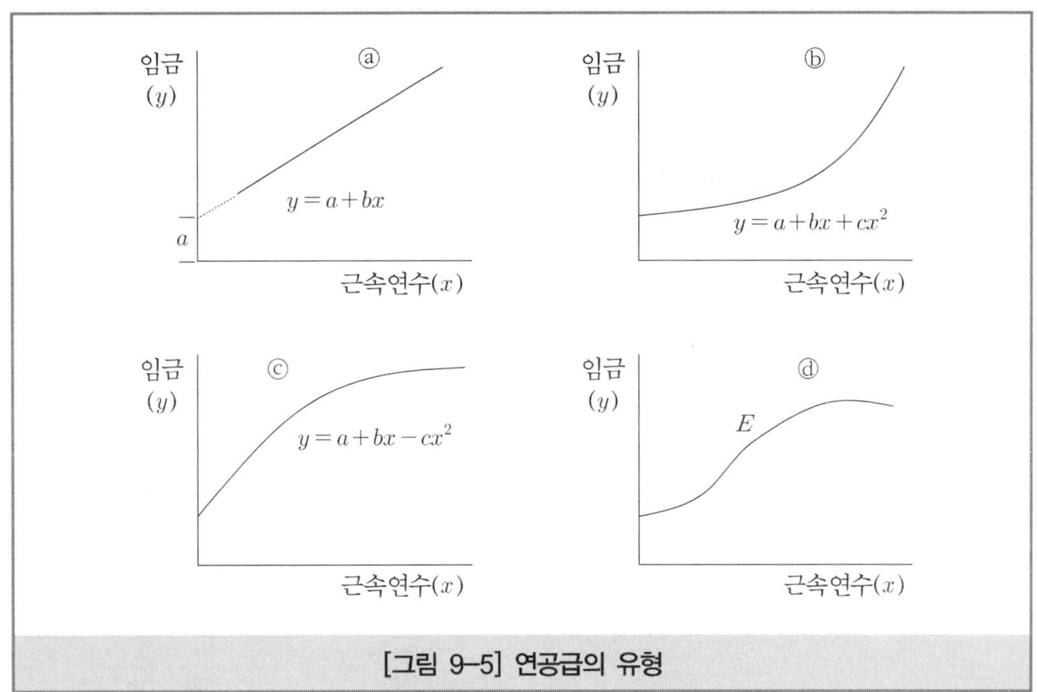

[그림 9-5] 연공급의 유형

① **정액승급형** : 그림의 ⓐ와 같이 근속년수에 따른 임금수준이 1차함수의 관계를 나타내고 있는 유형이다. 따라서 매년 상승하게 되는 임금인상액은 동일하고 이 때문에 임금의 상승률은 차츰 떨어지게 된다.

② **체증승급형** : 이는 ⓑ와 같이 2차함수의 곡선을 따라 임금인상액이 체증하는 형태이다. 따라서 이는 임금인상률이 일정하게 고정되어 있는 정률승급의 경우를 말하는데 근속년수가 많아질수록 임금인상액의 폭은 더 커지게 된다.

③ **체감승급형** : 이는 ⓒ와 같이 임금의 상승액이 근속년수가 많아짐에 따라 점차 감소하는 경우를 말한다. 즉 임금의 승급률과 승급액이 동시에 감소하는 경우로서 고도의 육체적 능력이 요구되는 직무라든가 현장노동자의 직무에서 흔히 나타나는 형태이다.

④ **S자 승급형** : 이는 ⓓ와 같이 근속년수에 따라 승급액이 증가하다가 일정 시점을 지나게 되면 감소하게 되는 형태로서 앞의 체증승급형과 체감승급형이 혼합된 성격을 띠고 있다. 이러한 형태의 임금은 기능의 습득이나 숙련의 체득이 당초에는 누진적인 성격을 띠면서 이루어지지만 일정 기간이 지나면 점차 그 기능이나 숙련의 체득이 줄어드는 경우에 해당된다.

(3) 연공급의 장·단점

① 고용을 안정시키고 노동력의 정착화를 가져온다. 즉 정기승급제도에 의하여 임금이 상승하게 되므로 장래의 승급을 위하여 근속하지 않을 수 없게 되며 또한 기업을 떠난 경우에는 다시 낮은 초임부터 시작하여 연공을 쌓지 않으면 고임금을 지급 받을 수 없는 것이다. 따라서 정기승급제도는 필연적으로 종업원을 한 기업에 정착시키는 효과를 가지며 노동력을 장기고용으로 하는 기능을 가지게 된다. 또한 노동력의 정착화는 종업원의 교육훈련의 효과를 유효하게 한다.

② 종업원의 생활이 보장되므로 기업에 대한 귀속의식이 확대되어 종업원의 공헌도가 증대된다.

③ 연공존중의 동양적 풍토에서 질서를 확립하고 사기를 유지하는 데 도움을 준다. 즉 구미제국에서는 경영내 질서가 직무내용에 따른 직무분류를 기초로 하는 직계에 의해서 형성되고 있는데 비하여, 우리나라와 일본의 경영사회질서는 일반적으로 연공서열에 중점을 두고 형성되어 있다.

연공급은 이러한 경영사회질서를 금전적으로 반영한 것이다. 연공급은 이와 같은 장점이 있는 반면에 다음과 같은 단점도 있다.

① 동일 노동에 대하여 동일 임금을 지급할 수 없다. 즉 동일작업에 종사하거나 동일 업적을 올린다 해도 임금은 근속연수에 따라 개별적으로 차이가 생긴다.

② 기술혁신이 계속되는 오늘날 전문기술 인력을 확보하기가 어렵다. 기술혁신이 이루어지고 설비가 근대화됨으로써 새로이 도입된 과거의 지식과 경험을 가진 장기근속자보다는 새로운 교육을 받은 젊은 종업원이 적응하기가 쉽다. 그런데 연공급에서는 능력과 보수가 일치하지 않는 상황이 생긴다.

③ 기업의 인건비 부담이 가중된다.

④ 종업원들의 소극적이고 무사안일한 근무태도를 야기하기 쉽다.

2) 직무급

(1) 직무급의 의의

직무급(job wage)은 직무를 기준으로 하여 임금을 결정하는 방식으로 구미(歐美)에서 많이 채택하고 있다. 즉 직무급이란 직무의 중요성과 곤란도 등에 따라서 직무의 질과 양에 대한 상대적 가치를 평가하고 그 결과에 의거하여 임금을 결정하는 것이다. 이는 원칙적으로 동일직무에 대하여 동일임금을 지급한다(equal pay for equal work)는 사고방식에 입각한 것으로서, 직무분석과 직무평가가 선행되어야 한다. 직무급(職務給)은 직무평가에 의해서 설정되지만 직급의 사용 여부에 따라서 개별 직무급과 직급별 직무급으로 나누어진다.[5)]

(2) 직무급의 형태

① 개별 직무급 : 개별 직무급은 직무평가의 결과로서 평점에 1점당 단가를 곱하여 임금을 결정하는 것으로 평점별 직무급이라고도 하며, 직무를 등급으로 분류하지 않고 각 직무마다 임률을 설정하는 직무급이다. 따라서 직무의 수만큼 상이한 임금이 존재하게 되고 관리하기가 번잡하므로 직무의 수가 적은 경우에만 사용할 수 있다.

② 직급별 직무급 : 직급별 직무급은 평점이 유사한 직무군을 같은 직급으로 분류하여 각 직급에 대해서 임금을 결정하는 방식이다. 일반적으로 직무급이라고 할 경우 직급별 직무급을 뜻한다고 할 수 있다. 직급별 직무급은 단일직무급과 범위직무급의 두 가지 형태가 있다.

ⓐ 단일(single)직무급 – 직급별로 단지 하나의 임금액을 설정하여 운영하게 되므로 직무급 본래의 능력차, 성적차, 숙련차를 반영할 수 없다는 결함이 있다. 따라서 단일직무급은 직무가 대체로 자동적·정형적으로 결정되고, 개인의 숙련도에 따라 작업의 질이나 양이 영향 받지 않는 직무에 적합한 형태이다.

ⓑ 범위(rate range)직무급 – 동일직급 내의 직무에 대해서도 각 개인의 호봉에 따라서 임금액에 차이를 두는 유형이다. 즉, 직무의 가치가 같은 업무에 종사하는 종업원이라 할지라도 그 경험, 근속년수, 연령 등에 차이가 있으므로 일정한 범위 내에서 승급을 인정함으로써 종업원의 사기를 향상하기 위하여 많이 활용되고 있다.

이러한 범위직무급에는 중복형, 접합형, 간격형 세 가지가 있는데 이를 그림으로 나타내면 [그림 9-6]과 같다.

5) 鄭京燮, 前揭書, p.232.

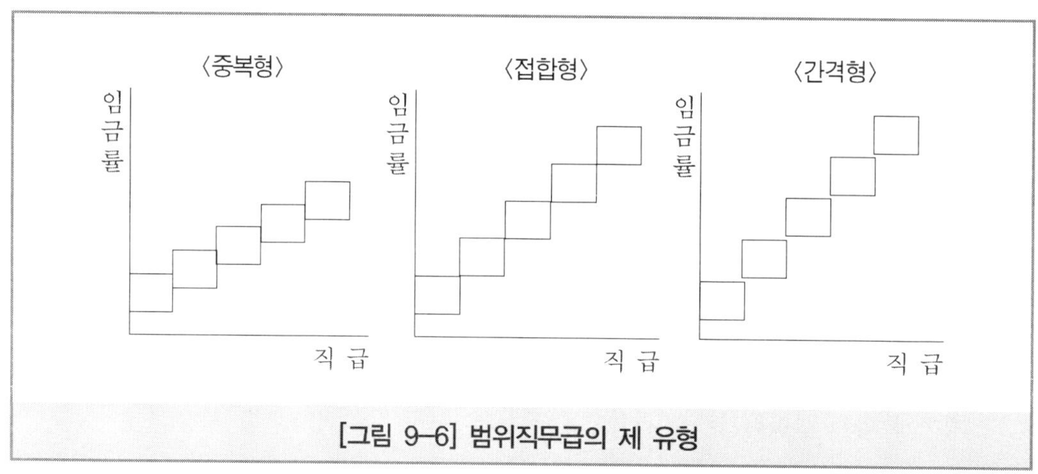

[그림 9-6] 범위직무급의 제 유형

(3) 직무급의 장·단점

직무급의 장점 및 단점은 다음과 같다.

직무급의 장점으로서는

① 직무에 기초를 둔 임금의 결정이 가능하게 됨으로써 동일노동, 동일임금의 원칙을 명확하게 하고, 노동의 공헌적인 면에서 보아 임금배분의 공정성을 기할 수 있다.

② 인건비의 효율을 증대시킨다.

③ 전문기술인력의 확보가 용이하다.

④ 능력위주의 인사풍토가 조성된다.

반면에 단점으로서는

① 직무분석과 직무평가를 공정하고 철저하게 실시하기가 어렵다.

② 임금수준이 종업원의 생활을 보장할 수 있을 만큼 높지 않을 경우에는 적용하기가 어렵다.

③ 학력·연공중심 풍토에서 오는 저항감이 강할 때에는 적용하기가 어렵다.

3) 직능급

(1) 직능급의 의의

지금까지의 평면적인 연공주의 중심에서 입체적인 성과 존중의 능력주의로 임금체계를 강화해 나가는 등 개별 기업의 특수성에 알맞도록 임금체계를 선택하려는 노력을 하고 있다.

다시 말하면 인력개발의 기본이념이라 할 수 있는 공존공영을 위하여, 기업의 경영성과와 종업원이 자기발전에 대한 목표를 충족할 수 있도록 공동체적 성과주의를 향한 임금체계가 요청되고 있다. 이러한 요청에 따라 연공급의 장점과 직무급의 장점을 비교분석하고 이들을 절충한 직능급이 등장하게 되었다. 직능급 = 직무급의 장점 + 연공급의 장점이라고 간단히 표현할 수 있다.

즉 연공급이 사람에 대한 임금이라 하고, 직무급은 일에 대한 임금이라면 직능급은 일을 전제로 한 사람에 대한 임금으로 볼 수 있다. 직능급은 종업원의 직무수행능력에 역점을 두어 그 가치에 대응한 임금을 설정하는 것이라 할 수 있다. 다시 말하면 필요로 하는 능력, 즉 근로자가 직무를 수행하는 데 요구되는 능력을 기준으로 임금을 결정하는 제도로 직무수행능력의 발전단계에 대응하는 임금결정방식이다.[6)]

오늘날은 직능급을 보다 효율적으로 관리하기 위해 직능별로 자격을 설정하는데 이것을 직능자격급이라고 한다. 직능자격급은 기업내 종업원의 직무수행능력에 따른 직능등급의 자격취득 기준을 정해 놓고 그 자격취득에 따라 임금지급의 차이를 두는 제도이다.

(2) 직능급의 형태

직능급의 형태는 임금항목의 구성형태에 따라 순수형 직능급, 병존형 직능급으로 직능급 결정방법에 따라 직능등급별 직능급 및 능력 평점별 직능급으로 구분된다.

① 임금항목의 구성 형태에 따른 분류

ⓐ 순수형 직능급 : 이 제도는 기본임금 전액을 직능(자격)급으로 결정하는 형태로 단일형 직능급이라 한다.

ⓑ 병존형 직능급 : 이 제도는 기본임금 항목 중 일부만을 직능(자격)급으로 결정하는 형태로 병존형 직능급이라 한다. 여기에는 연공급(또는 연령급) + 직능급이나, 직무급 + 직능급 형태 등이 있다.

② 직능급 결정방법에 따른 분류

ⓐ 직능등급별 직능급 : 이 제도는 직능등급별로 임금률이 결정되고 이에 따라 직능급을 결정하는 형태이다. 즉 한 기업내에서 직능급을 실현하려 할 때, 모든 종업원 개개인에 대해서 임금률을 설정하는 것은 부적당하다. 따라서 몇 가지의 직급으로 나누어 직급별로 임금률을 정하여 직능급을 실현하는 것이다.

ⓑ 능력평점별 직능급 : 이 제도는 종업원 개개인별로 직능평가 및 인사고과 평가결과에 따라 임금계수를 결정하고 이에 따라 직능급을 결정하는 형태이다. 이 경우는

---

6) 崔鍾泰, 現代賃金管理, 博英社, 1992, p.167.

종업원을 직급으로 분류하지 않기 때문에 종업원수만큼 임금률이 있으며, 따라서 소규모 기업의 경우에만 타당성을 갖는다.

(3) 직능급의 장단점

① 장 점

ⓐ 종업원에게 직능자격제도에 의한 임금액을 명시하고 자기 개발의욕의 충족은 물론, 장래의 임금액을 예상할 수 있게 함으로써 근로의욕을 향상시킨다.

ⓑ 기업에 대해서는 종업원이 꾸준히 자기 개발의욕에 찬 직장생활을 통하여 경영성과를 높일 수 있을 뿐만 아니라, 적재적소의 인력관리에 이바지할 수 있다.

ⓒ 연공에 따라 자동적으로 승급되는 연공급을 지양할 수 있으며, 직급에 따라 승급되는 직무 중심의 인사관리의 경직성으로부터 유발되는 인재의 이직을 방지할 수 있다.

② 단 점

ⓐ 직무급의 합리성과 연공급의 장점을 모두 상실하여 이것도 저것도 아닌 형식 지향적 임금결정에 빠지기 쉽다는 점이다. 특히 자격급을 강화할 경우 너무 형식적인 자격기준에 치우쳐 실질적인 경영에 요청되는 능력을 소홀히 다루게 되며, 자격취득에 요청되는 시험 제도가 조직의 분위기를 해치는 결과를 가져올 수도 있다는 것이다.

ⓑ 직무성격상 직능급이 적절하지 않은 직종이 있다. 이 경우에는 직종급을 실시해야 한다.(예: 의사, 간호사, 조리사, 운전기사, 특별 기술자, 디자이너 등)

ⓒ 사람의 능력 개발에도 무한정한 것은 아니다. 일반적으로 기업의 경우에는 통상 50세 전후까지를 능력개발기간으로 삼는다. 따라서 그 이후에는 정액급의 개념을 도입하는 것이 타당하다.

ⓓ 사회적 제약 등으로 다른 임금체계와의 조화도 고려해야 한다. 그러므로 직능급체계라 하더라도 보조적으로 직종급이나 직무급을 활용하는 것이 바람직하다.

4) 성과급

성과급은 종업원이 달성한 크기를 기준으로 임금액을 결정하는 제도이다. 성과급을 공정성 확보의 중요한 임금체계로 간주하는 이유는 다음과 같다. 임금이란 결국 기업이 창출한 "부가가치"에서 나오는 것이고 부가가치는 제품의 판매로 인해 발생한다. 이러한 제품을 개인이 얼마나 만들었으냐가 바로 기업의 부가가치 창출에 대한 개인의 기여분이 되며, 개인은 이 기여분에 해당되는 만큼 보상을 받는 것이 공정하다는 논리이다. 이러한 제도하에서는 동일한 가치를 가진 직무(동일 직무)를 수행한다고 해도 종업원들의 임금은 그들이 달성한 성과에 따라 달라진다.

앞에서 살펴본 직무급, 연공급 그리고 직능급은 고정급인데 비해 성과급은 변동급이다. 즉 성과급은 개인의 성과에 따라 임금액이 매달 달라질 수 있다.

성과급은 산업화 초기에 이미 널리 확산되어 있었던 전통적 임금제도이다. 당시 기업은 인건비에 관한 한 위험부담을 지지 않으려고 했다. 예를들면 직무급의 경우 특정 수준의 직무를 수행하는 종업원에게 일정한 임금액을 책정했는데 그들의 성과가 낮을 경우 기업의 입장에서 보면 인건비 낭비가 초래되는 것이다. 성과급은 변동임금이기 때문에 종업원이 열심히 일을 하면 더 많은 임금을 받을 수 있는 반면 여러 가지 사정으로 성과가 낮으면 임금이 줄어든다. 일반적으로 종업원은 임금이 깎일 수 있는 "위험부담"이 있는 성과급보다 임금이 높지는 않지만 꾸준히 받을 수 있는 안정적인 임금을 선호하게 되었고 이러한 종업원의 욕구를 반영하여 점차 기업들은 성과급에서 고정급으로 전환하기에 이르렀다. 그럼에도 불구하고 오늘날 많은 기업에서는 성과급에 대한 애착을 가지고 있다. 성과급에 대해서는 임금형태의 능률급제에서 자세히 다루고자 한다.

4. 임금체계의 합리화 방향

1) 우리나라 임금체계의 특징

우리나라의 임금체계의 특징을 보면 다음과 같다.

① 개별 기업별 임금이며, 거기에는 횡단적인 임률이나 시장임금이라는 개념은 거의 결여되고 있다.

② 임금이 개별 기업에서 결정되는데 그것은 주로 속인적 임금, 즉 사람을 중심으로 한 임금이며, 직무나 직종을 중심으로 한 임금이라고는 말할 수 없다.

③ 이러한 속인적인 임금은 모름지기 낮은 초임급으로 시작하여 높은 정년급에 이르는 이른바 연공서열형의 임금을 형성하고 있다.

④ 대기업과 중소기업간에 임금의 이중구조가 현저하다.

이상과 같은 우리나라 임금체계는 해방 후 고도의 인플레이션과 빈곤에서 생활급체계를 바탕으로 발전해 왔으며 노동 시장의 봉쇄성에 기인하고 있다. 그러나 차츰 경제의 발전, 기업의 기술·규모의 변화 그리고 임금 절대수준의 상승에 따라 임금체계의 변화가 요청되고 있으나 기존의 임금체계를 일시에 무너뜨리고 새로운 공정성의 조건으로 바꿀 조건은 되어 있지 못하다. 따라서 우리는 현실적으로 다양한 임금의 결정 원리를 복합적으로 적용하는 임금체계를 가지게 된 것이다. 이러한 복합적인 결정 원리에 의하여 형성된 임금체계가 바로 종합결정급체계이다.[7]

2) 우리나라 임금체계의 개선방향

① 임금체계의 형식면에서 개선사항은 복잡한 수당을 기본급부분에 포함시켜 기본급 비중을 높임으로써 임금체계의 단순화를 기하여야 할 것이다.

② 세계경제가 경쟁체제로 전환됨에 따라 이에 적응하기 위해서는 현행 연공급체계를 능력급체계로 전환해야 할 것이다. 그러나 능력급체계로의 개선은 현재의 관행·근로자의 의식 등을 감안, 연공주의 임금과 능력주의 임금을 절충하는 방향으로 임금체계를 개선해 나가야 할 것이다.

제4절 임금의 형태관리

Ⅰ. 임금형태의 의의

임금형태(method of wage payment)란 임금의 산정방법, 임금의 지급방법을 의미한다. 임금의 형태는 먼저 일정한 노동시간에 대해서 일정임금을 지불하는 정액임금제와 성과(생산량 또는 판매량)에 따라 임금을 결정하는 능률급제로 나눌 수 있다. 정액임금제는 다시 정액임금에 대응하는 시간단위의 차이에 따라 시간급제·일급제·주급제 또는 월급제로 구분된다. 한편 능률급제는 노동능률의 척도를 생산량으로 할 것인가, 생산에 필요한 표준시간으로 하느냐에 따라 성과급제와 할증급제로 나눌 수 있다. 이 양자는 다시 그 산정방법에 따라 여러 가지로 나뉜다.

그 외에 부가급이나 특수임금제도는 시간급과 성과급의 미비점을 보충하기 위한 형태에 지나지 않는다.

어느 기업이나 공통적으로 적용될 수 있는 보편적인 임금형태가 있는 것은 아니므로 경영자는 그 기업에 가장 합리적인 임금형태를 마련하지 않으면 안 된다.

---

7) 金植鉉, 前掲書, p.362.

정액임금제와 능률임금제는 각각 특징을 지닌 임금형태의 2대 지주인데, 이 양자는 각각 어떠한 경우에 가장 알맞은지 살펴보면, 먼저 정액임금제가 적절한 경우는 다음과 같다.

① 생산량의 단위가 명확하지 못하여 측정이 어려울 경우
② 종업원의 노력과 생산량과의 사이에 명료한 관계가 없을 경우
③ 종업원의 통제 불능한 작업흐름의 지체가 때때로 일어날 경우
④ 일의 질이 특히 중요할 경우
⑤ 감독자가 하루의 공평한 작업량을 평가할 수 없을 경우
⑥ 기업이 독점적 상태였기 때문에, 생산단위마다 노무비를 정확하게 알아둘 필요가 없을 경우

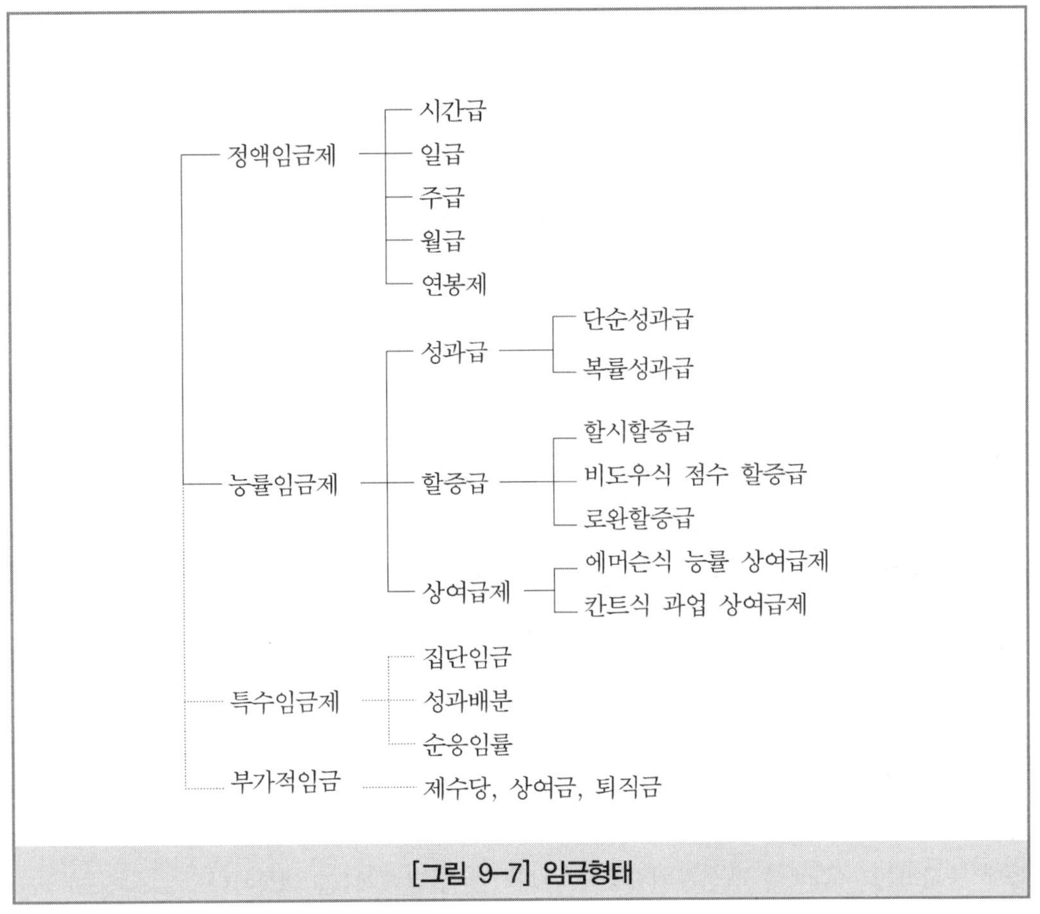

[그림 9-7] 임금형태

이에 비해서 다음과 같은 경우에는 능률임금제가 훨씬 적절하다.

① 생산량의 단위가 명확하여 생산량의 측정이 가능할 경우
② 종업원의 노력과 생산량과의 사이에 명료한 인과관계가 있을 경우
③ 일이 표준화되어 일이 규칙적이며, 일의 흐름이 멈추는 경우가 매우 적고, 또 멈추는 일이 많다 해도 거기에는 규칙성이 있어서 종업원의 통제 불능한 작업흐름의 지체가 적을 경우
④ 생산고에 비해 일의 질이 그렇게 중요하지 않을 경우
⑤ 감독의 손이 충분히 뻗치지 못할 경우, 즉 감독자가 개개인의 결과로서의 성과이외에는 파악하지 못할 경우
⑥ 원가처리가 필요하며, 생산원가당의 노무비를 정확하게 알아둘 필요가 있을 경우

2. 정액임금제

임금의 형태 중 일정한 노동시간을 정하여, 이에 대한 일정한 임금액을 지급하는 형태가 정액임금제이다. 단위가 되는 노동시간의 차이에 따라 시간급, 일급, 주급, 월급, 연봉으로 구분된다.

1) 시간급

1시간을 단위로 하여 임률을 정하고 노동시간을 곱하여 임금을 산정하고, 지급하는 형태이다. 시간급은 시간당 임금이 명확하고 임금계산이 가장 간단하다는 것이 특징이다. 미국에서는 공장노동자에게 시간급을 지급하는 경우가 가장 많다. 즉, 시간급은 주로 일시고용(part time)된 노동자를 그 대상으로 하는 임금이다.

2) 일급제

이것은 1일을 단위로 하여 임금을 정하고 노동일수를 곱하여 임금을 계산·지급하는 임금형태이다. 일급은 작업직의 전형적인 임금형태이다. 일급이 적합한 경우는 작업의 내용이 단순·반복적이고, 작업의 성과가 1일 단위로 파악될 수 있는 경우이다. 따라서 경영관리활동에 종사하는 사람보다 생산판매활동에 종사하는 사람에게 더 적합하다.

3) 주급제

이것은 1주를 단위로 하여 임률을 정하고 보통 1주마다 지불하는 임금형태이다. 구미에서는 사무직 노동자에게 특히 주급제를 많이 적용하고 있다.

4) 월급제

임금이 월단위로 결정되어 월간의 노동일수에 관계없이 지불되는 것이다. 임금이 월급으로 결정되어 있어 휴일·경축일은 물론 지각·조퇴·결근에 관계없이 임금이 감액되지 않고 전액지불된다. 월급제는 관리·감독직 이상의 사람에게 많이 활용되고 있다.

5) 연봉제

연봉제는 임금액을 연간단위로 결정하여 지급하는 제도이다. 일반적으로 개인별 임금액은 연공, 직무, 능력, 업적의 하나 또는 결합에 의하여 일급, 주급, 월급단위로 결정되는데 연봉제는 임금액이 1년 단위로 결정되는 제도이다.[8] 금액의 결정은 연간이지만 실제 지급은 월단위로 나눈 월할균분제가 시행되는 것이 보통이다.

연봉제는 임금결정 또는 계약기간이 연간단위로 이루어진다는 의미와 함께 근무평정에 따른 임금의 차등지급이라는 의미도 지니고 있기 때문에 임금형태 관리에 포함된다고 하겠다. 미국의 경우 연봉제는 직무내용이 복잡하고 직무형태가 어려워서 능력과 업적을 시간·주·월단위로 평가하기가 곤란한 전문직과 관리직에 적용되고 있다. 미국의 경우 연봉제는 직무급을 토대로 하여 근무평정에 따라서 기본급을 차등·조정하는 메리트 임금을 적용하는 방식으로 운영된다. 그러나 실제임금의 지급은 연봉액을 12로 나누어서 매월 지급하는 것이 관행이다.

연봉제를 도입하면 다음과 같은 장·단점이 예상된다.

첫째, 연봉제는 능력과 실적이 임금과 직결되어 있으므로 능력주의, 실적주의로 종업원들에게 동기를 부여함으로써 계속 의욕적으로 근무할 수 있게 한다는 점이다. 연봉제는 자신의 능력과 업적이 곧 임금으로 표현된다는 생각 때문에 능력발휘를 위한 동기유발로 조직의 활성화와 사기의 앙양으로 연결될 수 있다.

둘째, 과감한 인재기용이 용이하다는 점이다. 오늘날 세계는 지구촌화되어가고 있어 기술진보의 속도가 빨라지고 국제 경쟁은 더욱 치열해지고 있다. 특히 국제부문 및 신규 사업부문에서 국제적인 감각을 지닌 관리자, 전문직 종사자, 하이테크 기술자, 특수기능 보유자 등

8) 김식현, 전게서, pp. 370-371.

필요한 인재를 종래의 연공급 체계로는 확보하기가 어렵다.

셋째, 경영감각의 배양을 들 수 있다. 구미에서는 매니저 이상의 간부는 전부 연봉제이고 연봉제로 근무하고 있는 자가 사회적 지위의 상징으로 통용되고 있는 실정이다. 사원뿐만 아니라 중간관리자에게도 연봉제를 도입함으로써 경영자에 준하는 책임감을 부여하여 자신이 달성한 업무와 연봉과의 비교를 통하여 경영감각을 배양할 수 있다는 점이다. 그밖에 연봉제는 임금체계를 단순화하여 임금관리가 용이해지고 최고의사결정권자의 의사소통의 기회를 향상시킬 수 있는 등 여러 가지 장점을 지니고 있다.

위와 같은 장점이 있는 반면에 연봉액의 신뢰성 문제와 감액이 되는 경우 사원의 사기가 저하될 가능성이 있으며 종업원 상호간에 불필요한 경쟁심을 유발하여 위화감을 조성하는 등 많은 단점도 지니고 있다. 또한 임금교섭에서 사용자 위주의 교섭체계를 구축하고 개별적으로 노동자를 관리하여 노조의 교섭력을 저하시키는 의도로 악용될 수도 있다.

3. 능률급제

능률급은 노동자의 작업량 또는 노동의 양적 성과에 따라 임금을 지불하고 노동능률을 자극·향상시키려는 임금제도이다. 즉, 임금을 노동능률에 직접 관련시켜 능률에 따라 증감되고 근무성적에 따라 개인차를 두는 변동적 임금지급형태라 할 수 있다.

능률급은 시간급과 대립되는 개념으로 노동능률에 대응하는 임금을 지불하는 제도이다. 능률급은 1인당 생산량의 증대에 의해서 임금수입의 증대를 가능케 하고, 한편으로는 단위노무비의 절감을 도모하는 것을 그 목적으로 하고 있다.

시간급을 채택할 것인가, 그의 변형으로서의 능률급을 채택할 것인가 하는 것은 작업의 성질에 의존하게 되며, 일반적으로 개인의 숙련도나 근면도에 의해서 작업량의 현저한 차이가 있을 경우에는 능률급의 채택이 바람직하다. 그러나 장치공업에서 흔히 볼 수 있는 바와 같이 공정이 연속되어 있고 개인의 능률이 별로 문제가 되지 않는 경우, 또는 사무직과 같이 작업량의 측정이 곤란한 경우에는 능률급의 채택은 부적당할 뿐만 아니라 불가능하다.

1) 성과급제(piece-rate plan)

생산고 1단위의 임률을 결정하고, 그것을 근로자의 생산고에 곱하여 임금을 결정하는 제도를 말하며, 작업수행에 소요된 작업시간은 고려하지 않고 작업성과의 수량만 계산하여 이에 일정한 임률을 적용하고 임률을 계산하기 때문에 임금은 성과에 거의 비례하는 임금형태이다.

성과급제에는 단순성과급제, 복률성과급제 및 차별성과급제가 있다.

① **단순성과급제** : 단순성과급제(single piece-rate plan)는 우리나라에서는 물론 외국에서도 가장 많이 발달한 제도로서 가장 단순한 방법이다. 여기에는 단가성과급제와 시간성과급제의 두 가지 형태가 있다.

ⓐ 단가(單價)성과급제 : 이것은 제품 1개당 임률을 정해두고, 여기에 실제의 작업성과를 곱하여 임금액을 산정하는 방법이다.

단가성과급 = 임금단가(개수임률)×성과고(成果高)

ⓑ 시간성과급제 : 제품(작업) 1개를 완성하는 데 필요한 작업시간을 정하여 두고 근로자가 실제 수행한 작업성과(제품단위수)를 이 표준작업시간수로 환산하여 여기에 시간임률을 곱하여 임금을 산정하는 것이다.

시간성과급제 = 실제표준작업시간×시간당 임률

② **복률성과급제**(multiple piece-rate plan) : 단순성과급제와 같이 고정된 단일 임률을 적용하는 것이 아니라 작업성과의 고저에 따라서 적용임률을 달리하여 임금을 지급하는 방식이다. 이에는 테일러식 차별성과급제, 메리크식 복률성과급제, 일급보장성과급제 등이 있다.

ⓐ 테일러식 차별성과급제 : 테일러식 차별성과급제(Taylor differential piece-rate plan)는 테일러(F.W. Taylor)가 고안한 것으로서 근로자의 하루 표준작업량을 동작연구 및 시간연구에 의해서 설정하고 이것을 전제로 하여 고저(高低) 2개의 성과급 임률을 정하고 표준작업량 이상을 달성한 근로자에게는 고율의 임금을 지급하고 표준작업량에 미달한 노동자에게는 저율의 임금을 지급하는 방식이다.

㉠ 표준작업량 미만인 경우 : 임금 = 성과고×저율의 개수임률

㉡ 표준작업량 이상인 경우 : 임금 = 성과고×고율의 개수임률

테일러는 근로자의 작업능률을 향상시키기 위해서는 임금에 의한 자극이 필요하다고 생각하고 단순성과급보다 자극력이 강한 차별적 성과급제를 주장한 것이다. 그러나 이 제도는 우수한 근로자에게는 유리하지만 저능률의 근로자에게는 불리한 결과가 되는 임금형태로서 근로자의 노동 강도를 지나치게 강화한다는 비판이 있어 점차 자취를 감추게 되었다.

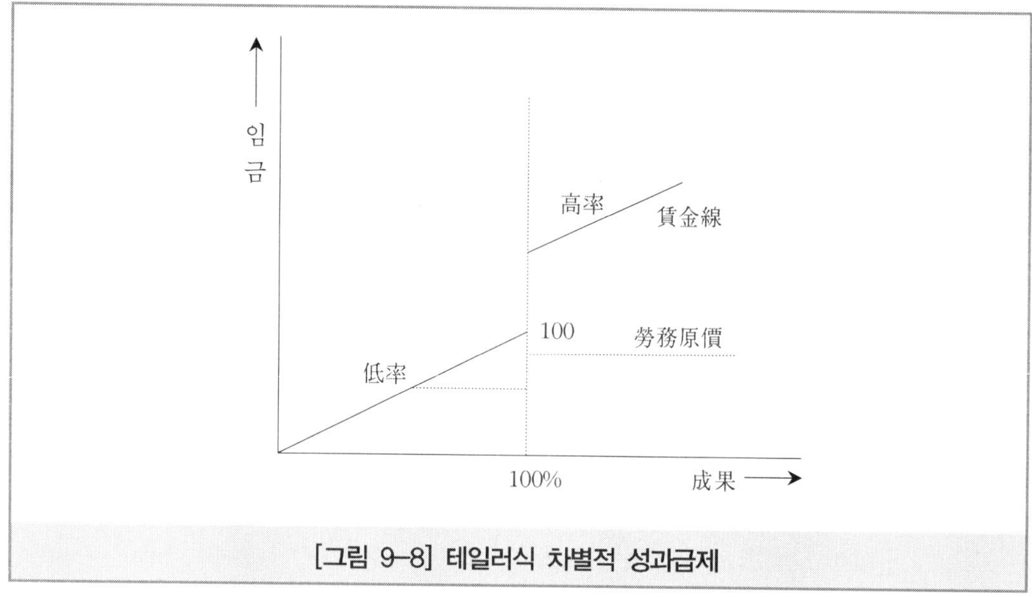

[그림 9-8] 테일러식 차별적 성과급제

ⓑ 메리크식 복률성과급제 : 메리크식 복률성과급제(Merrick multiple piece-rate plan)는 테일러식 차별적 성과급제의 결함을 보완하고자 미국의 메리크(D. V. Merrick)가 고안한 임금지급형태이다. 메리크는 테일러식 차별적 성과급제에 있어서는 고율의 임금격차가 크고 사실상 저율적용 대상근로자의 수가 많고, 또한 일급보장도 없다는 점에 착안하여 이를 개선하고자 한 것이다. 즉, 테일러가 고저 2개의 임률을 정한데 대해서 메리크는 3단계로 구분하고 각 단계에서 상이한 임률을 적용함으로써 강한 자극을 주고, 저능률자의 수입이 적어지는 것을 방지하도록 한 것이다.

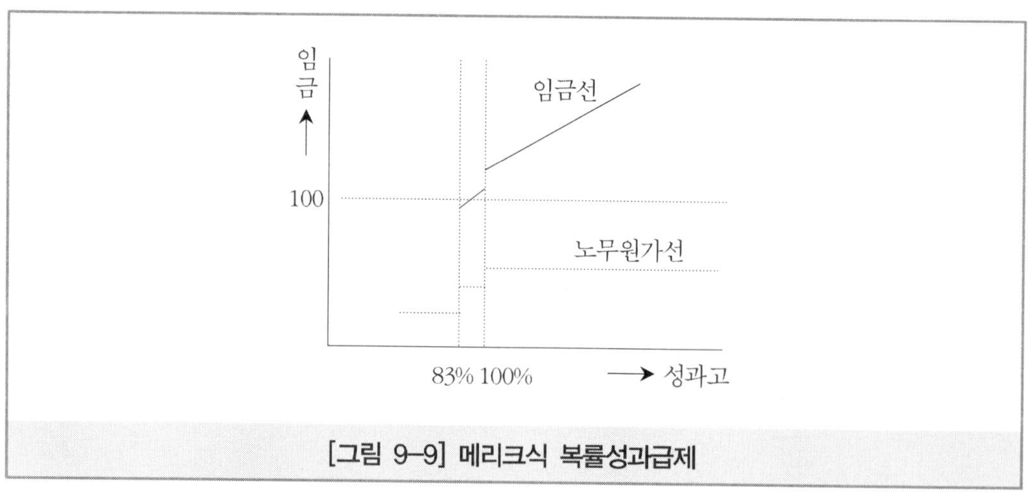

[그림 9-9] 메리크식 복률성과급제

산정방식은 다음과 같다.

㉠ 표준작업량의 83% 미만인 경우 : 임금 = 작업량 × 임률

㉡ 표준작업량의 83~100%인 경우 : 임금 = 작업량 × (1.1 × 임률)

㉢ 표준작업량 100%초과인 경우 : 임금 = 작업량 × (1.2 × 임률)

이 제도는 표준작업량이 설정되어 있기 때문에 대부분의 보통근로자가 저임률을 받게 되는 테일러식 차별적 성과급제에 비해서는 대부분의 근로자에게 유리한 제도이기는 하지만 임금의 산정이 복잡하다는 것과 여전히 일급이 보장되어 있지 않다는 점에서 커다란 결점이 있다고 할 수 있다.

ⓒ 일급보장(日給保障)성과급제 : 일급보장성과급제(guaranted piece-rate plan)는 1907년 영국 맨체스터의 기계공장에서 채용되어 점차 보급된 것으로 맨체스터플랜(Manchester plan)이라고도 한다. 성과급은 일반적으로 정액급으로서의 일급이 보장되어 있지 않기 때문에 능률이 낮은 미숙련근로자에게는 불리한 제도이다. 일급보장성과급제는 일급과 성과급과의 절충형태로서의 일정한 표준작업량을 설정하고 표준작업량 미만인 경우에는 일급이 되고 표준작업량 이상인 경우에는 성과급이 된다. 즉, 작업성과의 일정한도까지는 일급을 보장하고 그 이상인 경우에는 성과급을 지급하는 제도이다.

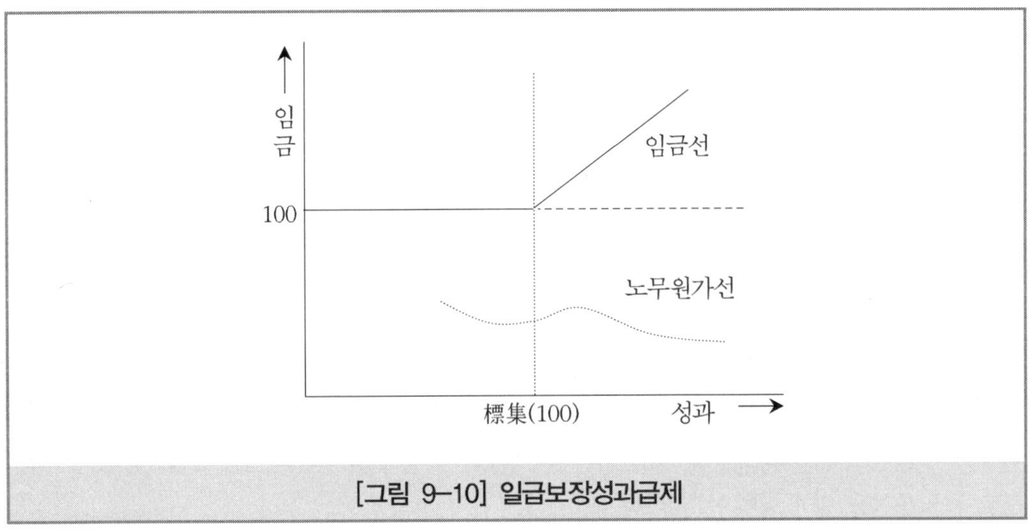

[그림 9-10] 일급보장성과급제

2) 할증급제(premium plan)

할증급제란 시간급과 성과급의 절충형태로서 최저한의 임금을 보장하면서 일정한 표준을 넘는 성과에 대해서는 일정한 비율의 할증임금을 지급하는 임금형태를 말하며 절약임금 분배제도라고도 한다.

이는 노동자의 소득을 안정시키고 노동능률을 증진시키는 두 가지 목적을 동시에 달성하고자 하는 방식이다. 이 제도는 종래의 성과급과 같이 능률향상의 결과 얻은 절약임금(gain) 전부를 노동자에게 귀속시키는 제도가 아니고 그것을 노사간에 분배하는 것을 특색으로 한다.

절약임금의 일부를 노동자에게 제공한다는 점에서 노동능률을 자극하게 될 것이고 또 그것은 임금의 현저한 증가와 과도한 임금지출의 억제가 될 것이다. 할증급제에는 할시식 할증급제와 로완식 할증급제 등이 있다.

(1) 할시식 할증제

이 형태는 1890년 할시(F. Halsey)에 의하여 창안된 것으로서 먼저 작업의 표준시간을 정하고, 과업이 표준시간 이상이 걸렸을 때(즉, 기준능률이하의 경우)에는 일정한 시간급만 지급하여 최저임금을 보장하고 표준시간 이내(기준능률이상)에 과업을 수행한 경우에는 기본급이외에 추가하여 절약된 임금부분의 일정률을 근로자에게 분배한다.

그 분배율에는 1/3의 경우와 1/2의 경우가 있다. 전자의 경우를 1/3할시식, 후자를 1/2의 할시식 할증급이라 한다.

㉠ 표준작업시간 이상 걸려 과업을 완수한 경우

$$\text{임금} = \text{시간임률} \times \text{실제작업시간}$$

㉡ 표준작업시간 이내에 과업을 완수한 경우

$$\text{임금} = \text{시간임률} \times \text{실제작업시간} + \frac{\text{시간임률(표준작업시간} - \text{실제작업시간)}}{2 \text{ 또는 } 3}$$

이와 같은 할시식 할증임금제에 있어서는 분익제(分益制)라는 점에서 노사화합을 가져올 수 있고, 기업으로서 할증률을 보통 임금률보다 언제나 적게 책정하므로 임금지급액의 증가를 억제할 수 있으며, 근로자도 작업능률에 상관없이 어느 정도의 임금이 보장되는 장점이 있다. 그러나 문제는 표준작업시간이 과거실적에 의하여 결정되므로 과학적 근거가 미약하여 근로자의 불신을 받게 된다는 것이다.

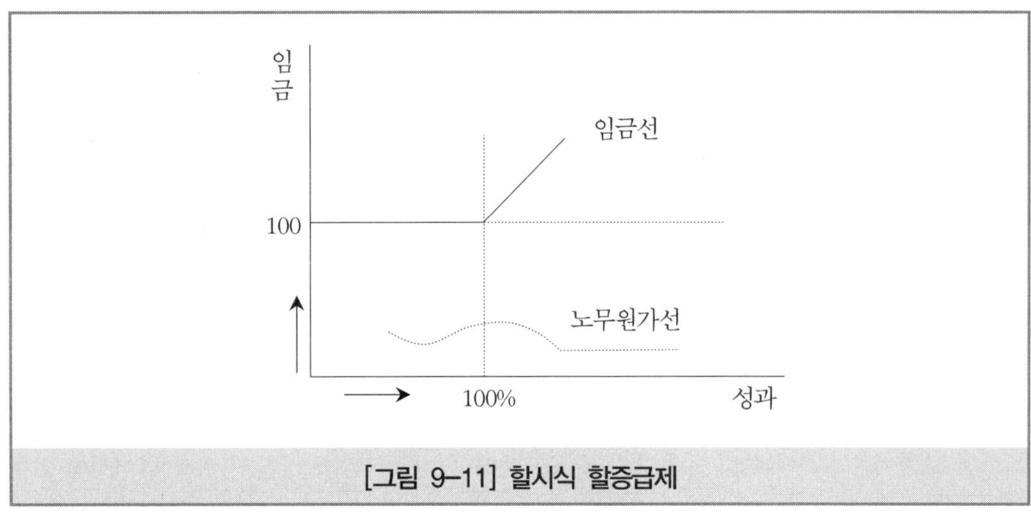

[그림 9-11] 할시식 할증급제

(2) **로완식 할증급**

1898년 로완(J. Rowan)이 고안한 것으로서 할시식과 마찬가지로 표준시간을 정해놓고 표준시간 이하로 작업을 마치면 절약임금의 일부를 근로자에게 분배하는 방식이다.

다만 그 분배율은 임률이 증가함에 따라 감소한다는 점에서 차이가 있다.

할시식의 경우, 절약임금의 분배율이 불변하므로 이를 불변분배율급이라고 부르는데 반해, 로완식은 그 분배율이 가변적이기 때문에 변동분배비율급이라고 한다. 즉, 할시식에서는 절약임금의 분배율을 1/2 또는 1/3으로 정하고 있으나, 로완식에서는 절약임금분배율은 근로자의 작업능률의 역수가 되므로 능률이 높으면 높을수록 절약임금의 분배율이 낮게 된다.

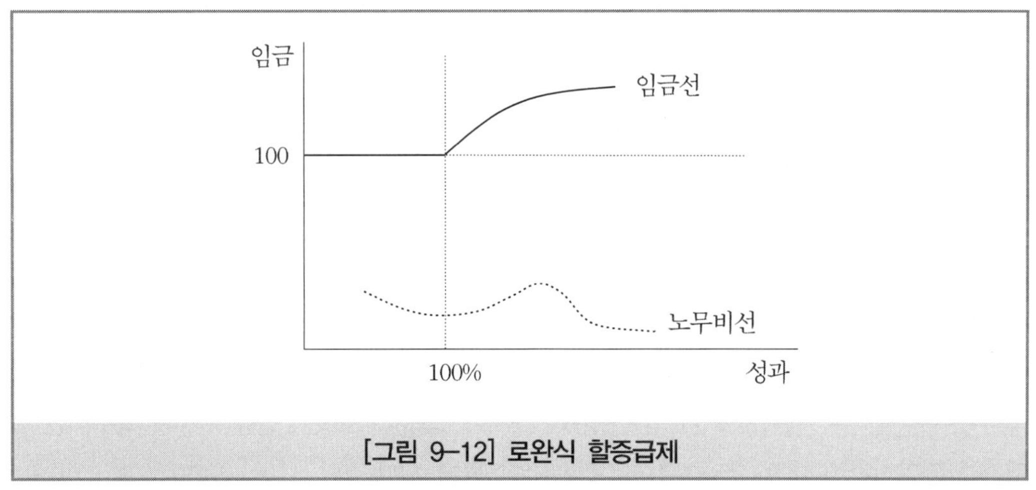

[그림 9-12] 로완식 할증급제

산정방식은 다음과 같다.

㉠ 표준작업시간 이상인 경우

임금 = 실제작업시간 × 시간임률

㉡ 표준작업시간 미만인 경우

$$임금 = 실제작업시간 \times 시간임률 + 시간임률 \times 실제작업시간 \times \frac{표준시간 - 실제작업시간}{표준시간}$$

한편 로완식은 할시식보다 처음에는 근로자에게 유리하지만 일정한 한계를 넘어서면 로완식이 불리하게 된다. 로완식도 할시식과 마찬가지로 표준작업시간의 설정이 시간연구에 의존하지 않고 과거 실적중심이라는 문제가 있다. 또한 단위당 임금비용은 근로자의 작업능률이 향상되어 생산량이 증가함에 따라 감소되므로 기업으로서는 유리하지만, 근로자는 불만을 표시하게 된다. 그것은 작업능률향상에 따라 할증률의 상승은 체감되기 때문이다.

(3) 비도우식 점수할증급제(Bedeau point premium plan)

1916년 미국인 비도우(C. E. Bedaux)에 의해 고안된 것으로서 과업달성을 기점으로 임금을 일정하게 증가시키는 방식이다. 근로자의 소득측면에서 보면 근로자는 절약시간에 대해 75%(3/4)의 보상을 받게 된다. 작업능률(표준작업시간/실제작업시간)이 100%초과한 경우, 즉 표준시간내에 과업을 완수한 경우에는 기본급(시간급)의 75% 할증하여 가급해 주는 방식으로서 할시식의 변형이라 할 수 있다.

이 방식에 의한 임금산식은 다음과 같다.

㉠ 표준작업능률 미만인 경우

임금 = 실제작업시간 × 시간임금률

㉡ 표준작업능률 이상인 경우

임금 = 실제작업시간 × 시간임금률 + 3/4시간임금률(표준작업시간 − 실제작업시간)

이상에서 알 수 있듯이 표준작업량 이하의 생산량에 대한 작업자의 소득은 시간임금률이 고정되어 있다. 즉, 이것은 보너스가 없다는 것이다. 그러나 표준작업량 이상의 경우에는 작업자는 절약시간에 대해 75%(3/4)의 보상을 더 받게 된다.

3) 상여급제

상여급제(efficiency bonus plan, task and bonus plan)는 근로자에게 일급을 보장하면서 표준이상의 과업을 달성할 경우 일정률의 상여를 추가로 지급하는 제도이다. 할증급제에 있어서 할증급은 절약임금의 분배분으로서 간주되는데 비하여, 상여급제의 상여는 절약임금에 관계없이 기본급에 대한 일정률로 산정하여 지급한다.

(1) 칸트식 과업상여급제

칸트식 과업상여급제(Gantt task and bonus plan)는 테일러의 제자였던 칸트(H. L. Gantt)가 고안한 것이다. 이 제도는 테일러의 차별적 성과급제를 수정한 형태로서 과업을 달성한 근로자에 대해서는 시간급(고정급)의 20%를 상여로서 가산하여 지급하는 한편 과업이하의 저능률자에게는 소정임률의 시간급을 보장하는 제도이다.

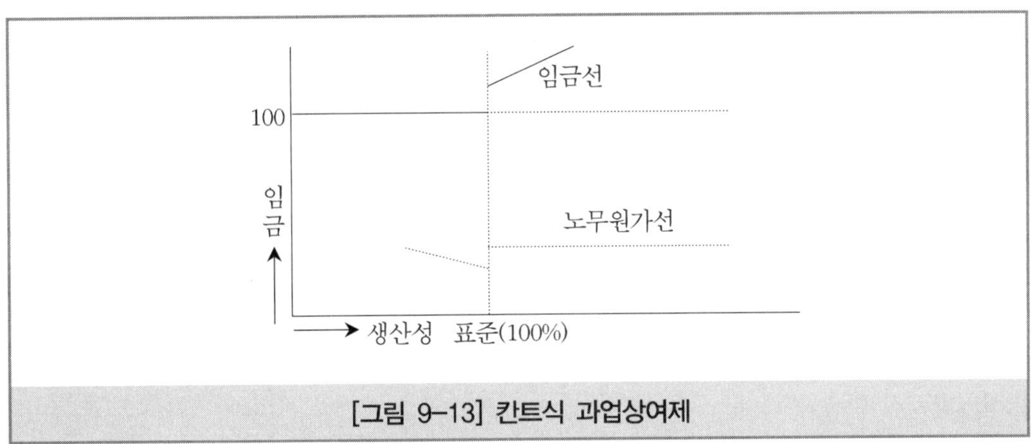

[그림 9-13] 칸트식 과업상여제

산정방식은 다음과 같다.

㉠ 표준작업능률 미만인 경우 : 임금 = 시간임률×실제시간

㉡ 표준작업능률 이상인 경우 : 임금 = 시간임률×표준시간×1.20

칸트상여제는 초보자 및 숙련공에게 모두 유익한 방법이며, 작업능률의 제고에 의해 이윤을 높일 수 있으므로 기업측에도 유리하다. 그러나 이 제도를 실시하기 위해서는 과업에 대한 표준작업시간을 정확하게 설정하는 일이 매우 중요하다

(2) 에머슨식 능률상여급제

이 제도는 1904년 미국인 에머슨(Harrington Emerson)이 고안한 것이다. 기준능률을 달성할 수 없는 많은 저능률 근로자에 대해서는 표준과업을 달성시키기 위한 능률자극이 필요하다. 이와 같은 능률자극을 위해 표준작업량의 67% 미만의 저능률자에게는 시간급을 지급하고, 67% 이상 100%까지는 경험적으로 미리 설정해 놓은 상여율에 따라 일정액의 상여를 가급하며, 100%를 초과하여 고율의 능률을 올린 노동자에게는 더욱 많은 임금을 지급하는 제도이다.

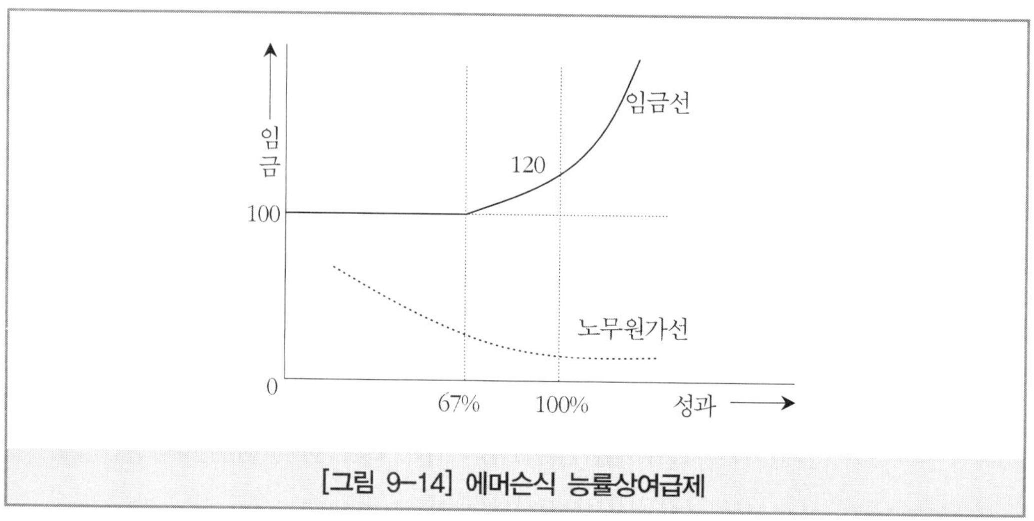

[그림 9-14] 에머슨식 능률상여급제

산정방식은 다음과 같다.

㉠ 작업능률 67% 미만의 경우는 보통의 시간급을 지급한다.

시간급 = 시간임률 × 실제시간

㉡ 작업능률이 67%에 달하면 소액의 상여가 주어지고, 그 이상은 능률의 상승에 따라 상여가 체증한다. 상여의 증가율은 처음에는 적으나, 차츰 증대하여 능률이 90%의 경우에는 상여는 10%가 된다.

임금 = (1+각종의 상여율) × 시간임률 × 실제시간

㉢ 능률이 100%가 되면 상여는 20%가 되고 표준시간의 임금과 실제시간의 임금의 20%에 해당하는 상여가 함께 지급된다. 100% 초과달성시는 능률이 1% 증가할 때

마다 상여율도 1%씩 증가한다.

임금 = 표준시간의 임금+0.2× 실제시간의 임금
= 시간임률× 표준시간+0.2× 시간임률× 실제시간
〈이상의 공식에서 0.2는 기본급에 대한 상여율을 나타낸다.〉

에머슨식의 특징은 노동자들의 작업의욕을 고취시키고 작업능률을 장기적이고 평균적으로 상승시키기 위해, 상여의 계산을 각 과업마다 하지 않고 1주일 또는 1개월의 총성과에 대하여 산출한다는 점이다.

제5절 부가적 임금

Ⅰ. 부가적임금의 의의

부가적 임금이란 제수당, 상여금 및 퇴직금의 총칭이다. 임금관리에 기대되는 기능이 기본급만으로, 완전하게 수행할 수 있는 경우에는 부가적임금은 지급할 필요가 없다. 그러나 기본급만으로, 이른바 임금의 기능을 충분히 수행할 수 없기 때문에 여러 가지 수당 등을 가지고 보충하고 있는 것이 임금관리의 현상이다. 특히 현대와 같이 노동자의 의식이 급격하게 변화하고 있는 시대에 있어서는 부가적 임금에 대한 기대가 증대하는 경향이 있음을 간과할 수 없다.

서유럽제국에 있어서도 노동조합의 요구에 의해서 부가급부(fringe benefit)가 지급되는 경우가 많다. 그 내용은 유급휴가수당, 각종의 연금, 보험, 의료급부, 복지기금 또는 주식배당 등이다.[9)]

그러나 우리나라에 있어서 부가적 임금은 이들과는 그 성격을 달리하는 것으로 기본급이 수행해야 하는 기능의 일부를 떠맡아 기본급과 일체가 되어 임금의 기능을 수행하고 있다.

9) 關口功, 現代の賃金管理, 日本能率協會, 1973, p.233.

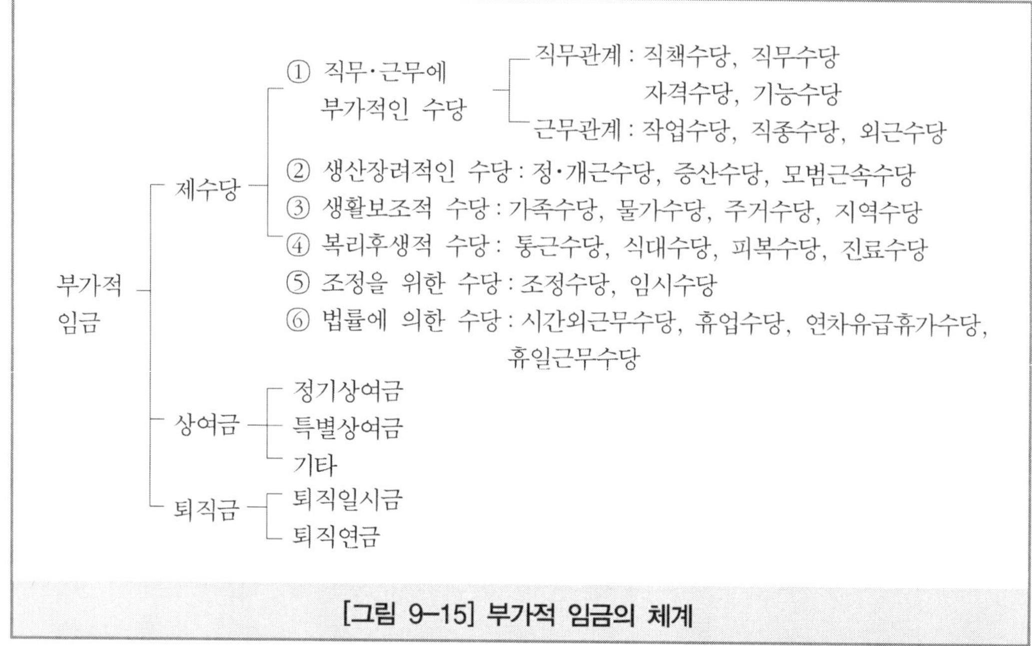

[그림 9-15] 부가적 임금의 체계

2. 제수당

제수당(allowance)은 기본적 임금에 부수적으로, 또는 그것을 보충하는 형식으로 근로조건이나 생활조건 차이에 대응해서 지급되는 것이다.

1) 제수당의 종류

우리나라 기업에서 지급하고 있는 수당을 광의로 분류하면 법정수당과 임의수당으로 나뉜다. 먼저 법정수당은 근로기준법에 명시된 각종의 근로조건과 관련하여 지급사유가 발생하면 반드시 지급해야 하는 수당을 의미한다.

법정수당으로는 해고예고수당·휴업수당·야간근로수당·연장근무수당·월차유급수당·연차유급수당·산전산후휴가수당 등이 있다. 한편 임의수당은 기업이 특정한 목적을 가지고 설정·지급하는 수당을 말한다. 이 임의수당에는 직책수당·직무수당·능률수당·물가수당·지역수당·통근수당·가족수당·장려수당·판매수당 등이 있다.

또 수당의 종류는 근무수당과 생활수당으로 나뉘는 경우도 있다. 근무수당으로는 직책수당·판매수당·능률수당·직능수당·특수근무수당·자격수당·직무수당 등이 있다. 그리고 생활수당으로는 가족수당·지역수당·주거수당·통근수당·생활보조수당·식대수당 등이 있다. 또한 수당을 지급하는 목적에 따라 직무와 근무에 부가적인 수당·생산 장려적인 수당·생활보조적인 수당·복리적인 수당·조정을 위한 수당·법률에 의한 수당 등으로 나눌 수 있다.

2) 제수당의 기능

① 제수당은 연공서열형의 임금체계를 보완하고 조정하는 방법으로서 유효하다. 왜냐하면 기본급이 철저하게 연공서열형인 경우, 직무와 능력에 따르는 이른바 능력주의 임금을 지급치 못하게 되는데, 여기에서 야기되는 문제점은 수당을 설정·조정하면 제거할 수 있기 때문이다.

② 제수당을 목적별로 운영하여 지급한다면 경영여건의 변화에 신축성 있게 적응해 나갈 수 있다.

③ 제수당은 종업원의 노력과 이에 대한 보상을 밀접하게 결부시킴으로써 임금총액에 대한 이해를 증진시킬 수 있다. 우리나라 기업에서 기본급의 범위는 임금인상과정에서, 그리고 상여금 산정과정에서 구체적으로 문제가 되고 있다.

3) 수당의 합리화방안

수당은 여러 가지 명칭과 형태를 취하면서 존속하고 있는데 앞으로 다음과 같은 관점에서 합리화를 추진시켜 나갈 필요가 있다.

① 현재 있는 제수당에 대해 당초 설정된 존재의의가 현실에 어떻게 변천되어 왔고, 오늘날 전체 임금체계 중에서 얼마만큼의 효용을 발휘하고 있는지를 음미할 것.

② 현재 그 적극적인 존재의의를 상실하고 있는 것, 특히 생활비의 보조적인 제수당에 대해서는 가급적 축소 내지 폐지의 방향으로 가져갈 것.

③ 사회보장의 일환으로 다루어질 가능성이 있는 문제에 대해서는 앞으로의 추이에 관심을 두어 신중하게 대처하여 갈 것.

④ 가능하면 임금체계를 단순화한다는 취지에 맞추어 중첩적 의미를 지니는 수당은 과감히 통합하는 것이 바람직하다. 고정비적 성격중심의 직책수당 등은 가능한 본봉인 기준급에 통합하고 변동비적 성격중심의 수당만을 별도로 하여, 부가적 성격의 참여 임금관리의 일환으로 수당을 관리하는 것이 바람직하다. 그리고 복지후생비적 성격의 수당은 복리후생의 일환으로 관리하는 것이 바람직하다.

⑤ 수당의 조정·폐지·설정은 기존 급여혜택자의 불이익을 최소화하도록 예고제에 의한 단계별·점진적 변화방식에 의하여 이루어지도록 해야 한다.

⑥ 수당을 기본으로 통합할 때는 특히 다음과 같은 점에 유의하여야 한다.

㉠ 기준급체계를 변동시킴으로써 직장관리 등의 인사관리에 영향이 없는지 충분히 검토해야 한다.

㉡ 기준급의 증대에 따른 승급재원의 확보에 대해 검토해야 한다.

㉢ ㉠과 관련하여 승급기준이나 방법에 대해 그 개정의 필요여부를 검토해야 한다.

㉣ 기준급의 증대에 따른 상여·퇴직금의 영향도 음미·검토해야 한다.

3. 상여금

1) 상여금의 의의

기본적인 임금의 고정된 형태의 급여로 근무의욕을 고취시키는 데는 한계가 있어, 이의 보충적 성격으로 나타난 임금지급형태가 상여금이다. 즉, 상여금은 근로계약에 의해 사전적으로 정해지는 기본적 임금과는 달리, 기업경영성과를 사후에 근로자에게 분배하는 것으로 기업경영에 대한 인식을 고양시키는 적극적인 의의를 지니는 것이다. 미국 등 서구사회에서는 일부 경영층에 대해 이러한 제도를 실시하고 있지만, 일반근로자를 대상으로 원칙적으로 실시하고 있지 않다. 따라서 상여제도는 우리나라와 일본 등에서 행하여지는 하나의 독특한 급여제도라 할 수 있다.

우리나라의 상여금은 기업에 따라 지불률이 다르지만 연간봉급액의 약 4~6개월분을 지불하고 있어 연소득의 25%~33%의 비중을 차지하고 있다.

구미(歐美)에서는 겨우 1~2개월분 정도를 지불하는데 비하면 그 격차가 크다. 또한 상여가 기본적 임금의 일부인가, 부가급(fringe benefit)인가 하는 성격규정에 있어서도 우리나라는 구미와 크게 다르다.

2) 상여금의 성격

우리나라의 경우 상여는 임금의 일부로 파악되는 것이 보통이다. 그러나 구미에서는 상여(bonus), 이윤분배 등이 부가급으로서의 성격을 지니는 것이 일반적이다.

상여금의 성격은 첫째, 상여일시금은 노사의 생산성향상노력과 경영업적 성과배분의 종업원에 대한 귀속 부분이다.

둘째, 그 결과 그것은 경기변동에 따른 기업의 지급능력과 다분히 경직적인 정례임금과의 조절적인 기능을 가지고 있다.

셋째, 개인분배에 관해서는 직무수행능력과 그 발휘도에 대한 예측과 기대에 의해 결정된 정례임금에 대해서 상여일시금은 개개인의 근무실적 또는 업적에 따라 추가조정하려는 기능을 지니고 있다.

이상과 같이 생각해 보면, 상여일시금은 본래 경직적인, 또 고정적인 정례임금에 대해서 일정기간마다 경영업적이나 개인업적에 따라 지급되는 변동급으로 보아야 할 것이다. 즉, 정례임금이 전불(前拂)확정급이라면, 상여일시금은 사후적으로 기업업적에 링크하면서, 그 근무실적과 공헌도에 대하여 지급되는 후불적 변동급여 내지 수익분배라 말할 수 있다.

이와 같은 제도는 서유럽 여러 나라에서도 집단인센티브를 목적으로 하여 럭커플랜(Rucker plan), 스캔론플랜(Scanlon plan)의 형태로 실시하고 있다.

3) 상여금의 효과

상여제도가 갖는 효과를 보면 다음과 같다.

① 불확정 금액의 상여를 지급함으로써 기업의 경영상태와 임금을 관련시킬 수 있다. 즉 임금의 지급액을 변동적인 것으로 하여, 이익이 많을 때에는 많이 적을 때에는 적게 하여 경영에 탄력성을 가지게 할 수 있다.

② 상여를 업적과 결부시킴으로써 종업원의 기업경영에 대한 관심과 노동생산성 향상에 대한 노력을 기대할 수 있다.

③ 지급액에 개인차를 둠으로써 근무성적의 량부(良否)에 따라 임금을 증감하여 각 개인의 능률향상을 기대할 수 있다.

4. 퇴직금

1) 퇴직금의 의의

퇴직금이란 한 기업에 일정기간 근무한 종업원이 퇴직할 때 미리 정해진 기준에 따라 지급 받는 금전적 혹은 비금전적 급부를 말한다. 이러한 퇴직금은 퇴직일시금으로 받거나, 퇴직 후 계속하여 연금으로 받는 2가지 형태가 일반적이다. 전자를 퇴직일시금이라 하고, 후자를 퇴직연금이라고 부르는데, 우리나라의 경우는 퇴직금이라고 하면 퇴직일시금 및 퇴직 연금보험을 지칭한다. 그러나 1988년부터 시행되고 있는 국민연금제도, 또 각종 사적(私的)연금제도 역시 퇴직금의 범위에 포함하여 논의되어야 한다.

아울러 퇴직금은 퇴직자의 노후생활을 위한 수단으로서의 역할도 수행한다. 다시 말해서 퇴직금제도는 한 기업의 임금제도를 구성하는 한 부분임과 동시에, 한 나라의 사회보장제도의 한 부분인 것이다. 국가 차원에서의 사회보장제도가 미흡한 우리의 실정에서는 사적 사회보장제도로서의 퇴직금제도가 갖는 의미가 매우 크다.

근로자들이 노후생활보장을 위한 소득을 퇴직 후에도 계속 유지하는 방법은 크게 3가지가 있을 수 있다. 즉, 개인책임의 저축과 보험, 기업책임의 퇴직일시금, 혹은 사적연금(기업연금), 국가책임의 사회보장제도 및 국민연금을 통해 근로자는 퇴직 후에도 소득원천을 계속 유지할 수 있다.

2) 퇴직금의 성격

퇴직금의 성격 내지 지급의 근거에 대한 종래의 학설은 대체로 ① 공로보상설, ② 임금후불설, ③ 생활보장설의 세 가지가 있다. 이에 대해서는 학계에서 오랫동안 많은 논의가 있었으며, 견해가 대립되어 왔다.

첫째, 공로보상설은 기업측의 주장으로서 퇴직금은 종업원이 재직 중 경영에 기여한 공로에 대하여 그 보상으로 지급하는 것이라고 한다. 따라서 이 학설에 의하면 퇴직금은 본질적으로 온정적·은혜적인 요소를 내포하고 있는 것이다.

둘째, 임금후불설은 노동조합측이 주장하는 견해로서 임금이 재직 중 종업원이 제공한 노동의 실질가치 이하로 지급되었기 때문에 퇴직 시 미불임금을 퇴직금으로서 후불 또는 추가 지급하는 것이라고 한다.

셋째, 생활보장설도 노동조합측이 주장하는 견해이다. 즉, 퇴직금은 종업원이 퇴직이후, 일정기간의 생활을 보장하여 주기 위하여 지급되는 것이라고 한다.

이상의 학설 중 우리나라 판례는 퇴직금을 생활보장적 또는 임금후불적 성격을 가졌다고 해석함에 따라서 퇴직금은 마침내 근로조건화하기에 이르렀다. 그러나 퇴직금을 논할 때는 어느 학설에 전적으로 의존하기보다는 각설이 상호보완적으로 작용하고 있다고 보는 것이 타당할 것이다.

특히 사회경제적 환경의 변화로 퇴직금의 기능과 역할이 변화하고 있으며, 앞으로 기대되는 퇴직금의 역할은 다음과 같다.

① 임금수준 및 사회보장제도의 확충으로 퇴직금이 갖는 노후생활 보장적 성격은 감소되어 보조적 역할에 그칠 것이다.
② 종래와 같은 연공 = 기능이라는 관계가 무너짐에 따라 퇴직금이 갖는 임금의 방향도 연공적 공헌보다는 직능적 공헌을 중시하는 공로보상중심으로 이행될 것이다.
③ 고령화 및 정년연장과 같은 경영환경의 변화에 따라 감량경영, 조기퇴직우대를 조장

하는 방향으로 퇴직금의 용도가 변화될 것이다.[10)]

3) 현행 한국 퇴직금제도 법 규정(근로기준법 제 34 조)

① 사용자는 계속 근로년수 1년에 대하여 30일분 이상의 평균임금을 퇴직금으로서 퇴직하는 근로자에게 지급할 수 있는 제도를 설정하여야 한다.
다만 근로년수가 1년 미만인 경우에는 그러하지 아니한다.

② 제 1항의 퇴직금제도를 설정함에 있어서 하나의 사업 내에 차등제도를 두어서는 아니 된다.

③ 과거에는 퇴직 전 당해 노동자가 중간정산을 요구한 경우 퇴직금을 미리 정산이 가능하였으나, 2012년 7월 26일 부터는 금지되었다. 다만 예외적으로 ① 무주택자인 근로자가 주택을 구입할 때 ② 근로자 또는 그의 부양가족이 6개월 이상의 요양을 할 때 ③ 기타 천재지변 등 정부가 정한 사유에 해당될 때는 예외로 한다.

④ 사용자가 근로자를 피보험자로 하여 대통령령이 정하는 퇴직연금보험 또는 퇴직일시금 신탁(이하 "퇴직연금보험"이라 한다)에 가입하여 근로자의 퇴직시에 일시금 또는 연금으로 수령하게 하는 경우에는 제 1항의 규정에 의한 퇴직금제도를 설정한 것으로 본다. 다만 퇴직연금보험에 의한 일시금의 액은 제 1항의 규정에 의한 퇴직금의 액보다 적어서는 아니 된다.

제6절 최저임금제

1. 최저임금제의 의의

최저임금제도(minimum wage system)란 국가가 법적 강제력을 가지고 임금의 최저한도를 정하여, 이를 하회하는 수준으로는 사용자가 근로자를 고용하지 못하도록 함으로써 상대적으로 불리한 위치에 있는 근로자를 보호하려는 제도를 말한다. 최저임금제도는 19세기말에 최초로 등장하였다.

이 제도의 효시는 1894년 뉴질랜드의 산업조정중재법이었으며, 다음에 1896년 오스트레

10) 藤田忠. 現代人事勞務管理論. 白桃書房. 1982, pp.241~242

일리아의 빅토리주의 공장상점법(工場商店法), 1909년 영국의 봉제업 등 4업종에 대하여 성립된 임금위원회법, 1915년 프랑스의 가내노동법, 1911년 미국의 메사추세츠주에서 처음으로 최저임금제도가 법제화된 이후, 1938년에 연방법으로 선포된 공정노동기준법(Fair Labor Standards Act) 등에서 최저임금제가 법제화되었다.

그 이후 최저임금제도는 국제노동기구(ILO)의 1928년 제26호 협약(최저임금제도 창설에 관한 협약), 1951년 제99호 협약(농업부문의 최저임금제도에 관한 협약), 1970년 제131호 협약(개발도상국의 최저임금제도에 관한 협약)과 수 개의 권고를 뒷받침하여 널리 보급되었다.

그리하여 1986년 현재 제26호 또는 제131호 협약을 비준한 국가, 즉 최저임금제도를 ILO가 인정하는 수준으로 시행하는 국가는 105개국에 달한다. 우리나라에서는 최저임금제가 1988년에 도입 실시되고 있다.

2. 최저임금제의 기본목적

최저임금제를 실시하는 목적은 기본적으로 저임금으로부터 노동자를 보호하고자 하는 사회정책적인 측면이 있으나 이외에 경제정책적 및 산업정책적 측면에서도 고려될 수 있다.

1) 사회 정책적 목적

최저임금제는 저임금노동자의 보호를 위한 사회 정책적 목적에서 실시된다. 원래 오스트레일리아나 영국에서 최저임금제가 제기된 동기는 극도의 저임금과 지나친 노동시간 및 불결한 작업환경에서 일하는 근로자들의 고한노동(sweating labor)에 대하여 임금규제를 하려는 데 있었다.

또한 국제노동기구(ILO)에서 채택된 최저임금에 관한 제26호 조약도 저임금노동의 보호를 취지로 하고 있음을 명백히 하고 있다.

저임금근로자가 다수 존재한다는 것은 노동자와 그 가족의 복지를 해칠 뿐만 아니라 근로의욕을 저하시키고 생산성의 향상을 저해하며 노사분규나 사회적 긴장을 초래할 가능성이 크다. 따라서 이러한 사태의 사전방지를 위해서는 기업의 임금결정에 대한 정부의 개입이 불가피하게 되었다.

2) 경제 정책적 목적

최저임금제는 기업간의 공정경쟁을 확보하기 위한 경제정책적 목적을 위하여도 실시된다.

보통 자유경쟁시장에서 기업들은 경쟁에서 이기는 하나의 방법으로 임금인하에 의한 생산비 절하를 꾀한다.

그러나 최저임금제를 실시하면 임금의 최저수준이 강제적으로 설정되어 기업간의 과당경쟁에 의한 임금의 부당한 절하가 방지되는 동시에 기업간의 경쟁조건을 동일하게 하는 효과가 작용하여 불공정한 경쟁이 지양된다.

ILO가 최저임금제의 조약을 채택하고 이것을 보급하고자 하는 의도 중 하나도 고한(苦汗) 노동에 의존하는 수출산업이나 저임금국가가 국제적인 공정경쟁을 저해하고 임금개선을 억제한다는 견지에서 국제적 공정경쟁을 확보하자는 데 있다.

3) 산업 정책적 목적

마지막으로 최저임금제는 노동쟁의를 방지하여 산업평화를 유지시키기 위한 목적이 있다. 예컨대 뉴질랜드 등에서 중재재판소에 의한 최저임금의 결정이 이루어지는 사회적 배경은 그 당시에 일어난 심각한 파업에 있었으며 노사분규에 의한 파괴방지가 입법목적의 하나가 되었다.

3. 최저임금의 결정기준 및 기구

최저임금을 적정수준에서 결정하기는 매우 어려운 일이다. 그러나 최저임금의 수준을 결정하기 위해서는 몇 가지 기준을 고려할 필요가 있다. 국제노동기구(ILO)는 최저임금의 결정에 있어서 노동자의 생활자금을 우선 고려하고, 다음에는 그것을 비슷한 노동자의 임금 또는 일반적 임금표준을 고려하도록 권고하고 있다.

최저임금결정기준으로서는 통상 세 가지가 지적되고 있다. 즉, 공정임금, 생활임금 및 산업의 지불능력이 그것이다. 한편 최저임금제도의 결정방식은 그 결정기구와 불가분의 관계에 놓여 있는데 결정기구는 결정방식에 따라 대체로 다음과 같이 규정되어진다.

1) 임금심의회방식(영국·서독형)

이 방식은 최저임금이 최저임금심의위원회 또는 임금위원회에서 결정되도록 법에 규정되어 있는 것을 말한다.

최저임금심의위원회 또는 임금위원회는 노·사·공익대표의 3자로 구성되는 경우가 많다. 위원회 또는 심의위원회의 구성은 노사 양측대표를 동수로 하되 공익대표보다 많게 하는 수도 있으나(영국·프랑스 등), 많은 경우 노·사·공익대표 3자가 동수로 위원회를 구성하며 공익대표는 노·사가 제시하는 최저임금수준을 조정하여 합의에 도달하도록 유도하는 역할을 한다.

또한 이 방식에는 위원회가 최저임금의 결정에 있어서 최후결정권을 갖도록 법으로 규정하는 방식도 있고, 위원회가 조정 심의 후 최저임금을 결정하여 정부에 통보하면 정부에서 이를 검토하여 최종적으로 결정하는 방식도 있다. 임금심의위원회의 설치에 관해서도 업종별 또는 지역별로 심의회를 두는 방법과 전국적으로 하나의 심의회를 두는 방법이 있다.

전자의 경우는 업종 또는 지역의 사정이 비교적 잘 반영된다는 장점이 있으나 산업별·지역별 최저임금의 격차가 크게 결정될 가능성이 많다는 단점이 있다. 반대로 후자의 경우에는 최저임금의 통일성은 유지되지만 업종이나 지역의 사정이 반영되기 어렵다

2) 단체협약의 효력확장방식(프랑스형)

이것은 하나의 산업에서 이루어진 전반적인 단체협약이나 지역적 노동협약에서 결정된 최저임금을 그 협약에 참가하고 있지 않은 업자와 노동자에게도 확장·적용함으로써 미조직 노동자를 보호하고 사용자간의 공정경쟁을 보장하려는 방식으로서 효력확장, 일반적 적용 또는 일반적 구속이라고도 불리운다.

이러한 방식은 통상 노사간의 자율적 교섭 및 협약관습이 발전된 곳에서 가능하며, 교섭과정에서는 근로자들의 파업을 배경으로 집중적으로 교섭하기 때문에, 최저임금의 수준은 최저임금심의회 등에서 결정되는 수준보다 높을 가능성이 크다. 그러나 노사간의 자율적 교섭관습이 미성숙된 상태에서는 이 방식을 적용하기가 어렵다.

3) 중재재판소 또는 노동위원회방식(뉴질랜드·오스트레일리아형)

이 방식은 중재재판소 또는 노동위원회 등 노사관계의 조정을 담당하는 기관이 재정 또는 결정한 임금을 최저한도로 하여 법적 효력을 갖게 하는 것이다.

이 방식의 대표적인 예로는 오스트레일리아, 뉴질랜드 등의 중재제도, 전후 독일의 강제중재 등이다. 오스트레일리아 연방최저임금제도에서는 연방조정중재법에 의하여 연방조정위원회는 노동쟁의의 방지 또는 해결을 위하여 미성년 및 성인근로자에게 적용될 기본 임금률을 제정할 수 있으며, 이들의 결정에는 법적 구속력이 부여되고 있다. 세계 최초의 최저임금제인 뉴질랜드의 1894년 산업중재법에서도 이 방식이 채택되었다. 이 방식에 의한 최저임금은 스트라이크가 금지된 상태에서 강제 중재를 단행하는 것이므로 단체협약의 효력확장방식보다 낮을 가능성이 크다.

중재재판소 또는 노동위원회방식은 중재제도가 비교적 잘 발달되어 있고 하나의 관행으로서 정착된 곳이 아니면 적용하기가 어려우므로 이러한 방식을 채택한 사례는 많지 않다.

4) 법정최저임금방식(미국형)

이것은 국회가 모든 노동자에게 적용될 하나의 최저임금을 최저임금법률안에 정해두는 방법이다. 이 제도는 노사간의 단체협약과는 관계가 없고 최저임금은 정치적으로 결정이 된다. 이 제도는 미국의 연방법에서 전형적으로 나타나고 있는데 공정근로기준법에 의한 최저임금이 그것이다. 미국에서는 이 방식과 병행하여 각 주에서는 주법에 따라 임금심의회에서 최저임금을 결정하도록 되어 있는 경우가 많다.

4. 한국의 최저임금제도

우리나라의 최저임금제도의 결정기준으로서는 최저임금법 제4조 제1항에 의하여 최저임금은 근로자의 생계비, 유사근로자의 임금 및 노동생산성을 고려하여 사업의 종류별로 구분하여 정한다고 구분하고 있다. 즉, 최저임금의 결정기준은 ① 생계비, ② 유사근로자의 임금, ③ 노동생산성의 세 가지로 규정하고 있다.

한편 고용노동부장관이 최저임금을 결정할 경우에는 최저임금심의회에 심의를 요청하고, 최저임금심의위원회가 심의·의결한 최저임금안에 따라 최저임금을 고시하도록 되어 있다.

따라서 최저임금위원회는 최저임금의 심의 및 재심의, 최종임금적용사업에 관한 종류별 구분에 관한 심의, 최저임금제도의 발전을 위한 연구 및 건의, 기타 고용노동부장관이 부여하는 사항을 심의 담당한다. 심의위원회는 근로자를 대표하는 근로자위원, 사용자를 대표하는 사용자위원 및 공익을 대표하는 공익위원 각 9인으로 구성하게 되어 있다.[11)]

11) 最低賃金法 第14條

제10장

복지후생관리

제1절 복지후생의 본질

제2절 기업복지의 역사적 변천

제3절 기업복지의 내용

제4절 복지후생의 설계와 관리

제10장

복지후생관리

제1절 복지후생의 본질

1. 복지후생의 의의

보상체계는 기본급·수당·인센티브 그리고 복리후생비로 구성된다. 이러한 보상체계의 항목 중에서 기본급·수당·인센티브는 종업원에 대한 직접적인 보상인 반면, 복리후생비는 종업원의 노동과 직접 연결되지 않는 간접적인 보상이라고 할 수 있다. 따라서 근로자에게 직접적으로 제공하는 급여를 직접임금이라고 한다면 간접적인 형태로 제공되는 부가보상을 기업복지라고 하기 때문에 간접적인 임금 또는 제2의 임금이라고도 한다.

전통적 의미에서의 기업복지는 근로자의 생활안정과 질 향상을 위하여 근로조건에 부가적(fringe benefits) 또는 보충적(supplementary benefits)인 것으로 사용자의 자유의사에 의한 임의적인 제도나 시설로 기업자체의 부담과 책임하에 추가적으로 베푸는 혜택이라 간주해 왔으나, 근래에 와서는 기업복지비율(benefits percent)이 30%가 넘는 상황에서는 부가급부적 개념으로부터 보다 정당한 근로대가로서 그 성격이 변모함에 따라 포괄적인 의미에서 기업복지(employee benefits and service programs)로 불리고 있다. 그러므로 기업복지를 복리후생·복지후생·후생복지·근로복지·경영복지·산업복지 등의 각기 다른 용어로 사용하더라도 그 의미하는 바는 기업이 주체가 되고, 객체는 근로자이며, 근로자의 복지증진과 경영관리의 일환이라는 점에서 상호 대체하여 사용하는 것도 무방하다고 생각된다.

2. 복지후생의 원칙

오늘날 기업이 실시하고 있는 복지후생은 정부의 입법에 의해서 뿐만 아니라 산업사회의 발전에 따라 기업이 자발적으로 복지시설을 확대함으로써 비용이 막대하게 증가하고 있다. 미국의 경우 전체 인건비에서 복지후생비가 차지하는 비중이 증가하고 있다. 이러한 복지후생 비용의 증가추세는 기업의 원가상승을 압박하여 효율성을 크게 저하시킬 수 있으므로 합리적인 복지후생관리가 절실하게 요청되고 있다. 복지후생의 효율적 관리를 위한 원리로서 적정성·합리성·협력성의 원칙을 들 수 있다.

1) 적정성의 원칙

적정성의 원칙은 복지후생의 활동이 첫째, 기업의 모든 종업원이 절실히 필요하고 둘째, 기업의 복지후생비 부담능력이 적정하며, 셋째, 지역사회의 동종산업과 비교하여 크게 차등이 없는 적정수준에서 관리되어야 한다는 원칙이다. 이러한 원칙을 실현하기 위해서는 경영자가 지역사회의 동일업종의 복지시설 수준을 조사하고, 종업원들이 요구하는 복지수준에 따라 의견조사를 실시하며, 복지시설 확충을 위한 연차적 확장계획을 수립하여 실천하는 것이 필요하다.

2) 합리성의 원칙

합리성의 원칙은 기업이 복지후생제도와 시설의 운영에 있어 객관적 기준을 설정하고 종업원들이 공평하고 효과적으로 이용할 수 있도록 합리적으로 관리하여야 한다는 원칙이다. 따라서 기업의 기숙사나 생활관련 시설과 같은 복지후생프로그램의 운영은 종업원들을 위해 합리적 기준에 따라 공정하게 관리되어야 하며, 국가나 지역사회에서 제공하고 있는 복지후생시설과 서로 중복되거나 관련성이 결여되지 않도록 합리적으로 조정하는 것이 필요하다.

3) 협력성의 원칙

협력성의 원칙은 기업에서 노사협력을 통하여 복지후생시설을 확충하고 복지후생제도를 효율적으로 운영하여야 한다는 원칙이다. 노사가 협의하여 충실하게 복지후생프로그램을 검토하고 효과적인 시설과 제도를 마련하여 합리적으로 운영하도록 함으로써 종업원의 복지가 향상될 수 있다. 이를테면 노사쌍방이 협력하여 회사 내에 복지후생위원회를 설치하여 복지후생의 개선과 조직성과의 향상에 관하여 협의하고 검토함으로써 개인들의 욕구충족과 조직의 발전을 성취할 수 있을 것이다.

3. 복지후생의 기능 및 효과

기업의 복지후생은 종업원 및 그 가족에 대한 사용자의 생활원조적, 경제적인 급부이며 동시에 간접적 보상의 수단으로서 매우 다양하게 운영되고 있다. 일반적으로 종업원에 대한 기업복지후생의 기능은 건전한 노동력의 확보 및 재생산의 촉진을 위한 근로조건의 개선, 종업원 및 그 가족의 생활안정 및 근로생활의 질 향상, 종업원 상호간의 인간관계 개선 및 근로의욕의 증대, 노사관계의 안정과 유지발전 등에 기여하고 있다.

이와 같이 기업에서 실시하는 복지후생의 기능 및 효과는 매우 다양하며 그 내용을 살펴보면 다음과 같다.

1) 근로생활의 안정 및 근로의욕의 증대

기업내 종업원 및 그 가족에게 제공하는 각종 복지후생은 근로자의 생활안정 및 근로의욕의 증진에 기여하고 있다. 즉, 기업의 복지후생은 종업원에 대한 간접적이고 부가적인 보상수단으로서 직접보상인 임금과 함께 근로자의 생활안정 및 노동력의 재생산에 중요한 영향을 미치게 된다.

2) 건전한 노동력의 확보 및 유지발전

기업의 복지후생은 기업의 경영활동에 필요한 육체적·정신적 노동력의 안정적 확보 및 유지발전에 중요한 영향을 미치고 있다. 특히 종업원 및 그 가족에 대한 주택의 지원을 비롯한 의료혜택의 제공, 생활편의 시설의 확충 등은 종업원의 이직방지, 고용의 안정화, 노동력의 효율적 활용, 노동생산성의 향상 등에 크게 기여할 수 있다.

3) 인간관계 개선 및 일체감 조성

개별근로자의 능력이나 업적에 따라 차별적으로 지급하는 임금에 비하여 복지후생은 모든 종업원을 대상으로 균등하게 제공하는 간접적 보상으로서 조직 내의 인간관계 개선 및 근로의욕의 증대, 종업원의 일체감을 조성할 수 있다.

4) 노사관계의 안정

기업의 다양한 복지시설 확충과 제반 복지시책의 효과적 운영은 노사관계를 안정화시키는데 기여할 수 있다. 특히 기업 내 각종 복지시설 및 시책에 대한 노사공동의 운영은 노사공동체를 형성하고 협력적·안정적 노사관계를 촉진할 수 있다.

5) 지역사회발전 및 기업이미지의 제고

기업의 다양한 복지후생시설의 확충 및 시설을 지역주민에게 개방하여 지역사회의 발전 및 유대강화와 기업이미지의 제고에 기여할 수 있다.

제2절 기업복지의 역사적 변천

종업원에 대한 복지후생시설의 내용은 일반적으로 노사관계의 발전과 밀접한 관계를 가지고 있다. 즉 복지후생에 관한 시설이나 제도는 근로조건의 결정 방식, 근로보호입법, 사회보장제도 등이 어느 정도로 발달되어 있는가에 따라 규정된다. 그러므로 노사관계의 역사적 발전단계에 대응하는 복지후생시설의 변천과정을 살펴보아야 한다. 일반적으로 노사관계의 발전단계를 4단계로 구분하고 복지시설의 내용과 이념의 역사적 변천과 그 동향을 살펴보면 다음과 같다.

1. 제1기(18세기 말엽 - 19세기 중엽)

이 시기는 18세기 말엽에 있어서 데일(D. Dale) 또는 19세기 초엽의 오웬(R. Owen)의 활동 가운데서 기업 내 복지시설의 전형이 발전되는 시기로 종래의 유동적 출가형(出稼型) 노동력에서 정착노동력의 이행을 기초로 하는, 이른바 온정적 노사관계의 단계에 해당하며, 이 시기에는 노동입법 내지는 복지에 관한 사회시설은 거의 없었다.

따라서 당시의 노동·생활조건의 개선에 관한 시설은 모두 노동력의 정착과 충성심을 얻기 위해서 고용주가 자발적으로 자선 또는 온정적 이념에 의하여 실시한 것이었다. 또한 종업원측도 그것을 요구한 것이 아닌, 고용주로부터 주어진 것으로서 소극적으로 받아들이는 것에 그쳤다. 그 결과 고용, 기본임금, 기본노동시간 이외의 노동·생활조건의 개선을 위한 시설은 모두 복지시설로 간주되었다.

2. 제2기(19세기 후반 - 1910년대)

이 시기는 19세기 후반에서 제1차 세계대전 전후까지의 시기로서, 대체로 노동능률의 향상과 노동조합조직의 방지, 노동관계의 원활화를 위한 수단으로, 고용주가 자발적인 노동조건의 개선을 위한 시설과 노사협의제도를 복리시설로서 적극적으로 이용하고 있었다.

따라서 이 시기에는 기본적 노동조건을 제외한 노동·생활조건의 개선에 관한 제반시설이 구체적 복리시설의 범위에 포함되었다. 환언하면 자본주의적 제모순이 현재화됨에 따라 새로운 노동조합과 종업원대표제(employees representation plan) 등이 발달하고, 노사관계도 완화적 단계에 들어서게 됨에 따라, 노동조건은 단순히 고용주의 일방적 배려에 의하여 결정되는 것이 아니라 단체교섭이나 노동입법에 의하여 어느 정도 결정되었고 노동조건개선의 사고도 변화하고 있었다.[1)]

이와 같이 역사적·사회적 조건이 변화함에 따라 복지시설도 종래의 것과는 상이하게 되었고, 또 그것을 통하여 나타나는 종업원의 경영에 대한 호의적 태도의 형성과 노동조합의 참가를 방지하기 위한 기대가 이 시설을 자연적으로 발달케 하였던 것이다. 따라서 직접적으로 노동조건과 작업조건을 개선하기 위한 시설을 복리시설이라고는 생각하지 않게 되었고, 공장 안팎에서의 생활을 풍요롭게 하는 시설이 그 중심이 되기 시작하였다.

3. 제 3기(제 1차 세계대전 이후 - 1930년 후기)

이 시기에는 제 1차 세계대전 후 자본주의적 사회경제체제의 모순이 증대함과 동시에 노동자의 계층의 양적·질적 발전이 있었으며 노동조합의 조직률도 유럽에서는 50%를 전후하였다. 또한 산업별 노동조합이 일반화되어 이른바 대등적 노사관계의 단계에 들어서게 되었다.

따라서 노동자를 보호하기 위한 입법도 현저히 발전하였고, 그 결과 노동조건, 작업조건, 안전위생, 노동재해, 질병에 대한 제수당의 지급에 하나의 사회적 표준이 부여되고, 따라서 종래의 기본적 노동조건과 마찬가지로 이들 노동·작업조건의 결정도 고용주의 의사에 의하여 좌우되는 것이 아니라 하나의 사회적 특질을 가지게 되었다.

따라서 기업복지시설의 개념도 당연히 변화하게 되어 쉘돈(O. Scheldon)도 말한 바와 같이 "근로자가 자애심 있는 고용주로부터 기꺼이 자선을 받는 것으로 생각되었던 시대는 지

1) 姜正大, 前揭書, p.425.

나갔다. 그들은 자립하고 있으며, 책임을 질 용의가 있다"[2]고 인식하게 되었고 복지개념 가운데에는 사회적 이념과 그 운영의 민주화라고 하는 사고가 포함되게 되었다.

4. 제 4기(제 2차 세계대전 이후 – 현재)

미국에서는 제2차 세계대전 중에 정부가 임금억제정책을 취하게 됨에 따라 기업은 종업원에 대하여 각종 부가급부(fringe benefits)를 실시하게 되었다.

부가급부란 정규 급여나 상여 외에 생산성이나 이익에 거의 관계없이 사용자가 종업원에게 지급하는 추가적 보상을 말한다. 따라서 부가급부의 내용은 매우 광범위하며 보통 유급휴가·퇴직연금·의료시설·사택·주택자금대부·자녀교육비의 보조·급식보조 등 다양하다.[3]

정부도 이러한 부가급부를 임금통제대상에서 제외하였으므로 급속히 부가급부를 증가시키게 되어 지급임금총액의 15%까지 점하게 되었다. 그리고 전후에는 사회보장제도의 발달에 따라, 그에 대한 기업부담분은 부가급부로 산입할 수 있게 되었다.

또한 노동조합이 유급휴가를 강력하게 요구하였기 때문에 이것도 부가급부의 범주에 포함됨에 따라 1960년대 말에는 부가급부는 총지급임금의 27%까지 증대하게 되었다. 이 같은 사실을 반영하여 종래의 employee service라는 용어대신에 employee benefits and services라는 용어가 1950년대에는 미국에서 일반화되었다.

제3절 기업복지의 내용

복지후생은 국가별 경제발전의 단계, 노사관계의 특성, 사회보장제도의 실시정도 등의 제반 여건에 따라 매우 다양한 종류의 제도나 시설을 포함한다. 여기에서는 복리후생의 내용을 법률에 의해 강제되는 법정복리후생과 기업이 임의로 실시하는 법정외복리후생으로 분류하여 설명하기로 한다.

---

2) O. Scheldon, The Philosophy of Management, London, 1924, pp. 177-178.
3) 鄭京燮. 前揭書. p.271

1. 법정복지후생

법정기업복지란 국가적, 사회적 또는 산업적 차원에서 법률로 기업경영체에 대해 기업복지 시설의 설치·운영을 의무화하는 사회보장 내지 사회정책적인 의미에서 강제하는 제도이다.

이것은 예고 없이 닥치는 질병, 재해, 실업과 노령의 위협으로부터 근로자와 그 가족의 일상생활을 보호하기 위해 실시하는 의료보험제도, 산업재해보상보험제도, 국민연금, 고용보험 등을 말한다.

1) 국민건강보험제도

이 제도는 기업 내 종업원이나 그 가족에게 발생하는 질병이나 사고로부터 그들을 예방하고 보호한다는 의미에서 법적으로 실시되는 사회보험이다. 의료보험제도의 일반적인 기능은 질병을 치료할 뿐만 아니라 질병을 조기 발견하며 예방한다는 데 있다. 우리나라에서는 1979년 의료보험법이 통과하여 종업원 500명 이상의 기업은 강제적으로 의료보험에 가입하도록 되었다. 그 이후 다시 1988년 10인 이상의 종업원을 고용하고 있는 전국의 모든 사업장에서 의무적으로 의료보험에 가입하도록 개정되었다. 의료보험의 제정은 직장의료보험인 경우 피보험자와 그를 고용한 사용자가 각각 절반씩 부담하는 보험료에 의해 이루어지며, 보험료는 피보험자의 등급별 표준보수 월액의 3-8% 범위 내에서 의료보험조합의 정관으로 정하게 되어 있다. 의료보험에 의한 보험급여는 현물급여인 요양급여와 분만급여, 그리고 조합정관으로 정하는 장제비, 분만수당 등 특별급여가 있다.

2) 산업재해보상보험제도

이 제도는 업무수행과 관련하여 발생한 종업원의 부상, 질병, 사망 등의 재해에 대하여 경제적 보상을 해주는 제도이다. 즉 노동에 관련된 재해나 직업병의 발생 및 피해가 나타날 경우 노동자의 회복을 위해 피해자의 가족 및 유족에 대해 현금급부를 통한 보상을 해주는 제도라 할 수 있다.

우리나라의 재해보험제도로는 산업재해보상보험제도가 사회보험제도로서는 제일 먼저 1963년에 실시되었다. 당시 500명 이상의 사업장에만 적용되었으나, 적용범위가 점차 확대되어 1986년 이후에는 원칙적으로 근로기준법이 적용되는 모든 사업장에 적용하게 되었다. 근로자의 업무상 재해는 원래 근로기준법에 의해 사용자가 보상하도록 되어 있던 것이나, 산업재해보상법의 제정에 의해 사회보험제도로 전환하게 된 것이다. 그리하여 업무상 재해를 입은 근로자는 기업주가 아닌 정부로부터 보험급여의 형식으로 보다 신속하고 확실한 보상을 받게 되며, 그러한 점에서 이 제도는 책임보험적 성격을 갖고 있다.

산재보험은 다른 보험제도와는 달리 정부가 직접 관장하고 있다. 그리고 보험급여대상인 재해란 업무상의 사유에 의한 근로자의 부상, 질병, 신체장애 또는 사망을 말한다. 업무상 재해라 할지라도 3일 이내의 요양으로 치유될 수 있는 것은 제외되며, 이것은 일반의료보험제도의 적용을 받는다. 산재보험의 재정은 근로자는 전혀 부담하지 않고 사용자가 전액 부담하도록 되어 있고, 약간의 국고부담이 행해진다. 이것은 업무상재해를 경영위험 및 경영책임으로 파악하고 있는 데에 근거한다. 보험료는 보험가입자(사업주)가 경영하는 사업의 임금총액에 그 사업종류에 적용하는 보험료를 곱한 금액으로 하고 있다.

3) 연금보험제도

모든 사람에게 다가오는 노령에 대비하여 미리 해당조직과 개인이 임금액의 일정액을 보험에 불입하여 일정한 연령에 도달했을 때나 재해 및 사망이 발생한 경우에 적립금을 당사자나 그 유족에게 주어 혜택을 받도록 하여 본인의 노후를 보장하거나 유족의 생활을 안정시켜 주는 것이 연금보험제도이다. 연금은 종업원이 노령이나 폐질로 인해서 받는 피보험자급여(노령연금, 장해연금)와 종업원이 사망한 후 그의 가족이 받는 유족급여(유족연금)로 구분하여 생각할 수 있다. 이미 선진국에서는 대부분 연금보험제도를 실시하고 있다. 우리나라는 1973년 국민복지연금제도를 수립한 이래 여러 차례에 걸쳐 그 실시를 미루다가 1988년부터 국민연금제도를 시행하게 되었다. 1992년 이후에는 상시 5인 이상의 근로자를 사용하는 사업장의 경우는 당연히 국민연금에 가입하여야 하며, 가입에 따른 부담은 근로자와 사업주가 각각 표준급여액의 3%에 해당하는 금액을 절반씩 분담하게 되어 있다. 1998년부터는 근로자의 퇴직전출금에서 표준급여액의 3%를 사용자가 추가로 납부하고 근로자의 퇴직시에 그 금액을 공제하도록 하였으며, 현재는 사업주와 근로자가 각각 4-5%씩 부담한다.

4) 고용보험제도

고용보험제도는 근로자가 실직을 했을 경우에 발생하는 생활의 위험을 방지하는 제도이다. 우리나라는 고용보험제도라는 이름으로 이를 대신하고 있다. 우리나라의 고용보험은 실업의 원인을 제거하고 실업자를 경제활동에 복귀시켜 종업원과 그의 가족, 나아가서는 국민경제생활의 평안을 기하고자 하는 데에 그 목적이 있다. 그러나 고용보험은 당초 실업보호라는 사회적 측면에서 최근에는 경기변동, 산업구조변화에 따라 기업의 구조조정을 필요로 할 때 이를 용이하게 할 수 있는 각종 제도를 마련함으로써 노동시장의 조정자로서의 역할을 더 강조하고 있다. 즉, 실업을 당한 근로자를 보호한다는 소극적 차원에서 실업이 발생하지 않도록 하고 기업의 구조조정을 지원하는 역할을 담당한다. 또 실업근로자를 위해서는 재취업을 위한 직업훈련, 취업알선 기능 등을 강조하여 보다 적극적인 고용정책으로 활용하고 있다.

▌표 10-1▐ 4대 사회보험의 특징

<table>
<tr><th colspan="2"></th><th>건강보험</th><th>국민연금</th><th>산재보험</th><th>고용보험</th></tr>
<tr><td colspan="2">도입연도</td><td>1977.7.1</td><td>1988.1.1</td><td>1964.7.1</td><td>1995. 7.1</td></tr>
<tr><td colspan="2">전면확대</td><td>2003.7.1</td><td>2006.1.1</td><td>200.7.1</td><td>1998.10.1</td></tr>
<tr><td colspan="2">사전조치
(예방조치)</td><td>질병의
조기발견과 예방</td><td>노령생활 설계</td><td>산업재해 예방</td><td>직업훈련, 상담, 알선을
통한 실업방지</td></tr>
<tr><td colspan="2">사후조치
(치료조치)</td><td>질병의 치료,
가사지원 및
경영원조</td><td>피보험자 및
유족에 대한
연금지급</td><td>산업재해 보상</td><td>실업수당 지급</td></tr>
<tr><td colspan="2">보장유형</td><td>의료보장</td><td>소득보장</td><td>의료, 소득보장</td><td>교육, 소득보장</td></tr>
<tr><td colspan="2">급여방식</td><td>현물급여</td><td>현금급여</td><td>현물 + 현금급여</td><td>현물 + 현금급여</td></tr>
<tr><td colspan="2">관장부처</td><td colspan="2">보건복지부</td><td colspan="2">노동부</td></tr>
<tr><td colspan="2">운영주체</td><td>국민건강보험공단</td><td>국민연금관리공단</td><td>근로복지공단</td><td>노동부(고용지원센터)
근로복지공단</td></tr>
<tr><td colspan="2">적용대상</td><td>전국민</td><td>18~60세 미만 국민
(특수직역
연금가입자 제외)</td><td colspan="2">상시 고용 1인 이상 사업장의 근로자</td></tr>
<tr><td rowspan="2">적용
제외자
(직장)</td><td>근로자</td><td colspan="2">• 1월 미만 고용 일용근로자
• 월 80시간 미만 시간제근로자</td><td>• 별도법 보상자
(공무원, 군인 등)</td><td>• 별도법 보상자
• 월 60시간 미만 근로자
• 65세 이상자(실업급여)</td></tr>
<tr><td>사업주</td><td colspan="2">• 1인 사업자(개인)</td><td colspan="2">• 1인 사업자(개인), 법인 대표이사</td></tr>
<tr><td colspan="2">가입단위</td><td>직장, 지역</td><td>직장, 지역, 임의</td><td colspan="2">사업장</td></tr>
<tr><td colspan="2">적용(가입)현황</td><td>47,545,055명</td><td>17,463, 192명</td><td>9,190,407명</td><td>11,394,662명</td></tr>
</table>

2. 법정외복지후생

법정외복리후생(voluntary benefit)이란 기업이 임의로 종업원을 위한 복리후생을 실시하는 제도를 말하며 기업의 특성, 규모, 환경, 조건 등을 고려하여 필요에 의해 실시하기 때문에 그 종류가 매우 다양하다. 법정외복리후생의 내용은 다음과 같다.

1) 생활원조시설 및 제도

이것은 종업원의 소비생활과 밀접하게 관련되어 있으며, 우리나라의 경우에는 낮은 임금 수준을 보완하여 생활수준을 안정시키는 역할을 한다. 여기에는 매우 광범위한 종류가 포함되지만 중심적인 것으로는 급식, 구매, 통근, 가족원조, 그리고 생활지원 등과 또한 주택관계 시설이나 제도가 가장 중요한 복지후생으로 부각되고 있다. 이러한 생활원조시설의 내용을 요약하면 다음과 같다.

① 주거시설 : 사택, 기숙사, 아파트 분양과 셋방·셋집 내지 전세금 대여 알선
② 생활원조 : 급식, 통근버스, 피복, 생활물자와 식료품 지급
③ 기타 : 주차장, 생활상담.

2) 보건·위생시설 및 제도

이는 종업원의 건강한 생활을 보장하기 위한 것으로 질병의 치료와 예방 또는 건강의 유지와 관련된 제도나 시설을 말한다. 일하는 종업원에게 무엇보다 중요한 것은 건강이라 할 수 있으므로 이것은 매우 기본적인 복지후생이라 할 수 있다.

① 보건·건강시설 : 병원, 진료소, 의무실, 휴양소, 요양소.
② 위생시설 : 목욕탕, 빨래방, 이·미용실, 환경위생, 집단위생, 편의실.
③ 기타 : 건강진단, 건강상담, 질병·전염병 예방대책.

3) 문화·체육·오락시설

종업원들의 전반적인 생활수준이 향상됨에 따라 그들의 관심은 점차 여가를 선용하는데 쏠리게 된다. 따라서 종업원들은 스트레스를 풀고 피로를 회복할 수 있는 방법으로서 문화·체육·오락시설을 찾게 된다.

① 문화교양시설 : 도서실, 사원클럽, 문화서클 등
② 체육시설 : 체육관, 운동장, 풀장, 테니스 코트 등
③ 오락·레크레이션 : 오락실, 연극·영화, 야유회, 각종 취미 동우회.

4) 공제금융관계

공제·금융제도는 종업원들의 경제적 안정에 기여하는 복지후생의 중요한 부분이다. 공제제도는 종업원들과 가족들이 경조사나 불시의 재해를 입었을 때 구제나 부조를 통해 경제적 지원을 해 줌으로써 종업원의 근로의욕을 북돋아 주는 제도이다. 그리고 금융제도는 종업원의

주택마련, 자녀교육, 재해극복 등을 위해 자금의 융통이 필요할 때를 대비해 회사 내 예금제도나 융자제도를 운영하는 것을 말한다.

① 구매시설 : 매점, 협동조합, 생활소비조합.

② 금융제도 : 주택·전세금대여, 자금대부와 예·적금제도

③ 공제제도 : 경조관계 급부금, 재해 위문금, 보험료 부담.

제4절 복지후생의 설계와 관리

1. 복지후생의 설계

1) 설계의 원리

복지후생은 앞에서 살펴본 바와 같이 여러 종류가 있다. 그러나 이 모든 제도가 실시되어야 하는 것은 아니며 개별기업 규모, 입지, 노조의 세력, 수익성, 업종, 기업의 목표와 정책 등 여러 가지 요인들에 따라 자기 기업에 적합한 복지후생제도들을 설계하면 된다. 이러한 복지후생제도는 다음과 같은 사항들을 고려하여 설계하여야 한다.[4)]

첫째, 종업원의 욕구를 충족시키도록 설계하여야 한다. 종업원들이 그다지 원하지 않는 제도의 도입은 비용의 낭비를 초래하게 되므로 제도의 설계에 앞서 종업원들의 현재의 복리후생제도에 대한 평가와 새로운 요구사항에 대한 사전조사를 실시하는 것이 필요하다.

둘째, 복지후생제도는 종업원들의 참여에 의하여 설계하여야 한다. 즉 노사의 대표로 구성된 위원회를 통해서 종업원의 욕구조사나 바람직한 제도에 관한 제안을 하도록 한다. 이 경우 복지후생제도를 실제로 이용하는 것은 종업원이므로 종업원측이 제도의 설계에 참여한다는 사실은 필요한 욕구를 스스로 만족시킬 수 있을 뿐만 아니라, 복지후생제도와 관련하여 발생하게 되는 문제점에 대해 의사소통의 토대를 제공하여 준다는 이점이 있다.

셋째, 원칙적으로 대상범위가 넓은 제도를 우선적으로 채택한다. 이는 폭넓은 종업원을 대상으로 하면 효과가 클 뿐만 아니라 비용의 절감효과도 얻을 수 있기 때문이다. 예를 들면, 생명보험에 집단적으로 가입할 경우 개인별로 하는 것보다 적은 비용으로 가입할 수 있다.

넷째, 현재와 미래의 복지후생비를 지불할 수 있는 능력이 평가되어야 한다. 지불능력을

---

4) 金植鉉, 前揭書, p.405

벗어난 과도한 복지후생비의 부담은 방지해야 하는 것이다.

2) 카페테리아식 복지후생

(1) 카페테리아식 복지후생의 의의

일반적인 복지후생제도는 비슷한 수준에 있는 종업원들에게 같은 혜택을 부여하는 것이 보통이다. 사무직이나 생산직, 판매직 등에 대해서 별도의 복지후생을 실시하는 경우도 있지만, 결국 같은 직종이나 계층내에서의 중요한 차이는 고려하지 않는다. 그러나 한 사람에게 가치가 있는 제도가 다른 사람에게도 똑같이 가치가 있다고 할 수는 없으며, 나이·결혼여부·자녀의 수·소득수준·생활태도 등의 요인이 여기에 영향을 미친다. 예를 들면, 젊은 노동자들은 직접 임금, 교육보조 등을 선호하는 반면 나이 든 노동자들은 연금이나 건강보험 등을 선호할 것이다.

이러한 점에서 볼 때 종래의 복지후생관리는 노동생활의 질이나 조직유효성에 대한 공헌도의 측면에서는 비효과적이라 할 수 있다. 종업원들에게 가치가 없고 종업원들의 만족을 충족시켜 주지 못하는 복지후생제도는 상대적으로 비용에 대한 효율이 떨어진다.

이와 같은 문제점을 해결하기 위하여 고안된 것이 카페테리아(cafeteria)식 복지후생제도이다. 이 제도의 개념은 기본적으로 각각의 종업원들이 기업이 제공하는 복지후생제도나 시설 중에서 원하는 것을 선택함으로써 자신의 복지후생을 원하는 대로 설계한다는 것이다. 따라서 종업원 개인의 욕구나 선호를 보다 적절하게 충족시킬 수 있어 보상의 가치에 대한 인식과 만족감의 증대, 결근율과 이직률의 감소 등의 이점을 얻을 수 있다.

그러나 이 제도를 실시하는 데에는 몇 가지 어려움이 있다. 먼저 관리적인 복잡성과 비용의 증가때문에 전산화가 요청된다. 또 각 개인에 대해서 이용할 수 있는 복지후생비의 총액을 설정하여야 하는데, 각 복지후생제도에 대한 가격 결정이 매우 어렵다. 그리고 단체로 실시해야 하는 제도의 경우에는 신청자가 적으면 그 비용이 증가하게 된다.

이러한 점을 고려하여 보면 카페테리아제도는 중소기업에서는 그 실시가 어려우며, 실시가 가능한 대기업에서도 처음에는 많은 비용의 부담을 감수할 수밖에 없다. 따라서 처음에는 제한된 범위의 복지후생에 대해서 실시하다가 점차 확대해 나가야 하며, 종업원과의 의사소통이 원활하게 이루어져야 성공적으로 도입될 수 있다.

(2) 카페테리아식 복지후생의 유형

카페테리아식 복지후생은 종업원 개인에게 부여되는 선택의 폭과 관련해서 다음의 세 가지 유형으로 구분된다.

① **선택항목 추가형**(core-plus option plans) : 조직이 종업원 전체에게 필요하다고 판단되는 복지후생의 항목을 우선 제시한다. 그리고 추가적으로 여러 복지항목을 제공하여 종업원이 가장 원하는 것을 선택할 수 있도록 하는 복지후생이다.

② **모듈형**(modular plans) : 몇 개의 복지후생 항목들을 집단화시켜 종업원들에게 제시하는 복지후생이다. 선택항목을 모듈화시켜 선택권을 주는 것이다.

③ **선택적 지출 계좌형** : 종업원 개인에게 주어진 복지후생의 예산 범위 내에서 자유로운 복지후생 항목을 선택할 수 있도록 하는 복지후생을 말한다. 소위 선택적 복지후생으로 종업원 선호도에 따라서 각자의 복지후생을 설계할 수 있는 권한을 대폭적으로 부여한 것이다.

2. 관리상의 유의점

1) 효과적인 커뮤니케이션

기업은 복지후생제도가 종업원들에게 동기를 부여하고 또 노동력을 확보하고 유지하는 데 도움이 될 것을 기대한다. 그러나 종업원들의 복지후생제도에 대한 이해와 평가가 불완전하다면 이와 같은 효과는 기대할 수 없다. 따라서 효율적인 커뮤니케이션이 필요하게 된다.

복지후생에 대한 커뮤니케이션은 복잡한 제도에 대한 설명책자를 배부하거나, 또는 전문가가 설명하도록 하거나, 개인별 복지후생비의 지출명세서를 작성하여 배부함으로써 가능하다. 그러나 어떤 방법에 의하든지 다음과 같은 점이 고려되어야 한다.

첫째, 종업원들이 복지에 대한 기업의 관심을 신뢰할 수 있을 정도로 내용이 진실하여야 한다.

둘째, 커뮤니케이션의 방법은 각 개인들에게 적절한 것이어야 한다.

셋째, 직접적이고 단순 명료한 용어를 사용하도록 한다.

넷째, 종업원들의 의견을 파악할 수 있는 쌍방적 커뮤니케이션이 실시되어야 한다.

2) 경영성과제도

기업정책의 일환으로서의 복지후생제도는 경영공동체형성을 구심점으로 하여 기업의 종합적인 경제적 성과목표와 일치되도록 운영하여야 한다. 환언하면 복지후생이 오로지 종업원에게 소득을 형성시켜 주는 이전적 효과에만 그쳐서는 안 되고, 경영의 성과를 유도하는 창출적 효과를 강구하도록 해야 한다. 다시 말해 경영복지정책은 반드시 경영성과의 과정과 통합되어야 한다. 경영복지정책이 기업의 경영정책 및 사회정책과 유기적인 관련 속에서 종업원들의 성취동기를 유발시킬 수 있도록 되어야 한다.

경영의 부문적인 목표가 상호간의 갈등을 야기시키는 것처럼 사회복지정책 및 제도의 일환으로서 유기적인 통합 속에서 이를 생각하고 또 실천하여야 한다. 이를테면 경영정책의 일환으로서 사회정책과 사회정책의 일환으로서 복지후생정책이 조정되어야 한다는 것이다.

3) 종업원 참여운영

경영복지후생관리의 효율화를 위해서는 종업원이 참여하는 운영조직이 요청된다. 복지후생의 효과는 눈으로 보아 얼른 나타나지 않을 경우가 많고 또 운영상 재량의 여지가 크다. 더욱이 각자의 생활과 밀접한 관계를 맺고 있으므로 언제나 종업원 전체에게 납득될 수 있어야 한다.

복지시설의 수익성의 공평을 유지하기 위해서는 운영상 끊임없는 자기반성을 행하고, 종업원의 의견을 들을 수 있는 참가의 기회를 주는 조직이 필요하다. 이러한 점에서 복지후생의 정책과 관리를 위한 노사공동협의 혹은 공동의사결정을 하는 종업원이 참여하는 조직이 모색되어야 한다.

4) 복지후생비용의 파악

관리적 필요에서뿐만 아니라 종업원들에 복지후생의 지출상황을 인식시키기 위해서도 복지후생비의 파악과 분석이 행해져야 한다. 비용의 파악방법으로는 복지후생의 연간총비용, 연간 1인당비용, 임금에 대한 비용, 1인당 시간비용의 네 가지가 있으며, 이 중에서 두 가지 이상을 결합하여 사용하는 것이 좋다.

연간총비용은 각 복지후생제도의 연간비용을 합계한 것으로서 기업은 이러한 비용을 계산하는 회계절차를 개발할 필요가 있다. 이 방법은 복지후생의 총비용에 대한 설명이나 예산의 책정에 유용하다. 연간 1인당비용은 종업원들의 비용의 인식에 도움을 줄 수 있으며, 보다 효과적이기 위해서는 시간당 총비용과 함께 사용하는 것이 좋다.

임금에 대한 비율은 다른 기업과의 복지후생비의 비교에 유용한 것으로 임금과 복지후생비의 분류가 같아야 비교가 가능하다. 1인당 시간비용은 총비용을 연간 작업시간으로 나누어서 구한다. 이것은 복지후생비용에 대한 설명자료로 사용할 수 있으며, 임금·노동시간·복지후생 등에 관한 단체교섭시에 유용한 자료로 사용된다. 또한 종업원들이 그들의 시간당 임금과 쉽게 비교할 수 있기 때문에 의사소통에 유리하다.

제11장

근로 및 안전·보건관리

제11장

근로 및 안전·보건관리

제1절 근로시간관리

근로시간은 근로기준법이나 노사관계의 단체협약에 있어서 중요한 근로조건이며 동시에 근로생활의 질(quality of work-life)에 있어서도 중요한 요건이다. 산업화 초기에 근로자들은 1일 14-16시간의 무리한 노동을 강요당함으로써 높은 질병발생과 사망률을 기록하였으나 그 후에 근로자들의 인간다운 삶의 보장을 요구하는 노동운동·사회운동에 자극받아 근로시간이 점차 단축되었으며 제 1차 세계대전이후 베르사이유 조약에 의하여 1일 8시간, 주 48시간 노동이 확립되었다.

오늘날 대부분의 국가에서는 근로시간의 상한을 법률로서 규정하여 근로자의 인간다운 삶을 보장하고 근로시간의 변형을 조정할 수 있도록 하여 기업의 생산성을 향상시키도록 하며, 근로자의 삶의 질을 개선하기 위해 노력하고 있다. 그러나 근로자들은 보다 나은 근로생활의 질과 행복을 추구하기 위해서 근로시간 단축을 요구하고 있으며, 사용자들은 생산성 저하를 우려하여 근로시간을 단축하는 대신에 근로자의 욕구를 반영하여 여러 형태의 근로시간 변형운영을 구상하고 있다.

Ⅰ. 근로시간관리의 의의

1) 근로시간의 정의

근로시간이란 근로자가 직무와 관련하여 사용자의 지휘·감독에 따라 노동을 제공하는 시간을 말한다. 즉, 근로시간은 기업의 직무수행과 관련하여 사용자에게 일정한 노동을 제공하기 위해서 근로자의 자유로운 행동이 제약되는 시간을 의미한다. 근로시간은 여러 가지 측면에서 다양하게 규정할 수 있는데 흔히 근로시간은 취업규칙이나 단체협약 등의 규정에 따라 1일, 1주 또는 1월 등의 시간단위로 근로시간을 정하는 기준 내 근로시간, 이러한 기준을 초과하여 직무수행을 위해 종사하는 기준 외 근로시간(조기출근, 잔업, 휴일근무 등), 또는 근로시간에서 휴게시간을 제외하고 초과시간을 합쳐서 실제로 근로를 제공하는 실근로시간으로 분류할 수 있다.

우리나라 근로기준법 제 50조 제 1항에서는 "1주간의 근로시간은 휴게시간을 제하고 40시간을 초과할 수 없다." 제 2항에서는 "1일 근로시간은 휴게시간을 제하고 8시간을 초과할 수 없다."라고 규정하고 있으며, 동법 제 52조에서는 월평균 근로시간이 제50조 제 1항의 규정을 초과하지 않는 범위에서 사용자는 근로자대표와 합의에 의하여 특정일의 근로시간은 12시간, 특정주의 근로시간은 52시간 이내에서 기준근로시간을 초과하여 근무할 수 있도록 규정하고 있다. 이는 근로기준법에 의한 기준 내 근로시간과 기준 외 근로시간의 상한선을 규정하고 있는 것이다.

2) 근로시간관리의 중요성

인간은 유기체이므로 기계처럼 휴식 없이 계속하여 일할 수 없으며, 근로자는 근로생활의 질을 개선하기 위하여 근로시간 단축을 요구하고 있다. 근로시간은 근로자의 노동력 재생산, 근로의욕의 유지, 기업의 생산성 향상 그리고 근로자의 근로생활의 질에 중요한 영향을 미치는 요인이다. 일반적으로 근로자의 하루 생활은 개인이 자유롭게 생활할 수 있는 자유시간과 조직에서 일정한 직무에 종사하는 근무시간으로 구분할 수 있으며 근로자의 자유시간에 비하여 조직에 구속되어 있는 근로시간이 지나치게 많은 경우에 육체적·정신적 피로가 축적되어 질병발생이나 안전사고 발생이 증가하여 노동생산성의 저하를 초래하게 된다.

근로시간은 임금과 더불어 근로자의 근로생활에 직접적인 영향을 미치는 중요한 근로조건이라 할 수 있다. 특히 최근에 산업구조의 고도화에 따라 노동형태가 복잡해지고 산업사회의 발전에 따라 근로자의 가치관이 다양화하면서 근로자들은 육체적 피로와 정신적 스트레스를 겪게 되었다. 근로자들은 이러한 피로와 스트레스를 해소시키기 위해서 근로시간의 단축과 여가시간의 확대를 요구하고 있다. 따라서 경영자들은 유능한 노동력의 확보, 동기부여의 향상, 노동생산성의 향상을 위해서 근로시간의 단축을 포함한 근로시간의 배치와 휴게·휴일·휴가의 적정한 운영이 매우 중요시 되고 있다.

근로시간관리의 주요관심은 근로기준법이나 단체협약에서 규정하는 기준의 범위에서 근로시간의 합리적 설계와 적정한 배치, 휴게, 휴일, 휴가의 효율적 운영, 교대근무시간의 효율적 편성, 출퇴근 시간의 탄력적 운영 등을 통하여 기업의 생산성 향상과 종업원의 복지생활을 실현하는데 초점을 두어야 한다. 또한 근로시간관리는 근로자의 직업능률과 피로도의 관계를 과학적으로 분석하여 불필요한 피로를 방지하고 작업능률을 극대화 할 수 있도록 휴게·휴일을 적절하게 설계하여야 하며, 특히 근로자의 인간성 존중, 노동의 인간화 실현에 기여할 수 있도록 근로시간을 적정하게 배치하는데 초점을 두어야 한다.

2. 법정근로시간

법정근로시간이란 근로자가 근로를 제공할 근로시간을 법률로서 규정한 기준근로시간을 의미한다. 일반적으로 근로시간은 일 또는 주 단위로 근로의 상한선을 나타내고 있다. 이를 테면 우리나라 근로기준법 제 50조에는 근로자의 근로시간은 휴게시간을 제외하고 1일에 8시간, 1주 40시간을 초과할 수 없도록 규정하고 있다.

표 11-1 국가별 법정근로시간

한국	미국	일본	영국	독일	프랑스	이탈리아, 스페인	대만	싱가포르
1주 40시간	1주 40시간	1주 40시간	법정규제 없음	1일 8시간	1주 35시간	1주 40시간	2주 84시간	1주 44시간

3. 변형근로시간제

변형근로시간제는 종래의 고정적 근로시간제에 대응하여 근로시간을 탄력적이고 유연하게 운영하는 것을 의미한다.

1) 탄력적 근로시간제의 의의

탄력적 근로시간제는 업무의 내용이나 특성에 따라 근로자의 근로시간을 탄력적으로 운영하는 제도로서 회사의 업무량이 적은 기간에는 근로시간을 줄이도록 하는 효율적 근로시간 관리 방식이라고 할 수 있다.

우리나라 근로기준법 제 51조 제 1항에 의하면 사용자는 근로자에 대하여 2주간의 근로시간을 평균하여 1주 40시간을 초과하지 않는 범위 안에서 특정 주에 1주 40시간, 특정일에 8시간을 초과하여 근로시킬 수 있도록 하고 있으며, 동법 동조 제 2항에서는 사용자는 근로자 대표와 서면 합의에 의하여 3개월 이내의 단위기간을 평균하여 1주간의 근로시간이 40시간을 초과지 않는 범위 이내에서 특정 주에 40시간, 특정일에 8시간을 초과하여 근로하게 할 수 있도록 정하고 있으며 다만 특정 주의 근로시간은 52시간을, 특정일의 근로시간은 12시간을 초과할 수 없도록 하고 있다.

2) 탄력적 근로시간의 유형

탄력적 근로시간제는 종래의 고정된 근로시간 운영에 대응하는 개념으로서 기업이 경영환경 변화에 동태적으로 적응하기 위해서 직무의 내용이나 특성에 따라 근로시간을 탄력적으로 설계하고 근로자가 선택적으로 일할 수 있도록 하는 변형된 근로시간제를 말한다.

탄력적 근로시간제에는 노동력을 효율적으로 활용함으로써 노동생산성의 향상, 근로의욕의 증진, 결근·산업재해의 감소효과를 얻을 수 있으며 한편 근로자의 여가활용 및 자기개발 기회, 근로생활의 질 개선에 크게 기여할 수 있다. 이와 같은 탄력적 근로시간제는 자유출퇴근제, 교대근무제, 파트타임 근무제, 주간 압축 근무제, 직무공유제, 재택근무제, 재량근무제 등 다양한 형태가 있다.

(1) 자유출퇴근 시간제

자유출퇴근 시간제(flextime)란 종업원들이 일정한 제약조건 내에서 자유롭게 출퇴근시간을 정해 놓고 근무하는 제도이다. 통상적으로 하루의 일과를 9시부터 시작하여 6시에 끝내고 있지만 자유출퇴근 시간제에서는 일정제약 조건하에서 근무시간을 자유롭게 조정할 수 있다. 여기에서 일정한 제약조건이란 모든 종업원이 사무실에 꼭 있어야 하는 핵심시간(core time), 즉 공통 근무시간대를 정해 놓고 이 시간을 전후해서 맞추어 일찍 출근하거나 늦게 퇴근할 수 있도록 하는 제도이다. 예를 들면 보통 오전 9시와 오후 3시 사이를 핵심시간으로 정해 놓고 이 시간만큼은 반드시 자리를 지켜야 하지만 나머지 3시간은 융통성 있게 근무하도록 하는 것이다.[1)]

이 제도의 장점은 결근율과 잔업시간 비율을 감소시키고 생산성을 증대시키며 작업장의 복잡성을 제거시키고 종업원의 자율성과 책임감을 증대시킨다. 그 이유는 사람마다 능률이 오르는 시간대가 다르므로 오전 체질인 사람은 일찍 출근하여 일하고 오후 체질인 사람은 늦게 출근하여 일하다가 늦게 퇴근하면 되기 때문이다. 이 제도의 단점으로는 핵심시간대가 아니면 부하들을 통제하기 어려우며 작업교대에 따른 혼란과 작업의 계획 및 통제가 어렵고 비용이 많이 들며 단 한사람만이 특정기술이나 지식을 갖고 있을 때 많은 어려움이 뒤따른다.

(2) 교대근무제

교대근무(shift work system)는 회사가 1일 근무시간을 두 개 이상의 시간계열로 구분하고 근로자들을 2개조 이상으로 편성하여 교대로 작업하도록 하는 근무시간제를 말한다. 이러한 교대근무제의 형태로는 2조 2교대, 3조 3교대, 4조 3교대 방식이 있으며 그 외에도 업무내용이나 특성에 따라 다양하게 운영할 수 있다.

교대근무제는 산업사회의 급속한 발달에 따라 소비수요의 증가에도 불구하고 대규모 시설투자의 어려움으로 생산 공급이 부족한 경우에 실시하고 있으며, 한편 통신·교통·정보·의료·음식·숙박·오락 등의 서비스 산업분야에서 서비스 확대를 위한 영업시간 연장에 따라 교대근무제가 증가하고 있다 그러나 교대근무제는 근로자의 생활리듬을 파괴하고 가정생활이나 사회생활에 있어 규칙적인 행동패턴에 영향을 주며, 특히 심야근로 교대조의 경우에는 육체적·정신적 피로의 심화, 산업재해 발생률 증가, 불면증이나 소화 장애 등의 건강악화 등을 가져올 수 있다. 따라서 교대근무제는 기업의 작업상황을 고려하여 근로자들의 정신적·육체적 건강을 해치지 않도록 적합한 교대근무의 설계와 운영이 이루어져야 할 것이다.

(3) 파트타임근무제

파트타임근무제는 정규직 고용형태에 대비되는 개념으로 비정규직 근로자의 임시고용형태라 할 수 있다. 파트타임근무제는 기업이 인건비 절감이나 인력수급의 탄력화를 위하여 도입하는 방식으로 파트타임근로자는 1일 근로시간을 정규직 근로자와 달리 4시간에서 7시간 정도 일하며 임금은 직무에 따른 시간급을 지급하게 된다.

파트타임근로자들은 근로계약에 따라 근무하고 근로계약에는 근무시간과 임금이 명시되며 그 외의 근로조건에 대해서는 기업의 취업규칙이나 회사규정을 준수하고 이행할 것을 의무화하고 있다. 파트타임근로자에 대한 근로계약시간은 직종에 따라 다르지만 대체로 3개월에서

---

1) S. D. Nollen, "Does Flex-time Improve Productivity?," Harvard Business Review, September 1979, pp. 12-22.

6개월 단위를 기준으로 갱신하거나 종료하게 된다.

(4) 주간압축근무제

미국의 많은 기업들은 주 5일 근무제를 실시하면서 1970년대 초부터 주간압축근무제(compressed work-week)를 시작하였다. 즉 일주일에 하루 8시간씩 5일간 근무하는 것이 아니라 하루 10시간씩 4일만 근무토록 하는 방안이 실험된 것이다. 이와 같은 방안을 4-40 제도(four day, forty hour plan)라고도 부른다.

이 같은 주간압축근무제의 장점은 다음과 같다.[2)]

① 종업원에게 보다 많은 여가시간을 제공한다.

② 교통이 복잡한 시간을 피할 수 있어 출퇴근에 필요한 시간과 비용을 절감할 수 있다.

③ 종업원에게 높은 직무만족과 사기를 진작시킬 수 있다.

④ 종업원의 직무태도를 개선시킴으로써 직무몰입과 생산성을 증대시키며 이직률·결근률·잔업 등에 따른 비용을 감소시킬 수 있다.

이에 반하여 주간압축근무제는 다음과 같은 단점이 있다.

① 주간압축제는 하루에 10시간을 근무함으로써 종업원의 피로를 증대시킴.

② 1일 10시간 근무제는 장기적으로 1일 8시간 근무제보다 생산성을 감소를 가져옴.

③ 주간압축제는 종업원의 피로와 부주의로 인하여 안전수칙 위반과 사고를 유발할 수 있다.

(5) 직무공유제

직무공유제(job sharing)는 두 사람 이상의 시간제 근무자(part-timer)가 직무시간 교대를 통해서 일주일 40시간의 근무를 수행하도록 하는 제도를 말한다. 예를 들면 두 사람의 컴퓨터 담당자가 한 가지 직무를 함께 담당하고 있으면서 한 사람은 오전에 근무키로 하고 다른 한 사람은 오후에 근무하도록 함으로써 각자의 외부활동을 위한 충분한 시간을 이용하고 있는 경우이다.

2) 신철우, 전게서, p. 415.

직무공유제의 주요 장점은 다음과 같다.[3)]

① 직무공유자들은 한 사람의 전담자보다 높은 수준의 노력과 열정을 갖기 때문에 보편적으로 생산성이 높다.
② 직무할당계획에 있어 융통성이 있기 때문에 과중한 업무를 보다 잘 처리해 낼 수 있다.
③ 직무할당제는 보다 많은 개인시간을 가질 수 있고 그 시간을 선택적으로 활용할 수 있기 때문에 결근율·이직률을 감소시킨다.
④ 직무공유제에서 한 사람의 시간제 근무자가 사직할 경우 나머지 한 사람은 새로운 근무자에 대해서 현장훈련이나 현장지도를 통해서 훈련을 시키게 되므로 효과적인 직무훈련이 가능하다.
⑤ 직무공유제는 노약자·장애자·가정주부와 같은 전일근무가 곤란한 사람들에게 고용기회를 제공할 수 있다.

그러나 직무공유제는 다음과 같은 어려움이 있다.

① 직무공유제에서 시간제 근무자들에 대한 복리후생적 부가급부의 지원에 어려움이 있다.
② 시간제 근무자들에 대한 지휘·감독과 의사소통에 있어서 문제가 있다.
③ 직무공유상황에서 시간제 근무자들의 성과평가·승진·해고 등의 문제를 해결하기가 어렵다.

(6) 재택근무제

컴퓨터 통신망·전자우편 시스템·팩시밀리 기계 등의 기술적 발전으로 여러 가지 직무에 있어서 사무실 근무보다 효율적이고 능률적인 재택근무가 수행 가능하게 되었다. 따라서 재택근무는 종업원의 많은 출퇴근 시간을 절약하고 불필요한 방해요소를 제거할 수 있다.

재택근무제의 단점으로는 종업원간의 대면적 의사소통이 결여되어 있다. 대면적 대화는 종업원의 친교욕구를 충족시켜 주며, 그들이 집단의 일원이라는 귀속의식을 높일 수 있다. 또한 때로는 종업원간의 자연스러운 대화에서 창의적 아이디어나 개선된 작업절차의 개선을 가져올 수 있다.

---

3) D. J. Cherrington, Organizational Behavior, 2nd ed, Massachusetts: Allyn and Bacon, 1994, pp. 241-242.

(7) 재량근무제

재량근무제는 사용자가 기업의 특수한 직무에 대하여 근로자에게 직무수행 방법이나 근무시간 할당 등을 구체적으로 명시하지 않고 자율적으로 직무를 수행하도록 근무시간관리를 위임하는 제도이다. 회사가 재량근무제를 도입하는 경우에 업무의 종류와 내용, 근로자의 범위 등에 관하여 노사간의 서면협약에 의하여 명확히 하는 것이 필요하다. 또한 재량근무제는 근로시간이 명확하지 않기 때문에 시간 외 근로시간의 계산, 성과평가의 기준, 적절한 보상결정의 기준 등을 명시하도록 해야 한다.

일반적으로 재량근무제의 적용에 적합한 직무로는 신제품 및 신기술의 연구개발, 정보처리 시스템의 설계와 분석, 공장 및 기계의 설계, 기사취재 및 편집, 인테리어 및 광고의 기획, 방송프로 및 영화제작, 변호사·회계사 업무 등을 들 수 있다.

3) 연장근로시간제

연장근로시간제는 회사의 증가된 업무량을 신속하게 처리하기 위해서 근로자의 근로시간을 연장하는 제도이다. 근로기준법 제 53조 제1항에서는 사용자와 근로자의 합의가 있는 경우에 1주간에 12시간의 범위 내에서 근로시간을 연장할 수 있도록 하고 있다. 한편 동법 제56조에는 사용자는 연장근로(제53조·제59조 및 제70조의 단서의 규정에 의하여 연장된 시간의 근로)와 야간근로(하오 10시부터 상오 6시까지 사이의 근로) 또 휴일 근로에 대해서는 통상임금의 100분의 50이상을 가산·지급하여야 한다고 규정하고 있다.

4. 법정 휴게·휴일·휴가

1) 휴게

휴게는 노동으로 인하여 소모된 신체를 쉬게 하고 피로한 정신을 회복시키기 위하여 필요할 뿐만 아니라, 능률증진과 재해예방을 위하여도 필요한 것이다. 인간은 어느 정도 장시간 작업을 하게 되면 휴게욕구를 일으키게 되고, 이 욕구가 발생한 경우에는 자신의 보호를 위하여 적절한 휴게를 취하지 않으면 안 된다.[4] 우리나라 근로기준법은 휴게시간을 근로시간에 비례하여 4시간에 30분, 8시간에 1시간의 휴게시간을 의무적으로 배정하고 있다.[5] 이러한 휴게시간은 노동의 구속으로부터 해방되는 시간이므로 대기시간은 포함되지 않으며, 점심시간을

---

4) 黃大錫, 人事管理論, 博英社, 1994, p.456.
5) 근로기준법 제54조.

휴게시간으로 대체하는 것은 무방하도록 되어 있다.

휴게시간에 있어서는 특례가 있는데 부녀에게 주는 육아시간이다. 생후 1년 미만의 유아를 가진 여성근로자에 대하여는 정해진 휴게시간 외에 하루 2차례 각각 30분 이상의 수유시간을 허용하고 있다. 휴게시간과 별도로 수유(授乳)시간을 인정한 것은 휴게시간 중의 수유가 휴게의 효과를 소멸시키기 때문이다.

2) 휴일

휴일이란 근로자에게 노동을 제공할 의무를 배제하여 작업장을 벗어날 수 있도록 허용하는 날을 의미한다. 휴일에 관한 근로기준법의 기본원칙은 「사용자는 근로자에 대하여 1주일에 평균 1회 이상의 유급휴일을 주어야 한다(동법 제55조)」라고 규정하고 있다. 이른바 주휴제의 원칙이다..

주휴제는 종교상의 안식일에서 유래한다. 특히 기독교국가의 안식일관습이 근로시간의 규제와 결합되어 주휴제가 되었다. 국제적으로는 ILO가 1921년에 「공업적 기업에 있어서의 주휴의 적용에 관한 조약」(14호)을 채택하여 공업적기업에 있어서 모든 근로자에게 7일의 기간 중 적어도 한번, 계속 24시간의 휴식을 주어야 한다고 규정하여 주휴제를 국제적 기준으로 확립하였다. 이와 같은 주휴제는 1957년 ILO조약 제106호로 상업과 사무실근로에 확대되었다.[6)]

우리나라의 경우 1950년대 후반에 주휴제가 아직 실시되지 아니한 중소상점에 있어서도 젊은 근로자 부족을 배경으로 노동당국의 지도하에 일제히 주휴제가 채택되었다. 그러나 그 때의 구미에 있어서는 주휴 2일제가 채택되고 있었다(서구제국에서는 1950년대 후반부터 1960년대 전반에 걸쳐, 완전 주휴 2일제가 급속하게 일반화되었다.) 다만, 다수국가에서의 주휴 2일제는 단체협약이나 사회적관습에 의해서 확립되었던 것이며 입법에 의해 강제한 국가는 적다. 우리나라에서도 1970년대 후반부터 월1회, 월2회, 격주 등의 주휴 2일제가 제약회사나 대기업을 중심으로 채택되어 갔다.

3) 휴가

휴가는 근로자의 피로를 회복하고 노동의 재생산을 촉진하며 문화생활을 유지할 수 있도록 하기 위하여 휴일 이외에 휴무를 허용하는 날을 말한다.

---

6) 金洙福, 노동법, 중앙경제사, 1997, p.408.

(1) **연차유급휴가**

연차휴가는 1년을 기준으로 하여 개근한 근로자에게 부여하는 휴가제도로서, 근로기준법 제 60조에서 사용자는 1년간 개근한 근로자에 대하여는 15일, 1년간 80%미만 출근근로자도 1개월 개근시 1일의 휴가를 주어야 하고 2년이상 계속하여 근로한 근로자에 대하여는 1년을 초과하는 계속근로년수 1년에 대하여 1일을 더하여 유급휴가를 주도록 규정하고 있다. 한편 총휴가일수가 25일을 초과하는 경우에는 초과하는 일수에 대하여 통상임금을 지급하고 유급휴가를 주지 않을 수 있도록 규정하고 있다.

(2) **생리휴가**

근로기준법에서는 사용자는 여자인 근로자에 대하여 근로자가 생리휴가를 청구한 경우에 한하여 월 1일 무급으로 생리휴가를 주어야 한다고 규정하고 있다.

(3) **산전후 휴가**

근로기준법 제 74조에서 "사용자는 임신중의 여자에 대하여는 산 전후를 통하여 60일의 유급보호휴가를 주어야 하며, 그 유급보호휴가는 산후에 반드시 45일 이상 확보하도록 규정하고 있다. 한편 임신중의 여성근로자의 청구가 있는 경우에는 경미한 근로에 전환시켜야 하며 시간외 근로를 시키지 못하도록 하고 있다.

제2절 종업원 안전관리

1. 종업원 안전관리의 의의

보통 안전관리는 「기업이 종업원의 신체를 보호하기 위해서 업무상 발생하는 재해를 방지하고, 발생한 재해에 대하여 적절한 조치와 대책을 강구하는 것이다.」[7]

그런데 안전관리에 있어서는 발생한 재해에 대하여 대책을 수립하는 응급처치보다도 재해의 발생을 미연에 방지하는 예방관리적 측면이 더욱 중요한 의미를 갖는다. 또한 안전관리는 종업원의 심신을 보호하는 인도주의적 목적이 중시되어야 한다. 그러므로 근로기준법과 산업안전보건법 등에서 안전관리를 강제하고 있는 취지도 여기에 있고 인명의 손상은 기계

---

7) 高宮晋編, 體系經營學, ダイヤモンド社, 1962, p.690.

설비의 손상과는 달리 재해발생후의 대책만으로는 보전될 수 없기 때문이다.

2. 산업재해의 발생원인

산업재해의 발생을 예방하고 이에 대하여 적절한 대책을 강구하기 위해서는 우선 재해발생의 원인을 정확하게 파악하고 분석하여야 한다. 재해의 원인은 접근방법에 따라 여러 가지 측면에서 이해될 수 있으나 크게 물적요인, 인적요인, 환경적 요인, 관리적 요인 등으로 나눌 수 있다.

그러나 현실적으로 발생하는 여러 가지 사고는 위와 같은 여러 요인 중의 어느 하나에 의하거나 또는 몇 개의 요인이 중복되어 발생하는 것이 보통이다.

1) 물적요인

이것은 기업내의 각종 물적 시설면에서 오는 요인을 말한다. 물적요인은 ① 물적시설 그 자체의 결함(불량 또는 노후화)에서 초래된 경우와 ② 물적시설의 보전·관리·운용의 과오에서 오는 경우가 있다. 말하자면 각종의 기계·설비·장치·기구·공구·비품·부분품 그리고 직접 간접의 생산시설과 나아가서는 운반시설, 보관시설 등의 결함에서 오는 사고와, 또 이들의 보존 및 관리, 운용 등을 잘못함으로써 오는 사고가 있다.

2) 인적요인

인적요인은 ① 개개인의 선천적·후천적 요소에서 오는 요인 ② 부주의나 무모한 행동에서 오는 요인 ③ 피로에서 오는 요인 등으로 구분될 수 있다.

개인의 선천적·후천적 소질요인으로서는 과격한 기질, 신경질, 시력 및 청력의 결함, 근골박약, 지식 및 기능의 부족, 중독증, 각종 질환 등을 들 수 있다.

부주의한 행동 등에서 오는 행동요인으로는 지시의 무시, 불완전한 동작과 자세, 미숙한 작업방법, 안전장치 등의 점검소홀, 부적절한 기계·공구·기구·비품의 사용 등을 들 수 있다.

3) 환경적 요인

이것은 작업환경에 따르는 각종의 물리적·화학적인 위험요소를 말한다.

① 물리적 요인으로는 작업장 또는 작업대의 협소, 기계의 배치·설계부적절, 통로의 협소, 채광·조명·환기시설의 부적당, 불완전한 복장 등을 들 수 있다.

② 화학적 요인으로는 고열, 분진, 소음, 진동, 유해가스, 유해방사선, 감전 및 습기 등을 들 수 있다.

4) 관리적 요인

이것은 ① 정리정돈의 미흡, ② 작업관리의 불비, ③ 부적절한 배치 등을 들 수 있다.

정리정돈의 미흡은 정리장의 부족, 적재 및 정리방법의 불량, 작업부산물의 정돈불량 등을 들 수 있고, 작업관리의 불비로는 작업계획량의 불량, 작업지령의 불완전 및 과오, 작업강도 및 속도의 초과 등을 들 수 있으며, 부적절한 배치는 무자격자의 취업, 질병자의 취업, 미경험자의 취업, 체력 부적격자, 생리적 결함자, 심리적 결함자의 취업 등을 들 수 있다.

3. 산업재해의 예방대책

산업재해방지대책이란 재해의 원인을 철저히 분석하고 그 분석결과를 토대로 재해발생요인을 제거해 나가는 과정이라고 할 수 있다. 사고의 발생으로 인한 경제적인 손실을 경제적 비용(economic costs)이라고 하는데, 보상·치료 등을 위해 직접적으로 지급되는 경비인 직접경비(direct costs)와 사고발생과 관련된 감추어진 경비인 간접경비(indirect costs)로 크게 구별된다.

직접경비는 명확한 계산이 가능하지만 간접경비는 그 내용이 너무 막연하여 계산이 어렵다. 간접경비는 직접경비의 몇 배나 된다. 그 밖에도 사고가 발생하면 피해를 입은 당사자의 인적손실도 무시할 수 없는데 이를 인적경비(human costs)라고 하며, 이는 간접경비보다 더 계산하기 어렵다.

1) 물적요인에 대한 예방

물적설비면에서 오는 사고의 원인을 제거하기 위하여서는 먼저 각종 물적시설을 설치할 때 주의하지 않으면 안된다. 구입·설치하려고 하는 기계 또는 물품의 품질, 내용, 사용재료, 설계 등을 분석·검토하고 그것이 합격품인지, 불량품인지, 규격에 맞는 표준품인지의 여부를 충분히 검토하여야 한다. 그리고 구입한 각종 물적시설의 보전·관리·운용에 계속하여 특별한 주의를 하지 않으면 안된다. 사용 중 또는 사용 후에 이상이 있는지의 여부를 조사하고 노후화, 감모 등에서 오는 여러 가지 위험을 방지하기 위하여 수시로 또는 정기적으로 점검하고 갱신하거나 개수할 필요성이 있는지를 조사하여야 한다. 특히 기계나 장비의 내용이 복잡하다든지 또는 각종 부분품을 사용하고 있는 경우에는 이 점에 각별히 유의할 필요가 있다. 한편 품질이 우수하고 보전과 관리가 잘된 기계설비도 그 운영을 잘못하면 사고발생 가능성이 많다.

사고는 기계설비 등을 평상조건(예 : 속도, 사용방법 등)으로 운용할 때도 발생하지만 이상조건상에서 운용할 때는 그 빈도가 더욱 심하다. 그러므로 풍부한 지식과 기술을 습득한 이후에 적절히 운용하여야 한다.

2) 인적요인에 대한 예방

인적요인에 대한 사고예방은 이를 신규채용시와 채용후의 배치시로 나누어 생각할 수 있다. 신규채용시에는 선천적 소질과 신체적 결함 등을 조사하여야 한다. 따라서 적성검사와 정밀한 신체검사를 실시하여야 한다. 이때 선천적 요소로서는 작업에 필요한 지능·성격·기질·취미 등을 검사하고, 신체검사에서는 신체적 이상(청력, 시력, 체력, 기타)의 유무를 검사한다.

그리하여 적성검사와 신체검사의 결과 이상이 있다고 인정되는 자는 채용에서 제외시켜야 한다. 채용 후에도 마찬가지로 수시 또는 정기적으로 적성검사, 신체검사, 건강진단 또는 직무분석을 실시하고, 연령과 근속연수에 따라 발전 변화하는 종업원의 자질과 능력 등에 알맞도록 적정하게 배치전환을 단행해야 한다.

그리고 교육훈련을 통하여 기계설비 등의 사용방법, 보존관리방법, 작업의 동작과 자세 등에 관하여 필요한 지식과 기능을 충분히 습득시켜야 한다. 가능하면 미숙련자, 연소자, 부녀자 등에 대하여는 사고발생의 위험성이 있는 기계시설이나 작업에 종사시키지 않는 것이 좋다.

3) 환경적 요인에 대한 예방

항상 작업장·통로·채광·기타 조건을 고려하여 기계 및 설비의 배치설계를 합리적으로 하지 않으면 안 된다.

채광·조명·환기·통풍 등의 시설과 냉·난방시설은 되어 있는지, 또 되어 있다면 작업에 적당하도록 되어 있는지를 조사하고 불비한 점이 있으면 예방책을 강구하여야 한다. 또한 작업장 안과 그 주변은 언제나 청결해야 하며, 만약 고열·분진·소음·가스·유해물이 발산·유출되는 경우에는 이를 배제하거나 그 정도를 약화시키는 방법을 고려해야 한다.

4) 관리적 요인에 대한 예방

산업재해방지는 특정 담당부서나 특정 종업원에게 국한되는 사항이 아니므로 전사적으로 관리되고 실시되어야 한다. 이를 실현하기 위한 조직기구와 준수사항은 다음과 같다.

① 안전관리계획 : 연간계획을 수립하고 이를 구체화해서 월간 및 주간계획으로 구분하여 각 기간별 계획과제·내용·실시방법·분담사항 등을 결정하여 재해원인을 제거시켜 나간다.

② 안전위원회 : 위의 계획을 조직전체에 파급시키기 위해서는 인사부문·기계설비부문·생산기술부문·현장관리부문 등을 포괄하는 위원회를 만들어 안전관리운용의 합리화를 꾀한다.

③ 안전관리제도와 안전직장회의 : 안전문제의 핵심을 잘 알고 있는 사람들은 바로 현장 종업원과 감독자이다. 따라서 이들로부터 제안을 수집하고 이를 표창제도와 연관시켜 안전대책을 강구해 나가는 것도 안전의식의 제고에 도움이 된다. 또한 이것을 집단 즉 직장제안제도와 연결시켜 나가는 것도 안전사고예방에 도움을 준다.

④ 안전점검 및 준수사항의 교육 : 정기적·임시적인 안전점검을 실시하여 현장의 문제점 제거에 노력하고, 안전규칙 및 이에 관련된 종업원수칙을 작성하여 종업원 안전교육을 철저히 한다.

⑤ 재해원인의 분석과 대책 수립 : 재해발생의 원인을 구체적이고 상세하게 기록·분석하고, 재해통계를 시간별·요일별·월별·계절별·발생직장별·상해자 조건별·상해장소별·종류별·가해물건별·사고발생 직업별 등으로 분석하여 문제를 발견하고 대책을 수립한다.

4. 재해의 측정방법

안전관리는 여러 가지 사고와 재해를 발생시키는 근본적인 원인을 밝혀내는 과학적인 안전의 측정에서부터 시작된다. 따라서 재해방지를 위하고 경영체의 안전관리의 실태를 수시로 판단하기 위해서 노동재해를 통계적으로 나타낼 필요가 있다.

1) 도수율(度數率)

도수율(빈도율)은 얼마나 자주 사고가 발생하는지를 나타내는 것으로 일정근로시간

(국제적으로 100만 시간)에 대한 발생률을 나타낸다.

$$\text{도수율} = \frac{\text{발생건수}}{\text{연총근로시간}} \times 1{,}000{,}000$$

이것은 그 달 또는 그 해의 사상자수를 그 달 또는 그 해의 근로시간으로 나누어 백만배 한 것이다. 즉 백만근로시간당의 사상자수이며, 백만인이 한시간 근로하는 동안에 발생한 사상자수이다. 여기서 사상자는 근로시간 중에 발생한 것만을 의미한다.

2) 강도율(强度率)

강도율은 주로 부상당한 근로자들이 얼마나 오랜기간 동안 직무를 수행할 수 없는지를 나타내는 것으로, 사상의 정도를 어떤 기준(손실일수)으로 환산하여 재해의 질적정도를 표시한다.

$$\text{강도율} = \frac{\text{총손실일수}}{\text{연노동근로시간수}} \times 1{,}000$$

이것은 1,000 근로시간당 사상에 의한 근로손실일수이며, 천명이 1시간 근로하는 동안에 발생하는 사상 때문에 입은 손실근로일수인 것이다.

3) 연천인율(年千人率) 및 안전활동률

연천인율은 근로자 천명당 연간 사상자수를 나타낸다.

$$\text{연천인율} = \frac{\text{연간사상자수}}{\text{일일평균근로자수}} \times 1{,}000$$

안전활동률이란 한 경영체의 안전관리활동을 평가하고 반성하고 또 재해예방을 행하는 데 필요한 자료의 척도이다.

$$\text{안전활동률} = \frac{\text{안전활동건수}}{\text{근로시간} \times \text{평균근로자수}} \times 5{,}000{,}000$$

이것은 기업체내에서 안정관리활동이 종합적으로 어느 정도 활발하게 실시되고 있는지를 검토하는 척도로서 대단히 합리적인 비율이다.

4) 기타비율

$$\text{손실률} = \frac{\text{손실노동시간수}}{\text{재해건수}}$$

$$\text{위험률} = \frac{\text{재해건수}}{\text{생산량}}$$

$$\text{보상액률} = \frac{\text{재해건수}}{\text{지급임금총액}}$$

제3절 종업원 보건관리

최근에 기업의 안전사고는 정부의 엄격한 규제와 경영자들의 높은 예방의식에 따라 산업재해비용이 크게 감소하는 추세에 있으나, 근로자의 직업병 발생이나 종업원 건강유지 비용은 오히려 증가하는 경향이다.8) 이러한 근로자의 직무관련 질병이나 건강문제들은 직무성과에 중대한 영향을 미친다.

작업현장에서 흔히 문제가 되고 있는 솔벤트·석면·비소·벤젠·납성분·방사선·분진·고열·소음 등의 유해물질들은 폐병, 규폐증, 중금속중독, 피부병 등의 직업병을 유발하고 컴퓨터에서 발산되는 전자파는 시력장애, 동공확장, 두통 등을 일으켜 종업원들의 건강을 심각하게 손상시킴으로써 작업시간의 손실, 치료비·보험료의 증가 등으로 노동생산성을 크게 하락시키고 있다. 이러한 직업병의 증가는 종업원의 건강을 손상시킬 뿐 아니라 기업의 손실을 초래하게 되므로 경영자는 직업병의 예방과 관리에 중대한 관심을 기울여야 할 것이다.

1. 보건관리의 의의

1) 보건관리의 정의

보건(health)이란 육체적·정신적·사회적으로 평안한(well-being)상태9)를 말한다. 종업원들의

8) Mary Jane Fisher, "Repeated trauma spurs rise in worker illnesses," *National Underwriter*, January 9, 1995, pp. 15~17.

9) G. C. gordon and M. S. Henifin, "Health and safety, job stress, and shift work," in M. Metzer

보건(건강)은 질병·사고·스트레스로 인하여 손상될 수 있다. 따라서 경영자들은 종업원들의 육체적·정신적 건강에 대하여 이해하고 관심을 가져야 한다.

보건관리란 기업이 종업원의 육체적·정신적 건강상태를 유지하기 위하여 효율적인 대책을 강구하는 관리활동으로서 위생관리 또는 건강관리 등으로 불리고 있다. 다시 말하면 보건관리는 작업장 내의 화학적·물리적 유해물질로 인한 근로자의 직업병이나 스트레스에 대한 문제나 직무와 관련되지 않은 종업원의 건강문제를 인식하고 질병을 미연에 예방함으로써 인적·경제적 손실을 방지하기 위한 관리활동이다. 이러한 보건관리는 육체적 보건관리와 정신적 보건관리로 구분할 수 있다. 육체적 보건관리는 육체기능이 정상적으로 작용하는 상태를 유지하기 위한 것이고, 정신적 보건관리는 현실을 정확하게 지각하고 판단하며 인간생활의 여러 문제에 성공적으로 대처할 수 있도록 건전한 사고를 유지하기 위한 것이다.

2) 보건관리의 목적

보건관리는 사업장 내의 화학적·물리적 유해물질로 인한 근로자의 직업병을 예방함으로써 그들의 육체적·정신적 건강을 유지하고 조직의 노동생산성을 향상시키기 위한 것이다. 따라서 보건관리의 목적은 근로자의 건강을 통한 조직의 효율성 제고와 종업원의 근로생활의 질 향상에 두어야 할 것이다.

① **조직의 효율성 제고** : 보건관리는 작업장의 유해물질을 제거하고 쾌적한 작업환경을 유지함으로써 근로자들을 직업병으로부터 보호하고 기업의 건전한 노동력을 유지하며 작업시간 손실이나 치료비 등을 절감하기 위한 조직의 효율성 제고와 발전에 목적이 있다.

② **근로생활의 질 향상** : 보건관리는 근로조건 개선을 통하여 직무관련 직업병이나 직무관련 이외의 스트레스를 예방함으로써 근로자의 육체적·정신적 고통을 제거하고 직무를 통한 만족을 얻도록 하며 근로생활이나 사회생활의 보람을 느끼도록 하는 근로생활의 질을 높이는데 목적이 있다.

---

and W. R Nord(eds), *Making Organizations Human and Productive*, New York : Wiley, 1981, p. 322.

2. 종업원건강 위험요인

1) 화학적 위험요인

화학적 위험요인으로는 유독성 공기에 의한 위험, 액체·고체 등의 유해물질에 의한 위험으로 구분된다. 공기오염물질로는 먼지, 연기, 가스, 증기 등으로서, 특히 질소·산소·알콜·탄산가스·수소·네온·헬륨 등과 같은 공기성분 요인들이 포함된다. 이러한 공기오염에 의해 발생하는 질병으로는 호흡기질환, 피부점막염증, 장기상해, 질식, 마비, 의식장애, 알레르기성 질환 등을 들 수 있다. 공기 이외의 유해물질로는 유독성 고체 및 액체물질로서 인체의 해로운 유기물 또는 무기물이 포함된다. 이러한 유해물질은 근로자의 접촉이나 흡입에 의하여 각종 피부의 손상이나 질환을 일으킬 위험이 있다.

2) 물리적 위험요인

물리적 위험요인은 사업장 내의 작업환경에 관련된 요인으로 온도, 습도, 통풍, 채광, 조명, 소음, 진동, 방사선, 감전 등이 있다. 이러한 물리적 위험요인은 ① 온도, 습도, 통풍 등에 의하여 발생하기 쉬운 동상, 감기, 호흡기 질환, ② 채광·조명의 부적합에 의한 시력장애, 눈병 등, ③ 고열·용접작업에 의한 화상이나 시력장애, ④ 엑스선·감마선·알파선·중성자·라듐 등에 의한 피부질환, 혈압, 생식장애, ⑤ 진동·초음파·소음·분진 등에 의한 정신질환, 감각장애, 호흡기 질환 등, ⑥ 전기감전에 의한 육체적·정신적 질환 등을 일으킬 수 있다.

3. 근로자 피로

1) 피로의 영향

인체 내부에서는 끊임없이 물질의 신진대사가 일어나고 있다. 즉, 새로운 물질이 체내에 공급되면 분해되고 재합성되어 에너지를 공급해 주고 잔여물은 체내에 축적되거나 체외로 배설된다. 피로(fatigue)는 체내에 물질의 신진대사가 균형 있게 조절되지 못하고 에너지 소비가 일정한도를 넘어서 노동이 과도했을 때 발생하는 생리적 현상이다.

피로는 인간의 육체적·정신적 활동에 여러 가지 영향을 미치게 된다. 첫째, 근로의욕을 감퇴시켜 작업능률을 크게 떨어뜨린다. 둘째, 피로는 근로자의 심리를 교란시키고 행동의 실수를 유발함으로써 사고 및 재해의 원인이 된다. 셋째, 피로가 지나치면 여러 가지 질병을 일으키게 된다.

피로에 관한 연구결과에서 밝혀진 두 가지 원칙이 있다. 하나는 피로의 진행경로에 관한 원칙으로, 작업량이 등차급수적으로 증가하면 작업능률은 등비급수적으로 감소한다는 것이고, 다른 하나는 피로의 회복경로에 관한 원칙으로, 작업량이 등차급수적으로 증가하면 작업에 의하여 생긴 피로의 회복기간은 등비급수적으로 증가한다는 것이다.

따라서 종업원에 대한 피로의 예방과 건전한 노동력의 유지를 위해서는 우선 피로의 원인을 정확하게 분석하고 분석결과에 따라 피로를 예방하는 방법을 연구하는 것이 중요한 과제이다.

2) 피로의 유형

(1) 육체적 노동에 의한 피로

육체적 노동으로 인하여 에너지 공급이 부족하여 근육의 운동기능이 원활하지 못한 경우에 일어나는 피로현상이다. 이러한 피로는 동적 근육운동에 의한 피로와 정적 근육운동에 의한 피로를 포함하는 것으로써 근로자의 운동 및 동작의 범위와 속도 등에 따라 다르게 나타날 수 있다

(2) 정신적 노동에 의한 피로

정신노동 및 신경활동으로 인하여 정신신경계통의 긴장으로 말미암아 일어나는 피로현상으로 사무작업이나 기계장치감시 등에서 많이 나타난다. 특히 인체의 정신신경기관은 모든 육체적·정신적 노동을 지배하고 조절하는 역할을 하므로 이 기관의 긴장에 의한 피로는 근로자의 육체적·정신적 노동에 직접적인 영향을 주게 되므로 재해발생의 원인이 된다.

(3) 환경조건에 의한 피로

노동활동 자체에서 오는 것이 아니고, 작업장의 환기·굉음·조명·먼지 등의 환경조건으로 인하여 일어나는 피로현상이다.

그 외에 노동의 강도와 노동시간은 피로를 일으키는 중요한 원인이 된다. 이와 같이 피로는 피로의 원인에 따라 유형을 분류할 수 있으나 실제로 피로가 발생하는 것은 어느 한 가지 원인에 의하여 발생하는 경우도 있고, 몇 가지의 원인이 복합적으로 작용하여 발생하기도 한다.

3) 피로의 측정과 예방

(1) 피로의 측정방법

근로자의 피로를 예방하고 회복시키며 산업재해를 방지하기 위해서는 먼저 피로의 정도에 대하여 정확하게 측정하는 것이 필요하다. 일반적으로 피로의 정도를 측정하기 위해서 다음의 방법들이 이용되고 있다.

① 섬광치측정법 : 기계에 의하여 광선을 번쩍이게 하고 섬광에 대한 감응도에 따라 인체의 피로를 측정하는 방법으로 정신 및 육체노동의 피로측정에 이용되고 있다.

② 촉각검사법 : 특수한 기계를 피부에 닿게하여 촉각의 반응을 통하여 피로의 정도를 측정하는 방법이다.

③ 무릎건 반사법 : 무릎의 건을 기구로 두드리고 그 반응을 보고 인체의 피로정도를 측정하는 방법이다.

④ 도나지오 반응법 : 근로자의 소변과 체액을 추출하여 비색법을 이용하여 피로정도를 측정하는 방법이다.

⑤ 생산량법 : 일정기간의 생산량의 변화를 파악하여 근로자의 피로를 측정하는 방법이다.

⑥ 대사율에 의한 측정법 : 근로자의 폐에서 배출된 탄산가스의 량, 즉 대사량으로써 에너지의 소모량이나 피로정도를 측정하는 방법으로 육체적노동의 피로측정에 사용되고 있다.

⑦ 관찰법 : 근로자의 안색·체온·동작속도·자세·호흡·맥박수·시각·청각 등의 감각적 기능을 관찰하여 피로정도를 측정하는 방법이다.

(2) 피로의 예방과 회복

근로자에 대한 피로를 효과적으로 예방하고 회복시키기 위해서는 피로의 원인에 대한 상세하고 정확한 분석과 파악이 선행되어야 하며 분석결과를 기초로 하여 효율적 예방 및 회복대책이 마련되어야 할 것이다.

우선 근로자 피로의 발생을 예방하기 위한 대책으로서, ① 적재적소의 배치에 의한 적합한 직무설계, ② 작업자에 대한 기계시설 및 공구 등 작업조건의 적합화, ③ 작업장의 온도·습도·채광·조명·환기 등 작업환경의 쾌적화, ④ 작업복장의 작업수행에 적정화, ⑤ 작업시간 및 휴식시간의 적정배치, ⑥ 작업교대조의 합리적 순환, ⑦ 피로예방을 위한 운동 및 체력강화 시설제고 등을 들 수 있다.

그리고 피로를 효과적으로 회복시키기 위한 대책으로서, ① 휴식시간의 합리적 설계와 배분, ② 적당한 체조와 운동을 통한 휴식제공, ③ 체력보강을 위한 충분한 에너지 보충, ④ 적절한 수면과 안전 제공, ⑤ 안마·목욕·음악감상·레크레이션 등의 물리적 처치 등을 이용할 수 있다.

4. 직업병 관리

직업성 질병(occupational disease), 즉 직업병은 근로자들이 그 직업에 종사함으로써 발생하는 병을 말하며 그 중에서도 특히 업무와의 인과관계가 많은 것을 말한다. 그러나 직업병은 오랜 시간에 걸쳐 서서히 나타나기 때문에 직업과의 인과관계를 규명하기 어려운 경우가 많다.

직업병을 분류해 보면 다음과 같다.

1) 노동과 관련 있는 직업병

① 육체적 노동에 기인하는 직업병 : 고열작업에 있어서 열사병과 그 반대인 경우의 동상(凍傷), 유해물질의 배출작업에 있어서의 각종 중독증과 피부병, 분진발생작업에 있어서의 호흡기질환, 용접작업에 있어서의 안질, 강력한 소음을 발하는 작업에 있어서의 이(耳)질환

② 정신적 노동에 기인하는 직업병 : 노이로제, 심한 정신질환, 만성화된 알콜중독·약물중독

2) 작업환경과 관련 있는 직업병

① 공기에 의한 것 : 이는 환기·통풍시설의 불비에 기인하는 것으로서 각종 호흡기질환, 특히 결핵·안질 등이 대표적인 것이다.

② 광도(光度)에 의한 것 : 채광(採光) 및 조명시설 등의 불비에 기인하는 것으로서, 특히 정밀작업에서의 안질환이 대표적인 것이다.

③ 온열 한냉에 의한 것 : 작업장내의 냉·난방시설이 안 되어 있을 때 발생하기 쉬운 것으로서, 열사병·동상 등이 있다.

④ 기타에 의한 것 : 방음장치가 안 되었을 때 소음에 의한 이(耳)질환이나, 병충 및 기생충에 의한 각종 질병이 있다.

제12장

인간관계관리

제12장

인간관계관리

제1절 인간관계관리의 의의

인간은 태어나면서부터 좋든 싫든간에 집단의 일원으로서 생활하게 된다. 처음에는 가족이라는 집단에서 시작하여 학교·회사·사회로 점차 그 활동범위를 넓혀가는 것이 보통이다.

소속한 집단에서의 사람들과의 연결관계는 복잡성을 띠지 않을 수 없으며, 사회구성원으로 존재하는 한 인간관계의 문제는 피할 수 없다. 따라서 우리가 흔히 인간관계라고 할 때에는 이를 특수한 연고(緣故)관계를 연상하여 개인적으로 친밀하다거나, 아니면 윗사람과 아랫사람의 주종적인 관계에서 이해하려는 경향이 많다. 그러나 이것은 어디까지나 개인관계(personal relations)이지 우리가 연구하려는 인간관계(human relations)라고는 할 수 없다.

경영과 조직행위의 측면에서 볼 때 인간관계는 조직의 유지목표를 달성함으로써 궁극적으로 조직의 성과를 개선하고 향상시키는 데 그 의의가 있다. 따라서 인간관계는 다음과 같은 몇 가지 측면에서 그 의의를 찾아볼 수 있다.

첫째, 사람들이 일생의 대부분을 조직속에서 보내게 됨에 따라 조직내에서의 인간관계가 더욱 중시되었다. 인간은 사회적 동물이며 조직속에서 많은 관계를 맺으면서 지내기 때문에 조직내에서의 인간관계는 생활의 커다란 부분이 된다. 따라서 훌륭한 인간관계관리를 통해서 건전하고도 원만한 인간관계를 유지함으로써 근로생활의 질의 향상에도 기여할 수 있게 된다.

둘째, 조직이 커지고 복잡하게 됨에 따라 조직구성원 상호간의 협동관계를 이룩하는 것이 중요한 과제로 대두되었다. 대규모 조직의 경영이란 종업원들간의 관계를 조정하여 조직의 목표를 효율적으로 달성하는 활동이 필요한 것이다. 치열한 경쟁과 변화하는 환경속에서 생존하고 성장하기 위해서는 효율적인 협동시스템이 요구되고 그러기 위해서는 적절한 인간관계관리가 그 바탕이 되어야 한다.

셋째, 조직이 확보하고 보상하고 개발한 인력을 계속적으로 조직속에 머무르게 하고 조직에 공헌하게 하는 활동으로서 인간관계관리가 필요한 것이다. 사회적욕구를 포함한 다양한 인간욕구를 보다 적절한 인간관계관리활동을 통하여 충족시켜 주어야만 조직구성원으로서 계속 직무를 수행하고 조직에 공헌할 수 있게 된다.

제2절 인간관계론의 생성배경

I. 과학적 관리법의 비판

20세기 초기에 나타난 F. W. Taylor의 과학적 관리법은 당시 산업계에서 볼 수 있었던 노동자의 태업(systematic soldiering)의 문제를 해결하기 위한 목적으로 주창되었던 것으로, 그것은 경험과 직감에 의한 인습적 관리(rule of thumb) 대신에 관리의 과학화를 주창한 것이다. 테일러가 창안한 과학적 관리법은 시간과 동작연구(time and motion study)를 기반으로 하는 작업의 과학화, 노동자의 선택·훈련, 작업조건과 작업환경의 개선 등으로 현장작업의 능률증진에 이바지함과 동시에 다른 한편으로는 기획부의 설치, 직능적 직장제(職能的職長制)로 대표되는 전문화, 표준작업의 결정에 의한 작업의 양적·시간적인 규제, 원가계산의 철저화, 차별적 성과급 등을 주요한 특징으로 하는 관리방식이다. 따라서 이전의 주먹구구식 관리방식에 비하여 과학화된 내용을 많이 가지고 있다.

이러한 과학적 관리법이 실제의 경영관리에 활용되자 여기에 관련된 연구는 계속 눈부신 발전을 하였다. 즉 시간연구 및 동작연구에 의한 작업방식의 과학화, 적성검사와 배치작업 조직의 능률화, 임금형태의 합리화, 작업환경의 검토와 정비, 나아가서는 종업원의 신체적 제조건에 대한 의학적 측정 및 분석 등이 이루어졌다.

그러나 과학적 관리법은 기법의 지나친 합리성으로 인하여 그 관리방식이 기계·과업·임금 등을 중심으로 한 노동강화의 방향으로 흐르게 됨으로써 작업의 과학화는 노동자의 기계화·비인간화(de-humanization), 저임금화 등을 가져오게 되었다. 말하자면 경영자는 노동능률을 올리기 위하여 작업의 과학화를 철저하게 실시하면 할수록 도리어 여기에 대한 저항이 높아지고, 노동능률이 떨어지는 단계에 이르게 된 것이다.

따라서 종래의 과학적 관리법의 결함을 보완하고 종업원의 사기앙양과 기업에 대한 협력증진에 의하여 경영작업능률의 향상을 시도하게 되었다. 이것이 바로 경영학에 있어서 인간관계연구이다. 여기에서 인간관계관리는 종업원의 작업의욕을 높이고 협력관계를 강화하며 능률향상을 기하고자 하는 인사관리의 중요한 내용이 된다.

2. 인간관계론

1) 호손실험의 내용

호손실험(Hawthorne experiment)은 시카고(Chicago)에 있는 서부전기회사(Western Electric Company)의 호손공장을 중심으로 행해진 일련의 실험적 연구이다. 이는 호손공장에 종사하고 있는 약 3만명의 종업원을 대상으로 1924년부터 1932년까지 4차에 걸친 실험을 말한다. 록펠러재단(Rockfeller foundation)의 재정적인 후원과 하버드(Harvard) 대학 경영대학원의 산업조사부(department of industrial research)의 협조아래 메이요(G. E. Mayor)와 뢰스리스버거(F. J. Roethlisberger) 교수에 의하여 연구가 시작되었다.[1] 이 실험은 약 8년에 걸쳐서 다음과 같이 약 4단계에 걸쳐 수행되었다.

(1) 조명실험(제1차 실험)

이 실험은 1924년~1927년 동안 3차에 걸쳐 조명에 따른 광도와 생산고로 측정된 노동능률과의 관계를 연구하기 위하여 실시되었다. 이 실험은 조직성원을 대상으로 실내의 조명을 차례로 변화시킨 실험집단(testing group)과 조명을 고정시켜둔 통제집단(control group)으로 나누어 관찰하였다. 그 결과 실험집단은 1, 2차 실험에 걸쳐 광도를 올릴수록 능률이 증대되었는데, 이것은 종래의 노동과학적 실험결과와 동일한 것이었다.

그러나 흥미로운 사실은 광도의 변함이 없는 통제집단의 능률도 역시 증대하였으며, 또 실험집단의 광도를 예전수준으로 환원했음에도 불구하고 생산능률은 떨어지지 않았다. 즉 작업시간·자극임금·조명도·표준동작 등과 같은 제조건이 생산능률향상에 절대적인 요인이 아니라는 실험결과를 보여준 것이다. 이와 같은 실험결과는 종래의 노동과학적인 정설에

---

1) F. J. Roethlisberger, W. J. Dickson, *Management and the Worker,* Havard University Press, 1932; F. J. Roethlisberger, *Management and Morale,* Havard University Press, 1946.

반대되는 것이다. 따라서 실질적인 생산능률향상의 절대적인 요인이 무엇인지를 규명하기 위한 연구과제가 제시되었다. 이와 같이 노동생산성에 큰 영향을 끼치게 된 요인이 무엇인가 라는 의문을 해결하기 위하여 다음의 제2차 실험이 실시되었다.

(2) 계전기조립실험(제2차 실험)

1927년부터 연구진을 강화하여 13회에 걸친 연구실험을 하게 되었다. 즉 계전기조립작업에 종사하는 6명의 여공을 실험대상으로 종래의 노동능률에 도움이 된다고 생각되는 거의 모든 조건(예를 들면 작업시간의 단축, 휴식시간의 합리적 삽입, 간식의 지급, 작업환경의 개선 등)을 실험해 보았다. 그들의 작업내용은 코일, 유전자(誘電子) 및 절연체 등을 하나의 기구로 조립시키고 각 부분품을 각기 4개의 기계나사로 조이는 것이며, 하나의 조립에 약 1분의 시간을 필요로 하고 작업은 반복적인 것이었다. 각 여공의 생산고를 기록하기 위하여 자동적인 장치가 설치되어 있었다.

그런데 실험결과, 작업조건의 변화 개선에 따라 능률은 급격하게 향상하여 종래의 노동과학의 정설이 재확인되었다. 그러나 일정시간 후 이들 작업조건을 개선되기 이전으로 갑자기 환원시켰을 때 노동능률은 저하되지 않고 도리어 상승하는 의미있는 실험결과를 얻게 되었다. 이것은 전술한 조명실험의 경우와 같은 결과이기는 하나 제2차 실험의 경우에는 조명뿐만 아니라 다수의 작업조건에 대하여 실험한 것이므로, 확실히 작업조건의 변화이외에 노동능률에 결정적인 영향을 주는 다른 요인이 있다는 것이 확인되었다.

이 실험결과로부터 도달하게 된 결론은 종업원의 작업능률향상은 물리적인 작업조건의 변화보다도 심리적인 변화가 훨씬 더 중요성을 지니고 있다는 것이다. 물리적인 작업조건을 종전과 같이 환원시키더라도 심리적인 변화는 여전히 지속되었으므로 생산능률이 저하되지 않았다는 사실을 알게 된 것이다.

이것은 실험대상자인 6명의 여공이 이 실험이 갖는 중요성의 인식에서 생긴 일종의 긴장감, 여러 사람들이 자신들을 주목하고 있다는 의식, 작업조건의 개선에 있어서도 자기들의 의견이 존중되고 있다는 일련의 관계에서 만족감과 긴장감을 갖게 되었고 이러한 감정이 그들로 하여금 생산에 대한 태도를 적극적으로 만들어 결국 생산능률이 높아진 원인이 된 것이라고 추론할 수 있다.

이와 같이 계전기조립실험에서의 실험결과를 통해서 연구자들은 조직 또는 집단내에서 물리적 작업조건보다도 인간의 인정감, 책임감, 만족감 등의 감정적·심리적 요인이 더욱 중요하다는 사실을 깨닫게 되었다.

(3) 면접실험(제3차 실험)

이 실험은 1928년부터 1930년까지 약 3년간에 걸쳐 21,126명의 종업원에 대해 면접시험을 실시한 것이다. 1차 내지 2차 실험이 부분적인 실험실의 실험인데 비하여 이것은 전체종업원이 현장생활을 어떻게 느끼고 있는지를 파악하기 위해서 상사의 감독, 지도방법, 작업환경, 업무 등에 대한 종업원의 불만을 면접에 의하여 조사한 것이다. 이 조사를 통해 물리적인 조건이 근로자에게 생리적 영향을 주고, 또 그것을 통해 생산능률에 영향을 준다는 종래의 노동과학적 정설과는 달리 노동자의 경력, 작업장의 사회적 조건여하가 근로자의 의식에 영향을 준다는 것이 확증되었고, 또한 근로자의 태도를 좌우하는 큰 요인이라는 것이 발견되었다. 이렇게 하여 생산에 대한 태도를 결정하는 주요한 조건으로서 공장의 사회적 조건이라는 문제가 새로운 과제로 부각되었다.

실험을 통하여 다음과 같은 법칙적 사실을 발견하였다.

① 종업원이 심중에 품고 있는 고충을 토로할 수 있는 기회가 주어지면 그만큼 불평·불만이 적어진다.

② 종업원의 근로의욕은 그의 마음속에 품고 있는 감정(sentiment)을 떠나서는 이해할 수 없다.

③ 종업원의 불평·불만이라는 것은 반드시 객관적인 사실을 토로한 것이 아니고 정신 깊은 곳에 잠재해 있는 여러 불안의 표현이다. 즉 종업원의 감정은 늘 위장되어 있으므로 그 근원을 밝히지 않으면 안된다.

④ 종업원이 품고 있는 감정과 각종 욕구는 각각 과거의 경력과 현재 직장의 상황에 좌우되고 있다.

⑤ 종업원의 만족과 불평·불만은 직관적인 판단보다는 오히려 회사내부에서 자기의 지위를 스스로 어떻게 보고 있는지와 같은 주관적 판단에 따라 좌우된다.

이 면접방법에 의하여 밝혀진 사실은 근로자의 근로의욕은 각 개인이 가지고 있는 감정(sentiment)에 의하는 것이다. 감정에는 개인적·심리적인 감정과 사회적·집단적 감정이 있는데, 이 두 가지가 혼합 형성되고 있다.

개인적이고 심리적인 감정은 근로자가 자기 임금수준에 불만을 나타내든가 또는 여공의 성장과정에서 심리적으로 받은 공포감에 따른 선입관에 의한 감독자에 대한 공포감 등을 예로 들 수 있다.

그리고 집단에 있어서 사회적 그룹으로서 공통적으로 가지는 감정은 근로자가 예속되어 있는

집단에 있어서 개인적인 존재로 심리적인 것보다도 사회적인 존재로서 모든 것을 들 수 있다.

이와 같은 사회적 존재로서의 근로자의 구체적인 존재를 파악하기 위하여 다시 제4차 실험의 필요성이 대두되었다.

(4) 배전기권선 실험(제4차 실험)

이 실험은 1931년부터 1932년에 이르기까지 배전기권선(配電氣捲線) 작업실에서 전화교환기의 일부인 뱅크(bank)의 권선작업에 종사하는 14명의 남자공원을 대상으로 관찰과 면접을 병행하였다. 이 실험의 결과 다음과 같은 사실들이 발견되었다.

① 각자가 앉은 좌석은 선임자순으로 정해져 있다.
② 각자의 지능지수나 지능정도보다 작업의욕이 능률향상에 더욱 큰 영향을 미친다.
③ 14명의 작업자들 사이에는 스스로 비공식적인 그룹이 형성되어 그 기풍이 다르고 능률도 다른 결과를 나타내었다.

그리고 비공식조직에는 그들 사이에만 통하는 다음과 같이 불문화된 도덕률이 형성되고 있었다.

① 너무 지나치게 일해도 안된다. ② 너무 일을 태만해서도 안된다. ③ 동료의 이야기를 상사에게 고자질해서는 안된다. ④ 너무 자기자랑을 해서는 안된다.

요컨대 이 실험의 결과를 간단히 요약해 본다면 직장에서는 집단적 신념이나 감정을 기초로 하여 자연발생적인 자생적 조직인 비공식적 조직(informal organization)이 형성된다는 사실을 구체적으로 입증한 것이다. 더욱이 그러한 조직 가운데는 특유한 행동기준이 적용되고 또한 집단적 압력에 의하여 구성원의 행동이 강력히 규제되고 있다는 것이다. 종업원은 그러한 조직의 구성원이 됨으로써 거기에서 안정과 만족을 느낀다.

2) 호손실험의 성과

호손실험을 통해 발견된 사실을 요약해 보면 다음과 같다.

① 작업능률을 좌우하는 것은 단지 임금, 노동시간 등의 노동조건과 조명, 환기, 분진 등의 작업환경으로서의 물적인 작업조건만이 아니라, 종업원이 자기의 직무, 동료, 상사 또는 회사전체 등에 대하여 갖는 태도나 감정에 의해서 크게 좌우된다.
② 작업, 노동조건 등의 물리적 조건도 작업능률개선에 영향을 줄 수 있으나, 그것보다도 종업원들의 심리적 요소가 더 중요하다는 것이 실험결과 나타났다.
③ 종업원의 태도나 감정을 좌우하는 요소로는 개인적·사회적 환경, 조직의 세력관계,

소속하는 자생적 집단의 힘 등이 있다. 그리고 종업원의 귀속의식(sense of belonging)의 중요성이라든가, 작업장의 종업원을 규제하는 것은 공식조직이라기보다는 인간의 상호작용에 의하여 자연발생적으로 형성되는 비공식적 조직이라는 사실이 드러났다. 비공식적 조직은 비용의 논리와 능률의 논리에 의하여 지배되는 공식적 조직과는 달리 감정의 논리에 의하여 지배된다.

그러므로 종업원의 집단적 작업에 있어서는 인간관계를 깊이 고려하여 종업원의 사기를 높임으로써 경영에 대한 그들의 자발적인 노력을 얻도록 하지 않으면 안된다는 것이다.

3) 호손실험의 비판

호손실험은 다음과 같은 점에서 비판을 받고 있다.

① 인간관계자들은 지나치게 인간의 감정과 동료관계 및 비공식적 조직을 강조한다. 그 결과 개개의 노동자의 태도나 행동 및 능률은 그들 동료관계에서 결정된다고 생각하고 있으며, 조직의 목표와 직능에 대한 경영성과 측면은 경시해버릴 가능성이 있다.

② 전통적인 경영에서 비용의 논리(logic of cost)와 능률의 논리(logic of efficiency)와 같은 합리주의가 지배해 왔으나, 인간관계론은 비합리적인 감정의 논리(logic of sentiment)를 강조하여 의사결정의 합리성을 소홀히 한 느낌이 있고, 그 결과 현저하게 이익률도 저하시키는 사태를 초래하였다.

③ 인간관계론은 기업내의 인간은 경제적 보수의 극대화, 즉 경제적 욕구만을 추구한다는 경제인 가설을 부정하고 집단에 대한 소속감, 심리적인 안정감과 같은 사회적 욕구를 지닌 사회인 가설을 수립했다. 그러나 인간의 경제적 욕구를 경시하는 것은 지나친 일이며 비현실적이라는 것이다.

④ 인간관계론의 기본적 가설로 되어 있는 인간은 기업내에서 안정감과 소속감을 추구하는 의존적 인간이라는 것이다. 그러나 미성숙한 개인에게는 안정감과 소속감의 욕구가 강한 인간적 욕구가 작용할 수 있으나, 정신적으로 건전한 인간에게는 자극성, 적극성, 독립성 및 창의성과 같은 자기실현욕구가 더욱 강하다. 따라서 오늘날의 기업내에서는 인간은 창의적인 인간으로서 자기실현의 욕구를 추구해야 한다.

⑤ 인간관계론에 의하면 생산성은 종업원의 사기에 의하여 결정되며, 종업원의 사기는 종업원의 만족도와 함수관계가 된다. 따라서 종업원의 만족도가 높은 직장일수록 생산성이 높다는 가설이다. 그러나 여러 가지 연구에 의하면 종업원의 만족도와 생산성 사이에는 반드시 그러한 함수관계가 있는 것이 아니라는 사실이다.

제3절 인간관계관리의 중요성

인간관계관리의 중요성을 기술혁신, 임금문제, 인사고과와의 관련성에서 각각 검토해 보고[2] 나아가 인간관계관리의 유효성과 직결된 리더십의 연관성을 알아보기로 한다.[3]

1. 인간관계관리와 기술

인간관계관리는 가장 기본적인 것으로서 기술혁신보다 생산성향상이 매우 중요하다. 그 문제를 중소기업과 대기업으로 나누어 보기로 한다.

① 중소기업의 사용자도 생산성향상에 있어서 기술혁신이 필요하다는 것을 깨닫고 있지만, 중소기업은 다음과 같은 두 가지의 한계가 있다. 그 하나가 자금의 벽에 부딪힌다는 것이다. 많은 경비를 들여 기계설비를 구입해야 하는데, 자본력이 약하고 자금이 부족한 중소기업은 이 점에서 곤란하다.

만일 중소기업이 자금이 있고 기술혁신이 가능하다고 하여도, 주의해야할 것은 중소기업이 자기방위책으로 다품종 소량생산 노선을 지켜야 한다는 것이다. 기술혁신을 진전시켜서 대량생산을 가능하게 하면 대기업이 침투해오기 때문이다. 여기에도 중소기업의 한계가 있는 것이다.

이상의 것을 생각해 본다면, 중소기업에 있어서 기술혁신을 방치하여도 좋다는 것이 아니라 생산성향상을 위해서는 기술혁신보다는 중소기업에서 일하는 종업원에게 직장에서 정말 인간적 만족을 얻고, 유쾌하고 즐겁게 담당한 일을 수행할 수 있도록 하는 인간관계관리가 기술혁신 이상으로 중요하다.

② 대기업에서도 기술혁신 이상으로 인간관계관리가 중요하다. 먼저, 대기업의 기술혁신을 진전시키려 하면 반드시 직장에서 종업원의 인사이동이 이루어지고, 이러한 변화에 즈음하여 인간관계관리의 입장에서 강조하는 것은, 지금까지의 직장에서 수립한 친밀한 분위기의 인간관계를 파괴하지 않도록 배려해야 하는 것이다. 즉 기술혁신과 함께 종업원의 배치를 할 경우 이 점을 유의해야 한다.

그렇지 않는다면 원만한 인간관계가 파괴되고, 그를 기반으로 한 종업원의 정신

---

2) 金植鉉, 前揭書, p.421.
3) 黃大錫, 前揭書, p.485.

적·정서적 안정감이 상실된다. 정서적 안정감이란 종업원이 직장 속에서 적정한 일을 편안하게 하면서 직장을 또 하나의 집으로 느끼고 거리낌없는 마음으로 근무하는 상태를 말한다. 반대로 종업원이 직장상사나 동료에게 마음을 터놓지 않고 경쟁적이고 더 나아가 적대적 상태에 있을 때에는 정서적 안정감을 얻을 수 없다. 이처럼 종업원이 직장에서 정서적 안정감을 얻지 못할 경우에 종업원이 높은 교육을 받고 교육훈련이 잘 이루어지고 숙련·기능·기술을 습득한다 하여도 그들의 능력이 제대로 발휘될 수가 없다.

이상의 논리를 정리해보면, 기술혁신 → 인간의 측면에서 변화의 도입 → 인간관계의 파괴 → 정서적 안정감의 상실 → 기능·기술의 불충분한 발휘 → 생산성의 부진·저하라고 하는 논리로 연관된다. 기술혁신에서 최초로 예측된 성과가 충분히 달성되지 않는 원인은 인간의 측면에서 변화가 도입되는 시기에 인간관계에 대한 배려를 하지 않았기 때문이다. 따라서 기술혁신을 투입하면 반드시 생산성향상이 산출된다는 것이 아니라 직장에서의 인간관계의 존재를 염두에 둔 다음에 기술혁신을 행하여야만 소기의 효과를 달성할 수 있다는 점이다.

또한 대기업에서 기술혁신을 진행하려고 할 때에, 기술혁신에 의하여 새롭게 시작되는 방침과 실시방법을 결정할 때에 종업원이 자주적으로 참가할 수 있도록 하는 것이 필수적이다. 즉 인간관계를 중시하여 혁신을 진행시켜나가야 한다. 드럭커(P. Drucker)는 테일러의 과학적 관리방법이 실패한 원인 중의 하나가 계획과 집행의 분리이며, 집행하는 종업원을 계획설정에 참가시키지 않는 것이 맹점이며, 또 계획설정은 일부의 엘리트만이 할 수 있다고 하는 사고방식이 근본적인 문제였다고 하였다.

2. 인간관계관리와 임금과의 관계

임금은 절대적 임금과 상대적 임금으로 구별된다.

절대적 임금의 문제는 종업원 자신이 받고 있는 임금의 절대적 금액으로 임금수준을 문제로 한다. 이것은 순수하게 금전적인 임금이고 경제학에서 말하는 임금이다.

반면 상대적 임금의 문제는 구체적으로 입사할 때에는 같은 임금이었는데 승급할 때 같은 조건의 같은 비율로 인상되지 않고, 상여금도 차이가 발생하며 이때에 어떠한 근거로 차별을 하였는지 납득이 가지 않고 다른 사람들과 불공평한 취급, 차별대우, 편애 등을 불만으로 분개하는 경우에 발생한다. 이것은 동료들이 똑같이 임금의 절대액이 낮거나 적다면 그것은 별

문제이지만 어떤 이유로 자신이 같은 조건의 동료와 평등하지 않는지를 문제로 하는 것이다. 더욱이 이런 상대적 임금의 불평은 경시할 것이 아니라 매우 큰 문제인 것이다. 상대적 임금의 문제는 절대적 임금의 문제에 뒤지지 않는 중요한 문제이다. 이것은 동료에 비해서 자신이 불공평한 대우를 받고 있다는 것에 분개하는 것이고, 상대적 임금이란 용어가 붙어 있지만 실은 금전적인 임금의 문제가 아닌 인간관계의 문제인 것이다. 즉 상대적 임금에는 인간관계의 존재가 연결되어 있기 때문에 산업사회학에서 문제시하는 임금은 이것이다.

이상의 것들을 고려해 볼 때 순수하게 임금문제라고 보여지는 경우에도 사실은 인간관계가 섞여 있다는 것을 알 수 있다. 궁극적으로 인간을 행동하게 하는 동기를 부여하는 것은 반드시 금전적 자극만은 아니며 인간관계라고 하는 비금전적 동기가 작용하고 있는 것이다. 따라서 인간이 금전적·경제적인 이해관계에 의해서만 움직인다고 하는 경제적인 인간관은 그 자체만으로는 불충분한 것이다.

3. 인간관계관리와 인사고과와의 관계

앞에서 종업원이 임금의 불공정성, 차별대우를 불만으로 생각하고 있다는 것을 언급하였다. 동일조건하에 있는 종업원사이에서 상대적 임금의 차등이 생기는 것은 그 배후에 있어서 인사고과의 결과가 상여에 반영되기 때문이다. 어떤 경우는 인사고과의 결과가 교육훈련의 자료로만 사용되고 임금과 상여에는 관계가 없는 기업도 있다. 그러나 대부분의 기업은 인사고과가 임금과 상여의 산정에 사용되고 있다. 종업원은 상대적임금에 대하여 심한 불만을 느끼지만, 이 불만에 대하여 기업은 아무 대책도 강구하지 않고 있다. 오히려 종업원이 스스로 반성하면 그 이유를 알 것이라고 하기도 한다. 만약 차별의 이유를 모른다 할지라도 보통의 종업원들은 차별받는다고 하는 불평불만의 감정이 마음속에 남아 있으므로 고의적으로 일에 힘쓰지 않게 된다.

또한 인사고과를 행하고 상대적으로 임금차별을 행한다는 방식의 배후에는 종업원간의 경쟁을 시켜서 업무수행에 전념케 한다는 경쟁의 원리가 있는 것이다. 인간에게는 확실히 경쟁의식이 있어서 어느 정도까지는 경쟁하려고 하지만 경쟁이 도를 지나쳐 심해지면 종업원간의 개인플레이가 커지고 대립의식이 발생하여 투쟁관계에 이르게 되며 따라서 종업원간의 협력의식과 팀워크가 저해되는 것이다. 이를 방지하기 위해서는 인사고과가 어떻게 이루어졌는지를 설명해야 한다. 즉 인사고과시의 평정방법에 대하여 상사가 공정한 근거를 밝혀줌으로써 선의의 경쟁을 할 수 있도록 분위기를 조성하는 것이 필요하다.

4. 인간관계관리와 리더십

조직구성원들은 주어진 업무를 수행하고 조직의 목적을 달성하는 과정에서 다른 구성원들과 상호작용을 하게 된다. 특히 관리자의 경우에는 부하를 관리하고 각종 회의에 참석하여 외부사람들과 접촉하면서 여러 가지 문제를 해결하는 데 많은 시간을 보내고 있다. 간단한 일상업무의 처리부터 타부서와 관련된 복잡한 문제, 부하들의 개인적인 문제, 고객이나 은행 또는 정부기관과 관련된 문제 등 다양한 문제를 해결하는 데 대부분의 시간을 보내고 있다.

이러한 문제는 관리자 자신이 단독으로 해결할 수 없고, 대부분의 경우 조직체내외의 여러 사람들과 같이 문제를 해결하게 되며 그 과정에서 이들 사람들과 서로 상호작용을 하게 되는 것이다. 이 상호작용을 통하여 관리자를 포함한 모든 조직구성원들은 여러 집단구성원들과 접하게 되고 그들의 협조를 통하여 당면한 문제를 해결해 나갈 수 있다.

전통적으로 인간관계관리는 조직구성원으로 하여금 집단이나 조직체의 한 성원으로서 상호 생산적이고 협조적인 관계를 형성하도록 그들의 경제적·심리적·사회적 욕구를 만족시켜 주고 그들을 조직체 상황에 통합시키는 작용을 말한다.

그런데 관리자들은 조직구성원을 관리하는 데서 그들의 행동에 많은 영향을 미치고 있다. 즉 리더십스타일에 따라 종업원에게 미치는 영향이 크게 다르게 된다. 따라서 관리자들이 조직구성원들을 잘 이해하고 이들과의 원만한 관계를 맺으면서 그들의 협조를 얻어내기 위한 효율적인 리더십을 발휘해야 할 것이다. 기업경영에 있어서 인간관계관리의 주요한 목표의 하나가 리더십개발에 있다고 해도 과언이 아니다. 효율적인 인간관계관리를 통해 조직의 응집력을 높이고 생산성의 향상을 도모할 수 있도록 하는 리더들의 리더십개발은 인사관리상의 주요과제가 된다. 왜냐하면 리더들의 행동은 조직분위기 및 인간관계형성에 중요한 역할을 하기 때문이다.

제4절 인간관계관리의 관련영역

인간관계와 관련된 기본개념으로는 ① 동기부여(motivation), ② 개인의 차이(individual difference), ③ 상호이해(mutual interest), ④ 인간의 존엄(human dignity) 등을 들 수 있다.[4)]

4) K. Davis, *Human Relations in Business*, McGraw-Hill, 1957, p.12.

1. 동기부여

심리학에서 모티베이션이란 인간의 행동을 개발하고 그 개발된 행동을 유지하며, 더 나아가서 그를 일정한 방향으로 유도해 가는 과정의 총칭이라고 정의하고 있다. 따라서 기술(art)로서의 인간관계의 모티베이션은 이 과정의 인간행동을 유발하는 수단(방법)을 문제로 하며, 경영관리자가 그에 의하여 계획된 목표를 달성하기 위하여, 종업원의 욕구(needs)를 창조하고 유지하는 것을 연구대상으로 한다.5)

인간관계에서 기본적인 문제는 설정된 목표에 따라 종업원을 유도하기 위해서 욕구를 자극시켜서 ① 수준의 변화, ② 충족의 변화, ③ 행동의 변화를 확립해야 한다. 여기서 수준의 변화는 인간관계에 있어서 자기개발과 목표달성으로 지향하는 인간의 행동적 태도를 의미한다. 충족의 변화는 욕구계층에서 동태적인 성질을 갖고, 일정 욕구상태에서 충족을 지각(知覺) 또는 인지(認知)하는 시점부터 다음 단계의 욕구를 갈망하고 있음을 뜻하며, 동시에 고차적인 욕구상태로 변모하는 인간행동유발의 요소로 생각할 수 있다. 또 행동의 변화는 고차적인 욕구상태를 표면화 또는 행동화시키는 과정·상태의 변화를 의미한다.

2. 개인차이

데이비스(K. Davis)에 의하면 인간관계는 개인으로부터 출발하고 개인각자는 각기 독특한 특징을 가지고 있다는 것이 전제가 되고 있다. 즉, 개인은 각자 자기의 고유한 신체적인 특징을 지니고 있을 뿐만 아니라, 지식과 기술, 취미와 관심 그리고 성격과 가치관 등 여러 면에 있어서 서로 다르다는 것이다. 그러므로 개인은 주어진 상황에서도 각기 다른 행동을 취함으로써 행동상의 차이를 나타낼 수 있다는 것이다. 이러한 행동상의 차이가 개인의 성과는 물론 나아가서는 조직체의 성과에도 큰 영향을 주게 된다.

인간관계에 있어서 목표지향적인 측면으로 조직구성원을 유도하는 데 이러한 개인차이는 중요한 문제가 되고 있다.

즉, 경영관리면의 효율성을 증대시키고 전반적인 경영체제를 확립하기 위해서는 개인의 차이를 감소시켜 수평·수직인 인간관계를 확립하여 개인과 조직의 목표를 일치시켜야 하기 때문이다.

---

5) I. L. Heckman and S. G. Huneryager, *Human Relations in Management*, South-Western Publishing Company, 1960, p.123.

개인차의 문제에 대해 주목할 점은 일반적으로 다음과 같은 것이 지적되고 있다.[6)]

① 사람이 갖는 개인적 적성 내지 특수능력은 사람에 따라 다르다.

② 사람이 갖는 관심 및 동기도 사람에 따라 다르다. 따라서 특정한 자극에 대한 개인의 반응의 방식도 사람에 따라 달라진다.

③ 동일한 인간도 그 능력의 정도와 종류 및 관심은 시간에 따라 변화한다.

④ 작업의 종류가 다르면 이를 수행하는 사람에게 요구되는 개인적 능력의 종류도 자연히 달라진다.

⑤ 만약 능력이 동등하다면 그 작업에 대하여 특별한 관계를 갖는 사람이 가장 잘 이것을 수행한다.

⑥ 각 직위의 내용도 시간에 따라 변화한다.

⑦ 작업환경, 예를 들면 작업조건, 감독방법, 경영자 및 동료와의 관계, 승진의 기회 등도 개인적인 능률에 커다란 영향을 주며, 결과적으로 전체 생산에도 영향을 미친다.

이상과 같은 개인차이를 축소 또는 단축시킬 수 있는 것은 인간관계측면에서 경영의 합리화수단을 활용하여 모티베이션이론과 원활한 의사소통 및 노련한 리더십의 작용과 작업환경이 다소 영향을 미치고 있다고 보고 이를 개선하고 좋은 방법으로 발전시켜 개인과 조직이 일치하는 방향으로 유도하는 길일 것이다.

3. 상호이해

근본적으로 인간 또는 개인은 일방적으로 상호 의존하려는 특성을 갖고 있으며, 또 목표지향적인 행동을 하기 때문에 이러한 점을 감안해서 조직은 각 개인의 상호 이해관계를 조정해야 할 필요가 있다.[7)]

각 개인의 욕구충족은 상호의존성과 상호협력에 의해서만 달성할 수 있으며 동시에 기업의 목표도 개개 종업원의 상호의존성과 상호협력에 달려있다 하겠다. 인간의 조직사회는 원래 협력체계이며, 각 개인의 공통적인 목적을 달성하기 위하여 협동한다면 그 사이에서 이해의 조화가 이루어져 개인의 사리(私利)는 그 조화에 종속된다.

---

6) W. D. Scott, R. C. Clothier and W. R. Spriegel, *Personnel Management*, McGraw-Hill, 1954, pp.8-10.

7) 柳基鉉, 人的資源管理論, 貿易經營史, 1999, p.443.

즉 기업의 목표와 개개 종업원 상호간에 이해관계의 균형과 조화는 기업의 협동체계확립과 협동심에 의존된다고 집약할 수 있다. 따라서 근로자와 기업은 다 같이 그들의 상호협력적 결합을 통하여 각자의 목표를 달성하여야 한다.

경영자가 아무리 유능하다고 하더라도 그들은 자기 자신만의 힘으로는 그의 목표를 달성할 수 없다. 또한 근로자도 자기들만 일한다면 그들은 유능한 리더십 없는, 조직되지 않은 집단에 불과하게 된다. 따라서 경영자와 근로자가 상호 공동의 이해로 결합되고 있을 때에만 그들은 그들의 목표를 달성할 수 있을 것이다.

4. 인간의 존엄성

경영관리측면에서 특히 인간관계를 통한 생산성향상의 방안을 모색하는 행동과학의 연구는 인간의 존엄성을 기초로 하고 있으므로 이를 이해하는 데에는 가정을 설정하고 이 가정을 심리학적으로 입증하여 현대 경영학에 적용하고 있다. 즉, 모든 개인적 인간의 욕구는 사람들이 존경과 존엄을 가지고 취급받고 싶어한다고 가정한다.

기업이 인력개발을 통한 생산성향상을 시도할 때에 인간의 존엄성이라고 하는 개념은 가장 핵심적인 기초가 되어야 할 것이다. 왜냐하면 모티베이션의 개념과 같이 작업자의 자극은 그들의 욕구충족의 증대를 부여함으로써 실현시킬 수도 있고 그 반면에 그들의 욕구충족을 감소시키겠다고 위협함으로써 실현시킬 수 있기 때문이다.

인간관계에서 모티베이션의 개념을 맥그리거의 가설에 따라 X이론(전통적 견해)으로 인간을 보게 되면 경영관리 및 통제의 절대성이 요청되고 동시에 생산성향상을 위한 인간의 존엄성을 무시한 결과로 볼 수 있다.

반면에 Y이론(현대적 견해)에서 인간성을 보면 인간의 존엄성을 충분히 감안하여 생산성향상을 위한 동기를 주는 결과로 볼 수 있다.

그러나 X이론에 입각해서 종업원의 인간성을 보고, 동시에 강력한 통제 및 감독방법에 의해서 생산성향상을 시도하는 위협수단은 민주주의 국가에서는 이미 용납될 수 없는 방법이다. 인간관계의 원리는 인간의 존엄을 그의 기초적 개념으로 용인하고 있으며, 그것은 오늘날 민주주의의 기본 원리이기도 하다. 만일 인간이 동물과 같이 취급된다고 하면, 그것에는 어떠한 인간관계도 존재하지 않았을 것이다. 인간 존엄의 이념은 곧 하나의 완전한 인간이 고용되고 있는 것이지 그의 육체적 힘(노동력) 또는 그의 기능만이 고용되고 있다고 인정하는 것이 아니다.

제5절 인간관계관리의 제제도

1. 제안제도

1) 의 의

제안제도(suggestion system)는 업무개선과 비용절약 등 조직의 능률향상과 효율성제고를 위하여 구성원들의 아이디어를 체계적으로 수집하고 이를 활용하는 공식적인 제도를 말한다. 이 제도는 전체구성원에게 참여의 기회를 제공하고 채택된 제안에 대하여 보상을 제공한다는 데 특색이 있으며, 이 제도를 통해 종업원의 사기와 근로의욕을 높이고 기업측과 종업원의 상호 이해를 돕는 효과를 거둘 수 있다.

2) 제안제도의 전제조건

제안제도가 성공하기 위해서는 첫째로 제안을 할 수 있는 온전한 환경을 조성해서 새로운 아이디어를 자유로이 발표하며 적극적으로 제안할 수 있도록 하고, 둘째로는 제안에서 채택된 아이디어에 대해서는 응분의 물질적 및 정신적 보상을 줄 수 있는 제도를 마련해야 하며, 셋째로는 제안을 장려·지도하고 처리·심사하는 전담기구를 설치하여 종업원에게 이 제도의 본의를 충분히 이해시킴과 동시에 지속적으로 운영하여야 한다.

3) 제안제도의 운영

제안제도를 효율적·합리적으로 운영하고, 소기의 목적을 달성하기 위해서는 먼저 다음과 같은 원칙이 준수되어야 한다.[8)]

① 제안제도의 목적을 명확히 밝혀야 한다.
② 전 경영계층 및 종업원에게 제안제도의 실시를 주지시켜야 한다.
③ 계획을 입안하고 실제로 운영하는 책임을 명확히 해야 한다.
④ 계획을 현존의 라인과 스텝기능(line and staff function), 그리고 제부서 및 개인과 관련을 갖도록 한다.
⑤ 제안의 범위, 보상결정의 기준, 자격 등을 사전에 정해야 한다.
⑥ 채택되지 않은 제안처리의 방안을 마련하여 두어야 한다.

---

8) Dale Yoder, et al., *Handbook of Personnel Management and Labour Relations*, McGraw-Hill, p.12, p.37.

⑦ 채택된 제안에 대하여 공개적인 명확한 시상을 실시한다.

⑧ 계속 널리 알리고 제안에 대한 의욕을 증진시켜야 한다.

실제의 제안제도를 운영함에 있어서 다음과 같은 몇 가지 사항이 고려되어야 한다.

① 제안의 항목과 범위 : 제안은 기업의 전반적인 경영활동을 개선할 수 있는 것이면 된다.

② 제안함의 설치 : 제안함을 직장의 적당한 장소에 설치하고 제안하고자 하는 자는 누구나 이용할 수 있도록 한다.

③ 제안의 접수 : 제안은 제안위원회에서 접수한다. 일련번호를 매겨 접수일자를 기입하고 제안자에게 접수증을 교부한다.

④ 제안의 심사 : 일정한 날에 제안심사위원회를 열어 그 동안 수집된 제안을 심사한다. 위원은 그 제안을 평가하여 채택여부를 결정한다.

⑤ 보상 : 채택된 제안에 대하여서는 응분의 보상금을 지급한다. 그리고 종업원 이력카드에 기재하여 승진·이동자료로 사용할 수 있다.

⑥ 결과의 통지 : 그 제안이 어떻게 처리되었는가를 제안자에게 통지하여 주어야 한다. 또 사내보등에 기재한다. 채택되지 못하였거나 보류된 제안에 대하여서는 그 이유를 자세히 설명하여 준다.

⑦ 제안심사위원회 : 이상과 같은 제안제도의 운영은 제안심사위원회를 두어 전담시키면 더욱 효과적이다. 위원으로는 중역이나 부·과장이 임명되는 것이 보통이나 심사의 공평을 기하기 위해서 종업원의 대표자로 보강하는 경우도 있다.

4) 제안제도의 효과

제안제도의 효율적 운영은 경영의 민주화·능률화·경제화의 종합적 효과를 기할 수 있는데 제안제도의 기본적 효용은 대체로 업무개선과 사기제고로 요약될 수 있으며 이 외에 부수적 효과가 있을 수 있다.

5) 제안제도의 문제점

① 관리자의 무관심 : 제안으로 하급자가 명령을 내리고 상급자가 명령을 받는다는 느낌 때문에 관리자측에서 이 제도의 도입에 무관심하거나 반발을 일으키는 경우가 있다.

② 좋은 제안이 구상되도록 배려하지 못하는 조직환경 : 관리자는 현업에 너무 시달려 구성원의 아이디어를 현실성있는 제안으로 작성하는 데 도움을 주지 못할 때가 많다. 제출된 제안을 신속히 처리하지 않는다든지 채택되지 않은 제안에 대해 충분한 설

명을 제공하지 않는 것 등은 구성원에게 좋은 영향을 주지 못한다.

③ 민감한 문제 회피 : 구성원의 제안은 흔히 관리자나 관리체제의 개선과 관련될 때가 많아 구성원은 민감하고 미묘한 문제는 자연적으로 피하게 된다. 따라서 경영자는 이 제도로 영향을 받는 현재의 종업원에 대한 직업안정을 보장해줌으로써 그들의 제안을 보다 긍정적으로 활용할 필요가 있다.

④ 노조의 저항 : 노조는 일반적으로 제안제도에 저항을 보이고 있는데 이것은 제안제도 절차에 있어서 노조와는 관계없이 경영층과 직접 상호작용하기 때문이다. 따라서 노조의 저항을 막기 위해 제안위원회에 노조대표를 참여시킴으로써 노조의 협조를 얻을 수 있다.

⑤ 제도관리에 대한 신뢰 문제 : 경영층의 제안제도관리에 대하여 구성원으로부터 신뢰를 받지 못하는 경우가 적지 않다. 그러므로 제안위원회에서는 사내 홍보를 통해 제안자들의 공헌을 인정해 주고 그 내용을 공개함으로써 제안에 대한 동기와 조직분위기를 강화해 나가고 이 제도에 대해 종업원으로부터 신뢰를 얻을 수 있도록 관리해야 한다.

2. 인사상담제도

1) 인사상담의 의의

인사상담(personnel counseling)은 기업경영에 있어서 종업원의 불평·불만이나 개인의 고민과 고정(苦情) 등을 상담을 통하여 해소 또는 미연에 방지하여 개인의 직무를 충실히 이행하며, 동시에 목표지향적인 자기향상을 통해 생산성향상에 기여토록 하는 데 그 의의가 있다.

이러한 인사상담의 근원은 호손실험에서 찾아볼 수 있는데, 당시 공장내 종업원들에 대한 면접프로그램의 도입에 의해 인간관계의 새로운 장이 시작되었다.

이러한 인사상담은 인간의 창조성을 개발하거나, 인간성회복을 위한 진단 내지 치료의 목적을 위하여 수행되는 면접의 한 방법이다. 그러나 이것이 일반적인 면접과 다른 것은 일반관리자가 상담을 하는 것보다도 전문적인 훈련과 풍부한 경험을 가진 전문가에 의하여 실시된다는 것이다. 또한 그것은 면접을 요청한 사람 자신이 심경변화에 의하여 문제를 올바르게 인식하고 해결책을 발견한다는 데 그 특색이 있다.

인사상담은 다음과 같은 기능을 수행한다.[9)]

9) Keith Davis, *op. cit.*, pp.354~357.

① 조언(advice) : 상담자는 피상담자에게 바람직한 행동경로를 향하도록 조언한다.
② 재확인(reassurance) : 종업원들로 하여금 적합한 행동경로를 따르고 있다는 확신을 주는 것이며 격려하는 것이다.
③ 커뮤니케이션(communication) : 상담은 경영자에 대한 상향식 커뮤니케이션이며, 피상담자에게 관리문제 및 종업원에 대한 방침을 설명할 기회를 제공한다.
④ 정서적 긴장의 이완(release of emotional tension) : 사람들은 타인과 이야기할 기회를 가짐으로써 자신의 좌절과 문제로부터 정서적으로 이완될 수 있다.
⑤ 사고의 명확화(clarified thinking) : 유능한 상담자는 좀더 빨리 사고를 명료화하는 촉매자로서의 역할을 한다. 순수한 사고의 명료화로써 사람은 자신의 정서적 문제에 대한 책임을 지고 좀더 현실적으로 문제를 해결하고자 한다.
⑥ 재입문교육(reorientation) : 인사상담을 통해서 재입문교육을 받는 셈이 된다. 이러한 재입문교육을 통해서 열망수준과 달성수준이 일치하도록 열망수준을 변화시킬 필요가 있다.

종업원들은 자기의 직장내에서 여러 가지 불평·불만을 가지고 있다든지, 개인적·가정적으로 복잡한 고민에 얽매어 있는 경우가 있다. 이러한 불평·불만과 부적응이 오래 계속되는 경우에는 근로의욕 상실, 협동정신의 파괴, 생산성의 저하, 산업평화의 붕괴를 초래한다. 그러므로 조기에 부적응한 사례를, 문제가 있는 개인을 직장에 적응시키는 방책으로서 인사상담제도가 중요하다.

2) 인사상담의 유형

인사상담은 면접의 형식 또는 성격에 따라 상담의 방법을 구분하면 완전한 지시를 하는 지시적 상담방법과 전혀 지시가 없는 비지시적 상담 그리고 그 중간 형태인 협조적 상담이 있다.

(1) 지시적 상담(directive counseling)

지시적 상담은 종업원의 정서적 문제들을 경청하고 종업원이 무엇을 해야 할 것인지를 결정하여 그것을 하도록 종업원들에게 이야기하고 모티베이트시키는 것이다. 이처럼 지시적 상담은 상담자가 주도적인 역할을 하므로 상담자중심의 상담이라고도 불린다. 그러나 이 방법은 상담자가 실제로 종업원의 문제를 올바르게 이해하고 있는가, 또한 상담자가 올바른 결정을 내리기 위한 지식과 판단력을 가지고 있는지에 대해 의문이 생길 수 있다.

(2) 비지시적 상담(non-directive counseling)

고객지향적 상담(client-centered counseling)이라고도 하는데 이는 상담자가 피상담자의 이야기를 동정적이고 중립적인 태도로 들어주기만 하면 되는 소극적 상담이다. 피상담자는 상담자에게 자신의 문제에 관하여 이야기함으로써 정서적 긴장을 완화시킬 수 있고 문제에 대한 해결책을 스스로 갖게 된다. 따라서 상담자는 피상담자가 자신의 문제를 자연스럽게 이야기할 수 있는 대화의 분위기를 조성할 필요가 있다. 또 상담자는 피상담자의 이야기를 평가하거나 그들의 행동방향을 제시하기보다는 그들 스스로 적응해 나가도록 하는 데 역점을 두어야 한다.

이러한 비지시적 방법은 상담에 대한 충분한 전문지식을 갖고 있지 않는 사람이 행한다할지라도 조금도 해를 주는 것은 아니다. 이러한 의미에서 경영자나 감독자들도 조금만 노력하면 최소한 직원의 직무상 개인적 문제를 다룰 수 있는 인사상담요령을 충분히 습득할 수 있다.

(3) 협조적 상담(cooperative counseling)

오늘날 인사상담은 순수한 형태의 지시적 상담 또는 비지시적 상담보다는 양자를 절충한 협조적 상담이 이용되고 있다. 이는 피상담자의 문제해결에 도움이 되는 아이디어를 협조적으로 교환하는 상담자 대 피상담자의 상호 대응관계이다.

상담초기에는 비지시적 상담에서처럼 상담자가 듣기만 하는 소극적 역할을 하다가 상담이 진행됨에 따라 조언 및 문제해결을 위한 선택적 대안을 제시하는 적극적 역할을 수행한다. 그런데 인사상담을 하는 과정에서 상담자가 지켜야 할 사항은 다음과 같다.

① 피상담자에게 모든 주의를 집중하고, 피상담자에게도 그것을 주지시켜야 한다.
② 피상담자의 진술을 경청하고 필요 없는 말을 덧붙여서는 안된다.
③ 결코 상대방과 토론을 한다든지 피상담자에게 충고를 해서는 안된다.
④ 피상담자가 말하고자 하는 사항과 말하기를 싫어하는 사항들에 대하여는 상담을 통해 이해하여야 한다.
⑤ 상대방의 말을 경청하면서 서서히 그 인간의 유형을 식별하여야 한다. 이것을 위해서는 가끔 상대방이 말하는 것을 요약하여 말한다든지 또는 반문한다든지 할 필요가 있다.
⑥ 상대방이 말하는 것은 모두 개인적인 비밀에 속하기 때문에 결코 타인에게 이야기하여서는 안된다.

3) 인사상담의 방법

(1) 인사상담자(counselor)의 선정

먼저 전문적인 상담자를 조직 내에 두어야 한다. 이 상담자는 직장 내의 여러 가지 직무에 관하여 많은 경험을 가진 사람으로서 심리학, 교육학, 사회학, 기타분야에 대하여 교양과 지식이 풍부하고, 인사상담, 생활지도, 기타의 교양지도에 적합한 사람이어야 한다. 상담자는 위와 같은 전문상담자 이외에도 사내상담자, 즉 사장·부장·과장 등 회사의 간부일 수도 있고 외부인사일 수도 있다.

(2) 인사상담의 장소

상담은 실시하는 장소에 따라 직장내 상담과 직장외 상담으로 나눌 수 있다. 전자는 직장 내의 작업현장, 휴게실, 특설상담소, 기타 조용한 장소를 이용하는 것이며, 후자는 직장 밖의 장소를 이용하는 경우로서, 이는 상담내용이 특히 중요하다거나 비밀을 보장할 필요가 있을 때 한다.

(3) 인사상담의 소요시간

인사상담의 소요 시간은 1회당 최장 1시간 정도가 이상적이다. 상담시간이 너무 길면 피상담자에게 의존성을 야기시키거나 지루하거나 장황하게 되어 효과적이 못된다. 상담시간이 너무 짧거나 형식적이 되면 진지한 상담이 이루어지지 못할 뿐만 아니라 문제의 핵심 파악이 제대로 못 되어 효과적인 상담이 못 된다.

(4) 인사상담의 실제

상담에 실제 임하였을 때에는 상담자는 피상담자가 마음 놓고 자기가 말하고 싶은 것을 솔직하게 이야기 할 수 있는 분위기를 만들어 주어야 한다. 또 강제로 문제를 추궁하지 말고 피상담자가 희망하는 정도에서 이루어져야 하며, 직접 또는 성급하게 해결하려는 방안제시를 하지 말고 필요한 암시를 준다거나 조언하는 정도에서 그쳐야 한다. 분만 아니라 상담내용이나 상담자료는 공개되어서는 안 되며 그 비밀이 절대로 엄수되어야 한다.

3. 고정처리제도

1) 고정처리의 의의

고정처리제도(grievance procedure system)는 종업원의 고충·불평·불만을 체계적으로 신속하게 해결하도록 하는 과정을 제도적으로 마련해 놓은 것을 말한다. 불만·불평·고충은 서로 혼용되지만 사실상 뜻은 각기 다르다. 불만(dissatisfaction)은 어떤 욕구가 충족되지 않은 상태를 말하고 이것이 구두나 서면으로 관계자에게 정식으로 표현된 상태를 불평(complain)이라고 하며, 표현된 불평이 해결되지 못하고 정식 문서화된 상태를 고충(grievance)이라고 부른다.

고정(苦情)은 일반적으로 직무와 관련하여 종업원들이 잘못되었거나 불공정하다고 생각하고 고충자가 정식 문서를 작성하여 제출함으로써 공식적으로 제기된다. 문서에는 고충자의 성명·고충의 발생시기와 장소·고충 내용·고충자가 생각하는 처리방향 등이 기재되어 있다. 따라서 고정은 타당한 것도 있지만 그렇지 못한 경우도 있다.[10)]

고정은 다음과 같은 세 가지 나눌 수 있다.[11)]

(1) **합법적 고정**(legitimate grievance)

이것은 계약위반이라고 생각되는 타당한 이유가 있을 때 발생한다. 협조적인 환경일지라도 계약조항은 사람에 따라 상이한 의미가 있다.

(2) **가상적 고정**(imagined grievance)

이것은 경영자가 계약된 권리를 합법적으로 행사하였을지라도 종업원이 생각하기에 그 협정은 위배된 것이라고 믿을 때 발생한다. 이것은 협조적인 노조가 경영자의 권리를 설명해 줌으로써 비교적 쉽게 해결할 수 있다.

(3) **정치적 고정**(political grievance)

이것은 가장 해결하기 어려운 고정으로서 불평이 특정한 정치적 소신과 관련되었을 때 일어난다. 예를 들어 노조의 대표가 다음번 선거를 의식하여 그의 지지 기반을 확보하기 위하여 가치가 별로 없는 조합원의 고정을 과장하는 것을 들 수 있다.

---

10) 梁創三, 前揭書, pp.256~258.

11) William B. Wether, Jr. and Keith Davis, *Personnel Management and Human Resources*, New York, McGraw- Hill Book Company, 1981, pp.498~503.

2) 고정처리의 기구와 절차

고정처리제도는 단체협약을 전제로 노동조합 또는 조합원과 사용자간의 권리분쟁을 신속히 처리하기 위한 제도이다. 경영자와 노동조합간에 체결한 단체협약을 실제로 운용함에 있어서는 협약의 해석·운용에 관하여 양자간에 의견의 불일치가 있는 경우가 있다. 그런데 단체협약의 해석·적용 또는 단체협약 등에 의해 일정한 기준이 설정된 경우, 설정된 기준의 해석이나 구체적인 적용에 관해서 개개 조합원에 고정, 불평, 불만이 있는 경우, 이것을 일일이 단체교섭에 의해서 해결하는 것은 적당하지도 않을 뿐 아니라 불가능하기도 하다. 여기서 고정이 발생할 때마다 간단한 절차에 의해 신속하게 처리하기 위하여 당사자간에 자주적으로 해결할 것을 목적으로 노사 쌍방의 대표로 구성된 고정처리기관이 설립된다. 이 방식은 개인적인 고정이 자칫 집단분쟁으로 전환됨으로써 노사관계의 안정이 파괴되는 것을 방지함과 동시에 명랑한 직장을 조성하는 기능을 갖고 있다.[12)]

고정처리기구와 절차는 단체교섭에서 명확히 규정된다. 일반적으로 고정처리절차의 제1단계는 일선관리자·현장노조위원·고충자들이 회합을 통하여 해결을 모색한다. 이 단계에서 고정의 성격을 명백하게 규정하고 이에 관련된 사실을 수집한 다음 해결책과 대안을 마련한다. 제1단계에서 해결을 보지 못하면 제2단계에서 인사부장·공장장·고정처리위원회 대표들이 해결책을 모색하게 된다. 제2단계에서 실패하면 제3단계에서 사장·인사담당 부사장·노조위원장이 참석하는 노사협의회에서 협의가 이루어진다. 제3단계에서도 해결을 찾지 못하면 마지막으로 외부중재인(arbitrator)의 최종결정을 받게 된다. 중재인은 노사 쌍방이 이미 합의한 기준에 의해서 선정된 제3의 인물로 중재인의 결정은 노조측과 사용자측 모두 준수해야 하는 것이 원칙이다.

대부분의 고정은 하위단계에서 해결되며 극소수의 고정만이 중재단계에 이른다. 고정처리에서 중요한 것은 고정자체에 대한 만족스러운 해결과 가능한 고정을 일선 관리층에서 신속하게 처리하는 것이다.

---

12) H. W. Davey, M. F. Bognanno & D. L. Estenson, *Contemporary Collective Bargaining*, 4th ed., Englewood Cliffs, N.J.: Prentice-Hall Inc., 1982, pp.160~161.

제13장

노사관계관리

제13장

노사관계관리

제1절 노사관계의 개념

1. 노사관계의 의의

종업원을 대상으로 노동력을 효율적으로 관리하는 것을 목적으로 하는 인사관리는 그 대상을 개별적으로 인식하느냐 또는 집단적으로 인식하느냐에 따라 두 가지로 구분된다.

첫째는 종업원 관계관리(employer-employee relations management)인데 개별적 노사관계라고도 한다. 이는 기업이 그 목적을 달성하기 위하여 필요로 하는 노동력을 채용·개발·유지하는 과정에서의 사용자와 종업원의 관계이다.

둘째로는 노사관계관리(labor relations management) 또는 집단적 노사관계 관리라고 한다. 이는 기업과 서로 대립적인 이해관계로 맺어진 집단으로서의 노동자 및 노동조합과 사용자와의 관계이다.

그런데 여기서 유의할 점은 노사관계관리의 제규범이 종업원 관계 관리를 규제하고, 종업원 관계 관리에서 구축된 제관계의 양호, 불량 여부가 노사관계관리를 원활하게 하느냐, 그렇지 않느냐를 좌우하여 이 양자는 상호 의존관계에 있다.

그런데 여기서 다루려고 하는 것은 협의의 의미의 노사관계, 즉 노사관계는 근로자와 사용자가 서로 자주성과 독립성을 지닌 집단 관계이며, 기본적으로는 이해가 상반되는 대립적인 관계이다. 따라서 노사관계란 노동조합 대표로서의 노동조합 간부와 경영자가 근로조건의 결정에 대하여 상호 대등한 입장에서 단체교섭을 매개로 하여 단체협약을 체결하고, 일상적으로 고충(苦衷)처리기관을 운영하는 노사의 사회관계를 의미한다.[1)]

당초 노사관계란 노동자와 사용자와의 관계 내지 노동조합과 사용자의 2자 관계로 해석하였다. 그러나 19세기말에 접어들자 종래의 노사관계에 있어서 보지 못했던 새로운 문제가 등장하였다. 즉 그의 첫번째 계기는 노사 사이에 국가권력이 개입하기 시작하였다. 미국에서 빈곤의 문제나 실업문제가 커다란 사회문제가 되어 건강보험이나 실업보험이라는 새로운 형태로 정부가 노사의 문제에 간여하게 되었다. 노사의 사이에 개입하게 된 또 하나의 중요한 계기는 노동조합세력의 증대에 있다. 즉 노동조합세력이 강화됨에 따라 그의 활동을 자본주의 체제의 테두리 안에 한정하고 노사의 충돌·분쟁에 어떠한 형태의 규칙을 설정해 두려고 하는 정부의 정책이라는 형태를 취하게 된다. 정부는 노사관계 그 자체에 대한 공공정책(public policy)의 담당자로 등장한 것이다.

따라서 오늘날의 산업사회에 있어 노사관계는 사용자와 노동자(노동조합) 그리고 정부라는 3자 관계로 파악하여야 한다는 것이다. 그리고 이상적인 노사관계는 노동자(노동조합)와 경영자의 힘이 균형된 상태이어야 하며 정부의 기능은 양자의 관계에 있어서 힘의 균형이 되도록 작용해야 할 것이다.

이러한 거시적 관점에서 노동문제를 전 산업적 차원에서 접근하고자 시도하는 산업관계(industrial relations)라는 용어가 제1차대전을 계기로 사용되기 시작하였다. 따라서 노사관계에 대해서 용어의 통일을 보고 있지 않으며 우리나라와 같이 노사관계(labor-management relations)라는 용어를 미국도 사용하는 한편 산업사회의 제관계를 총괄하여 산업관계(industrial relations)라는 용어를 많이 사용하기도 한다.

2. 노사관계의 성격

노사관계를 경영자(사용자)와 노동자 및 노동조합의 관계라고 할 때 그 내용에서 상충되고 이율배반적인 현상을 볼 수 있는데, 이를 노사관계의 이중성(二重性), 이원성(二元性), 이면성(二面性)이라고 하며 그 내용은 다음과 같다.[2)]

① 노사관계는 종업원과 경영자, 조합원과 경영자라는 이면적(二面的)인 관계이다. 종업원과 경영자의 관계는 주종관계를 이루지만, 조합원과 경영자의 관계는 대등

1) 森五郎, 勞務管理, ダイアモンド社, 1966, p.213.
2) 李準範, 現代勞使關係論, 博英社, 1985, p.100.

관계를 이룬다.

② 노사관계의 또 다른 측면은 개별적 노사관계와 집단적 노사관계라는 이면적인 관계이다. 전자는 개별 고용 계약에 바탕을 둔 인사관리의 영역이며, 후자는 단체 협상에 바탕을 둔 노사관계관리의 영역이다.

③ 한편 노사관계는 그 성질면에서 볼 때 협동적 관계와 대립적 관계라는 이면성을 지니고 있다. 즉 생산 측면에서 보면 서로 협동적인 관계를 가지고 있지만, 성과 배분이라는 측면에서 보면 대립적인 관계이다.

④ 다음으로 노사관계는 경제관계인 동시에 사회관계라는 이면적인 관계이다. 즉 노사관계는 1차적으로 기업의 경제적인 목적을 달성하기 위한 관계이다. 그와 함께 사람들의 집단생활이라는 토대 위에서 맺어지는 사회적 관계 내지 인간적 관계가 아울러 형성된다.

⑤ 또 노사관계는 종속관계(從屬關係)와 대등관계(對等關係)라는 이면성을 갖는다. 생산의 목적을 달성하기 위하여 근로자는 종업원으로서 경영자의 명령·지휘에 복종하여야 한다. 반면 고용조건의 결정·운영 및 경영참여 등의 면에서는 대등한 관계가 법적으로 보장되고 있다.

제2절 노사관계의 형성과 발전과정

1. 노사관계의 형성

현대 사회에 있어서 여러 가지 노동문제는 근본적으로 산업화에 따르는 정치적, 경제적, 사회적 그리고 기술적인 변화에서 비롯된 것이라고 할 수 있다.

산업화(industrialization)란 종래의 농업위주의 산업구조로부터 상공업 위주로 바뀌는 것을 말한다. 이러한 산업화는 18세기 후반에 영국에서 일기 시작한 산업혁명을 기점으로 하여 19세기 초반에 프랑스, 이탈리아 그리고 미국에서 이루어졌고, 한편 19세기 후반에는 스웨덴, 일본 등에서도 이루어졌다. 그 후 산업화는 호주, 뉴질랜드 그리고 기타 유럽 여러 나라 및 남미 제국에까지 급속하게 확대되었다. 이러한 산업화에 따른 산업사회의 발달은 사회의 노동력에 구조적인 변화를 가져왔다. 즉 농업생산이 경제의 기반을 이루었던 시대에는 노동력의 대부분이 자급자족적이고 가족경제 형태를 취하였던 농업에 종사하고 있었으나,

산업혁명에 의하여 시작된 산업화의 진전에 따라 공장제 공업이 발달하게 되면서 이러한 공장에는 일시에 많은 노동자가 고용되었고, 그들이 제공한 노동의 대가로 화폐임금의 단순노동력이 도시의 임금 노동력에 충당되기 위해 노동력이동이 계속된 것은 사실이다.[3)]

그런데 산업화의 초기에 있어서는 공장에서 일하는 임금노동자의 노동조건이 오늘날의 우리로서는 상상할 수도 없는 열악한 것이었다. 즉 노동시간이 길었으며, 작업조건은 매우 불량하였다. 또한 노동자들은 사용자의 일방적인 통제와 규제에 복종하지 않으면 안되었다. 이러한 규제에 그대로 따른다는 것은 상당히 어려운 일이었으며, 자발적이고도 개인적인 항의가 수반되었다. 이에 따라 그 불만은 이직, 과격행동, 감독자에 대한 불복종, 직무태만 등으로 나타났다. 또 수많은 노동자들에 의한 파업이나 폭동도 가끔 일어났다. 이러한 현상은 영국이나 미국의 산업화 초기에 많이 볼 수 있는 현상이었다. 그러나 노동자들의 항의는 결국 노동자의 단결과 조직화를 가져왔고, 이러한 조직 가운데 대표적인 것이 노동조합이다.

이와 같이 산업화 초기에 사용자와 노동자 및 노동조합간에 노동에 관한 여러 가지 문제를 중심으로 이해가 상충될 때, 이를 해결하려는 쌍방간의 관계가 이른바 노사관계(industrial relations)를 형성하게 된 것이다.

2. 노사관계의 발전과정

노사관계는 18세기 중엽부터 시작된 영국의 산업혁명이후, 오늘날까지 각국에서 추진되어 온 공업화 과정을 배경으로 성립된 것이다. 그리고 노사관계는 공업화의 진전 속에서 경제적, 사회적 제여건 등에 따라서 여러 가지 단계적 특징을 나타내게 된다.[4)]

1) 전제적 노사관계

전제적(專制的) 노사관계는 19세기 중엽까지 볼 수 있었던 노사관계의 유형(類型)으로 당시 산업의 형태는 소규모의 경공업 중심이었다. 또한 노동력은 공급과잉상태이었으며 노동조합도 존재하지 않았다. 따라서 기업주는 필요에 따라 종업원을 채용하고, 불필요하면 해고할 수 있었다. 이 시기의 경영은 소유자에 의한 경영(owner management)이 지배적이었으며,

3) 楊雲燮, 新勞使關係論, 汎論社, 1993, p.33.
4) Clark Kerr, John T. Dunlop, Fredrick Harbison and Charles A. Myers, *Industrialism and Industrial Man,* Harvard University Press, 1960, p.131.

전제적·독재적 성격을 갖는 것이 일반적이었다. 이러한 경영단계에서 근로조건은 사용자의 일방적 의사로 결정되고, 사용자와 근로자의 관계는 절대 명령과 절대 복종·예속의 관계로서 인간적인 요소는 무시되었다. 근로시간에 관하여 영국의 경우를 보면 1802년에 Moral and Health Act of Apprentice라는 노동관계법이 제정됨으로써 1일의 근로시간이 12시간으로 단축되었는데, 그 이전에는 14~18시간이라는 장시간의 노동이 자행되었던 것이다. 이와 같이 전제적 노사관계의 단계에서는 사용자의 권위적·전제적 관리방식에 의한 근로조건의 일방적 결정 및 지배종속의 노사관계가 이루어졌기 때문에 결국 근로자의 사기저하 및 조직의 경직화, 생산성의 감소 등의 문제를 초래하게 되었다.

2) 온정적 노사관계

자본주의적 생산 방식의 발달과 함께 정착근로자가 증대되어 감에 따라 전제적 노사관계로서는 근로자의 협조를 얻을 수 없고, 생산성이 떨어지는 단계에 이르면서 사용자도 이에 대응해서 근로자에 대하여 가부장적(家父長的) 온정주의(溫情主義)에 입각한 복지후생시설을 마련하게 된다. 사용자의 이러한 태도는 봉건 영주가 영민(領民)의 충성에 대한 보상으로 영민 복지에 책임을 진다는 봉건적 전통을 반영한 것이며, 근로자는 사용자가 베푸는 은혜에 보답함으로써 노사관계가 순조롭게 유지될 수 있다. 이것은 19세기 초 로버트 오웬(Robert Owen)에서 비롯되어, 거의 1세기에 걸쳐 일반화했던 노사관계의 형태이다.

3) 근대적 노사관계

제 1차 세계대전 이후부터 제 2차 세계대전까지의 사이에 형성된 노사관계의 유형이다. 이는 산업혁명이 진전되어 근대적인 주식회사의 보급과 함께 자본의 집중화에 의한 기업규모의 확대가 이루어지고, 테일러(F.W. Taylor)의 과학적 관리법의 등장에 의한 경영관리의 합리화가 추구되었던 시기에 형성된 근대적 노사관계의 발전형태이다. 특히 이 시기에 등장한 테일러의 과학적 관리법은 근대적 노사관계의 발전에 크게 기여하였으며, 이외에도 직능별 노동조합의 결성 및 노동위원회의 생성, 노동의 정착화 및 사회화의 실현, 근대적인 노동시장의 형성 등 환경변화에 따라 노사관계의 근대화를 가져오게 되었다. 그러나 이 시기의 노사관계는 근로자의 조직력이 사용자의 자본력과의 대등한 위치에는 이르지 못하였으며, 결국 합리적 관리의 사고에 의한 근대적 노사관계와 이전의 온정적 노사관계가 함께 병존하는 상태의 노사관계를 나타내게 되었다.

4) 민주적 노사관계

제 2차 세계대전 이후 지금까지의 노사관계형태로서 산업민주주의 발달을 배경으로 형성된 민주적 노사관계의 유형에 속한다. 민주적 노사관계는 제 2차 세계대전이후의 급속한 산업사회의 발전과 산업민주주의 보급, 노동시장의 변화와 노동조합운동의 발전, 근로자의 지위향상과 가치관의 변화, 소유와 경영의 분리에 의한 전문경영자의 등장, 노동관계법의 제·개정 및 정부역할의 증대 등 급속한 환경변화에 적응하기 위해 형성된 오늘날의 노사관계의 형태라 할 수 있다.

제3절 노동조합

I. 노동조합의 의의

노동조합(trade union)에 대한 고전적 규정으로서 웹(S.Webb & B.Webb)부처에 의하면 노동조합이란 임금 노동자가 노동생활의 모든 조건의 유지 또는 개선을 목적으로 조직한 영속적인 단체라고 하였다. 그러나 오늘날 노동조합은 웹이 규정한 임금 노동자뿐만 아니라 봉급생활자까지를 광범위하게 포함하게 되었고, 또한 노동생활의 제조건의 확대로 대상을 한정하는 것도 지나치게 범위가 좁기 때문에 웹의 정의는 오늘날의 노동조합을 설명하는 데는 불충분하다고 할 수 있다.[5)]

우리나라 노동조합 및 노동관계조정법 제2조 제4호에 의하면 노동조합이란 근로자가 주체가 되어 자주적으로 단결하여 근로조건의 유지·개선과 근로자의 복지증진, 기타 경제적·사회적 지위의 향상을 도모함을 목적으로 조직하는 단체 또는 그 연합단체를 말한다. 이와 같이 노동조합은 근로자가 주체가 되며 자주성을 확립하는 것이 기본요건이 된다. 자주성이란 노동조합이 사용자, 정부 및 정당 기타 모든 외부 권력의 간섭을 받지 않는 것을 의미한다. 또 노동조합은 생활 제조건을 개선하기 위하여 주로 단체교섭에 의하여 임금·노동시간·작업조건 기타의 고용조건을 결정한다. 이 단체교섭은 경영자의 일방적인 의사결정을 제약하는 것이 되지만 경영의 의사결정의 일부에 노동자가 참여하는 것이 된다. 더욱이 최근에는 산업 민주주의의 진전으로 인하여 종업원의 경영 의사결정에 대한 참여가 증대되었다. 따라

---

5) 隅谷三喜男, 勞働經濟論, 筆摩書房, p.138.

서 노동조합도 초기의 노동조합이 갖는 단순히 조합원의 경제적 지위 보장을 위한 단체로서의 기능뿐만 아니라 기업내의 전반적인 의사결정에 영향을 미치는 단체로서의 기능도 확대되고 있다.

2. 노동조합의 기능

노동조합의 활동은 경제활동의 변동에 따라 점차 다양해지고 있는데, 그것은 대체로 경제적 기능과 공제적 기능, 그리고 정치적 기능의 세 가지로 대별되고 있다.

1) 경제적 기능

노동조합의 경제적 기능이라 함은 주로 조합원의 경제적 권리와 이익을 신장하고 유지하는 기능을 의미한다. 경제적 기능을 구체적으로 살펴보면 임금의 인상, 노동시간의 단축, 작업현장에서의 부당한 권리침해에 대한 방지와 그에 대한 해결, 작업환경의 개선, 해고의 반대, 부가급부, 퇴직금 등의 수준 향상과 지급보장, 보건안전, 기숙사 시설의 정비, 노동조합 그 자체의 법적 보호나 권리의 주장, 사회보장에 관한 사항 등을 들 수 있다. 이와 같은 노동조합의 경제적 기능은 사용자에 대한 노동력 판매자로서의 교섭기능으로 노동력의 판매조건을 유리하게 하는 일체를 그 대상으로 하며 단체교섭, 경영참가 및 노동쟁의라는 방법을 통하여 수행된다.

2) 공제적 기능

노동조합의 공제적(共濟的) 기능은 조합원 상호간의 상호부조를 중심으로 하는 조합 내적 기능이다. 예를 들면 조합원의 질병·재해·사망·실업 등과 같이 노동력을 일시적 또는 영구적으로 잃어버리게 되는 사고에 대비하여 조합원이 스스로 지출하여 조합기금을 준비하고, 사고가 발생한 조합원에게 그 기금에서 공제기금을 지급하며 상호 부조하는 활동을 한다. 따라서 공제활동은 근로자 스스로 행하는 일종의 상호보험이라 할 수 있다.

이 기능은 노동조합의 역사와 함께 시작된 가장 오래된 기능이며, 다른 기능에 비해 상대적 비중은 저하되고 있다. 그런데 이 공제적 기능은 국가적인 사회보험이나 사회보장제도의 발전 수준과 밀접한 관계를 가지고 있다. 이 사회보험제도나 사회보장제도가 대단히 발전하여 노동자의 생활문제를 전면적으로 해결할 수 있게 된다면 노동조합의 공제적 기능은 이것에 의하여 대체될 것이다. 그러나 사회보장제도가 완벽할 수 없기 때문에 아직도 금융·주택·생활물자의 공동구입, 문화생활 등의 모든 분야에서 노동조합의 활동이 요구된다.

3) 정치적 기능

노동조합의 정치활동에는 두 가지 형태가 있다. 하나는 노동조합이 정당활동을 통해 정치적 목적을 달성하는 일이고, 다른 하나는 직접 정당활동에 참여하지 않고 선거를 통하여 노동조합이나 근로자 계층에 유리한 활동을 하는 정당 또는 정치인에게 투표함으로써 그들을 통해 노동조합의 정치적 목표를 달성하고자 하는 방법이다.

그런데 노동조합의 정치적 기능은 경제적 기능과 불가분의 관계에서 발생하는 기능이라 할 수 있다. 즉 노동조합은 경제적인 목적을 달성하기 위하여 부득이 정치적인 활동을 전개하지 않을 수가 없다. 노동자의 노동조건의 개선 내지 경제적·사회적 지위의 향상 등은 국가가 제정하는 노동관계법에 의하여 직접적으로 영향을 받게 된다. 그러므로 노동조합은 특정법률의 제정·개정의 촉구와 반대 등의 정치적인 발언권을 행사하고자 하며, 이의 실현을 위하여 특정정당을 지지하거나 반대하는 정치활동을 전개함으로써 경제적 목적을 달성하고자 한다. 그러나 노동조합은 어디까지나 경제적 기능, 즉 단체교섭 기능을 중추적인 기능으로 하는 단체이며, 오늘날의 일반적인 경향도 노동조합의 정치활동에 제한을 가하려고 하는 추세에 있다.[6)]

3. 노동조합의 조직형태

노동조합은 산업혁명 이후의 산업화과정에서 생성·발전되어 왔으며, 초기의 직업별 노동조합에서 일반노동조합, 산업별 노동조합 등의 순서로 발전되어 왔다. 이와 같은 노동조합의 조직형태는 각국의 노사관계 특성이나 노동조합 구성원의 신분이나 자격 등에 따라 4가지 형태로 구분할 수 있으며 주요 특징은 다음과 같다.

1) 직업별 노동조합(craft union)

직업별 조합은 산업이나 기업에 관계없이 동일한 직능을 갖는 노동자가 자기의 경제적 이익을 확보하기 위하여 결속한 횡적 조직체로서 노동운동사상 가장 일찍이 발달한 조직 형태이며, 이를 직종별 조합이라고도 한다. 이것은 인쇄공조합, 목공조합, 선반공조합 등과 같이 숙련 노동자가 중심이 되어 직업독점과 노동력의 공급제한을 목적으로 하는 데 특색이 있다. 여기서 직업독점이란 노동시장에서 노동조합이 직업을 독점적으로 규제하는 것이다.

---

6) 李準範, 前揭書, p.195.

즉, 직능에 대응하는 일의 범위를 정하고 그것을 일정한 자격을 가진 조합원만으로 독점케 하여 노동시장에 있어서의 수요 측면에서 유리한 조건을 확보한다. 한편 직업별 조합은 노동력의 공급에 있어서도 제한을 가하여 사용자를 압박하여 자기들의 직업에 정해놓은 표준임금률 및 노동조건을 확보한다. 여기서 중요한 역할을 하는 것이 도제(徒制)제도와 무자격자에 대한 규제이다. 즉 조합은 엄격한 도제제도를 설치하여 도제의 수와 기능습득 기간을 정하고, 그들의 임금수준을 낮게 함으로써 숙련노동자의 과잉화를 방지하는 동시에 조합원의 임금수준을 높은 수준으로 확보한다. 그리고 도제기간이 경과하지 않은 자는 전부 무자격자로서 조합원의 직장에서 배척한다. 즉 직업별 조합의 기본원리는 조합원이 획득한 숙련 기능에 대한 강력한 기득권 이익론을 전제로 하고 있다.

직업별 노동조합은 영국에서 일찍부터 발전하였으며, 미국의 AFL을 비롯하여 지금도 각국에서 그 유형을 볼 수 있다. 이 조직의 장점으로서는 ① 동일한 직종을 가지는 근로자로써 조직되기 때문에 단체교섭 사항과 그 내용이 명확하며, ② 동직(同職)자로서의 연대의식이 강하기 때문에 조직의 단결력이 공고하여 어용화될 염려가 없으며, ③ 직장단위가 조직의 중심이 아니므로 실업자라 하더라도 조합 가입이 가능하고, 조합원의 실업예방을 할 수 있다. 그러나 이와는 반대로 직업별 조합은 다음과 같은 단점을 가지고 있다. ① 지나치게 배타적이고 독점적이어서 산업사회에 있어서 전체 근로자의 분열을 초래할 염려가 있으며, 근로자 전체의 경제적·사회적 지위 향상을 위해서는 적당하지 않으며, ② 기업을 초월한 조직이기 때문에 조합의 자주성은 지킬 수 있으나 사용자와의 관계가 너무 희박하다.

2) 일반조합(general union)

일반조합은 숙련이나 직능에 관계없이, 하나 또는 수개의 산업에 걸쳐 흩어져 있는 일반근로자들을 폭넓게 규합하는 노동조합의 형태이다. 특히 초기단계에는 이 조합은 직업별 조합에서 배제된 미숙련 노동자들이 중심이 되어 자신들의 입장을 옹호할 목적으로 조직되었다.

직업별 조합이 기득권 이익론과 수요 공급론에 기초를 두었는데 비하여 일반노동조합은 노동력을 확보하는 데 필요한 최저한도의 권리, 즉, 생활임금의 원리를 기초로 하고 있다. 미숙련 노동자로서는 주장할 만한 기득권도 없고, 과잉노동시장 때문에 노동력의 공급제한도 불가능하여, 그들에게 중요한 것은 노동생활을 영위하기 위한 최저생활 필요조건을 확보하는 것이기 때문이다. 여기에서 그들은 안정된 고용의 확보, 노동시간의 최고한도규제, 임금의 최저한도규제 등을 주요한 요구조건으로 한다.

일반노동조합은 영국에서 직업별 조합에 이어서 일찍부터 발달하였으며, 미국의 노동기사단(Knight of Labor)을 비롯하여 지금도 AFL - CIO 산하의 일부 노동조합을 일반조합이라 할 수 있는데 미국에서는 일반조합이라 하는 대신에 수정직업별 조합(modified craft union)이라 하여 다른 조합 형태와 구별하고 있다.[7] 또한 일본에서도 그 예를 볼 수 있으며 우리나라의 경우는 연합노동조합이 이에 해당한다.

3) 산업별 조합(industrial union)

산업별 조합은 직종·계층에 관계없이 기업을 초월하여 동일 산업에 종사하는 근로자가 자기가 속하는 산업을 중심으로 조합을 조직하는 형태를 말하는 것이다. 역사적으로 볼 때 산업별 조합은 직업별 조합이나 일반조합보다 늦게 발달한 조합이며 미숙련 노동자가 노동시장을 수적으로 크게 차지하게 됨으로써 이들의 조직화를 위하여 발달한 조직형태이다.

이러한 산업별 조합의 출현은 사회적 분업과 기계화의 진전에 따라 방대한 미숙련공이 배출됨으로써 배타적인 직업별 노동조합의 형태로서는 근로자의 단결 및 이익을 충분히 뒷받침할 수 없게 되고, 또 상대적으로 조합의 교섭력이 집중화된 자본의 힘에 미치지 못하게 된데 연유한다.[8] 오늘날 선진국에 있어서의 노동조합의 일반적인 조직형태는 산업별 조합이 압도적으로 많다. 산업사회가 고도화되어 기업과 산업단위가 커지고 경영자 단체도 강대해짐에 따라 산업별 노동조합도 점차 발전하게 되는데, 산업별 노동조합의 단체교섭은 주로 사용자 단체를 상대로 임금 기타 근로조건에 관하여 전국적 수준, 지역적 수준, 개별기업의 수준 등을 결정해 가는 교섭과정을 취하고 있다.

산업별 조합의 장점으로는 ① 기업과 직종을 초월한 조직이기 때문에 조합원 수에 있어서 거대한 조직이며, 따라서 단결력을 강화시켜 커다란 압력단체로서의 지위를 확보할 수 있으며 ② 산업의 발전에 따른 자본의 집중화의 진행에 대응하여 교섭력의 산업적 통일을 유지할 수 있다. 단점으로는 ① 산업별 조직의 내부에서 직종간 이해대립과 반목을 초래할 위험이 있으며 ② 이에 관련하여 조직이 형식적인 단결에 그칠 것 같으면 큰 힘을 발휘할 수가 없다.

4) 기업별 노조(company union)

기업별 노동조합은 직종이나 숙련의 정도를 가리지 않고 동일 기업에 종사하는 근로자에 의하여 조직되는 조합 형태이다. 기업별 조합의 장점으로는 ① 조합원이 모두 당해 기업의

7) Danial Quinn Mills, *Labor-Management Relations*, 2nd ed., McGraw-Hill Book Company, p.55.
8) Dale Yoder, *Personnel Management and Industrial Relations*, 5th ed. Prentice-Hall, 1962, pp.167~168.

종업원이기 때문에 근로조건을 통일적·종합적으로 용이하게 결정할 수 있으며 ② 노동조합이 평소 회사사정에 정통하고 있으므로 무리한 요구로 인한 노사분규가 나타나지 않으며 ③ 사용자와의 관계가 밀접하기 때문에 공동체 의식을 통한 노사협조에 공헌할 수 있다. 한편 단점으로는 ① 당해 기업 내에 있어서의 직종을 무시한 조직이므로 각 직종간의 구체적인 요구조건을 공평하게 처리하기 어렵고 ② 이로 인하여 직종간의 반목과 대립을 초래할 염려가 있으며 ③ 조합원이 모두 사용자와 종속관계에 있는 종업원이기 때문에 조합이 어용화될 가능성이 있다.

기업별 조합은 일본에서 크게 발달하고 있는데 그 이유로서는 종신고용제(終身雇傭制), 노동시장의 2중구조, 경영가족주의 사상에 기인한다고 볼 수 있다. 한편 미국에서는 기업별 조합을 어용노동조합(御用勞動組合)으로 보고 있다.

5) 단일조직과 연합체조직

이상의 노동조합의 조직형태에 의한 분류는 단위 조직을 중심으로 그 조직에 참여하는 구성원의 자격의 유형에 따른 것이었다. 한편 노동조합의 단위조직의 결합방식에 의한 유형으로는 단일조직, 연합체조직 및 협의체조직이 있다. 단일조직은 개인 가입의 결합방식을 취한다. 구미제국에 있어서 직업별 조합은 원칙적으로 연합체 조직이며, 산업별 조합과 일반조합은 단일조직을 이루고 있다.[9)]

(1) 단일조직

단일(單一)조직이란 개개의 근로자가 개인의 자격으로 중앙조직 구성원이 되어 있는 것이며, 각 지역 또는 지역별로 지부(支部) 또는 분회(分會)(일정지역, 기업체 또는 사업장 단위로)를 두는 노동조합의 조직형태를 말한다. 이때에 각 지부나 분회는 그 단일조직의 구성원이 아니다. 따라서 지부나 분회는 결의권이나 집행권 같은 자주적인 결정권을 행사할 수 없는 것이 보통이다. 그러나 각 지부나 분회가 어느 정도의 독자성을 가지느냐 하는 것은 조직내부에 있어서의 규약에 의해서 결정되는 것이 보통이다. 다만 구미(歐美)에서와 같이 본래의 산업별 조직에 있어서는 지부 또는 분회 등의 하부조직의 독자성은 매우 약하다.

(2) 연합체조직

각 지역 또는 각 기업의 노동조합이 단체의 자격으로 지역적 내지 전국적 조직의 구성원이 되는 조직형태를 연합체조직이라고 한다. 이 경우 연합체조직의 구성원인 노동조합을 단위조

---

9) 李準範, 前揭書, p.202.

합(單位組合)이라 하며, 지역적 또는 전국적 조직을 연합조합(聯合組合)이라 한다. 따라서 연합조합의 구성원은 개개의 근로자가 아니라 이 근로자들을 조직하고 있는 독자적인 노동조합이다. 우리나라의 노동조합조직 형태는 단위노동조합을 기업별 조합으로 하고 그들이 산업별로 된 전국연합 노동조합을 구성하고 있으며 이들 산업별 전국연합이 연합단체인 한국노동조합총연맹 및 전국민주노동조합총연맹에 가입하는 조직형태를 취하고 있다.

4. 노동조합의 안정을 위한 제도

1) 숍 제도(shop system)

노동조합의 가입방법인 숍 제도는 노동조합의 안정과 세력을 유지하기 위한 제도임과 동시에 단체협약의 중요한 내용이 된다. 이러한 숍 제도를 안정의 강도, 즉 기업에 대한 노조의 통제력이 강한 순서로 보면 클로즈드 숍(closed shop), 유니온 숍(union shop), 조합원 유지 숍(maintenance shop), 조합원 우선 숍(preferential shop), 에이전시 숍(agency shop), 오픈 숍(open shop) 등이 있으나 기본적인 숍 제도로서는 클로즈드 숍, 유니온 숍, 오픈 숍의 세 가지를 들 수 있다.

(1) 클로즈드 숍(closed shop)

노동조합의 조합원만이 사용자에게 고용될 수 있는 제도가 클로즈드 숍(closed shop)이며, 조합원 자격이 고용의 전제조건이 된다. 이 경우 노동조합이 노동공급의 유일한 원천이 되기 때문에 노동공급을 가장 강력하게 통제할 수 있다.

미국의 경우, 이 제도는 1947년 태프트 하트리 법(Taft-Hartley Act)에 의해 불법화되었으나 건설업, 해운업, 인쇄업 등에서는 현실적으로 인정되고 있다. 클로즈드 숍 제도에서는 사용자가 노동자를 고용할 때에는 채용인원수를 조합에 통고하고, 조합이 일정 기간내에 조합원을 추천하지 않을 때에는 비조합원을 채용할 수 있으나 조합원이 되어야만 고용 계속의 조건이 되므로 채용된 비조합원이 조합에 가입하지 않거나, 혹은 조합을 탈퇴 내지 제명된 자는 해고하지 않으면 안 된다.

(2) 유니온 숍(union shop)

유니온 숍(union shop)에 의하면, 사용자는 비조합원을 일단 채용할 수는 있지만, 채용 후 일정기간 안에 조합에 가입해야 한다. 만약 일정기간내에 조합에 가입하지 않을 경우 그 종업원은 자동적으로 해고된다. 미국의 경우 대부분의 단체협약에서 노조의 안정 형태로 이

제도를 채택하고 있다. 우리나라는 1987년 노동법 개정으로 노동조합이 당해 사업장의 근로자 3분의 2 이상을 대표하고 있는 경우 유니온 숍 협정을 체결할 수 있도록 하고 있다.

(3) 오픈 숍(open shop)

오픈 숍(open shop)은 사용자가 노동자를 고용함에 있어서 조합원과 비조합원 간에 아무런 차별을 두지 않고 고용할 수 있으며, 또한 조합을 탈퇴하거나 거기서 제명된다 하더라도 종업원으로서의 지위에는 아무런 영향을 받지 않는 제도를 말한다.

일반적으로 사용자는 종업원의 노조가입이 자유인 오픈 숍 제도를 원하고 있다. 현재 우리나라 노동조합법은 이 제도를 원칙적으로 채택하고 있으며 유니온 숍은 예외적인 경우에 노사간 단체협약을 통해 채택할 수 있도록 하고 있다.

(4) 에이젼시 숍(agency shop)

에이젼시 숍은 채용된 종업원에 대하여 특정 노동조합의 가입을 강제는 하지 않는 반면 비조합원에 대해서도 조합원들의 조합비에 상당하는 일정한 금액을 정기적으로 노동조합에 납입하도록 하는 제도이다. 이 제도는 비조합원에 대한 조합비 징수규정으로서, 비조합원의 공짜심리를 줄이고자 하는 노동조합의 입장을 반영한 것으로 1988년 미국 대법원 판결은 이 자금의 용도를 단체교섭용으로만 사용하도록 한정하였다.

(5) 매인티넌스 숍(maintenance shop)

매인티너스 숍은 클로드즈 숍제도를 완화시킨 제도로서 조합원 유지 숍제도라고도 한다. 이는 노동조합에 가입된 이후 일정기간 동안은 노동조합원으로서 자격을 유지해야 한다는 제도이다.

(6) 프리퍼랜셜 숍(preferential shop)

프리퍼랜셜 숍은 노동조합원에 대한 우선 숍제도이다. 즉 이 제도는 기업이 종업원의 채용시에 비조합원보다는 조합원에 대하여 고용상의 해택을 부여하는 제도이다.

2) 체크오프 제도(check off system)

체크오프 제도(check off system)란 조합비의 확보를 통해 노동조합의 안정을 유지하기 위한 제도로서 조합비 일괄공제(組合費一括控除) 제도를 말한다. 일반적으로 조합이 조합비를 징수하는 방법에는 조합원 개개인을 찾아다니며 조합비를 걷는 방법과 회사의 급여공제시에 일괄공제하여 노동조합에 인도하는 방법이 있다. 이 중 후자를 체크오프라 한다. 노동조합은

조합비를 쉽게 확보함으로써 노동조합의 안정성 확보라는 이유에서 체크오프 제도의 채택을 단체교섭시 사용자측에 요구하는 것이 일반적이다.

제4절 노사협력제도

현대와 같이 복잡하고 거대한 산업사회에 있어 기업가의 독단에 의한 지배는 사회적으로 용납할 수 없을 뿐더러 노동자들의 파업과 같은 노동쟁의에 당면하게 됨으로써 기업자체의 존속도 위기에 처하게 된다.

이러한 현대사회의 위기를 해결하기 위한 이념이 곧 산업민주화이며, 노사협력제도의 확립을 통한 근로자들의 경영참가는 이를 실천하기 위한 수단인 것이다. 산업민주화를 실현하기 위한 구체적인 방법은 크게 두 가지가 있는데 하나는 독일을 중심으로 발달된 경영참가제도이며, 다른 하나는 영·미국을 중심으로 발달된 노조에 의한 단체교섭제도이다. 그렇다고 독일에서는 경영참가 형태의 노사관계만이, 영·미에서는 단체교섭에 의한 노사관계만이 존재하는 것이 아니다. 이들은 각국의 노사관계에 있어서 실질적 기능이 어디에 더 치중하고 있는지에 따라 구분될 따름이다. 독일식 경영참가제와 영·미식의 단체교섭 사이에는 기본적인 차이가 있다. 전자가 노사협력을 바탕으로 한 공동체적 입장이라면 후자는 노사대립이라는 데 기본원리를 두고 있다. 즉, 전자는 공동체원리를 기반으로 한 독일식의 공동의사결정(codetermination)의 방향이고, 후자는 노사간의 교섭을 시장경쟁원리를 기반으로 한 영·미식의 단체교섭의 방향이다.

그러나 다른 한편으로 경영참가를 넓은 의미로 해석할 때 단체교섭도 경영참가의 한 형태로 볼 수 있다. 즉 종래에는 경영자의 전권(專權)에 속하고, 그들이 일방적으로 결정할 수 있었던 문제에 대하여 오늘날 노동조합에 단체교섭권이 인정되어 양자사이에 합의가 없이는 기업경영이 제대로 이루어지지 않게 되었다. 따라서 단체교섭도 넓은 의미의 경영참가의 한 형태로 볼 수 있다. 이에 대하여 ILO는 1952년의 35차 총회에서 경영의사결정에 대한 참가를 직접참가로, 단체교섭에 의한 참가는 간접참가로 규정한 바 있다.

I. 단체교섭제도

1) 단체교섭의 의의

단체교섭(collective bargaining)이란 근로자가 근로조건의 결정·유지 및 개선을 위해 단결하여 그들의 단체인 노동조합을 통하여 사용자와 교섭을 하는 것을 말한다. 그리고 이러한 단체교섭을 할 수 있는 권리를 단체교섭권이라고 하며 이는 단결권 및 쟁의권과 함께 법적으로 보장받는 노동권의 하나이다.

좁은 의미의 단체교섭은 사실행위인 교섭행위만을 가리키는 것이나 넓게는 법률행위인 단체협약(labor collective agreement)의 체결까지를 포함한다. 즉, 단체교섭에서 합의된 사항은 문서화되어 단체협약이 된다. 단체교섭은 합의를 전제로 한 교섭이며 노사는 각각 유리한 조건으로 타결하기 위하여 쟁의행위가 인정된다.[10)]

단체교섭의 목적은 노사간의 이해를 협의에 의하여 조정하고 합의 사항을 단체협약으로 하여 노사관계의 안정을 도모하는 데 있다. 따라서 단체교섭의 대상, 즉 단체협약의 내용이 되는 사항으로는 ① 근로조건의 기준(임금, 노동시간, 휴일, 휴가, 승진, 면직, 안전위생, 재해보상 등), ② 조합의 지위와 활동(숍제, 기업내·시간내 조합활동의 범위 등), ③ 노사간의 문제처리기관(노사협의제, 고충처리) 등을 들 수 있으며 오늘날 단체교섭의 대상이 되는 것은 비단 노동조건에만 그치지 않고 복지후생시설 등도 그 대상이 되고 있다. 그러나 노동조합법에는 단체교섭의 대상에 관하여 구체적인 규정을 두고 있지 않으므로 대상 사항은 노사간의 합의에 의하여 결정되며 고정적인 것은 아니다. 단체교섭은 노사의 힘의 관계를 배경으로 하는 거래라고 이해되는 이상, 단체교섭의 방법 또는 형태는 노동운동의 성격과 노동조합의 조직형태에 따라 다를 수 있다.

2) 단체교섭의 방식

단체교섭방식으로는 다음과 같은 것을 들 수 있다.[11)]

(1) 기업별 교섭

기업별 교섭이란 기업 또는 사업장 단위로 조직된 독립된 노동조합이 당해 기업의 사용자와 행하는 교섭방식을 말한다. 이것은 기업별 노동조합이 발전된 곳에서 기업마다의 단체협약 만료일에 맞추어서 교섭을 하는 것이다. 우리나라와 일본의 단체교섭 유형이다. 그러나

10) 鄭京燮, 前揭書, p.363.
11) 楊雲燮, 前揭書, p.306~311.

구미와 같이 산업별 또는 직업별 노동조합을 조직하고 있는 데에서는 거의 그 유례를 찾아볼 수가 없다.

기업별 교섭의 장점은 ① 노동조합이 회사의 사정에 정통하기 때문에 무리한 요구나 이에 따르는 노사분규를 막을 수 있다는 점과, ② 당해 기업의 노동조합과 사용자간의 교섭이므로 각 기업의 경영실적과 노동조건의 특수성을 잘 반영할 수 있다는 점이다.

반대로 단점은 ① 교섭의 양 당사자는 고용관계, 즉 사용자와 종업원이라는 종속관계로 말미암아 실질적으로 대등한 입장에서 교섭하기 곤란한 점과, ② 동종 또는 유사 산업내의 기업간에 임금 및 노동조건에 상당한 격차가 발생할 수 있다는 점 등이다. 이러한 기업간의 각종 격차의 발생을 방지하고 요구 조건의 통일성을 높이기 위하여 실제로 기업별 교섭을 행하되 산업별 전국조합 또는 전국 노조연맹의 통일적인 지도를 받으면서 동시에 교섭을 하는 방법을 쓰기도 한다.

(2) 통일적 교섭

통일적 교섭이란 전국적 또는 지역적인, 산업별 또는 직업별 노동조합과 이에 대응한 전국적 또는 지역적인 사용자 단체간에 이루어지는 교섭 방식을 말한다.

노동조합이 산업별 또는 직업별로, 전국적 또는 지역적인 노동시장을 지배하고 있는 반면에, 기업의 규모는 크지 않고 재정력도 약하며 시장에서의 기업간의 경쟁도 격심한 중소기업의 경우에 흔히 볼 수 있는 교섭방식이다. 이 방식은 복수사용자교섭(multi-employer bargaining)이라고도 하며 구미 각국에서 널리 채용되고 있다. 원래 이 통일적 교섭이 등장하게 된 것은 노동조합이 단체교섭에 있어서 각 기업을 개별적으로 상대하여 각개격파하는 전략을 채용함에 따라 기업간에 단합하여 공동으로 이에 대항하려는 데서 유래된 것이다. 독일에서는 산업별 노조와 산업별 사용자 단체간에 협력적인 공동의사결정을 위한 메커니즘이 사용되며, 우리나라에서는 공무원노동조합(전국전력노조, 전국철도노조 등)이 이 방식을 사용하고 있다.

통일적 교섭방법의 장점은 해당 산업별 또는 지역별로 요구되는 임금 및 노동조건의 통일성을 높일 수 있다는 점이며, 반대로 단점은 기업 경영상 기업간의 격차가 심한 경우에는 이 방식의 사용이 어려우며, 사용되는 경우에도 노사 양측의 내부적인 불만이 많다는 점이다.

(3) 대각선 교섭

대각선 교섭이란 산업별 노동조합이 개별 기업과 개별적으로 교섭하는 방식을 말한다. 이것은 산업별 노동조합에 대응할 만한 사용자 단체가 없거나 또는 이러한 사용자 단체가 있더라도 각 기업에 특수한 사정이 있을 때 이 방식이 사용된다.

미국에서 General Motors, US Steel 등 대규모 회사의 경우에 흔히 이 방식을 채용하고 있는데, 그것은 단독의 힘만으로도 전국 노조에 대항할 수 있다고 믿기 때문이다. 우리나라와 같이 기업별 조합에 있어서도 그가 소속하는 상부단체가 각 기업별 조합에 대응하는 개별기업과 개별적으로 교섭하는 대각선 교섭의 방식을 취할 수도 있다. 그러나 현행 노동조합 및 노동관계조정법 29조에 의하면 산업별 연합단체는 원칙적으로 교섭권한이 없으므로 대각선교섭이 당연히 행하여질 수는 없다. 그러나 기업 또는 지역단위 노조는 총회 또는 대의원회의 의결을 얻어 교섭권을 연합단체 노조에 위임할 수 있다. 만약 연합단체가 교섭권을 위임받아 개별기업의 사용자와 단체교섭을 하게 되면 대각선 교섭이 된다.

대각선교섭방법의 장점은 개별 기업과 산업별 상부단체가 대각선 교섭을 할 때는 그 상부단체가 개별기업조합의 교섭에 관한 권한을 위임받아서 행하여지며, 노사간의 대등성을 견지하고 요구조건을 산업별 또는 지역별로 통일할 수 있다는 장점이 있다는 점이다. 반대로 단점은 사용자 단체와 기업별 조합간의 대각선 교섭은 사실상 이루어지지 못한다는 점을 들 수 있다.

(4) 공동교섭

공동교섭이란 노동조합이 기업별로 구성되어 있는 경우 또는 산업별 또는 직업별 노조로 되어 있는 경우에 있어서는 기업별 단위지부가 당해기업과 단체교섭을 하는 경우에 그 상부단체인 전국노동조합이 이에 참가하는 방식을 말한다. 다시 말하면 상부조합과 지부가 공동으로 사용자와 교섭하는 방식이며, 이를 연명(連名)교섭이라고도 한다.

공동교섭방식의 장점은

① 기업별 노조에 있어서는 기업별 노조의 약점을 어느 정도 보완해 줄 수 있으며, 산업별 또는 직업별 노조의 경우에 있어서도 지부에 인력이나 재정적 지원을 줄 수 있고 근로조건에 대한 전국적인 표준을 정하여 특정지부가 기업에 지나친 양보를 하지 못하게 하는 점이다.

② 또 노동조합의 대각선 교섭이나 공동교섭을 할 경우에 있어서 유형교섭(類型交涉; pattern bargaining)이라는 교섭전략을 활용하려는 경향이 있는데 이는 일종의 각개격파작전으로 노동조합에 가장 좋다고 생각되는 특정기업과 우선 단체협약을 체결하고 이 협약모형을 다른 기업에도 활용할 수 있다는 점이다. 반면에 단점은 기업의 규모가 영세할 때는 노동조합의 공동교섭에서 열세에 몰릴 가능성이 있기 때문

에 이 교섭방식이 사용될 수 없는 점이다.

(5) 집단교섭

집단교섭이란 수개의 노동조합지부가 공동으로 이에 대응하는 수개의 기업집단과 집단적으로 교섭하는 방식을 말한다. 이러한 교섭방식을 연합교섭방식이라고도 하는데 그것은 노동조합측이나 사용자측이 산업별로 연합전선을 형성하여 교섭하기 때문이다.

이는 유럽 각국에서 많이 볼 수 있으며, 우리나라의 경우에는 단위 노동조합의 대표자들이 연명으로 사용자 단체와 교섭을 하는 것은 가능하며, 이를 집단교섭이라 할 수 있다. 우리나라의 경우는 면방업계의 임금인상교섭을 들 수 있는데 섬유노련의 주선으로 10여개 대기업의 노사 양측이 모여 각각 협상대표를 선출하여 암금인상교섭을 실시한 바 있다. 합의에 도달한 경우에는 기업 모두가 연명으로 임금협정을 체결한다.

3) 고충처리제도(grievance procedure)

(1) 고충처리의 의의

근로자의 작업환경이나 근로조건에 관한 개별적인 불만 또는 단체협약이나 취업규칙의 해석(inter- pretation), 적용(application)에 관해 갖고 있는 불만을 의미한다. 따라서 노동조합과 사용자간에 단체협약이 체결된 후 그의 해석 및 적용에 있어서 당사자간에 차이가 생기고, 또한 단체협약을 위반하였다고 생각할 경우, 간단한 절차에 의해 신속하게 처리하기 위하여 노사쌍방의 대표로 구성된 고충처리위원회를 두어야 한다.

이것은 개인적인 불만이 자칫 집단적인 분쟁으로 전환됨으로써 노사간의 안정이 파괴되는 것을 방지하고 협동이나 생산성에 나쁜 영향을 미치는 불만을 극소화함으로써 명랑한 직장을 조성하는 기능을 갖고 있기 때문이다.[12] 고충처리의 방법으로는 미국이나 유럽의 경우와 같이 이를 단체교섭의 연장이라는 차원에서 취급하는 방법도 있고, 서독과 일본의 경우처럼 노사협의회에서 다루는 방법도 있다.

우리나라의 경우, 이러한 불평·불만이 전 근로자에 관련되는 일반적인 사항에 관한 것이면 단체교섭에서 다루어지고, 노사간의 이해 공통 사항이 아닌 개별적·특수적인 불평·불만은 노사협의회에서 취급한다.

---

12) Harold, W.Davey, Mario F. Bognanno and David L. Estenson, *Contempory Collective Bargaining*, 4th ed. Prentice-Hall, pp.160~161.

(2) 우리나라의 고충처리제도

우리나라 근로자참여 및 협력증진에 관한 법상의 고충이라 함은 근로자의 근로환경이나 근로조건에 관한 개별적인 불만을 말하는 것으로서 집단적 성질을 가진 노동쟁의와는 구별된다. 기업 내의 고충에 대해서는 원래 노사 사이의 자주적 기구에 의하여 이를 해결하는 것이 노사관행이다. 그런데 현행 근로자참여 및 협력증진에 관한 법은 사업 또는 사업장에 고충처리위원을 두도록 규정하고 있다.

근로자참여 및 협력증진에 관한 법에는 상시 30인 이상의 근로자를 사용하는 모든 사업 또는 사업장에 고충처리위원을 두어야 하며 이를 위반하면 벌칙이 적용된다.[13]

고충처리위원은 노사를 대표하는 3인 이내의 위원으로 구성되며 협의회가 설치되어 있는 사업 또는 사업장의 경우에는 협의회가 그 위원 중에서 선임하고, 협의회가 설치되어 있지 않은 사업장의 경우에는 사용자가 위촉한다. 고충처리위원은 근로자로부터 고충사항을 청취한 때에는 10일 이내에 조치사항 기타 처리결과를 당해 근로자에게 통보하여야 한다. 고충처리위원이 처리하기 곤란한 사항에 대하여는 협의회에 부의하여 협의 처리한다.

2. 경영참가제도

종업원이 경영에 참가하는 방식은 그 국가의 문화·경제·사회 및 정치적 환경에 따라 다양하게 나타나고 있다. 경영참가제도는 간접참여로서 자본참가와 직접참여로서의 이익참가 및 경영참가로 구분할 수 있다. 광의의 경우는 자본참가, 이익참가, 경영참가를 다 포함하나, 협의의 경우는 경영참가만을 의미한다.[14]

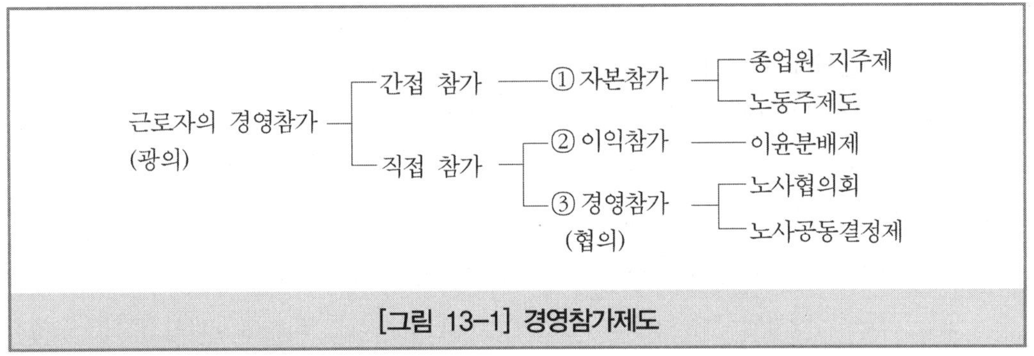

[그림 13-1] 경영참가제도

13) 金亨培, 勞動法, 博英社, 1996, p.692.
14) 崔鍾泰, 現代勞使關係論, 經文社, 1991, p.313.

1) 노사공동결정제도

(1) 노사공동결정제도의 의의

근로자의 경영참가(worker's participation in management)란 넓은 의미에서 해석하자면 경영자의 대권(大權)이라 생각되어온 이른바 경영권(right to manage) 내지는 경영대권(management prerogative)에 대하여 종업원이나 근로자를 대표하여 그들의 이익을 지키고 또 증진시킴을 목적으로 해서 노동조합이나 기타 종업원 단체가 발언권을 가지는 것이라 할 수 있다. 이것이 바로 협의의 경영참가제도로서 노사공동결정제도와 노사협의제가 이에 포함된다. 노사관계의 두 기둥중 하나인 단체교섭이 임금, 작업조건 및 복지후생에 대하여 일정한 유효기간을 정해 놓고 노사가 계약 즉, 단체협약에 대하여 홍정을 벌이는 대립적 노사관계라면, 경영참가는 공동결정이 의미하듯이 노사가 하나의 공동체, 즉 기업경영이라는 동질적 이해관계 영역 내에서 경영기능을 공동으로 협의, 결정하는 의사결정을 중심으로 한 협조적 관계라 할 수 있다. 노사공동결정제도의 대표적인 모델은 독일의 공동의사결정(共同意思決定)제도를 들 수 있다. 독일의 공동의사결정제도는 공동체원리를 기반으로 하고 있기 때문에 노조를 경영과 대립되는 힘으로 보는 영·미식 단체교섭제도와는 매우 대조적이다. 다시 말하면 노동조합이 경영에 참가하여 의사결정의 권리와 책임을 지는 경영참가의 형태라는 특색이 있다. 따라서 노동조합이 경영층의 대항세력으로 존재하기보다는 경영층의 일부로서 공동활동의 영역을 지니므로 독일의 노사관계를 친화적 노사관계형, 미국의 노사관계를 경쟁적 노사관계형이라고 한다.

독일식 공동의사결정제도를 중심으로 구체적으로 살펴보면 다음과 같다.[15)]

(2) 법률

① **공동결정법** : 이는 1951년 제정된 법으로 정확하게 말하면 '광업 및 제강업의 감사역회 및 이사회에 있어서의 종업원의 공동결정에 관한 법률'이다. 즉 이 법은 철강 및 석탄 산업에서 종업원 1천명 이상을 가진 사업에 적용된다.

② **신공동결정법** : 1976년에 제정되어 철강, 석탄 이외의 민간 기업에서 2천명이상의 종업원을 가진 사업장에 적용된다.

③ **경영조직법** : 1952년에 제정되고 1972년에 개정되었는데 종업원 5명 이상을 고용하고 있는 모든 기업체에 적용된다. 그런데 이 법률에 의하면 노사공동의사결정을 수행하는 기구로서는 다음과 같은 4가지 기구가 있다.

15) 姜正大, 前揭書, p.515.

ⓐ 감사역회(監査役會)

ⓑ 경영협의회(經營協議會)

ⓒ 경제위원회(經濟委員會)

ⓓ 경영총회(經營總會)

(3) 노사공동의사결정기구

① **감사역회** : 독일의 기업 조직은 영·미의 기업 조직과는 달리 감사역회라는 최고 의사결정기구가 경영을 담당하는 이사회(理事會)의 상위 기구로 존재한다. 따라서 감사역회가 바로 공동의사결정의 가장 핵심적인 기능, 즉 기업의 전략적 의사결정에 참여하는 기구가 된다. 감사역회는 원칙적으로 동수의 노사 쌍방 대표로 구성되기 때문에 공동의사 결정, 즉 근로자가 경영에 참가한다는 말을 할 수 있다. 즉 감사역회는 2분의 1은 주주에 의하여 나머지 2분의 1은 종업원에 의하여 선임된다.

영·미의 주식회사와는 달리 독일식 주식회사는 ⓐ 주주총회, ⓑ 감사역회, ⓒ 이사회의 세 통치기구로 구성된다. 이 세 기구의 기능과 권한은 법에 의하여 명확히 규정되어 있다. 즉, 경영상의 실무를 담당하는 이사회는 기업의 일상적인 운영에 책임을 지고 감사역회의 감사를 받아야 하며, 또한 감사역회에 대해 경영상태와 계획된 활동에 관한 정보를 제공하여야 한다. 따라서 감사역회의 주요업무는 다음 세 가지다.

첫째, 이사의 선임(임기 5년)

둘째, 주요 경영전략(예 : 투자·재무·인사)의 결정

셋째, 경영에 대한 조사 및 평가

② **경영협의회** : 감사역 외에 경영참가에 중요한 역할을 담당하는 기구가 경영협의회이다. 이는 기업의 관리적·업무적 의사결정에 노동자 대표가 참여하는 노사협력 기구로서 종업원 5명 이상의 기업체에서는 경영조직법에 의하여 구성된다. 즉, 상시 고용 5명 이상의 선거권이 있는 근로자가 취업하고 그 중 3명 이상이 피선거권이 있는 모든 기업에 경영협의회가 설치되어야 한다.

감사역회가 경영의 상위 의사결정단위인 전략적 의사결정에 적극적으로 참여하는 조직인데 비하여 경영협의회는 경영의 하위 의사결정단계인 관리 및 업무적 의사결정에 참여하여 공익을 고려하여 기업과 종업원의 이익을 도모하기 위하여 경영자와 협력하는 역할을 한다.

이러한 경영협의회는 전적으로 종업원의 선출로 구성되며 노동조합의 하부기관이나 주주이익의 대표기관은 아니고 오로지 종업원의 대표기관인 동시에 노사의 공동경영을 위한 기관이다.[16] 그러므로 경영협의회의 역할 중 첫째로 손꼽히는 기능은 종업원의 복지 향상과 더불어 경영생산성을 위한 제안 및 공동결정을 하는 것이다.

즉 주로 종업원의 고용 및 복지를 중심으로 한 경영인사 및 사회문제에 대하여 경영층에서 제안하고 협의하며 또 공동으로 결정한다.

물론 경영, 사회적 상황이외에 경제적 상황 이를테면 생산증강을 위한 신 작업방법의 도입, 업무적 차원의 조직변경 등에 대한 협의와 공동 결정도 한다. 경영협의회의 구성은 무기명 투표에 의해 종업원으로부터 선출된 위원으로 구성된다. 위원회의 임기는 3년이며 위원수는 경영규모와 이해 그룹에 따라 다르다.

경영협의회와 사용자간에는 어떠한 쟁의행위도 있어서는 안되며, 양자는 오히려 적극적인 자세로 근로와 경영의 평화를 위협할 장애를 제거하여야 한다. 그러므로 경영협의회는 사용자의 대립자가 아니라 협력자로서의 역할을 하게 되는 것이다.

2) 노사협의제도

(1) 의의

노사협의제도(works councils, joint consultation system)에 대한 ILO의 정의에 따르면 노사협의제도란「기업체 당사자인 경영자와 근로자가 대등한 입장에서 단체교섭에서 보통 취급되지 않았거나 또는 근로조건의 결정을 위한 다른 제도에서 보통 취급되지 않는 사항으로서 노사 쌍방이 서로의 이해를 돈독히 하고 상호 협력하는 기능을 갖는 제도[17]」라고 풀이하고 있다. 그리고 우리나라 근로자 참여 및 협력 증진에 관한 법률에 의하면「노사협의회란 근로자와 사용자가 참여와 협력을 통하여 근로자의 복지 증진과 기업의 건전한 발전을 도모함을 목적으로 구성하는 협의 기구(근로자 참여 및 협력 증진에 관한 법률 3조 1호)」라고 정의하고 있다.

이와 같이 기업목적을 달성하기 위하여 사용자는 근로자에게 경영방침이나 기업이 추구하는 목적을 이해시키고 그 협력을 구할 필요가 있다. 따라서 노사협의제란 근로자의 복지 증진과 기업의 영속적 발전이라는 노사의 공통 목표와 이해 공통사항을 중심으로 서로가 협의하여 상호이해나 협조증진을 모색하는 기구로서 조직적인 의사소통의 한 방법이며 경영참가제도의 일종이라 할 수 있다.

---

16) 崔鍾泰, 前揭書, p.201.
17) 1952년 ILO총회, 제35회기, "기업에 있어서 사용자와 근로자의 협의 및 협력에 관한 권고", (제94호).

(2) 각국의 노사협의제

① **영국** : 영국의 경우를 보면 기업 수준에서 대표권 공백을 보완하는 데 다음 두 가지 방법을 경합적으로 활용되고 있다. 그 하나는 1차대전 이전부터 내려오는 사업공장 단위의 직장위원회(shop steward)의 활동이 그것이다. 직장위원회는 공장 조합원이 선출하고 지역협의회(district committee)의 승인을 받지만 중앙조직과의 관계가 깊지 않고 오직 공장내에서 조합원의 임률 결정에 영향력을 행사하고, 고정처리, 기타 조합의 의무이행을 촉구하는 등의 역할을 한다. 직장위원회는 조합마다 선출되기 때문에 복수조합조직으로 되어 있는 공장에서는 직장위원회가 많아진다. 그러므로 한 공장에서 다수의 직장위원회가 활동하여 합동직장위원회(joint shop steward)를 두는 경우가 많아지고, 합동위원회는 사실상 공장내 전 조합원을 대표하는 결과가 되어 있어 공장장과의 사이에 심화된 노사협의를 기할 수 있게 되어 있다.

한편 영국 정부에서는 1917년에 휘틀리 위원회(Whitley Committee)의 보고를 기초로 하여 전국산업협의회(National Joint Industrial Council)와 각 공장의 공장위원회(works committee)의 설치를 권장하고 있다.

② **미국** : 미국에서는 노사협의회제는 제1차 세계대전이후에 각 기업에 설치된 종업원대표제(employee representatives) 및 최근에 발전한 노동조합과 경영자의 공동체(union-management corporation)가 있다. 종업원 대표제란 경영자가 직업별 노동자에 대항하여 각 기업단위의 노동자 단체를 만들고 이것을 자기의 교섭상대로 하기 위하여 도입한 것이다. 따라서 이 종업원 대표제는 노동자의 자주적인 조직이 아니며 정부의 장려에 의한 것도 아니다. 즉 경영자에 의해서 육성되고 노동조합에 대립된다는 점에서 영국의 경영협의회와도 다르다.

노동조합과 경영자의 공동체는 경영자와 노동조합과의 단체협약에 의하여 조직된 것이나 이 조직은 노동조합측과 경영자측의 각 대표로 구성된다. 또한 미국에서는 제 1차대전 후에 각 기업에 설치된 공장위원회가 이에 해당된다. 그 뒤 제 2차 세계대전이 일어나면서 전쟁 중 생산을 위한 협력의 필요에서 전시(戰時)생산국의 권장에 따라 합동생산위원회(joint produc- tion committee)가 널리 설치되기도 하였으나 지금은 대부분 없어졌고, 이러한 과정을 거치는 동안 노사협력사상에 의거하여 상당히 많은 노사협의제가 자연발생적으로 임의적 형태로 설치되었다.

③ **일본** : 일본의 노사협의제는 제2차 세계대전이후 노동운동이 활발하여짐에 따라 노사간의 대립을 완화하고 원만한 노사관계를 확립하기 위하여 법제도상의 뒷받침 없

이 노사간의 합의에 따라 거의 자연발생적으로 정착되었다.

일본의 노사협의회의 구성은 각 기업에 따라 차이가 없으나, 일반적으로 노사간에 체결한 단체협약에 따라 설치된다.[18]

노사협의회의 기관은 기업별 노동조합의 중앙본부와 경영자 사이에 설치된 중앙 노사협의회, 공장 또는 사업소 노동조합과 공장 또는 사업소의 간부와의 사이에 설치되는 사업소별 협의회, 부문별로 설치되는 부분별 협의회, 각 작업 현장에 설치되는 현장협의회 등이 있다.

노사협의제의 주요 목적은 사용자가 결정권을 갖고 있는 사항에 대하여 사용자가 최종 결정을 하기 전에 종업원과 협의하고 그 결정에 따라 종업원의 의견을 반영하는 데 큰 뜻이 있다. 따라서 협의사항 범위는 상당히 넓다. 예컨대, 경영방침, 생산의 합리화, 품질향상 및 능률의 증진, 사업소의 신설 및 폐지, 규모의 확장이나 축소, 조직변경, 복지후생 문화, 체육에 관한 사항 등 광범한 사항이 그 대상이 된다. 또 경리사항의 개요, 생산계획과 실적 등에 대하여서는 경영자측이 설명하고 노동자측이 질문하는 정도의 보고사항이 되고 있는 경우가 많지만 노동조건에 직접 관계되는 사항이 협의되는 경우에는 결정사항이 되고 있다. 한편 시간단축이라든지 교대제의 채택, 정년연장 등과 같은 특정문제의 조사, 입안을 위해서는 노사협의회 내에 전문위원회를 설치하여 노사 쌍방의 소수의 전문가가 위원이 되어 협의하는 경우도 있다. 노사협의회와 단체교섭과의 관계를 살펴보면 다음과 같은 세 가지 형태로 구분된다.

ⓐ 완전 분리형 : 이 형태는 노사협의 사항이 단체교섭사항과 완전 분리되는 형태로서 전체의 약 37%를 차지한다. 즉 노동조건에 직접 관계되는 사항은 단체교섭에서 다루고, 노사협의회에서는 경영, 생산 등 경영문제만을 다루는 형태이다.

ⓑ 단체교섭 사전 협의형 : 이 형태는 단체교섭의 사항인 노동조건 등을 경영·생산 등의 문제와 함께 우선 노사협의회에서 협의하고, 거기에서 노사간의 합의를 얻지 못할 때에는 다시 정식으로 단체교섭에서 그 문제를 다루는 형태로서 전체의 38%를 차지하여 가장 높다.

ⓒ 노사협의와 단체교섭의 혼합형 : 이 형태는 단체교섭의 절차를 특별히 두지 않고 노동조건이나 경영, 생산 등의 사항을 모두 노사협의회에서 협의하고, 노동조건에 관한 협의가 이루어지지 않으면 단체교섭으로 들어가는 것이 아니라 곧바로 노동쟁의로 돌입하는 형태이며, 전체의 약 25%에 해당한다.

---

18) 楊雲燮, 前揭書, p. 446.

이상과 같은 세 가지 형태는 운영상의 형태로 나타나는 것이지 원칙적으로 양제도가 서로 상이하고 협의사항도 다른 것이다.

(3) 우리나라의 노사협의제

우리나라에서는 1980년에 노사협의회법이 독립법률로 제정되었으며, 1997년 3월 13일에 근로자 참여 및 협력 증진에 관한 법률로 명칭이 변경되었다. 동법 제5조에서 노동조합의 단체교섭 기타 모든 활동은 이 법에 의하여 영향을 받지 않는다고 규정함으로써 단체교섭과 노사협의를 구분하고 있다. 즉 노사협의회는 단체교섭과는 달리 원칙적으로 노사의 이해에 공통되는 사항을 협의하는 데 있으며, 쟁의행위를 배경으로 하여 행하는 교섭·결정의 장이 아니라는 점이다. 따라서 근로자는 단지 의견을 개진하는 기회를 갖는 데 그치고 그 최종 결정은 사용자가 행하는 것이다.

우리나라 노사협의회는 상시근로자 30인 이상의 사업장에 설치하여야 하는데 근로자와 사용자를 대표하는 동수의 위원으로 각 3인 이상 10인 이하의 위원으로 구성되게 되어 있다. 그리고 노사협의회는 3개월마다 정기적으로 회의를 개최하도록 되어 있으며, 필요에 따라 임시회의를 개최할 수 있다. 노사협의회에서 협의될 수 있는 사항과 보고사항은 다음과 같다.

① 협의사항(근로자 참여 및 협력증진에 관한 법률 19조) : 생산성 향상과 성과 배분, 근로자의 채용배치 및 교육 훈련, 노동쟁의의 예방, 근로자의 고충처리, 안전·보건 기타 작업환경 개선과 근로자의 건강 증진, 인사 노무관리의 제도개선, 경영상 또는 기술상의 사정으로 인한 인력의 배치전환·재훈련·해고 등 고용조정의 일반 원칙, 작업 및 휴게시간의 운용, 임금의 지불방법·체계·구조 등의 제도개선, 신기계·기술의 도입 또는 작업공정의 개선, 작업수칙의 제정 또는 개정, 종업원지주제 기타 근로자의 재산형성에 관한 지원, 근로자의 복지증진, 기타 노사협조에 관한 사항

노사협의회는 이상의 협의 사항에 대하여 노사협의회 위원 과반수 출석과 3분의 2 이상 찬성으로 의결할 수 있다.

② 의결사항(동법 20조) : 사용자는 근로자의 교육훈련 및 능력개발 기본계획의 수립, 복지시설의 설치와 관리, 사내 복지기금의 설치, 고충처리위원회에서 의결되지 아니한 사항, 각종 노사공동위원회의 설치 등에 대해서는 협의회의 의결을 거쳐야 한다.

③ 보고사항(동법 21조) : 사용자는 정기회의에 다음 해당하는 사항에 관하여 성실하게 보고, 설명해야 한다.

경영계획 전반 및 실적에 관한 사항, 분기별 생산 계획과 실적에 관한 사항, 인력

계획에 관한 사항, 기업의 경제적·재정적 상황, 근로자 위원은 근로자의 요구 사항을 보고·설명할 수 있다. 사용자가 이상의 상황을 보고·설명하지 아니할 때는 근로자 위원은 관련 자료의 제출을 요구할 수 있다.

3) 종업원지주제

(1) 의의

종업원지주제(employee stock ownership system)란 기업경영의 방침으로 특별한 편의를 제공, 자사주(自社株) 취득·보유를 추진하는 제도를 말한다.

이 제도는 원래 종업원의 경영에 대한 간접적 참가의 일환으로서 노무관리상의 대책 또는 안정주주의 확보라는 기업방위적 관점에서 강조되었던 것이나, 근래에 와서는 노동자의 재산형성 촉진의 일환으로 더욱 장려되기도 한다.

이 제도가 최초로 실시된 것은 18세기말, 영국의 한 광산회사에서 종업원 이익참가제도를 도입한 것이 그 효시가 되었다. 그후 영국에서는 별다른 진전을 보지 못하였으나, 서독에서는 노동자의 재산형성을 촉진시키는 목적으로 이용되고, 또 미국에서는 경영민주화 사상이 높아짐에 따라 크게 발전을 보게 되었다. 1930년대의 불경기로 인하여 이 제도가 미국에서 크게 위축된 때가 있었으나, 제 2차 세계대전 후부터는 본격적으로 발전·보급되었으며, 세계 여러 나라에서도 그 구체적인 형태는 약간씩 다르지만 이 제도를 도입하여 실시하고 있다.[19)]

이와 같은 종업원지주제도를 실시함으로써 ① 노사협조의 촉진, ② 종업원의 애사정신 제고, ③ 종업원의 재산형성촉진, ④ 노동정착성 향상, ⑤ 기업의 자본조달 원활, ⑥ 주가안정, ⑦ 안정주주 확보에 의한 경영권의 안정 등이 가능하게 된다.

(2) 종업원지주제의 형태

종업원지주제도의 형태는 그 주식 구입자금의 조달원이나 조달방법에 따라 다음과 같이 나누어진다.

① 임의주식구입제도 : 종업원이 자기 자금에 의해 자사주식을 취득하는 것이다. 회사에서는 구입자금의 분할납입 및 시가보다 저렴한 가격으로 제공하는 등의 특혜를 준다.

임의주식구입제도의 장점은 ⓐ 운용비용이 절약되고, ⓑ 자금사정에 따라 매입한도가 임의 조정될 수 있다는 것이다.

또한 단점으로는 ⓐ 종업원의 재력 한계 때문에 실제로 큰 기대를 걸 수 없으며, ⓑ 종업원은 출자자 자격으로만 인정하여 참가시키므로 진정한 의미에서 노사협조를

---

19) Daniel Quinn Mills, *Labor-Management Relations*, 2nd ed, McGraw-Hill, 1982, p.429.

기대할 수 없다.

② 저축장려제도 : 이 제도는 종업원의 주식구입자금을 종업원과 회사에서 공동으로 부담하는 제도이다. 즉 종업원의 저축의욕을 촉진시키기 위하여 종업원이 매월 급여액의 일부분을 현금 또는 기타 방법으로 회사에 일정기간 저축하는 경우, 그 저축액에 대해 회사가 일정 비율의 자사주를 교부하여 주는 제도이다.

이 제도는 종업원의 저축장려가 강조되기 때문에 임의주식구입제도에 비해 근로자의 재산형성에 대한 기여도가 크다. 또한 자사주가 회사와 종업원과의 공동투자의 성격을 띠므로 원활한 노사협조를 촉진시키며, 참가기간이 장기적이므로 안정적인 이점이 있다. 반면 회사측의 제도 운영비용이 많이 든다는 단점이 있다.

③ 이윤분배제도 : 이는 종업원이 주식 구입자금을 전혀 부담하지 않는 제도이다. 즉 회사가 실현한 이윤의 일부를 종업원에게 분배하고, 이를 공동주 또는 종업원의 명의로 저축하여 자사 주식을 취득하게 하는 제도이다. 이 제도는 임의주식구입제도나 저축장려제도와는 달리 자기 자금을 필요로 하지 않기 때문에 진정한 노사협조에 큰 기대를 걸 수 있다. 그러나 기업측에서는 수입의 변동으로 인하여 안정적인 분배가 곤란한 경우가 있다.

(3) 우리나라의 종업원지주제

우리나라에 종업원지주제가 처음으로 도입된 것은 1969년 자본시장 육성에 관한 법률이 제정되면서부터이다. 그러나 당시의 종업원지주제는 우리나라 기업의 폐쇄성과 미숙으로 인하여 입법적으로만 도입되었을 뿐 현실적으로 이 제도를 도입한 기업은 거의 없었다.[20]

그 후 1974년 5·17조치에 의해 정부는 각종 조세 및 금융상의 혜택을 주어 기업 공개를 강화하는 한편 '우리 사주조합(社株組合)의 결성'을 중심으로 종업원지주제를 적극적으로 확대 보급시켰다. 우리사주 조합이란 자기회사의 주식투자를 목적으로 조직된 종업원의 자율적인 투자집단의 일종이다. 이 조합은 공개기업은 물론 비공개기업에서도 결성할 수 있으며, 종업원의 복지증진을 위한 자율적인 단체이므로 그 가입과 탈퇴가 자유롭다. 한편 우리사주 조합이 결성되면 종업원들은 매월 급여액중 일정액을 적립·저축하여 주식에 충당하게 되며, 종래의 개별적인 주식구입방식을 지양하고 공동 구입형태를 취하게 된다. 또한 종업원이 자사주를 매입하는 경우 금융·세제상의 각종 지원책이 제공된다.

20) 姜正大, 前揭書, p.514.

(4) 종업원지주제도의 문제점

종업원 지주제도가 경영정책상 여러 가지 이점을 가지고 있지만 다음과 같은 몇 가지 결함도 지니고 있다.[21)]

① 사용자측에서 본 문제점

ⓐ 주식소유 종업원과 비소유 종업원간의 분열 또는 갈등이 생길 수 있어 생산성 향상을 오히려 저해할 수 있다.

ⓑ 종업원의 발언권이 커짐에 따라 경영자의 지위안정에 역효과를 가져올 수 있고, 종업원의 응집력이 좋아져 경영권에 도전이 될 수도 있다.

ⓒ 종업원지주제가 반드시 산업 평화를 위한 노사협조가 이루어진다고 볼 수 없으며 그 목적의 다양성으로 인하여 그 효과가 약해질 수도 있다.

② 종업원측에서 본 문제점

ⓐ 주가가 하락시에는 종업원의 저축증대와 재산 형성에 오히려 역효과를 가져오며, 종업원의 사기저하와 그로 인한 고용관계가 불안정해질 우려가 많다.

ⓑ 종업원이 임금과 저축의 양면으로 회사에 의존하는 결과가 되어 노동조합의 회유 내지 분열 등으로 이용될 수 있다.

4) 이윤분배제(profit-sharing plan)

통상 지불되는 임금 이외에 기업에 이윤이 발생하였을 경우 미리 노사의 교섭에 의해 정해진 방법에 따라 분배되는 임금이 이윤분배제이다.

이 제도는 첫째, 이윤이 전제가 되어 장려(奬勵)제도와 구분된다. 둘째, 이 제도가 원칙적으로 노사의 협의에 의한 정률(定率)분배라는 점에서 상여금과 다르다. 즉 상여는 경영자측의 경영정책에 의해서 임의의 율이 정해진다. 셋째, 그것이 노동자에게 분배된다는 점에서 주주에 대한 배당과 구분된다.

5) 노동주제

노동주제란 것은 특수한 주식회사에서 일정한 조건에서 근로자가 노동을 제공하는 것을 일종의 노무출자로 보고 그들에게 주식을 내주는 제도를 말한다. 일찍이 프랑스(1917), 뉴질랜드(1924) 등에서 채택된 예가 있다. 이를 통하여 근로자의 협력적 지위를 높이고 단적인 노동임금의 관념을 노동보수의 사상으로 바꾼다는 뜻이 있다.

이는 하나의 이상으로서 뜻이 있다고 하겠지만 실제로는 특별한 효과가 없어 오늘날에는

21) 金聖壽, 勞使關係論, 法經社, 1993, p.239.

거의 실시되지 않고 있다.

제5절 정부와 공공정책

1. 정부와 공공정책의 의의

노사관계는 노동3권을 배경으로 한 노동집단과 경영대권(management prerogative)을 지닌 사용자 집단의 쌍방관계와 행정적 집행력을 지닌 정부의 3자 관계로 볼 수 있다.

노사관계에 대한 정치 또는 정부의 개입은 크게 두 가지 면에서 그 원인이 있다고 볼 수 있다. 첫째는 초기 자유방임적 자본주의에서 나타나는 병폐로서 소득분배의 불평등을 들 수 있다.

자본가는 독점이윤과 경제력을 바탕으로 경제적 약자인 노동자들의 노동을 착취함으로써 부익부 빈익빈(富益富貧益貧)의 현상은 더욱 심화되었으며, 나아가서는 자본주의체제 자체의 존속마저도 위태롭게 되었다. 이러한 연유로 정부가 임금, 고용 및 재배분정책 등을 통하여 분배에 개입하게 되는 수정자본주의(修正資本主義)가 나타나게 되었다. 둘째는 산업혁명에 이은 산업화는 종래의 개별 노동자와 사용자의 관계가 집단 노동자와 사용자의 관계로 변모하게 되었다.

또한 노동자 집단은 종래 동일한 기술, 또는 직업(craft)을 중심으로 형성되던 것이 산업이 고도로 발달하게 되고 유기적인 연관관계를 맺게 되며, 고도의 기계화가 이루어지게 됨에 따라 기술중심에서 산업중심으로 형성되었다. 이러한 사항은 초기의 직업별 노동조합(craft union)으로부터 산업별 노조운동(industrial unionism)으로 전환되었던 점에서 쉽게 이해될 수 있다. 이처럼 노동자집단(노동조합)의 활동영역이 기술중심에서 산업중심으로 전환됨으로써 노조조직의 힘은 크게 강화되었고 노동자 집단의 행동이 사회전반에 끼치는 사회·경제 및 정치적 효과는 막중하게 되었다.

이러한 점에서 노사관계가 노동자 집단과 사용자간의 자율적 관계를 바탕으로 이루어져 왔지만 그것이 사회·정치 및 국민경제의 안정을 해치기 이전에 제3자로서 정부의 직접적인 개입이 필요하게 되었던 것이다.

따라서 노사관계는 법률적·정치적 통제의 테두리 안에서 운영된다. 즉 입법조치를 통해서 국가가 그의 의사를 공공정책에 반영시키며, 사용자와 노동조합을 구속한다.

노동조합을 둘러싼 노사관계에 대한 공공정책은(public policy)은 국가와 시기에 따라 각각 다르다. 그러나 이 정책은 크게 나누면 두 가지 형태로 분류된다.

하나는 노동조합이 정부의 통제에서 완전히 벗어나 사적기관(private body)으로 존재하고 운영되는 경우이다. 그 반대는 노동조합이 정부의 한 기관과 같이 정부와 밀접한 관계를 갖고 있어 임금 및 기타 관련사항 등에 관한 경제적 결정이 모두 정부의 감시와 통제하에 수행되는 경우이다.

오늘날 대부분의 국가가 이 양 수단의 중간단계에 있다고 할 것이며, 러시아 등 사회주의 국가는 후자의 경우에 해당할 것이다. 한편 일반적인 공공정책의 경향은 행동의 완전자유와 사법적 통제로부터, 정부개입에 의한 노동조합의 적극적인 보호 육성정책으로, 또 그 다음에는 조합활동에 대한 세부규제의 방향으로 이행되고 있다는 것이다.[22)]

다만 이러한 가운데에서도 공공정책에 있어서 불변의 원칙은 첫번째로 공공이익의 계속적인 보장이며, 노사 쌍방의 의견차이로 인한 무제한 분쟁을 그대로 방임하지 않는다는 것이다. 둘째로 국가는 근본적으로 노사간의 분쟁을 건전하고 창조적인 힘의 원천이라 보고, 그것이 파괴적이 되지 않는 한 방해하지 않는다는 것이다. 셋째로 노사간의 분쟁의 영역을 점점 좁혀 협력관계를 조성하려고 하고 있으며, 넷째로 인종이나 성별 등 모든 면에서 대우의 공정성의 원칙을 계속 확대·강화시킨다는 것이다.

그러나 이러한 원칙도 그의 구체적인 해석과 적용에 있어서는 정치·사회·경제적 여건의 차이와 시대적 배경에 따라 조금씩 달라지지 않을 수 없다.

우리나라의 정부가 노사관계에 개입하는 형태는 경제정책의 일환으로서 임금정책, 고용정책, 사회보장정책 등을 통하여 정부가 노사관계에 간접적으로 개입하는 방법과 노동쟁의(勞動爭議) 및 부당노동행위(不當勞動行爲)에 대하여 제3의 조정자로서 또는 관계법의 집행자로서 직접 개입하는 방법이 있다.

2. 노동위원회

1) 노동위원회제도의 의의

노동위원회(labor relations commission)는 부당노동행위를 판정하고 노동쟁의를 조정하는 등 여러 가지 권한을 가지는 하나의 행정규제위원회로서 노동위원회법에 의하여 설립된 기관이다.

---

22) Lloyd G. Reynolds, *Labor Economics and Labor Relations*, 8th ed., Prentice-Hall Inc., p.501.

원래 노사관계는 이해의 대립을 중심으로 하여 집단적으로 이루어지는 것이 기본적이므로 이러한 문제는 시민법상의 법률관계와는 본질을 달리하며, 따라서 이를 해결함에 있어서 시민법적 가치판단만으로는 불충분하다. 또한 노사관계가 항상 유동적이며, 신속한 해결과 구제의 확보가 요청되고 심지어 분쟁의 사전예방도 강구되어야 한다. 따라서 노사관계에서 발생하는 문제를 신속하고 공명정대하게 처리할 수 있는 특별한 국가 기관의 설치가 있어야 한다. 우리나라에서도 이와 같은 이유로 행정기관내에 행정규제위원회로서의 노동위원회를 설치하고 있다. 그러면서도 노사문제를 관료기관으로부터 분리하여 독립된 행정위원회인 노동위원회에서 담당하도록 한 이유는, 첫째는 관료주의적 노동행정을 지양하고 자주적 기관으로서의 노동위원회를 둠으로써 노사문제의 민주적 처리가 요청되며, 둘째는 국가 기관에 의한 간섭과 개입을 방지하기 위하여 독립적 기관으로서의 노동위원회를 두는 것이 바람직하며, 셋째로 이상과 같은 목적을 실현하면서도 실체를 행정으로부터 완전히 유리되는 것을 피하기 위한 것이다.

그리하여 노동위원회는 행정기관이기는 하지만, 규제위원회로서의 독립성을 가지고 있으며, 노사의 자주적 질서의 수립이라는 이념을 살리기 위하여 근로자를 대표하는 자(근로자 대표)와 사용자를 대표하는 자(사용자 대표)의 참여를 조직원리로 하고 있다. 그러나 노사문제가 특히 집단적인 문제로 나타날 때에는 사회전제에 미치는 영향이 클 뿐만 아니라 문제 자체의 성격에 따라서는 노사 자체에 일임할 수도 없으므로, 노사문제의 해결에 공익성이 충분히 고려되지 않으면 안된다. 따라서 노동위원회의 공익을 대표하는 자(公益委員)의 참여를 인정하고 있다. 이처럼 노동위원회는 노사정 3자 구성을 조직원리로 하고 노사문제의 합목적적이고 유동적인 처리를 위하여 설립된 독립적 행정규제위원회이다.

이처럼 3자로 구성된 노동위원회는 회의제 운영을 원칙으로 하는 기관으로서 노동쟁의 중재에 있어서는 법적 구속력을 가지며 부당노동행위의 여부를 판정하는 준사법적 기관으로서의 기능을 갖는다.

이 제도는 미국에도 설치되었는데, 즉 1935년 「와그너법」(Wagner Act)에 의하여 전국노동위원회(National Labor Relations Board; NLRB)가 설치되어 부당노동행위의 판정과 교섭단위의 결정에 관한 사무를 관리하는데, 그의 구성은 오직 대통령에 의해서 임명된 5명의 위원만으로 결성된다.

2) 우리나라의 노동위원회

노동위원회법(제정 1997. 3. 13. 법률 제5311호)은 노동위원회의 독립성, 전문성, 효율성을 발휘할 수 있도록 구법에 비하여 많은 제도적 장치를 하였다.

노동조합 및 노동관계조정법에 의한 부당 노동행위의 금지·구제절차와 노동쟁의의 조정 절차가 그것이다. 노동위원회가 노사의 신뢰를 얻으면서 공정하고 신속하게 노사문제를 해결하기 위해서는 독립성 제고가 전제 조건이므로 중앙노동위원회 위원장의 직급을 정부직 장관급으로 상향 조정하고 행정사무의 총괄, 지방노동위원회 위원의 위촉권 등 그 권한을 강화함으로써 노동위원회의 독립성을 제고한 것이다. 노동위원회는 별도의 중앙행정기관이 아닌 노동부장관 소속하에 있다 하더라도 중앙노동위원회 위원장이 장관급으로서 소관업무를 독립적으로 수행하면서 소속직원을 지휘, 감독하고 일정범위의 인사권을 행사하는 등 권한범위가 확대되었다.[23]

(1) 노동위원회의 종류

노동위원회는 노동위원회법에 규정되고 있는 중앙노동위원회와 지방노동위원회, 특별노동위원회가 있다. 중앙노동위원회 및 지방노동위원회는 노동부장관 소속하에 두며 지방노동위원회의 명칭, 위치 및 관할구역은 대통령령으로 정한다.

특별노동위원회는 특별한 사항을 관장하기 위하여 필요한 경우에 당해 특정사항을 관장하는 중앙행정기관의 장 소속하에 둔다. 특별노동위원회는 선원법 제4조에 의하여 설치된 선원노동위원회를 말한다.

(2) 노동위원회의 구성

노동위원회법상 노동위원회는 근로자를 대표하는 위원(근로자위원)과 사용자를 대표하는 위원(사용자위원) 및 공익을 대표하는 위원(공익위원)으로 구성한다. 노동위원회의 위원수는 근로자 위원·사용자위원 및 공익위원 각 7인 이상 20인 이하의 범위 안에서 각 노동위원회의 업무량을 감안하여 대통령령으로 정한다. 이 경우 근로자위원과 사용자위원은 동수로 한다.

(3) 노동위원회의 권한

노동위원회는 독립적인 행정위원회이며, 노동조합 및 노동 관계조정법 및 근로기준법의 법령 등에서 규정된 권한을 독립해서 행사한다. 노동위원회는 노동부장관 또는 중앙행정기관의 장의 지휘·명령을 받지 아니하고 독립해서 그들의 권한을 행사한다.

① 판정적 기능 : 노사당사자의 신청사건으로 다음과 같은 사항을 판정한다.

부당노동 행위의 심사와 구제, 부당해고 등의 심사와 구제, 근로조건 위반으로 인한 손해배상신청의 심사·판정, 휴업수당 지급제외 심사·판정. 여자와 18세 미만 해

23) 金洙福, 前揭書, p. 1195

고에 따른 귀책사유 심사·판정, 휴업 보상, 장해보상의 예외 인정에 관한 심사·판정, 노동부장관의 재해보상 심사·중재 불복에 대한 심사·중재·재심, 단체협약의 해석 또한 노동부장관의 다음과 같은 의결요청 사항을 판정한다.

조합 규약의 변경·보완명령 의결, 노동조합의 결의·처분에 대한 시정명령 의결, 노동조합의 임시총회 또는 임시 대의원회의 소집권자의 지명승인, 단체협약 내용의 시정명령의 사전 의결, 단체협약의 지역적 구속력에 대한 사전심의 의결, 쟁의행위가 안전보호시설의 정상적인 유지운영을 정지·폐지하거나 방해하는 경우에 그 중지명령에 대한 사전심의 의결

② 조정(調整)적 기능 : 노동위원회의 또 하나의 중요한 권한은 노동조합 및 노동관계조정법에 의한 노동쟁의의 조정 즉, 조정·중재의 권한이다.

그 조정절차는 노동위원회가 위촉·지명하는 노동위원회의 조정위원회, 중재위원회에 의하여 수행된다.

또 쟁의행위가 공익사업에 관한 것이거나 그 규모가 크거나 그 성질이 특별한 것으로서 현저하게 국민경제를 해하거나 국민의 일상생활을 위태롭게 할 위험이 현존하는 경우 긴급조정을 행한다.

3. 부당노동행위

1) 부당노동행위의 의의

부당노동행위란 사용자가 노동조합과 근로자의 정당한 권리를 침해하거나 반대로 노동조합이 사용자의 정당한 기업 활동을 침해할 때 나타나는 일체의 행위를 말한다.

부당노동행위 제도는 1935년 미국의 Wagner법에서 처음으로 창설된 제도이고, 최초노동조합의 어용화를 방지하기 위하여 입법화된 것이며 사용자의 노동조합활동에 대한 간섭, 조합지배, 차별대우, 산업발전의 위협 등을 부당노동행위로 금지하는 조항을 두었다. 역사적인 문제는 부당노동행위로 입법적 보호를 받게 된 노동조합이 비대해져서 노동조합의 세력에 의한 산업발전의 안정이 위협을 받게 되자 1947년에는 Tafty-Hartley Act에서는 근로자와 사용자의 동등한 균형을 취하고자 노동조합측의 부당노동행위를 새로 추가하였다. 이것은 노사간의 힘의 균형을 꾀하기 위한 것이기도 하지만 오히려 노사간의 자유로운 거래의 제약을 배제하는 데 목적을 두고 있었다.[24)]

24) 金亨培, 前掲書, p.617.

그 후 이 제도는 일본·캐나다·인도·멕시코 등 많은 나라에서 채택되고 있으며, 우리나라에서도 이 제도를 도입·채택하고 있다. 우리나라에서는 1953년에 제정된 최초의 노동조합법에서 미국의 Taft-Hartley Act를 모방하여 사용자에 의한 부당노동행위와 함께 근로자측의 부당노동행위까지 규정하여 이에 대한 처벌규정까지 정하였으나, 1963년 개정 노동조합법에서 노동조합측의 부당노동행위의 규정을 삭제하고 미국의 Wagner법을 추종하여 사용자의 부당노동 행위제도만을 신설·확대하였다.[25)]

한편 ILO조약 제98조에서도 부당행위제도의 정립을 요청하고 있다.

2) 부당노동행위의 종류

우리나라의 노동조합 및 노동관계조정법 제81조에서는 사용자의 다음과 같은 행위를 부당노동행위로 규정하고 있다.

(1) 불이익대우

① 불이익의 이유 : 노동조합법 및 노동관계조정법 제81조 1호에서는 '근로자가 노동조합에 가입 또는 가입하려고 하였거나, 노동조합을 조직하였거나 기타 노동조합의 업무를 위한 정당한 행위를 한 것을 이유로 그 근로자를 해고하거나 그 근로자에게 불이익을 주는 행위를 부당노동행위'라고 하고 있다. 또 동조 제5호에서는 '근로자가 정당한 단체행동에 참가한 것을 이유로 하거나 그에 관한 증언을 하거나 행정관청에 증거를 제출한 것을 이유로 그 근로자를 해고하거나, 그 근로자에게 불이익을 주는 행위'도 역시 부당행위로 규정하고 있다.

따라서 불이익대우의 원인이 되는 요건으로는 ⓐ 근로자가 노동조합에 가입 또는 가입하려 한 것, ⓑ 노동조합을 조직하려고 한 것, ⓒ 노동조합의 업무를 위해 정당한 행위를 한 것, ⓓ 정당한 단체행동에 참가한 것 등이다.

이러한 행위를 한 근로자에 대해 사용자가 불이익을 주는 것이다.

② 불이익대우의 유형 : 불이익대우로서 가장 전형적인 형태는 해고이며, 전근, 배치전환, 출근정지, 휴직, 복직거부, 계약 갱신거부, 고용거부, 차별승급, 강등 및 복지시설의 차별적 이용, 공장폐쇄 등을 들 수 있다.

(2) 황견계약

황견계약(yellow-dog contract)이란 경영자가 어느 노동조합에 가입하지 않을 것, 또는 탈

---

25) 金聖壽, 前揭書, p.196.

퇴할 것, 특정노동조합원의 조합원이 될 것 등을 고용조건으로 하는 근로계약으로서 사용자와 근로자가 합의한 형식을 취함으로써 근로자의 노동 3권을 제한하는 성격을 가진 위법적인 계약을 말한다. 우리나라 노동 조합법 및 노동관계조정법 제81조 2호에서는 '근로자가 노동조합에 가입하지 아니할 것 또는 탈퇴할 것을 고용조건으로 하는 행위'라고 규정하여 이를 부당노동행위라고 하여 금지하고 있다.

황견계약은 사용자가 노동조합을 파괴하기 위해서 이용하는데 1935년 와그너법에 의하여 부당노동행위로서 금지될 때까지 미국에서 성행하였으며, 일명 비열계약(卑劣契約), 반조합계약(anti-union contract) 또는 장갑계약(裝甲契約)으로도 불린다.

(3) 단체교섭거부

단체교섭거부(refusal of collective bargaining)란 노동조합의 대표자 또는 노동조합으로부터 위임을 받은 자와의 단체협약 체결, 기타 단체교섭을 정당한 이유 없이 거부하거나 해태하는 사용자의 행위를 말한다.

노사관계는 노사 대등의 원칙에서 노동자의 임금·노동시간 기타 노동조건에 관하여 교섭과정을 통하여 결정되어야 가장 바람직한데 노동조합의 교섭 제의를 정당한 이유 없이 거절하는 것은 사용자로서의 의무를 위반한 것이며 성실성이 결여된 행동이라 할 수 있다.

우리나라 노동조합법 및 노동관계조정법 제81조 3호에서 노동조합 대표자 또는 노동조합으로부터 위임받은 자와의 단체협약 기타 단체교섭을 정당한 이유 없이 거부하거나 해태하는 행위를 부당노동행위로 금지하고 있다.

우리나라 노동법은 사용자에게 단체교섭에 성실하게 응할 의무를 규정하고 있는 동시에 사용자가 정당한 이유가 있을 때에는 단체교섭 또는 단체협약 체결을 거부할 수 있음을 규정하고 있다. 이 경우 정당한 이유의 예로서는 단체교섭의 대표가 노동조합의 대표임이 불분명할 경우, 단체협약에서 절차를 정했을 경우 상대방이 이를 위배할 경우, 노조측의 무력행사 기타 폭력으로 평화적인 교섭 행위를 벌일 수 없을 경우 등을 들 수 있다.

(4) 지배·개입 및 경비지원

지배·개입(control and intervention)이란 노동조합의 단결활동에 사용자가 주도적인 영향을 끼침으로써 노동조합의 의사결정을 좌우한다거나 이를 방해하는 행위를 말한다.

노동조합법 및 노동관계조정법 제81조 4호에는 '근로자가 노동조합을 조직 또는 운영하는 것을 지배하거나 이에 개입하는 행위와 노동조합의 전임자에게 급여를 지원하거나 노동조합의 운영비를 원조하는 행위가 부당노동행위를 구성하므로 이를 금지시키고 있다.

동법 제81조 제4호 단서에는 다만 근로자가 근로시간 중에 사용자와 협의 또는 교섭하는 것을 허용함은 무방하며 또한 근로자의 후생자금 또는 경제상의 불행 기타의 재해의 방지와 구제 등을 위한 기금의 기부와 최소한 규모의 노동조합 사무소의 제공은 예외라고 규정하고 있다.[26]

이러한 규정은 노동조합의 자주성과 독립성을 보호하여 노동조합의 건전한 발전을 도모하려는 것이 그 입법취지이다.

(5) 보복적 불이익취급

근로자가 정당한 단체행동에 참가한 것을 이유로 하거나 또는 사용자가 위반한 것을 노동위원회에 신고하거나 그에 관한 증언을 하거나 기타 행정관청에 증거를 제출한 것을 이유로 그 근로자를 해고하거나 불이익을 주는 것을 부당행위로 규정하고 있다.

3) 부당노동행위의 구제

(1) 구제의 성격

사용자의 부당노동행위로 인하여 근로자가 피해를 입었을 경우 이것을 시정하는 방법에는 두 가지가 있다. 하나는 법원에 제소하여 그 판결을 따르는 것이다. 그런데 원래 노사관계의 분규는 규제의 내용이 법원의 판결과 같이 한 칼에 두 쪽으로 자르는 식으로 해결될 성질의 것이 아니므로 탄력성이 있어야 한다. 더구나 침해된 권리가 종업원의 복직과 같이 장기간 미결상태로 남겨 둘 수 없는 급박한 경우 법원의 조치는 별로 실효성이 없다.

그러므로 보다 신속하고 탄력적인 구제(救濟)를 도모할 수 있는 행정부 규제 방식을 채택함으로써 사법적 구제의 결함을 보완할 필요가 있다. 따라서 오늘날은 노동위원회에 부당노동행위 구제신청을 하여 그 명령(행정 처분)에 따르도록 하는 것이 일반적이다.[27]

노동위원회의 구제절차는 사용자의 부당노동행위에 대하여 근로자 또는 노동조합의 구제신청을 받아 심사한 후 구제명령을 발하는 기본적인 구조를 갖고 있다.

(2) 노동위원회의 관할

부당노동행위는 지방노동위원회와 중앙노동위원회의 이심제(二審制)를 기본으로 하고, 그 위에 행정소송을 인정하여 형식상 3심제를 이루고 있다. 일심(一審)은 부당노동행위가 발생한 사업장의 소재지를 관할하는 지방노동위원회가 관장하며, 이심(二審)에 해당하는 중앙노

---

26) 노동조합 및 노동쟁의 조정법 제 81조 4호
27) 姜正大, 前揭書, p.508.

동위원회는 재심사건, 둘 이상의 특별시·광역시 또는 도에 걸친 사건 특히 전국적으로 중요하다고 인정하는 사건을 다룬다.

(3) 구제절차

사용자의 부당노동행위로 인하여 권리를 침해받은 근로자나 노동조합은 행위가 일어난 날로부터 3개월 이내에 서면(書面)으로 그 행위가 일어난 지방을 관할하는 지방노동위원회에 구제신청을 할 수 있다.

노동위원회는 구제신청을 받으면 지체없이 필요한 조사와 관계당사자의 심문 등 심사하여 부당노동행위의 성립 여부를 가려내고 적절한 조치(구제 명령 또는 기각판정)를 내려야 한다.

이때의 판정, 명령 또는 결정은 서면으로 해야 한다. 구제명령은 명령서의 교부 또는 송달을 받은 날부터 효력이 발생한다. 지방노동위원회 또는 특별노동위원회 판정에 불복하는 관계당사자는 명령서 또는 기각통지서를 받은 날로부터 10일 이내에 중앙노동위원회에 재심을 신청할 수 있다. 그 후 중앙노동위원회의 구제명령이나 기각판정 또는 재심판정에 불복하는 관계당사자는 그 재심판정의 결과에 대한 통지서를 받은 날부터 15일 이내에 행정소송을 제기할 수 있다.

4. 노동쟁의

1) 쟁의행위의 개념

노동조합 및 노동관계조정법 제2조 5호에 의하면 노동쟁의란 노동조합과 사용자 사이에 임금·근로시간·위생·해고·기타 대우 등 근로조건에 관한 주장의 불일치로 인하여 발생되는 분쟁 상태를 말한다. 그리고 이 분쟁상태를 자신에게 유리하게 해결하고자 하는 것을 목적으로 행하는 행위를 쟁의행위라고 한다.

동법 제2조 6호에는 쟁의행위라 함은 파업·태업·직장폐쇄 기타 노동관계 당사자가 그 주장을 관철할 목적으로 행하는 행위와 이에 대항하는 행위로서 업무의 정상적 운영을 저해하는 것을 말한다고 규정하고 있다. 근로자의 쟁의행위를 행하는 권리, 즉 쟁의권(right to strike)은 단결권, 단체 교섭권과 함께 헌법상의 기본권으로 보장되고 있으며, 동법 제4조에도 이에 따라 정당한 쟁의행위에 대하여 형사상의 면책을, 그리고 동법 제3조에는 민사상의 면책을 규정하고 있다.

이러한 노동쟁의는 노사간의 의견차이에서 발생하는 것이므로 노사당사자간에 자주적으로 해결하는 것이 바람직하다. 그러나 노사당사자간의 자주적 해결에 일임하는 경우에는 쟁의행위가 자주 발생할 수 있고 장기간 계속될 가능성이 커서 정부는 노동쟁의에 대하여 제한을 가하고 있으며, 노동쟁의의 조정을 위하여 노동관계조정법을 두는 동시에 특별기관을 설치하여 쟁의의 사전적·평화적 해결을 도모하고 있다. 따라서 우리나라에서는 노동쟁의조정법(1953년)을 제정하였고, 1997. 3. 13.에는 노동조합법 및 노동관계조정법을 제정, 노동쟁의의 평화적인 해결을 도모하기 의해 노동위원회로 하여금 그 조정을 담당하도록 하고 있다.

2) 쟁의행위의 유형

(1) 노동자측의 쟁의행위

① 파업 : 파업(strike)은 근로자의 쟁위행위 중 가장 오랜 역사를 가진 전형적 분규 형태이다. 파업은 다수의 근로자가 근로조건의 유지 또는 개선이라는 목적을 쟁취하기 위하여 공동으로 노무 제공을 거부하는 행위이다.

그러나 근로자들이 집단적으로 노무를 거부하는 것은 개선된 근로조건에서 노동을 계속할 것을 전제로 하고 있는 것이므로 파업이 종료한 후 근로자들이 노동을 계속할 의사를 가지고 있다는 것은 파업의 본질적 성격 중의 하나이다. 파업에는 여러 가지 형태가 있는데, 타 조합의 쟁의를 지원하는 동정 파업(sympathetic strike), 사업장을 점거하고 농성하는 연좌파업(sit-down strike), 일부 직장·지역만이 행하는 부분파업과 전국적 또는 전 산업적으로 행하는 총파업(general strike) 등이 있으며 이밖에도 일부노조원이 노조의 승인 없이 하는 불법쟁의(wild cat strike)가 있다.

② 태업 : 태업(soldiering)은 근로자들이 단결해서 의식적으로 작업 능률을 저하시키는 것을 말한다. 그러므로 이론적으로는 작업을 하지만 실제적으로 작업을 하지 않거나 또는 필요이상 간단한 작업 또는 조잡한 작업을 하는 것을 말한다.[28)]

이에 반하여 사보타지(sabotage)는 생산 또는 사무를 방해하는 행위로서 단순한 태업에 그치지 않고 의식적으로 생산설비를 파괴하는 행위까지를 포함하는 개념이다. 파업이 노동력을 생산수단과의 결합 상태에서 분리시키고 사용자의 노동력에 대한 지휘명령으로부터 근로자들을 완전히 벗어나게 하는 것이라면, 태업 또는 사보타지는 다만 사용자의 지휘명령을 그대로 따르지 않게 하는 특성이 있다.

이상과 같은 태업·사보타지에 대해서는 사용자가 직장폐쇄를 하는 것이 보통이기 때문에 쟁의행위로 그다지 효과적이 아니다.

---

28) 金亨培, 前揭書, pp.530~533.

③ **준법투쟁** : 근로자는 근로기준법에 정한 근로기준시간 이상의 연장근로를 거부할 수 있는 권리와 휴가에 관한 권리 등을 가진다. 그리고 근로자는 근로 제공에 있어 안전·보건에 관한 준칙을 지킬 의무를 진다. 그런데 이러한 권리·의무를 근로자 단체의 통일적인 투쟁계획에 의하여 다수의 근로자가 동시에 실행하는 경우 파업이나 태업과 같은 효과가 발생할 수 있다. 다시 말하면 근로자들이 그들의 권리·의무를 실행함으로써 집단적인 노무정지의 현상이 발생하게 되어 쟁의행위의 수행 또는 권리·의무의 실현이라는 양면성이 나타나게 된다. 그러나 이와 같은 준법(遵法)투쟁이 어떠한 조건에서 쟁의행위로 평가될 수 있는가?

첫째, 연장근로가 관행화된 경우에 있어서 근로자들이 연장근로를 거부하는 것은 업무의 정상적인 운영을 저해하는 것이므로 쟁위행위라고 볼 수 있다. 휴일 근로의 경우도 위와 같이 판단해야 할 것이다. 둘째, 연차유급휴가를 일제히 사용하는 것은 사용자의 시기변경권과의 관계에서 권리행사의 요건이 결여된 것이므로 쟁의행위로 보아야 한다. 또한 병가(病暇)의 집단적인 사용은 유행병이 아닌 한 쟁의행위로 보아야 한다. 월차유급휴가의 집단사용도 마찬가지이다. 셋째, 요구조건의 관철을 위하여 집단사표를 내고 노무의 정지상태를 초래하는 것은 진정한 근로 계약관계의 종료의사가 없는 한, 이를 쟁의행위라고 보아야 한다. 넷째, 안전보건에 관한 법규 또는 취업규칙이나 단체협약상의 규정을 철저히 준수하는 행위는 그것이 당해 규정에서 객관적으로 요구하는 준칙행위라면 행위의 목적이 사용자로 하여금 그 법규를 준수하게 하려는 것이든 그 밖의 요구를 시위·관철하려는 것이든 쟁의행위라 볼 수 없다. 그러나 위의 행위가 당해 규정이 객관적으로 요구하는 정도와 내용을 벗어나는 방법으로 법규를 준수함으로써 작업능률을 저하시키는 경우에는 태업과 유사한 쟁의행위로 보아야 한다.

④ **보이콧** : 보이콧(boycott)이란 사용자 또는 그와 거래관계에 있는 제3자의 상품 구입이나 시설의 이용을 거절하거나, 사용자 또는 그의 거래 관계에 있는 제3자와 근로계약의 체결을 거절할 것을 호소하는 투쟁행위를 말한다. 이 경우에 근로자들이 그들의 사용자에 대하여 압력을 가하는 것을 1차적 보이콧(primary boycott)이라고 하고, 사용자와 거래관계에 있는 제3자에게 사용자와의 거래를 단절할 것을 요구하고 이에 응하지 않을 때에는 상품의 구입이나 노동력의 공급을 중단하겠다는 압력을 가하는 것을 2차적 보이콧(secondary boycott)이라고 한다. 그런데 미국의 테프트 하트리법(Taft-Hartry Act)에서는 2차적 보이콧을 노동조합의 부당노동행위로 규정하고 있다.

⑤ **생산관리** : 생산관리란 파업행위로서 근로자가 집단적으로 쟁의목적을 달성하기 위

하여 사용자의 지휘명령을 배제하고 사용자의 사업장 또는 공장에 대한 일체 운영을 접수해서 자기 의사대로 기업경영을 행하는 행위를 의미한다.

이러한 생산관리는 소극적 생산관리와 적극적 생산관리로 구분해서 설명할 수 있는데 전자의 경우에는 종전대로의 기업경영의 방침에 따라 매상금은 회사를 위해 보관하고 임금도 종전대로 가불의 형식으로 지급하여 사용자로 하여금 근로자측의 요구를 수락하도록 압력을 가하는 것으로 그치는 행위이다. 적극적 생산관리는 종래의 경영방침을 변경하거나 생산자재의 처분도 임의대로 행하며 임금지급도 매상금을 가지고 요구 금액대로 지불하며, 쟁의기간 중의 조합운영비도 매상금으로 충당하는 행위를 말한다.

이와 같은 생산관리는 동맹파업과는 달리 임금을 받아 가면서 행하는 쟁의행위로서 경제사정이 불안정하고 노사관계가 정상화되지 않은 조건에서 이용된다.

⑥ **피케팅** : 피케팅(picketing)은 파업을 효과적으로 수행하기 위하여 근로 희망자들의 사업장 또는 공장의 출입을 저지하고 파업동참에 협력할 것을 구하는 행위이다. 즉, 피케팅은 근로를 희망하는 근로자에게 파업에 참가할 것을 권유하고 제3자가 파업이 일어난 사업장에서 또는 파업을 당한 사용자에게 고용되어 일하는 것을 저지하며, 공중으로 하여금 분쟁에 대한 주의를 환기시켜 노동조합의 요구에 대한 공동의 이해를 얻는 행위이다. 이것은 파업중인 사업장의 사용자에 대하여 노동력의 제공을 철저히 차단함으로써 경제적인 타격을 좀더 효과적으로 가하려는 것이다.

보통 피케팅은 사업장 또는 공장 입구에서 플래카드를 들고 또는 확성기 등을 이용하여 출입자를 감시하고 근로 희망자들에게 파업에 동조할 것을 요구하는 것으로 나타난다. 원래 피케팅은 그것 자체로서 독립된 투쟁행위라 할 수 없으나 파업이나 보이콧에 수반되는 보조적 현상이다

(2) 사용자측의 쟁의행위

노동조합측의 쟁의행위에 대응하는 사용자측의 쟁의수단으로서는 직장폐쇄(lock out)가 있다. 직장폐쇄란 노사간의 분쟁이 있을 때 사용자가 그의 주장을 관철시키기 위하여 공장이나 작업장을 폐쇄하여 근로자의 출입을 거부하는 것을 말한다.

우리나라 노동조합 및 노동관계조정법 제46조에서는 사용자는 노동조합이 쟁의행위를 개시한 이후에만 직장폐쇄(職場閉鎖)를 할 수 있고, 이 경우 노동부장관과 노동위원회에 각각 신고하여야 한다고 규정하여 근로자가 아직 업무저해 행위를 하지 않고 있는데 사용자가 먼저 행하는 선제적 직장폐쇄는 인정하지 않고 있다. 정당한 직장폐쇄 기간중에는 사용자는 근로자에 대한 임금지급의무를 지지 않는다.

5. 노동쟁의 조정제도

1) 조정제도의 의의

집단적 노사관계 당사자간에 근로조건 등 노동관계상의 주장의 불일치에 기인하여 분쟁이 생겨서 쟁의행위가 발생할 염려가 있는 경우 또는 쟁의행위가 발생한 경우에 외부의 제3자가 양자의 주장을 조정하여 분쟁을 해결하도록 노력하는 절차를 노동쟁의조정이라고 한다.

노사간의 분쟁은 당사자들 자신에게 경제적 손실을 가져올 뿐만 아니라 국민생활에도 많은 영향을 미친다. 따라서 노동쟁의조정법은 노사관계의 공정한 조정을 도모하고 노동쟁의를 예방 또는 해결함으로써 산업평화의 유지와 국민경제의 발전에 차질이 없도록 여러가지 제도를 마련하고 있다.

2) 현행노동쟁의조정제도의 구조[29)]

노동조합 및 노동관계조정법상의 조정방식(調整方式)에는 노사의 자주적 해결원리에 의한 사적조정방식과 노동조합법 및 노동관계법의 규정에 의한 소정의 법적조정 방식이 있다. 양자는 관계에 있어서는 사적조정에 관한 노사 당사자의 합의가 있는 경우에 그 조정절차가 먼저 적용된다. 그러나 노사 당사자간에 사적 조정절차에 관한 단체협약상의 규정이나 다른 약정이 없는 경우에는 노동조합 및 노동관계조정법상의 조정 절차가 그대로 적용된다.

(1) 사적조정제도

사적조정제도(私的調整制度)에는 노사 당사자의 의사에 따라 노동위원회에 조정을 신청하지 않고 사인(私人)이나 임의 단체에 조정과 중재를 해결하도록 요청하고 사적조정 중재인이 노사분쟁을 해결하는 제도이다. 이 제도는 1987년 노동쟁의조정법 개정시 삽입되었으며 1997년에는 법제정시 사적 조정·중재로 변경하고 조정전치기간과 중재시 쟁의금지기간을 자세히 규정하였다.

노사 당사자는 조정 또는 중재의 모든 사적조정절차를 함께 규정할 수 있고 그 중에서 하나의 절차만을 둘 수 있다.

사적조정절차는 각 기업의 실정에 맞추어 여러가지 형태로 활용할 수 있을 것이다. 예를 들면 단체교섭이 결렬되었을 때 자동적으로 개시될 수 있도록 규정될 수 있으며, 노사 당사자의 일방 또는 쌍방의 신청에 의해 개시될 수 있도록 미리 합의할 수 있고, 더 나아가 공식절차가 개시된 후에도 사적조정에 관하여 합의할 수 있다. 이 경우에 노사 쌍방이 합의한

29) 金洙福, 前揭書, pp. 1073~1107

사적조정절차의 개시를 제한할 수 없으며, 사적조정절차가 공식조정절차보다 우선하는 것으로 해석된다.

노사 당사자는 사적조정에 의해 노동쟁의를 해결하기로 한 때에는 이를 관할 노동위원회에 신고하여야 한다. 노동쟁의의 양당사자가 사적조정결정 신고를 하고 사적 방법에 의하여 노동쟁의의 해결에 노력하였으나 노동쟁의가 해결되지 않아 공적조정제도를 이용할 경우, 관할노동위원회에 조정 신고를 제출하면 노동조합 및 노동관계조정법에 의한 조정절차가 개시된다.(노동조합 및 노동관계조정법시행령 제23조 3항) 사적조정인에 대한 자격은 별도규정이 없으므로 당사자의 합의나 단체협약으로 정하면 된다. 사적조정에 의하여 분쟁이 해결되었을 경우 양당사자의 조정인이 함께 서명 날인하면 그 내용은 단체협약과 동일한 효력을 갖는다. 사적조정시에도 공적조정과 마찬가지로 조정전치기간(일반사업 10일, 공익사업 15일)과 중재시 쟁의행위금지 규정(15일)이 적용된다. 구 조정쟁의조정법에서는 노동쟁의 발생신고 후 냉각기간동안 알선·조정을 순차적으로 진행하였으나 노동조합 및 노동관계 조정법에서는 노동쟁의 발생 신고제도가 폐지되고 알선·조정을 조정으로 일원화하고 쟁의행위는 조정절차를 거친 후에만 가능하도록 규정하였다. 이른바 조정전치주의(調整前置主義)를 채택하였다.(노동조합 및 노동관계조정법 제45조)

노동쟁의가 발생하였을 때는 노동관계당사자 중 어느 일방이 노동쟁의 발생을 상대방에게 통보하고 노동위원회에 조정을 신청하여야 하며 조정은 원칙적으로 일반사업은 10일, 공익사업은 15일 이내에 조종하여야 하며 당사자의 합의로 각각 10일, 15일 이내에서 연장 가능하다.

(2) 노동조합 및 노동관계조정법상의 노동쟁의 조정(調整)절차

① 조정 : 조정(調停)은 노동조합 및 노동관계조정법상의 제1의 조정(調整)절차이다. 조정은 관계당사자의 의견을 들어 조정안을 작성하여 노사 당사자의 수락을 권고하는 형태의 조정제도이다. 조정위원회에 의한 조정안의 수락권고가 강제적이 아니라는 점에서 조정은 노사의 자주적 해결의 정신을 기초로 하고 있다. 노동위원회는 관계당사자의 일방이 노동쟁의의 조정을 신청한 때에는 지체없이 조정을 개시하여야 하며 관계당사자 쌍방은 이에 성실히 임하여야 한다.(노동조합 및 노동관계조정법 제53조)

ⓐ 조정기관 : 조정은 노동위원회에서 구성된 조정위원회가 담당한다. 조정위원회는 조정 사건이 의뢰될 때마다 3명의 조정위원으로 구성된다. 조정위원은 당해 노동위원의 위원 중에서 사용자를 대표하는 자, 근로자를 대표하는 자, 공익을 대표하는 자

각 1인을 그 노동위원회 위원장이 지명한다.

ⓑ 조정활동 : 조정위원회의 활동은 분쟁현황과 당사자의 의견을 파악하기 위한 의견청취, 조정안의 작성, 수락된 조정안의 유권해석 등을 한다.

조정위원회의 조정안이 관계당사자에 의해 수락되어 서명 날인한 경우에는 이 조정서는 단체협약과 같은 동일한 효력을 갖는다.

② **중재** : 노동조합법 및 노동관계조정법상의 제2의 조정절차는 중재(仲裁)이다. 중재는 노동위원회에서 구성하는 중재위원회가 양당사자에 대하여 구속력 있는 중재재정을 하는 절차이다. 중재는 조정과 달리 노사의 자주적 해결원칙과는 가장 거리가 먼 제도이다.

노동조합 및 노동관계법상의 중재제도는 일반 사업에 있어서는 임의적인데 비해 필수 공익사업 (철도(도시철도) 및 시내버스(특별시, 광역시에 한함)운송, 수도·전기·가스·석유정제 및 석유공급사업, 병원사업, 은행사업, 통신사업)에 있어서는 강제적 제도라는 특징이 있다.(노동조합 및 노동관계조정법 제71조 2항 : 이중 시내버스운송사업, 은행사업은 2000년 12월 31일까지 적용한다. 동법 부칙 제2조) 즉, 관계당사자의 신청이 있을 때에 그 절차가 개시되는 임의중재와 필수 공익사업에 있어서 노동위원회 위원장이 특별조정위원회의 권고에 의하여 중재에 회부한다는 결정을 할 때 이를 개시하는 강제중재를 두고 있는데 임의중재는 일반사업과 공익사업에 다같이 적용되나 강제중재는 필수 공익사업에만 해당한다.

ⓐ 중재기관 : 중재는 중재위원회가 담당한다. 중재위원회는 중재위원 3인으로 구성한다. 중재위원은 당해 노동위원회의 공익을 대표하는 위원 중에서 관계당사자의 합의로 선정한 자에 대하여 노동위원회 위원장이 지명한다.

ⓑ 중재기관의 활동 : 현행법은 관계당사자의 의견을 직접 청취하는 절차를 마련하지 않고 간접적으로 관계당사자가 지명한 노동위원회의 노사 대표위원을 통하여 의견을 진술할 수 있는 기회를 부여하고 있을 뿐이다.

ⓒ 재심 : 중재는 서면으로 작성하여 중재재정서를 관계당사자에게 각각 송달해야 한다. 확정된 중재재정 또는 재심결정의 내용은 단체협약과 동일한 효력을 갖는다.

관계 당사자는 지방노동위원회 또는 특별노동위원회의 중재재정이 위법이거나 월권에 의한 것이라고 인정하는 경우는 그 중재재정서의 송달을 받은 날부터 10일 이내에 중앙노동위원회의 재정이나 중앙노동위원회의 재심결정이 위법이거나 월권에 의한 것이라고 인정하는 경우에는 그 중재재정서 또는 재심결정서의 송달을 받은 날로부터 15일 이내에 행정소송을 제기할 수 있다.

③ **긴급조정** : 노동조합 및 노동관계조정법에서는 쟁의행위가 공익사업(노동조합 및 노

동관계조정법 제71조 제1항 : ⓐ 정기노선, 여객운수사업, ⓑ 수도·전기·가스·석유정제 및 석유공급사업, ⓒ 공중위생 및 의료사업 ⓓ 은행 및 조폐사업, ⓔ방송 및 통신사업)에 관한 것이거나 그 규모가 크거나 그 성질이 특별한 것으로서 현저히 국민경제를 해하거나 국민의 일상생활을 위태롭게 할 위험이 현존할 때에는 노동부장관의 결정에 의하여 강제적으로 행할 수 있는 조정절차를 특별히 마련해 놓는데 이를 긴급조정제도라 한다. 긴급조정(緊急調整)제도는 미국의 Taft Hartly법(제206조 내지 210조)상의 국가긴급사태(National Emergency)조항을 모방한 것이라 할 수 있다.

노동부장관의 긴급조정이 결정 공표된 때에는 중앙노동위원회에 의하여 강제적으로 조정과 중재가 개시되며 이와 함께 관계당사자는 즉시 쟁위행위를 중지하여야 하며, 공표일로부터 30일이 경과하지 아니하면 쟁의행위를 재개 할 수 없다. 긴급조정에 의하여 조정안이 관계당사자에 의하여 수락되거나 중재재정이 내려지면 조정안과 중재재정은 단체협약과 동일한 효력을 가진다.

참고문헌

강정대, 현대인사관리론, 세영사, 1996.

김식현, 인사관리론, 무역경영사, 1999.

신유근, 인사관리, 경문사, 1994.

이경희, 현대인사관리, 민영사, 2003.

신철우, 인적자원관리, 삼영사, 2003.

한국노동연구원, 21c형 인적자원관리, 명경사, 1999.

최종태, 현대인사관리론, 박영사, 2008.

송병식, 창조적 인적자원관리, 청람, 2008.

이학종, 인적자원관리, 세경사, 2005.

박경규, 신인사관리, 홍문사, 2001.

유기현, 인적자원관리론, 무역경영사, 1999.

김형배, 노동법, 박영사, 1996.

김수복, 노동법, 중앙경제사, 1997.

하갑래, 근로기준법, 중앙경제사, 2012.

藤田忠, 現代人事管理, 白批書房, 1982.

藤田忠, 職務分析と勞務管理, 白批書房, 1973.

山城章, 經營學小辭典, 中央經濟社, 1970.

高川榮-外責任編集, 人事管理の理論と方式, 有斐閣, 1961.

岩山良行, 人事考課問題の再檢討, 會社實務, 1966.

池澤章雄, 人事考課の實效, 經林書房, 1974.

安樂定信編, 人事考課, タイヤモソド社, 1961.

日本勞務硏究會編, 勞務監査ハントブツタ, 增補版, 1973.

花岡正夫・勝山英司, 現代人事管理, 白桃書房, 1972.

産業勞働調査所, 新人事制度事例百科, 東京, 1979.

松浦健兒・山田雄一, 經營人事心理學, 朝倉書店. 1977.

日經連職務分析センター, 職務給の導入と運用, 日經連,1982.

關口功, 現代の賃金管理, 日本能率協會, 1973.

高宮晋編, 體系經營學, タイヤモソド社, 1962.

森五郎, 勞務管理, タイヤモソド社,1966.

D. Yoder, personnel Management and Industrial Relations, 4th ed., Prentice Hall, Inc., 1970.

P. Pigors and C. A. Myers, Personnel Administration: A Point of A View and Method, 9th ed., McGraw-Hill Book Co., 1981.

Edwin B. Flippo, Personnel Management, 6th ed., McGraw-Hill, 1980.

L. A. Appely, "Management the simply Way", Personnel, Vol.19, No.4

H. Koontz & C. O'Donnell, principles of Management; An Analysis of Managerial Functions, McGraw-Hill, 1968.

R. F. Hoxie, Scientific Management and Labor, New York, 1915.

Roethlisberger, F. J. Dickson, W. T., Management and Worker, Harvard Univ. 1939.

Hans Schllhammer, "The Comparative Management Theory Jungle", Academy of Management Journal, 12-1(March 1969)

C. W. Lytle, Job Evaluation Methods, Ronald, 1959.

B. Scheider and A. M. Konz, "strategic Job Analysis", Human Resources Management, 28. 1989.

H. J. Chruden & A. W. Sherman, Jr., Personnel Management, South-Western Pulishing Co, 1968.

J. I., Otis & R. H. Leukart, Job Evaluation, Prentice-Hall, 1958.

Lioyd L. Byars and Leslie W. Rue, Human Resource and Personnel Management, Homeword, Richard D. Irwin, 1984.

W. French, The personnel Management Process, 3rd., Houghton Mifflin Co., Boston, 1974.

H. W. F. Rush, Job Design for Motivation Experiment in Job Enlargement and Job Enrichment, The conference Board, Inc., 1975.

A. D. Szilagyl, Jr & M. J. Wallace, Jr., Organizational Behavior and Performance, Scott, Foresman and Company, 1933.

Z. H. Schein, "Increasing Organizational Effectiveness through Better Human Resources planning and Development", Sloan Management Review, Fall, 1977.

L. E. Lewis, "The Design of Jobs", Industrial Relations, Jan., 1966.

F. Herberg, "Orthodox Job Enrichment", in L. E. Eavis and J. C. Taylor, Design of Jobs, 2nd ed., santa Monica, Calif: Goodyear Publishing, Inc., 1978.

J. Richard Hckman, Greg Oldham, Robert Janson and Kennth Purdy, "A New strategy for job Enrichment", California Management Review, Vol. xvll, No.4, 1975.

L. E. Davis, "Enhancing the Quality of Working Life: Developments in the United States", International Labor Review, vol. 116. No. 1. Jul-Aug., 1977.

R. E. Walton "Quality of Working Life what is it?" Sloan Management Review, Fall, 1974.

W. I. Batt, Jr, and E. Weinberg, "labor-management cooperation Today", Harvard Business Review, vol. 56. No. 1. Jan-Feb., 1978.

R. C. Smith & M. J. Murphy, Job Evaluation and Employee Rating, McGraw-Hill, 1946.

J. F. Mee, personnel Handbook, Ronald press, 1952.

A. Langsner & Zolitch, Wage and Salary Administration, South-Western, 1961.

C. E. Schneler & R. W. Beatty, personnel Administration Today: Readings & Commentary, Reading, Massachusetts: Addison-Wesley Publishing Co. Inc., 1978.

H. Moore, psychology for Business and Industry, McGraw-Hill, 1942.

Peter F. Drucker, The practice of Management, Harper & Row, 1954.

George Odiorne, Management by Objective, pitman, 1965.

W. D. Scott, R. C. Clothier and W. R. Spriegel, Personnel Management, McGraw-Hill, 1954.

M. J. Jucius, personnel Management, Homerwood, Ilinois; Richard O. Irwin, Inc., 1971.

D. I. White, Introduction to the study of public Administration, McMillan, 1954.

R. S. Driver, The validity and reliability of rating, Edited by J. Tiffin and V. Manpuis, rating and supervisory performance, American Management Association, 1954.

H. J. Chruden & Arthur, personnel management; The Utilization of Human Resources, 6th ed., Cincinnati, Ohio; South-Western publishing Co., 1980.

Watkins, Dodd, McNaughton & Prasow, The management of personnel and Labor Relations, McGraw-Hill, 1950.

D. T. Hall, Careers in Organizations, Santa Monica, Calif : Goodyear Publishing Co. 1976.

W. B. Werther, Jr., K. Davis, personnel management and Human Resources, New York McGraw-Hill. Inc. 1971.

J. Backman, Wage Determination: An analysis of Criteria, D. Van Nostand Co., Inc., 1959.

D. J. Cherrington, Organizational Behavior, 2nd ed, Massachusetts: Allyn and Bacon. 1994.

Mary Jane Fisher, "Repeated trauma spurs rise in worker illnesses", National Underwriter, January 9, 1995.

G. C. gordon and M. S. Henifin, "Health and safety, job stress and shift work", in M. Metzer and W. R. Nord(eds), Making Organizations Human and productive, New York : wiley, 1981.

William B. Wether, Jr, and Keith Davis, personnel management and human resources, New York, McGraw-Hill Book company, 1981.

T. A. Kochan, T. A, Barocci, Human Resource Management and Industrial Relations : Text, Readings, and Cases, 1985.

G. Latham, & Wexley, Increasing Productivity Through performance appraisal, Mass: Addison-Wesley publishing Co. Inc, 1994.

Daniel Quinn Mills, Labor-Management Relations, 2nd, McGraw-Hill, 1982.

찾아보기

▌ㄴ▌

▌ㄷ▌

▌ㄹ▌

▌ㅁ▌

▌ㅂ▌

ㅈ

저자 약력

■ 채 규 옥

- 원광대학교 경영학과 졸업
- 원광대학교 대학원(경영학 석사, 박사)
- 익산상공회의소 지역개발연구원 국제통상연구소 연구위원
- 경영지도사
- 인사·조직학회, 한국노사관계학회
- 한국인사관리학회, 한국인적자원개발학회 이사

(현) 원광대학교 경영대학 경영학부 교수

〈논문〉

- 한국기업의 직능급도입에 관한 연구외 다수

인사관리론 – 개정2판

초　판 1쇄 발행 —— 2013년 2월 28일
개정판 1쇄 발행 —— 2013년 8월 16일
개정판 2쇄 발행 —— 2015년 1월 30일
개정2판 1쇄 발행 —— 2018년 8월 30일
지은이 —— 채 규 옥
펴낸이 —— 전 두 표
펴낸곳 —— 도서출판 두남
서울시 강동구 성내로 6길 34-16 두남빌딩
신 고 : 제25100-1988-9호
TEL : 02) 478-2065~7, 2311
FAX : 02) 478-2068
E-mail : dunam1@unitel.co.kr
http://www.dunam.co.kr

정가 29,000원

ISBN 978-89-6414-811-2 93320